AF817203

La face cachée des Hells

Jerry Langton

La face cachée des Hells

Traduit de l'anglais par Jean-Louis Morgan

Éditions au Carré

Les Éditions au Carré inc.
Téléphone : 514-949-7368
editeur@editionsaucarre.com www.editionsaucarre.com

Maquette de la couverture :
ADRIAN SO
Mise en pages :
ÉDISCRIPT ENR.

Les Éditions au Carré remercient le Conseil des arts du Canada et la Société de développement des entreprises culturelles (SODEC) du soutien accordé à leur programme de publication.

Tous droits de traduction et d'adaptation réservés ; toute reproduction d'un extrait quelconque de ce livre par quelque procédé que ce soit, et notamment par photocopie ou microfilm, est strictement interdite sans l'autorisation écrite de l'éditeur.

© Les Éditions au Carré inc., 2006
pour l'édition française au Canada
Dépôt légal :
3e trimestre 2006
ISBN 10 : 2-923335-12-0
ISBN 13 : 978-2-923335-12-4

DISTRIBUTION
Prologue, Inc.
1650, boul. Lionel-Bertrand
Boisbriand (Québec) Canada J7H 1N7
Téléphone : 1-800 363-2864
Télécopieur : 1-800 361-8088
prologue@prologue.ca
www.prologue.ca

Structure de la bande de motards les Hells Angels*

Président

↑

Vice-président

↑

Secrétaire-trésorier

↑

Membres en règle
(« Full Patch »)

↑

Sergent d'armes

↑

Membres honoraires

↑

« Prospects » et autres associés
(Ils ne peuvent arborer l'ensemble des couleurs du club, seulement un arceau. Ils n'ont officiellement aucun droit.)

↑

« Hangarounds »**
(Ils ont trois chances de devenir « prospects » mais doivent être acceptés à l'unanimité.)

---

* L'auteur respecte la graphie « Hells » (et non Hell's), telle qu'elle apparaît dans la raison sociale de l'organisation et sur les blousons des membres à travers le monde. (N.d.T.)

** Du verbe « To hang around », traîner, poireauter, flâner. Les mots « prospects » (aspirants) et « hang-arounds » (sympathisants) sont très rarement traduits. Pour ce dernier terme, dans le milieu, on parle parfois, au Québec, de « traîneux » ou de « colleux ».

Introduction

Alors que je cherchais de l'aide — et peut-être quelque inspiration — je me suis permis d'appeler Daniel Sanger, qui venait tout juste d'écrire *Hell's Witness,* un excellent livre relatant la carrière de Dany Kane, le motard indicateur qui avait joué un rôle primordial dans la montée et la chute des Hells Angels au Canada, et il était évident qu'il savait pertinemment de quoi il parlait. Lorsque je lui ai raconté que dans le livre sur le véritable grand boss des Hells, que j'avais en préparation, je tenais à traiter largement de Walter Stadnick, il fut modérément surpris. Il me répondit que je possédais là un sujet des plus intéressants, mais que j'allais avoir beaucoup de pain sur la planche pour le développer.

Il ne s'était pas trompé. En effet, au dire de tous, Stadnick est un homme très intelligent et très compétent qui sait merveilleusement comment ne pas se fourrer dans de sales draps. Au cours de la même période, Maurice « Mom » Boucher a été condamné 43 fois, alors que Stadnick ne recevait que deux amendes pour infractions au code de la route. Il fut, bien sûr, interpellé une ou deux fois, mais on ne parvint pas à le condamner avant 2004, soit plus de vingt ans après qu'il ait, selon la légende, joint les rangs des Hells Angels. Chaque policier, chaque avocat, chaque politicien, chaque journaliste avec lequel je me suis entretenu était d'accord pour dire que Stadnick était l'homme qui avait réussi à structurer les Hells Angels du Canada en partant à Montréal d'un ramassis de voyous motocyclistes abrutis par la cocaïne pour en faire la plus puissante et la plus efficace organisation criminelle du pays. Personne ne savait toutefois pourquoi. Ils connaissaient tous une certaine partie de l'histoire et ne demandaient pas mieux que de me la raconter. Tel que Sanger me l'avait prédit, le plus difficile était de tout rassembler de manière cohérente.

Le présent ouvrage ne constitue pas une biographie de Walter Stadnick. Si tel était le cas, cela ne lui rendrait pas justice. Le personnage décrit dans ces pages, remarquablement complexe et secret, n'est que l'allégorie d'un phénomène beaucoup plus important. Il était intelligent et charismatique, mais il a vieilli dans un environnement et à une époque où ses talents ne valaient pas cher. Il trouva son créneau lorsqu'il commença à obtenir quelque notoriété et à se faire de l'argent en étant un motard. Il gravit les échelons, des ligues mineures aux lignes majeures de l'organisation. Même s'il avait l'air d'un avorton lorsqu'on le comparait au gabarit habituel des motards, et même s'il ne parlait pas français, cela ne l'empêcha pas de se rendre au repaire des Hells à Montréal et, peu de temps après, de se faire élire président. Stadnick réussit à parcourir le pays et, usant de charme et de persuasion, parvint à enrôler d'autres membres et d'autres formations jusqu'à ce que sa bande domine nettement les gangs de motards d'un océan à l'autre. Il forma ensuite une autre bande : les Nomads, qui dictaient aux Hells Angels ce qu'ils devaient faire. Il parvint à ses fins en devançant les intentions des policiers et en évitant de se mouiller dans de sales affaires. Son histoire est celle des Hells Angels, qui commencèrent plutôt petits et sans gestion précise et qui finirent par gagner suffisamment d'élan pour dominer le crime organisé au pays.

Chapitre 1

Après avoir vécu les guerres de gangs de rue à Kingston, en Jamaïque, Robeson David avait connu plus que sa part de violence. Prenant pour prétexte le mécontentement du public relativement à une augmentation substantielle des impôts, des bandes de malfaiteurs s'étaient affrontées dans la rue, en violant, en pillant, en incendiant avec une désinvolture sans compassion. De nombreux citoyens durent trouver refuge dans les postes de police. En moins de deux semaines, plus de 500 personnes trouvèrent la mort. David, un agent des forces d'intervention spéciales de la police jamaïcaine — le SWAT [1] local — conduisit ses hommes au cœur de la bagarre. « Cela ressemblait davantage à une guerre qu'à une opération de police, devait-il déclarer avec un sérieux et un accent jamaïcain qui conféraient à ses propos une indéniable distinction, mais les crimes désespérants exigent des ripostes qui doivent être appliquées avec l'énergie du désespoir. » Il ne pouvait pas si bien dire…

Malgré son expérience de première ligne, David devait admettre que la mission dont il était chargé, ce beau matin du 28 mars 2001, lui causait quelques soucis. Il avait reçu ordre de capturer puis de mettre en état d'arrestation un gros bonnet des Hells Angels canadiens. « Nous n'avions plus affaire à une bande de jeunes voyous armés de battes de cricket, fit-il remarquer. Nous devions faire face aux Hells Angels, des tueurs professionnels, et nous ne voulions pas commettre d'impairs. » La réputation de la bande de motards la mieux connue au monde était telle qu'un agent du SWAT ayant l'habitude de se promener un fusil d'assaut à la main aurait préféré affronter des bandes rivales dans les

1. Special Weapons and Tactics.

rues chaudes de Kingston plutôt que de procéder à l'arrestation d'un Hells dans un hôtel de luxe.

Situé juste à l'extérieur de Montego Bay, le Ritz-Carlton Rose Hall n'est pas précisément un hôtel borgne. Avec plus de 2000 hectares donnant sur la mer, ses installations curatives, son club de golf, on peut dire qu'il s'agit du meilleur établissement du genre sur l'île. Niché entre des collines verdoyantes et les eaux translucides des Antilles, le Ritz, avec sa décoration et son ameublement élégants, est le seul lieu de villégiature jamaïcain à avoir reçu une distinction rarement accordée par le club automobile AAA : les Cinq diamants.

Au milieu de tout ce luxe, on pouvait remarquer un Canadien plutôt trapu. Habillé de façon voyante, il détonnait même parmi les touristes et les fêtards s'apprêtant à faire la fête dans les îles lointaines. L'homme n'avait rien d'imposant. Ses cinq pieds quatre pouces (1 m 62), sa carcasse ramassée et ses membres courts lui donnaient presque une allure de primate ; ses cheveux longs lui tombant sur les épaules indiquaient que l'individu ne devait probablement pas gagner sa vie en faisant du bureau de 9 à 5. Son visage et ses mains, brûlés dans un accident de moto, 18 ans plus tôt, ne contribuaient pas à adoucir son apparence plutôt inquiétante. « Ouais, il était un peu cicatrisé, mais ce n'est pas pourquoi il avait l'air bizarre, faisait remarquer Shaun Plank, un employé de l'hôtel. Il avait de minuscules yeux renfoncés et une bouche démesurée qui lui donnaient un air malfaisant. On ne déconne pas avec un type de ce genre… »

En effet, Walter Stadnick était là pour s'amuser. Officiellement ou non, il n'avait rien d'autre au programme que de célébrer ses 22 ans de vie commune avec sa conjointe, Kathi Anderson. Déçu de constater que le Ritz était complet, il passa la première partie de ses vacances au Wyndham Rose Hall, un peu plus loin sur la plage.

Le Wyndham est également un hôtel chic. Ce n'est pas le Ritz, mais à 395 $ la nuit pour une chambre acceptable, on peut dire qu'il est hors de portée de la plupart des travailleurs canadiens. Il s'agit d'une ancienne plantation entourée d'un excellent terrain de golf de 18 trous qui attire surtout des hommes d'affaires prospères amateurs de ce sport, ainsi que des femmes désireuses de les rencontrer. Encore là, Stadnick détonnait.

Quelque 2900 km plus au nord, Steve Pacey ne sirotait pas des margaritas et ne lorgnait pas les nymphes en bikini. Si la présence d'un

Stadnick paraissait incongrue dans un hôtel de luxe, celle de Pacey détonnait au sein de la force policière de Hamilton, même parmi ses collègues de l'unité de surveillance des clubs de motards ontariens. Ses six pieds deux pouces (1 m 87) et ses 120 kg assuraient que sa présence ne passe point inaperçue. Avec sa tête rasée, sa barbichette folle, sa boucle d'oreille en diamant et ses bras constellés de tatouages, l'homme en blue-jeans et en veste de cuir avait davantage l'air d'un prisonnier que d'un flic, lorsqu'il se trouvait avec d'autres policiers. Loin d'être leur ennemi, il était plutôt leur arme secrète. Il se rendait où les motards se tenaient et, hormis l'utilisation de stupéfiants et les actes de violence, il se livrait aux mêmes activités qu'eux. Aux yeux des petits nouveaux, il avait toutes les caractéristiques d'un « gars de bicycle » et était suffisamment proche des autres pour que ceux-ci se laissent aller à des confidences après quelques bières froides en trop. Pacey en savait davantage sur les clubs de motards de Hamilton que qui que ce soit. Si la plupart des policiers associaient la ville de Hamilton avec la mafia italienne, Pacey, lui, savait pertinemment que c'étaient les motards de la Ville de l'acier qui faisaient vraiment la loi au Canada et que, parmi eux, c'était Stadnick qui décidait. « Les membres du crime organisé traditionnel sont très actifs dans notre ville, déclara Pacey en 2001, mais en termes absolus, l'influence de Walter se répand bien au-delà de Hamilton. »

À ce stade de l'affaire, il était clair pour tout le monde que Stadnick n'était pas exactement un Ned Flanders[2]. Même s'il n'existe aucune indication que Stadnick ait jamais exercé quelque emploi, il n'en mène pas moins un train de vie impressionnant. Contrairement aux parvenus qui aiment étaler leurs biens en se payant des résidences de nouveaux riches, Stadnick a toujours joué cool. Il s'est acheté une petite maison confortable près du bord de la colline d'une centaine de mètres que l'on appelle « la montagne », à Hamilton. Évaluée aux fins des assurances pour la somme parfaitement ridicule de 156 000 $, la maison de Stadnick sur Cloverhill Road respire le fric et constitue un monument — pas toujours de bon goût — au style de vie des motards.

De la rue, la seule chose qui distingue cette maison des autres est la présence d'un drapeau canadien surdimensionné et d'une boîte aux

2. Personnage de la série télévisée *Les Simpson's*. Nel Flanders est un voisin aimable, religieux et bien-pensant à l'américaine. (N.d.T)

lettres peintes en rouge et blanc, les couleurs des Hells. En regardant en arrière, on aperçoit que des travaux ont commencé pour installer une piscine creusée et qu'on a déjà construit un balcon la surplombant au premier étage. Si l'on hasarde un œil au rez-de-chaussée, on peut voir à l'intérieur une profusion de motifs en verre, en marbre noir et en plaqué or valant davantage que l'évaluation officielle de la maison. Au premier étage, on trouve un bureau équipé d'un ordinateur, d'un scanner, d'un télécopieur et d'un appareil dont tous les honnêtes gens d'affaires ne sauraient se passer : une déchiqueteuse de papiers. À côté, on trouve une salle de bains équipée d'une nouvelle baignoire à remous et d'une télévision fixée au mur. Un peu plus loin, c'est la chambre des maîtres, rouge et blanche, meublée d'un fort coûteux lit à colonnes et de placards distincts pour Monsieur et Madame, remplis de vêtements sur mesure griffés Armani et d'une collection de chaussures de femmes à rendre jalouse Imelda Marcos[3]. La plupart du temps, on pouvait remarquer, devant la maison, une Chrysler, modèle récent et haut de gamme, un véhicule utilitaire sport Blazer et, ce qui en dit peut-être le plus long, une toute nouvelle Jaguar immatriculée au Québec. Les Harley-Davidson, si chères au propriétaire des lieux, sont remisées au garage. Mais les tentatives de Stadnick de s'intégrer à la population d'honnêtes citoyens n'ont jamais beaucoup impressionné les policiers. L'un des limiers de Hamilton n'hésite pas à se moquer de telles initiatives : « Nous avons là un gars comme Stadnick, qui n'a jamais occupé un emploi de sa vie. Il vit dans une maison, petite mais luxueuse, possède un pied-à-terre au Québec, un à Winnipeg et se balade à travers le monde en costumes Armani… Donnez-moi la recette… »

S'il ne faut pas détenir un doctorat pour comprendre que, pour mener ce genre de vie sans justification, il est impératif de mener des activités criminelles, sur le plan juridique, la réponse est plus complexe ou du moins plus fuyante. Lorsqu'on a demandé ce que son client faisait pour vivre, l'avocat de Stadnick, Stephan Frankel, dont les honoraires sont réputés faramineux, s'est contenté de marmonner : « Je ne sais pas. Non, je ne sais vraiment pas… » Après un silence interminable, le

---

3. Femme du dictateur Ferdinand Marcos qui, de 1965 à 1986, régna sur les Philippines en s'enrichissant de manière scandaleuse. On raconte qu'Imelda avait quelque 3 000 paires de chaussures. (N. d. T)

plaideur a ajouté : « Vous savez, ce n'est pas quelque chose dont nous discutions généralement. Et puis je n'avais pas besoin de savoir. Je ne crois pas que cela soit nécessairement bizarre. Walter est une personne très réservée… » Apparemment trop discrète pour confier à son avocat la nature de ses occupations.

Si Me Frankel ignorait bien des choses, ce n'était pas le cas de la police. Même s'il était discret quant à ses transactions d'affaires, Stadnick arborait fièrement les couleurs des Hells Angels tout en s'arrangeant pour demeurer à la limite des embrouilles. Un informateur rémunéré, bien introduit chez les Nomads, le club élite des Hells, a raconté à ses correspondants de la Gendarmerie royale du Canada (GRC) que Stadnick n'était pas seulement profondément impliqué dans le lucratif trafic de stupéfiants dans le sud de la province d'Ontario, mais qu'il avait conclu des alliances stratégiques avec des bandes de motards ontariennes et de l'ouest du pays dans un effort pour les soustraire aux influences de leurs rivaux, les Outlaws. Si les policiers dans les centres urbains tels que Hamilton peuvent considérer le trafic de drogues comme un inconvénient inévitable de la vie urbaine (dès que l'on incarcère un Hells, un autre prend sa place), les rumeurs persistantes d'une guerre des gangs causaient énormément de soucis aux autorités. Au Québec, au moins 157 personnes ont été liquidées au cours de la guerre opposant les Hells Angels et les Rock Machine. Lorsque les Hells sortirent victorieux de ces échauffourées, ils tournèrent leur attention meurtrière vers les forces de l'ordre en assassinant deux gardiens de prison et en menaçant la vie de chaque gardien, policier, procureur de la Couronne et juge de la province. Le Québec n'était pas loin d'un gouvernement à la colombienne où, face aux narcotrafiquants, les autorités se trouvaient dans l'impasse. « Nous n'avons certes pas besoin de ça en Ontario », a ajouté un autre policier de Hamilton.

* * *

Plus loin, au nord de Montréal, il faisait un froid de canard. C'était une de ces journées où l'on se demande quand l'hiver pourra bien finir. À quatre heures du matin, le sergent Tom O'Neill, de la GRC, débarqua au quartier général de la Sûreté du Québec (SQ) avec une provision de « beignes » et de tasses de café. Il ne se plaignait ni du froid ni de sa mission matinale, prélude à la longue journée de travail qui l'attendait. Bref, il avait hâte de commencer. En qualité de sous-officier responsable de l'Opération Printemps, son travail consistait à coordonner une force policière conjointe comprenant 2000 agents prêts à fondre sur 142 motards.

Deux de ceux-ci se distinguaient de la foule : Stadnick et Donald « Pup » Stockford, deux amis ayant grandi dans les rues difficiles de Hamilton et qui, en dépit de leur ignorance du français et de leur taille plutôt réduite, avaient réussi à s'immiscer dans le noyau traditionnel des Hells Angels canadiens francophones, Stockford devenant président et Stadnick, son bras droit. Tout en haut des Hells Angels canadiens, on trouvait dorénavant les Nomads, un chapitre d'élite des Hells qui, selon nos sources, a été fondé par Stadnick en personne.

Stadnick et Stockford, en compagnie de grandes pointures montréalaises du genre de Maurice « Mom » Boucher et de David « Wolf » Carroll, faisaient partie de la direction collégiale des Nomads contrôlant non seulement les autres Hells Angels, mais également les bandes associées. On peut lire dans un rapport secret de la GRC : « Ils (les Nomads) comprennent environ une douzaine de membres et contrôleront l'ensemble du Québec, leur territoire. Ils exerceront des pressions sur les clubs qui ne font pas un bon travail en ce qui concerne la vente de stupéfiants. » Si l'on se fie au vocabulaire des Hells, « exercer des pressions » est synonyme d'actes plutôt musclés. Selon la police, le premier mandat de Stadnick était de recruter des bandes de motards déjà établies en Ontario et dans l'Ouest canadien et de les intégrer à la famille des Hells par tous les moyens possibles.

O'Neill savait que si son détachement spécial pouvait mettre Stadnick et Stockford à l'ombre pour un bon moment, il avait une bonne possibilité de mettre un terme ou du moins de ralentir la virulente expansion de leur club vers l'Ouest.

Dans les régions densément peuplées — et l'Ontario ne fait pas exception à la règle — les commerces des stupéfiants et du sexe sont contrôlés par un nombre de groupes appartenant au crime organisé. Selon leur ordre d'influence, signalons, en début de liste, les mafias italienne et irlandaise, puis les bandes de motards, suivis des gangs asiatiques et jamaïcains et, tout en bas, les « indépendants » et les charognards. Tout ce beau monde essaie de vivre sans trop se piler sur les pieds, malgré que de bonnes raclées soient administrées de temps en temps, histoire de maintenir l'ordre. Comme l'ont découvert les autorités du Québec, cette harmonieuse hiérarchie est habituellement bouleversée à l'arrivée des Hells. À la manière d'un détaillant rusé cherchant à éliminer la concurrence, les Hells Angels utilisent leur nom et leur réputation ainsi que des techniques de mise en marché comme des rabais, des échantillons gratuits et autres méthodes promotionnelles pour s'établir en qualité d'éléments dominants, sinon monopolistes, sur le marché. À la différence de tous les Wall-Mart de ce monde, les Hells Angels se réservent le droit de liquider physiquement quiconque se met sur leur route. La concurrence devient implacable et les bandes de motards rivales font tout ce qui est en leur pouvoir pour montrer aux Hells qu'elles sont dignes de faire partie de leur confrérie ou qu'elles sont suffisamment puissantes pour demeurer indépendantes. Les Hells Angels peuvent donc leur donner un badge (les « patcher », selon leur argot), ce qui en fait des membres en règle, les garder comme vassaux ou simplement les éliminer. Peu importe le choix, le niveau de violence et d'actes criminels ne tarde pas à augmenter dans les rues.

Avant que la GRC, la Sûreté du Québec (SQ) et les forces municipales de police du Québec ne commencent à rafler les motards en nombre record, O'Neill tenait avant tout à mettre la main au collet de Stadnick et de Stockford. Le 25 mars, il organisa une conférence téléphonique avec Pacey et un groupe de jeunes agents de la police de Hamilton en leur dévoilant pour la première fois ce que la GRC savait sur les Hells Angels et particulièrement Stadnick et Stockford. L'émotion était palpable. Les policiers de Hamilton cherchaient depuis des années à épingler Stadnick, mais le mieux qu'ils avaient pu faire avait été de lui coller des infractions au code de la route. « Il y eut comme un long silence, devait dire O'Neill. De toute évidence, ils essayaient de le pincer depuis des années. »

Une fois que O'Neill eut terminé, tout excité, l'un des policiers de Hamilton lui demanda : « Vous dites qu'il y a des accusations de meurtre… Sont-elles du premier ou du second degré ? »

« Du premier degré », répondit O'Neill non sans satisfaction. Puis il expliqua en détail les treize accusations de meurtre au premier degré qui pesaient contre Stadnick.

Il y eut un autre long silence et tandis que O'Neill se demandait comment l'équipe de Hamilton allait recevoir cette nouvelle, l'un des policiers ne put se retenir et s'exclama : « Les gars… On vous adore. Vous êtes les champions ! »

Harponner Stockford était du gâteau. Beaucoup estiment qu'Ancaster est la plus jolie, sinon la plus bucolique banlieue de Hamilton. Nichée dans la colline et loin des usines qui vomissent leur fumée dans l'est et le nord de la ville, Ancaster est une agglomération tranquille, décontractée, bien loin des conditions sordides et de la misère des bas quartiers de Hamilton. Lorsqu'on aperçoit une voiture de police dans cette banlieue, c'est probablement parce qu'un mineur s'est procuré de la bière illégalement ou pour quelque autre raison tout aussi anodine. Toutefois, le matin du 26 mars, une équipe du SWAT lourdement armée, avec vestes pare-balles et fusils d'assaut, encercla la propriété de Stockford. Ne prenant aucun risque, les policiers sommèrent Stockford de se rendre au moyen d'un haut-parleur monté sur un camion en l'informant qu'ils avaient contre lui un mandat d'arrêt ainsi qu'un mandat de perquisition de son domicile. Presque immédiatement, Stockford sortit de chez lui les mains derrière la tête, vêtu simplement d'un jean et d'un tee-shirt. Frissonnant, il fut prestement embarqué et emmené dans les locaux de la police pour interrogatoire. À l'intérieur, les limiers découvrirent un trésor de preuves : un index laminé comprenant les noms, les adresses et les numéros de téléphone des membres des Nomads, une liste de prospects et de *hangarounds*, les procès-verbaux des réunions de la bande et même un rapport d'impôts des Nomads Quebec Inc. En prime, on obtint la liste des restaurants montréalais favoris de ces messieurs. Les flics n'en revenaient pas de la somme de matériel incriminant sur lequel ils avaient pu mettre la main. Malgré ses qualités d'organisateur, Stockford se révélait comme un gangster pas très futé.

Le cas de Stadnick était un peu plus compliqué. Cloverhill Road est longue de deux pâtés de maisons et entourée des deux côtés par un virage à angle droit donnant sur la falaise boisée qui sépare la haute ville de la basse ville de Hamilton. Il s'agit du genre d'endroit le plus isolé que l'on puisse trouver dans une agglomération d'une certaine importance. Le calme de ces lieux fut quelque peu perturbé en ce beau matin du 26 mars lorsque les policiers firent irruption dans cette rue et s'arrêtèrent brusquement devant la maison de briques, d'apparence modeste, appartenant à Stadnick. On sembla hésiter. « Pendant quelques minutes, ce fut le calme plat, raconte un témoin. Puis la fourgonnette toute neuve d'un service de nouvelles, hérissée de soucoupes électroniques, a fait son apparition et c'est alors que tout a commencé.» La police a d'abord interpellé Stadnick à coups de porte-voix. À l'exception des commentaires de quelques rares badauds du voisinage et le crépitement des émetteurs-récepteurs de la police, ce fut le silence le plus complet. La police pria une fois de plus Stadnick de se rendre, mais sans plus de résultat. C'est alors que six imposants agents dûment protégés par des combinaisons pare-balles sortirent d'un camion avec ce qu'un témoin a décrit comme étant «un billot muni de poignées». Après deux coups de ce bélier, la porte céda. Deux agents, le dos au mur, jetèrent quelque chose dans l'embrasure. Il y eut comme deux coups de tonnerre et l'intérieur de la maison s'illumina «comme en plein jour», dirent certains. Pourtant, rien ne bougeait. L'un des hommes qui avaient balancé la grenade fumigène se mit à crier «GO! GO! GO!» en faisant des moulinets de son bras gauche. Des hommes en gilet protecteur, brandissant des fusils d'assaut et des gros calibres de chasse, envahirent la maison. Bien qu'après 24 heures de surveillance la police n'avait décelé aucun mouvement à l'intérieur ou autour de la maison, elle sembla surprise de ne pas trouver d'oiseau au nid.

Déçus, croit-on, par ce coup d'épée dans l'eau, les policiers s'acharnèrent sur les lieux. À la suite de ce raid, la conjointe de Stadnick, Kathi Anderson, se lamentera du fait que les grenades aient gravement endommagé son cher foyer et que, plusieurs années après ces incidents, la police gardait encore son ordinateur, son imprimante, son clavier, sa souris, son scanner, ses disques compacts et son ordinateur portable. «Ils m'ont pris mon fax, mon téléphone, toutes les cassettes VHS que j'avais, des douzaines d'albums de photos; ils ont même décroché des photos qui étaient sur les murs...» Poursuivant sa litanie en laissant entendre que la police avait peut-être fait preuve de plus de zèle que d'efficacité, Mme Anderson a ajouté: «Ils ont aussi défoncé les portes d'en avant et de côté, même si elles ne sont qu'à moins de trois mètres l'une de l'autre. De plus, ils ont laissé ma maison ouverte et sans surveillance pendant cinq jours...» Elle a fait également remarquer que lors des arrestations qui eurent lieu au Québec, la police avait préalablement cogné aux portes d'en avant.

Stadnick s'était montré plus retors que son copain Stockford dans son refuge d'Ancaster. La police trouva chez Stadnick peu de preuves susceptibles de tenir debout devant un tribunal, sinon des photos et une carte de la Saint-Valentin envoyée par une nièce de dix ans qui demandait candidement à son oncle « Wally » s'il était toujours responsable des Hells Angels.

Mécontent, Pacey appela O'Neill à Montréal. « Nous ne l'avons pas vu dans les parages, les gars… Sauriez-vous s'il aurait quitté le pays ? » demanda-t-il.

O'Neill n'en savait rien, mais il demanda aux services des renseignements de la GRC de vérifier les points de sortie du territoire national canadien. Il eut de la veine, car, quelques heures plus tard, le téléphone sonnait pour lui apprendre que Stadnick et Anderson avaient pris l'avion à l'aéroport Pearson de Toronto à destination de Montego Bay, en Jamaïque. Les flics connaissaient même l'hôtel où le couple était descendu.

Il fallut six heures de voiture pour que Richard Sauvé, l'agent de liaison de la GRC en Jamaïque, puisse se rendre de Kingston jusqu'au Wyndham, juste à l'extérieur de Montego Bay. La bonne fortune de O'Neill ne se démentit pas. Sauvé repéra Stadnick en quelques minutes. Après tout, les vacanciers d'un mètre soixante-deux avec des cheveux longs, pleins de tatouages et de cicatrices de brûlures n'étaient pas légion. « Je le vois, il est assis près de la piscine avec sa copine », dit Sauvé à O'Neill.

O'Neill répondit à Sauvé de se tenir tranquille et de garder un œil sur le suspect. Arrêter Stadnick en Jamaïque devenait une opération internationale et O'Neill était suffisamment avisé pour s'assurer que toute la paperasse soit en règle avant d'agir.

Dans la matinée du 28 mars, le même jour où la vague d'arrestation avait lieu au Québec, Stadnick et Kathi Anderson déménageaient du Wyndham au Ritz. La presse de l'époque, tout particulièrement les torchons à sensation montréalais, soutenaient que le couple avait appris par téléphone ou par courriel que les premières arrestations avaient eu lieu à Montréal et qu'il avait pris la poudre d'escampette, mais Kathi Anderson elle-même a expliqué que son conjoint et elle s'étaient présentés la veille au Ritz, puisqu'il s'agissait de l'établissement qu'ils avaient choisi au départ, afin de voir si une chambre ne s'était pas libérée. Dans l'affirmative, ils s'enregistrèrent et, le lendemain, déménagèrent leurs pénates dans ce palace.

Après s'être confortablement installé, le couple décida de se livrer aux joies du farniente près de la piscine. D'après le bruit des bottes sur le sol et les exclamations des vacanciers, Stadnick sut instinctivement qu'il se passait quelque chose de pas très catholique. Il ne leva les yeux que pour se retrouver avec le canon d'un fusil d'assaut en plein visage, à plusieurs en fait puisque toute cette artillerie était braquée sur lui et sa compagne. « Monsieur Walter Stadnick ? » demanda un policier de grande taille portant un uniforme constellé de décorations. Il connaissait d'avance la réponse et Stadnick opina du bonnet.

Dissimulé par les gens de la brigade d'intervention, Sauvé s'avança et se présenta : « Monsieur Stadnick, vous êtes en état d'arrestation sous treize accusations de meurtre, trois de tentatives de meurtre, une de conspiration d'assassinat, deux de trafic de stupéfiants et deux de tentatives de contrebande de stupéfiants. » Stadnick se rendit sans histoire.

Après une nuit dans une cellule minuscule, que Kathi Anderson devrait décrire comme « un trou infernal », Stadnick fut transporté au Jamaica National Remand Centre (Centre de détention provisoire) de Kingston. Entouré de fil de fer barbelé acéré et surveillé 24 heures par jour par un cerbère armé, obligé d'utiliser un seau communautaire en guise de cabinets, Stadnick ne pouvait qu'attendre patiemment sa comparution en cour. Le 2 avril, il se présenta devant le tribunal de Half-Way-Tree. Il déclara non sans assurance au juge Martin Gayle qu'il n'avait aucune idée pourquoi ces accusations pesaient contre lui et qu'il était prêt à renoncer volontiers à son droit de faire l'objet d'un processus d'extradition afin de pouvoir se défendre. Accordé.

Les papiers ne furent pas prêts avant le 10 avril. Lorsque O'Neill et un collègue de la police de Montréal arrivèrent à Kingston, ils furent frappés par les conditions abominables du Centre de détention provisoire. Ils décrivirent les conditions de détention comme celles que l'on peut voir dans le film *Midnight Express*[4]. O'Neill s'attendait à ce que Stadnick ait hâte de se retrouver dans des conditions de détention à la canadienne, c'est-à-dire beaucoup plus confortables, mais il fut surpris de ce qu'il trouva. Assis sur le plancher, discutant et rigolant avec

4. Film anglo-américain à succès d'Alan Parker, tourné en 1978, où l'on décrit la détention en Turquie d'un petit narcotouriste pris dans l'engrenage d'une justice primitive, hypocrite et inhumaine. (N.d.T.)

des codétenus, Stadnick attendit de finir sa phrase avant de daigner remarquer la présence du policier. Peu impressionné, ce dernier décida de s'amuser un peu aux dépens du petit malin. « Dis donc Walter, comment aimerais-tu rester ici pour deux autres semaines ? Tu sais, on peut arranger ça… »

Stadnick le regarda dans les yeux et gloussa de manière arrogante : « Deux semaines de plus et c'est moi qui dirige la prison. » Cette déclaration fut ponctuée par une explosion de rires et de quolibets des autres prisonniers.

Plus tard, O'Neill admit qu'il pensait qu'un individu court sur pattes et au visage amoché aurait toutes les difficultés du monde à survivre dans une prison jamaïcaine en tant qu'unique prisonnier blanc, mais le policier se trompait lourdement. « Je pensais qu'ils lui feraient passer un mauvais quart d'heure, avoue-t-il, mais il a réussi à se faire des copains et il a quitté cet endroit comme un vrai bravache… » a-t-il convenu. Secondés par un groupe de policiers jamaïcains armés de mitraillettes, les deux policiers canadiens escortaient le petit leader des Hells Angels lorsqu'ils furent secoués par ce qu'ils entendirent : des huées, des sifflements, des lazzis, des interpellations fusaient de toutes les cellules. « Yo Walter ! hurlait cette populace. On est avec toi, *man*… » Stadnick en était tout simplement épanoui.

Chapitre 2

Toutes les convictions de Joanne Carswell disparurent en une seule journée lors d'un événement où elle s'attendait à célébrer la paix, la camaraderie, l'amitié et la tolérance. Au lieu de cela, elle fut témoin d'un étalage dégoûtant de violence se manifestant contre des personnes plus faibles. Elle vit un groupe d'individus à mines patibulaires, armés terrorisant des jeunes gens, leur prenant leur argent et les malmenant. Ce désolant spectacle détruisait tout idéal qu'elle pouvait entretenir sur la fraternité humaine. Avant la fin de la journée, Joanne a vu un de ces malfrats plonger profondément un couteau dans la gorge d'un adolescent et ce dernier s'écrouler. Bref, elle avait été témoin d'un meurtre.

C'était le 6 décembre 1969. Trois mois plus tôt, malgré tous les défauts qui avaient pu caractériser ce rassemblement, Woodstock avait envoyé aux jeunes du monde entier un message leur laissant entendre que leurs idéaux pouvaient se concrétiser. Le festival qui devait se tenir à l'origine à Woodstock, une petite ville du nord de l'État de New York, fut contremandé par les autorités municipales locales et des environs, et le rassemblement eut lieu à 60 km de là, sur les terres de Max Yasgur, un fermier exploitant une ferme laitière à Bethel. Les organisateurs avaient prévu la présence de 50 000 festivaliers; il en arriva 400 000! Les services chargés de l'alimentation, de l'eau potable, des sanitaires et de la sécurité ne tardèrent pas à être débordés. Personne ne payait pratiquement son entrée. Les promoteurs perdirent de l'argent, du moins jusqu'à ce qu'ils vendent des disques commémoratifs un an plus tard. La plupart des gens devaient se stationner à quelque 25 km de là. On manquait de tout et les participants se soulageaient n'importe où. Les champs verdoyants du brave fermier Yasgur se transformèrent en un immonde cloaque boueux, sans compter que quelques petits malins eurent l'idée de « libérer » 450 de ses vaches. Les médecins, les médicaments, l'eau et les aliments durent être héliportés aux frais du contribuable. Toutefois, pour les jeunes de cette époque, il ne s'agissait là que d'arguties bassement bourgeoises. Ils n'en eurent cure et Woodstock fonctionna tout de même. Un demi-million de hippies se rassemblèrent et s'amusèrent comme des fous. Même si l'on devait déplorer la mort d'au moins trois personnes, aucune d'entre elles ne périt de mort violente. Ces assommants détails de chiottes publiques, d'eau et d'approvisionnement ne pouvaient intéresser que la majorité silencieuse de la société. Les gars et les filles avaient réussi à organiser la plus grande sauterie de l'histoire et avaient pu prouver que les idéaux de paix, d'amour et de fraternité n'étaient pas de vains mots.

Un groupe de jeunes gens reconnut clairement l'importance du phénomène de Woodstock. Les Rolling Stones, les rois incontestés de la musique populaire depuis la déliquescence des Beatles, brillaient par leur absence à ce festival historique. Selon la mythologie rockeuse, l'auteur Ken Kesey avait alors soulevé l'idée d'un « Woodstock de l'Ouest » qu'il présenta à un certain nombre de formations bien connues. Voulant prendre avantage de l'engouement des foules pour les mégamanifestations du genre, les Rolling Stones décidèrent de terminer leur tournée américaine 1 969 par un véritable bang.

Après avoir recruté des anciens de Woodstock comme Santana, Grateful Dead, Jefferson Airplane, Flying Burrito and Crosby, Stills, Nash and Young, les promoteurs et les Rolling Stones réussirent à mettre le spectacle sur pied en seulement cent dix jours. Comme pour leurs collègues de l'est du pays, les promoteurs se virent refuser un certain nombre de sites potentiels. Frustrés, les Stones firent alors appel à l'éditeur du magazine *Rolling Stone*, Jann Wenner, qui les envoya rencontrer Melvin Belli, un avocat spécialisé dans la défense des grands noms de la droite de Californie. Moins de 24 heures avant le spectacle, il combina une entente avec Dick Carter, de la piste de course d'Altamont. Aussi loin de San Francisco que Woodstock peut se trouver de New York, cette piste en difficulté, pratiquement en faillite, se trouvait tout près de l'agglomération poussiéreuse de Tracy, dans la vallée de San Joaquin.

La plupart des problèmes que Woodstock avait connus — manque d'eau, d'approvisionnements, de sanitaires — survinrent à Altamont, et l'utilisation de stupéfiants y était encore plus généralisée. Selon l'auteur Robert Sam Anson, les Hells Angels vendirent des milliers de doses de LSD mélangé à des méthamphétamines. Ce mélange potentiellement mortel provoqua tant de défonces pénibles et de crises psychotiques que les centres de premiers soins du festival furent débordés avant que le premier groupe ne fasse son numéro. « Il ne semblait pas y avoir de flics aux alentours, alors il y avait des gens qui tripotaient toutes sortes de drogues sans se cacher, dit Joan Carswell. On aurait cru que c'étaient les Hells Angels qui assuraient le service d'ordre et si nous faisions un trip, ils n'en avaient rien à foutre. Bordel, ils avaient tous l'air défoncés… »

Défoncés ou non, les Hells Angels représentaient une force avec laquelle il fallait compter sur ces lieux et tandis que la tension augmentait, ils réagirent de la seule manière qu'ils connaissaient. Selon l'historiographe du rock Philip Norman : « À peu près au milieu de la prestation de Santana, des actes de violence, presque trop rapides pour en bien suivre le déroulement, commencèrent à se produire le long de la scène jusqu'aux échafaudages de coin où des groupes de Hells Angels s'en prenaient au public. » Et si Dick Carter, le propriétaire de la piste d'Altamont, avait — suppose-t-on — engagé un certain nombre de vigiles et de gardes de sécurité, on n'en voyait pas un seul près de la scène et c'étaient les Hells Angels qui faisaient la loi.

Cette montée de violence à Altamont serait peut-être demeurée un fait divers oublié dans le folklore des rockers s'il n'y avait pas eu une équipe qui tournait un documentaire sur la présence en ces lieux des Rolling Stones. Ce film, qui a pour nom *Gimme Shelter* (« Donne-moi un abri ») montre une suite d'actes de violence révoltante se déroulant à Altamont, presque tous perpétrés par les Hells Angels. Même si ces derniers avaient réussi à intimider l'équipe, Stephen Lighthill réussit à mettre en œuvre un courageux moyen d'enregistrer l'événement. Sa caméra étant de celles que l'on transporte sur l'épaule, il la laissa simplement tourner en prétendant qu'elle n'était pas branchée. « Toute la journée, les Hells Angels m'ont emmerdé pour me demander d'arrêter l'enregistrement, dit-il. J'ai cependant enregistré toutes les scènes où l'on matraque des gens avec des queues de billard et tant que je faisais semblant de ne pas regarder ce que la caméra et les micros enregistraient, ils n'ont pas été les plus malins… »

Les Hells Angels, facilement reconnaissables à leurs vestes de cuirs ornées de la tête de mort ailée, étaient armés de queues de billard tronçonnées, lestées de plomb. Même s'il ne s'agit pas là d'une arme éminemment mortelle, un seul coup de cette matraque laissait la victime dans un triste état. Dans une tentative pour calmer les Hells Angels, les promoteurs leur envoyèrent de nombreuses caisses de bière en bordure de la scène. Les motards commencèrent alors à lancer des cannettes pleines aux fans qu'ils trouvaient trop démonstratifs. Même si l'on rapporta plus tard, dans la presse à sensation, que les Hells envoyaient gracieusement des cannettes dans la foule dans un esprit altruiste et de partage, on voit clairement dans *Gimme Shelter* que les motards lançaient ces projectiles de toute leur force sur les jeunes spectateurs. On raconte qu'un de ces missiles fractura le crâne d'une jeune fille.

La situation empira durant la prestation de Jefferson Airplane et les bagarres attirèrent davantage l'attention que les musiciens. Le chanteur Marty Balin, des Jefferson Airplane, outré de voir des Hells Angels rosser sévèrement un gamin, leur demanda d'arrêter. L'un des motards, monté sur scène, prit ombrage de l'intervention de Balin et l'assomma d'un coup de poing en pleine figure. Jugeant que l'atmosphère était trop violente à leur goût, les Grateful Dead et leur équipe ramassèrent leurs cliques et leurs claques et s'en allèrent sans jouer.

Les Rolling Stones, qui étaient les vedettes du show, ne pouvaient pas décemment chercher leur salut par la fuite. Ils savaient que les 400 000 jeunes survoltés en avaient ras le bol et risquaient de déclencher une émeute. Ils se mirent donc à jouer et il faut avouer qu'ils se montrèrent professionnels dans les circonstances. Toutefois, dans la foule qui se massait près de la scène ridiculement basse, puisqu'elle ne faisait qu'un peu plus de soixante centimètres de haut, il y avait des gens qui avaient en tête autre chose que la musique. Les bagarres éclataient partout. Quelqu'un montrant le poing ou jetant un regard de travers était sûr de recevoir un coup de queue de billard en pleine face. Même si Jagger supplia la foule de « prendre ça *cool* », les choses se calmèrent lorsque les Stones se mirent à jouer leur grand succès controversé, *Sympathy for the Devil*.

Après ce morceau, les choses tournèrent vraiment au vinaigre. Alors que les Stones finissaient leur chanson *Under my Thumb*, un jeune Noir approcha de la scène. Dans *Gimme Shelter*, on distingue clairement qu'il tient quelque chose dans la main, mais on ne sait pas de quoi il s'agit. Soudainement, un Hells Angels lui fait face. Une échauffourée s'ensuit et les belligérants se trouvent entourés par un groupe de motards. On peut voit luire l'acier d'une lame que l'on plonge à plusieurs reprises dans la gorge du Noir, Meredith Hunter.

Joanne Carswell a tout vu. « Ils l'ont encerclé et l'ont poignardé à plusieurs reprises, explique-t-elle. Il n'était pas mort lorsqu'il est tombé, mais de toute évidence, il expirait… » Selon ce témoin, des jeunes gens dans l'assistance tentèrent de venir en aide à l'infortunée victime qui baignait dans son sang, mais les motards les repoussèrent. « J'ai entendu l'un d'eux dire : "De toute façon, il est en train de crever" tandis qu'un autre menaçait les jeunes qui tentaient de l'aider, a-t-elle expliqué. Il leur a dit : "Il méritait de mourir…" »

Le festival d'Altamont fut un échec colossal. Il se termina avec la mort de quatre personnes. Un couple dans un sac de couchage fut écrasé par un automobiliste qui oublia de laisser sa carte de visite, un adolescent se noya dans un fossé de drainage et il y eut ce jeune Noir assassiné par les Hells Angels.

La police arrêta un ex-détenu de 24 ans, Alan Passaro, le motard qui avait poignardé Hunter. Engagé par les Hells Angels, le même Melvin Belli produisit certaines des épreuves de tournage de *Gimme Shelter* et les montra à la police. Il parvint à les convaincre que ce que Hunter tenait dans la main était un pistolet. Après un certain temps, ils admirent ce raisonnement, mais firent remarquer que la thèse de la légitime défense ne tiendrait pas si on ne retrouvait pas cette arme. Belli appela pratiquement « chaque avocat dans le secteur » pour retrouver Ralph « Sonny » Barger, président du chapitre des Hells Angels d'Oakland. Le jour suivant, Barger lui apportait une boîte à chaussures contenant le pistolet que les Hells prétendaient avoir arraché des mains de Hunter lors de l'incident d'Altamont. Les policiers le crurent sur parole et relaxèrent Passaro. On raconte que les Rolling Stones ont versé 10 000 $ à la mère de Hunter afin qu'elle ne fasse pas d'histoires.

De toute façon, les Hells Angels s'en tiraient blancs comme neige dans cette affaire de meurtre à Altamont. C'est du moins ce que pense Joanne Carswell. « J'ai tout vu, dit-elle. Hunter n'a jamais menacé Jagger, car ce n'était pas comme si les Hells le protégeaient. Même si

Hunter avait un flingue — et je crois toujours qu'il n'en avait pas —, j'estime qu'il n'avait aucune chance de s'en sortir contre ces motards… »

On se demande comment les meurtriers ont réussi à se tirer de ces mauvais draps. Le racisme a peut-être son mot à dire là-dedans, mais le charme de Belli ou encore la sinistre réputation des Hells Angels ont eu aussi leur rôle à jouer. Peu importe, Altamont représentait la fin du phénomène hippy. La tragédie qui souilla le festival, censé symboliser les idéaux anti-*establishments* de la génération hippie, ne fit qu'exposer les énormes lacunes de la philosophie *Peace and Love*. Peu importe combien vous désirez vous montrer pacifique, il y aura toujours des salauds qui voudront prendre avantage de vous. Pour chaque groupe de jeunes qui veulent promouvoir la paix, l'égalité et l'amour libre, il y aura des malfrats armés de queues de billard tronçonnées qui voudront leur fourguer de la drogue et leur fracasser le crâne. Nombreux sont ceux qui pensent qu'Altamont a sonné le glas du mouvement hippy. Quant à Joanne Carswell, elle a ôté les fleurs de ses cheveux et est retournée vivre auprès de papa-maman.

* * *

Alors que les hippies perdaient leur crédibilité, celle des Hells Angels augmentait. Les jeunes gens aspirant à faire partie de la bande de motards furent impressionnés et encouragés par les événements d'Altamont. Pour eux, les Hells d'Altamont n'avaient fait que leur boulot, qui était de protéger Mick Jagger et les autres d'un méchant *Black* armé d'un pistolet. Il s'agissait de jeunes concevant la moralité selon une sorte d'intégrisme où la violence est le châtiment naturel de ceux qui transgressent les règles. Ils envisageaient une vie en marge des lois et des règles de la société comme quelque chose de logique, de réaliste et même de romantique.

De tels hommes arrivaient en foule chez les Hells Angels, depuis leur création en Californie après la Seconde Guerre mondiale. L'organisation prit forme à San Bernardino en 1947. Des millions d'hommes revenaient de la guerre et la plupart ne désiraient que retrouver leur foyer, leur femme, leur emploi et une vie normale. Certains avaient d'autres idées. « Comme ces aventuriers sans but qui chevauchèrent vers l'Ouest après Appomattox, lorsque les Sudistes se rendirent aux

Nordistes à l'issue de la Guerre civile américaine, des milliers d'hommes refusèrent, en 1945, de reprendre leur vie d'avant-guerre, écrit le journaliste Hunter S. Thompson, auteur d'un livre intitulé *Hell's Angels*, qu'il écrivit en 1965 après avoir vécu deux ans avec ces motards. Ce n'était pas l'ordre qu'ils recherchaient, mais l'isolement et le temps de ruminer ce qu'ils venaient de vivre. Il s'agissait d'un sentiment dépressif, d'un genre d'angoisse existentielle commun chez ceux qui reviennent de guerre. »

Ils étaient des milliers, de jeunes gens habitués aux sensations fortes et aux horreurs des combats qui ne trouvaient rien à leur goût dans la vie civile normale ou à peu près rien, sinon les motocyclettes. À la fin des années quarante, celles-ci étaient très différentes de ce qu'elles sont aujourd'hui. Alors moins technologiques, les motos n'étaient guère plus que des moteurs, des cadres, des chaînes et des roues. Afin de les rendre plus amusantes et plus dangereuses, certains motocyclistes allongeaient leur fourche et leur guidon et enlevaient les ressorts arrière pour obtenir ce que nous appelons aujourd'hui des « choppers ». Plusieurs jeunes gens, rescapés du débarquement sur les plages françaises ou des âpres combats dans le sud du Pacifique, avaient besoin d'un genre de vie rebelle afin de satisfaire leurs pulsions nihilistes. Filer en moto à toute allure sur les autoroutes était ce qui ressemblait le plus à leur conception d'une vie à la recherche de sensations fortes.

Ces hommes cadraient mal avec le conformisme de l'époque Truman ou Eisenhower et le savaient très bien. Ils ne pouvaient plus vivre avec ceux qu'ils considéraient comme des gens dépassés, pas plus qu'ils avaient envie de s'acheter une maison de banlieue et de conduire une Ford Fairlane pour aller pointer à l'usine tous les matins. Rejetant de plus en plus la culture traditionnelle, certains motards anciens combattants formèrent des groupes d'abord hétéroclites, ensuite de plus en plus cohésifs, selon le modèle des unités dans lesquelles ils servaient dans les forces armées.

Au cours de la Seconde Guerre mondiale, beaucoup d'unités américaines, surtout celles des bombardiers, s'étaient baptisées les Hell's Angels ou « Anges de l'enfer ». Cette appellation évoquait l'idée de braves types accomplissant un sale boulot (ou de salopards faisant œuvre utile) et n'était pas sans déplaire aux aviateurs yankees. Il est possible que le sentiment plutôt trouble que l'on ressentait en balançant des tonnes d'explosifs puissants ou de bombes incendiaires sur des villes pleines de civils innocents, tout en sachant que c'était le seul moyen de combattre le fascisme, avait probablement engendré le paradoxe quasi religieux qui avait donné naissance à ce nom, qui n'était rien d'autre d'ailleurs qu'un oxymore.

Il faut dire que les Hell's Angels existaient avant l'entrée en guerre des États-Unis. Après l'invasion de la Chine par le Japon, en 1937, les derniers éléments du gouvernement nationaliste de Chiang Kai-shek étaient désespérés. Les Chinois achetèrent donc de la Grande-Bretagne une centaine d'avions de chasse américains P- 40 et se mirent en frais de recruter des pilotes. La femme du leader nationaliste engagea donc C. Chennault, un général américain à la retraite ayant démissionné après avoir échoué de convaincre les huiles de l'aviation américaine que leurs bombardiers avaient besoin de l'appui d'appareils de chasse et que la meilleure manière d'utiliser les robustes et rapides chasseurs américains était encore de les faire participer à des interventions éclair. Chennault, un sage qui comprenait les frustrations des jeunes gens, ratissa les forces armées pour trouver des pilotes motivés, ambitieux et très insatisfaits de la hiérarchie militaire.

Les hommes de Chennault, que l'on appelait les Flying Tigers ou « Tigres volants », entrèrent en action un peu après l'attaque nippone sur Pearl Harbor. Ils connurent des succès retentissants. Se battant au-dessus du territoire ennemi, souvent surpassés en nombre (Parfois à un contre vingt !), les Tigers firent preuve de bravoure, de créativité et de tactiques audacieuses pour infliger de sérieuses pertes aux Japonais, jusqu'alors invincibles. Alors que les forces américaines et britanniques essuyaient de cuisants revers, les Flying Tigers faisaient un joyeux bras d'honneur aux Japonais. En dépit de leur infériorité numérique marquée, les Tigers détruisirent 286 appareils nippons contre la perte de 6 chasseurs seulement de leur côté.

Les Tigers étaient des individualistes. À une époque où la plupart des appareils de combat étaient astiqués comme des sous neufs, les leurs étaient décorés de mâchoires de requins criardes, de têtes de mort, de personnages de bandes dessinées et de devises amusantes ou menaçantes et, au lieu d'identifier leurs escadrilles par des numéros, ils les baptisèrent de noms comme Les Pandas, Adam et Ève et les Hell's Angels.

Cette dernière appellation provenait probablement d'un film controversé, *Hell's Angels*, produit en 1930 par Howard Hughes. Cette œuvre cinématographique, qui avait coûté 3,8 millions de dollars, avait défoncé son budget à cause du perfectionnisme maladif de Hugues qui exigeait que l'on expose 225 mètres de film pour chaque mètre conservé au montage final et de la reprise de scènes périlleuses qui causèrent la mort de trois pilotes cascadeurs. Ce film raconte l'histoire de deux pilotes américains charismatiques qui combattaient, non sans réticence, dans l'aviation britannique au cours de la Première Guerre mondiale. Ces héros étaient donc conformes à l'image que les Flying Tigers essayaient de donner d'eux-mêmes.

Après que les alliés eurent réussi à reprendre pied en Asie, les Chinois rendirent les Flying Tigers aux forces armées américaines, ce qui sembla de prime abord une bonne idée. Les Tigers opéraient dans une zone de combats dévastée, avec un minimum de vivres, de munitions et d'autres approvisionnements. La perspective de se faire ravitailler régulièrement par les États-Unis semblait géniale, mais ces bonnes intentions ne donnèrent pas les résultats escomptés. En qualité de volontaires sous commandement chinois, les pilotes n'entretenaient aucun lien avec les autorités militaires américaines, car ils étaient des engagés. « Le colonel, très officieux, chargé de notre recrutement a commencé par menacer les gars, explique le chef de l'escadrille Panda, Dick Rossi, un as ayant à son palmarès six appareils japonais. Il s'agissait du genre de connard qui, bien que n'ayant jamais été au feu, se prenait pour un je sais tout… » Le numéro de dur à cuire du colonel en question n'impressionna pas grand monde et seulement cinq pilotes sur plus de cent s'enrôlèrent dans la China Air Task Force.

L'un de ceux qui refusèrent était le chef d'escadrille des Hell's Angels, Arvid « Oley » Olson. Reconnu par ses camarades pour sa témérité et ses dons d'improvisation, il avait un jour réussi à s'emparer de caisses de mitrailleuses provenant d'un bateau américain que l'on pensait totalement détruit par les Japonais en 1937. Avec des copains de son escadrille, il choisit de s'engager dans les Chindits, une unité de commandos britanniques opérant en Birmanie, qui jouissaient de la même liberté vis-à-vis de leur structure hiérarchique que celle que les Flying Tigers avaient connue en des temps meilleurs.

La guerre terminée, Olson et ses amis se retrouvèrent à San Bernardino, où on pouvait les voir rouler sur de grosses et bruyantes Harley-Davidson. Ils ne se mêlaient guère à la population, mais n'étaient pas encore devenus le Club motocycliste des Hells Angels. Plusieurs autres unités avaient d'ailleurs porté le nom de Hell's Angels, notamment la 11e division aéroportée et la célèbre 303e escadrille de bombardiers opérant en Afrique du Nord et en Europe, dont les membres étaient réputés pour leur propension à lever leur verre plus souvent que de coutume. L'origine de ce nom provient donc peut-être d'une autre source. Il est plus probable qu'elle soit imputable aux motards qui fréquentaient Olson et ses copains et qui voulaient copier leur style de vie. Une chose est certaine : il s'agissait probablement de personnages assez décontractés.

À travers les États-Unis, on se mit à trouver des groupes de jeunes gens qui aimaient faire de la moto, faire la fête, vivre à la limite de la légalité ou carrément en marge de celle-ci. Les motos ne coûtaient pas cher. Après la guerre, on pouvait trouver nombre d'entre elles dans les surplus militaires, et les hommes qui les chevauchaient avaient tendance à se regrouper parce qu'ils s'intégraient mal ou pas du tout à la société conventionnelle. Bien entendu, tous les motards de la fin des années quarante — et même la majorité d'entre eux — n'étaient pas des hors-la-loi, mais ceux qui l'étaient faisaient parler d'eux et rendaient la vie difficile aux autres.

L'image du motard antisocial et fauteur de troubles en veste de cuir noir a commencé à s'implanter sérieusement dans l'esprit des gens au cours de l'été 1947. Deux groupes de fanatiques de la moto, qui étaient loin d'être des hors-la-loi, avaient organisé une réunion le 4 juillet à Hollister, une petite ville rurale de Californie. Encouragée par l'American Motorcycle Association, la balade comprenait en plus des courses et des épreuves de côtes. Plus de 4000 motards firent irruption dans l'agglomération de 4500 habitants.

Deux de ces groupes, les Pissed Off Bastards de Bloomington (littéralement, « Les Salauds qui en ont ras le cul »), ainsi que les Booze Fighters (ou « Bagarreurs soûlographes ») débarquèrent dans ce coin bucolique avec d'autres idées en tête que de participer sportivement aux courses de côtes. Ivres dès leur arrivée, les Bastards et les Fighters commencèrent à improviser des courses et à faire des acrobaties dangereuses dans les rues, se bagarrèrent, fracassèrent les fenêtres à coups de bouteilles de bière, terrorisant la population. Débordées, les forces policières de Hollister appelèrent en renfort une quarantaine de membres de la Police de la route qui décréta une sorte de loi martiale. Ils fermèrent les bars, menacèrent d'utiliser les gaz lacrymogènes et les motards s'esquivèrent de la ville. Les seuls qui restèrent sur place furent une cinquantaine de blessés lors des courses, certains sérieusement, comme Frank McGovern, de Chico, qui avait eu le pied presque sectionné dans une course, et une autre cinquantaine qui finit sous les verrous.

Même si les histoires de beuveries violentes qui circulèrent sur les incidents survenus à Hollister avaient été grandement exagérées et que la célèbre photo d'un motard torse nu et ivre mort sur une Harley, parue dans le magazine *Life*, fut reconnue plus tard comme un montage bidon, le ton était donné quant à l'image du motard délinquant. Le chef de police Fred A. Earl qualifia l'incident de « pires quarante heures de l'histoire de Hollister ». Joyce Lane, la surintendante de l'hôpital Hazel Hawkins Memorial, relata aux journalistes qu'ils avaient admis plus de blessés et d'individus ivres morts « qu'ils étaient capables d'en dénombrer ». L'American Motorcycle Association prit rapidement ses distances avec ce lamentable événement en émettant un communiqué de presse où l'on qualifiait les fauteurs de troubles de « hors-la-loi » et où l'on racontait dédaigneusement qu'il s'agissait là de un pour cent des effectifs d'une fraternité respectueuse des lois. Encore de nos jours, les termes de *Outlaw* (« hors-la-loi ») et de *1-percenter* (c'est-à-dire la minorité de fripouilles représentant un pour cent des fans de la moto) ont été récupérés avec beaucoup de flafla par les gangs de motards qui les considèrent comme des titres de gloire.

À la suite des désordres de Hollister, un Pissed Off Bastard bien connu du nom de Otto Friedli quitta le club et forma son propre groupe le 17 mars 1948 à Fontana, à l'ouest de San Bernardino. Il appela ce club de motards les Hells Angels, mais, mis à part un nom plutôt *cool*, il n'était pas très différent des autres. Le club de Friedli devint encore plus *cool* en 1954 lorsqu'il fusionna avec les Market Street Commandos de San Francisco, des fauteurs de troubles qui avaient fait parler d'eux à Hollister. Les nouveaux membres faisaient dorénavant partie du chapitre de San Francisco des Hells Angels et, en guise de tribut à ceux qui les accueillaient, leur donnèrent une image qui allait devenir célèbre mondialement et constituer une marque de commerce déposée : la tête de mort ailée.

Plus tard cette année-là, Hollywood lança un film qui devait plus que tout servir la cause des motards. Inspiré par une nouvelle, *The Cyclists' Raid*, qui se basait vaguement sur les incidents de Hollister, *The Wild One* ou « l'Équipée sauvage », de Laszlo Benedek, raconte l'histoire d'une bande de motards qui envahit une petite ville où se tient une course de motos et finit par affronter une bande rivale. D'aucuns estiment que l'interprétation du rôle de Johnny, le motard perturbé et taciturne, interprété par Marlon Brando, fut le meilleur que le grand artiste a interprété. Johnny est fasciné par l'existence romantique et de hors-la-loi que mènent les motards, mais trouve aussi cette vie absurde et inutilement violente.

Ce film se révéla un énorme succès. Il catapulta Marlon Brando dans le monde des stars. Son air rebelle et son style dictèrent les normes de tous les jeunes qui se sentaient aliénés par le système, peu importe où. Des millions d'imitateurs apparurent du jour au lendemain et, encore aujourd'hui, le blouson de cuir noir et les jeans se retrouvent dans toutes les rues.

Mais, pour les délinquants qui se considéraient de vrais motards, Johnny faisait figure de femmelette et n'était pas dans le coup. Cet être sensible qui avait l'inconvénient de penser n'était qu'un faux jeton prétendant jouer les rebelles. Et pire encore, ce con roulait en Triumph (la moto de Marlon Brando dans la vie quotidienne). Pas de doute : les motards préféraient Chino, le méchant du film incarné par Lee Marvin, qui lui, au moins, pilotait une Harley. Le personnage de Chino, inspiré de celui d'un célèbre Booze Fighter, Willie « Wino Willie » Forkner, était considéré par nombre de gens comme une brute sadique. Toutefois, pour bien des motards, il personnifiait le summum de la décontraction branchée. Ce rôle impressionna tant Frank Sadilek, un Hells Angels de San Francisco (qui devint plus tard président du chapitre de cette ville) qu'après avoir vu le film, le lendemain il sauta sur sa machine et se précipita à Los Angeles pour acheter une copie de la chemise rayée bleu et jaune que portait Lee Marvin. Il la porta jour après jour jusqu'à ce qu'elle tombe en lambeaux des années plus tard.

Nantis d'un nouveau logo et de ce qu'ils considéraient être les meilleures motos sur le marché (rien que des Harley; ils ne voulaient pas d'Indian ou de « cochonneries étrangères »), les Hells Angels représentaient tout ce que les jeunes gens qui avaient vu *L'Équipée sauvage* voulaient être. Ce n'étaient plus les pilotes, parachutistes et autres bombardiers qui s'étaient tournés vers la moto pour mettre un peu de piment dans la monotonie de leur retour à la vie civile. Il s'agissait de jeunes gens ordinaires en rébellion contre l'Amérique d'après-guerre qui leur avait promis beaucoup de choses, mais avait laissé un grand nombre de personnes en rade. Même si l'on vivait à une époque d'abondance et de liberté sans précédent, tous n'avaient pas leur part du gâteau et tous ne voulaient pas se coiffer d'un feutre mou, se rendre à l'usine et rentrer dans leur prosaïque maison de banlieue pour retrouver Bobonne et la marmaille. S'inspirant de la tendance au franchisage (les restos McDonald se répandaient dans cette région à cette époque), les chapitres des Hells Angels commencèrent à essaimer sur toute la Côte ouest.

Ralph Hubert Barger était l'un de ces jeunes gens mécontents. Né le 9 octobre 1938 dans une famille d'ouvriers ayant élu domicile sur un coin de la route nationale, à Modesto — un nom approprié —, on ne peut prétendre qu'il avait connu des débuts faciles dans la vie. Son père écrasait du bitume sur la route 99. Sa mère prenait chaque week-end l'autocar en compagnie de Sonny (c'est ainsi qu'elle appelait Ralph junior) et de sa grande sœur, Shirley Marie, pour aller rendre visite à son époux. On ne sait pas si c'était le stress d'avoir à élever ses enfants de façon monoparentale ou s'il s'agissait de quelque chose qu'elle n'aurait pas dû voir lors de visites hebdomadaires qu'elle rendait à son conjoint, toujours est-il que Kathryn Carmella Barger colla ses enfants à une gardienne pour filer se mettre en ménage avec un conducteur d'autocars Trailways qui vivait à Twentyninepalms, en Californie.

Dés lors, l'éducation de Sonny laissa à désirer. Sa mère hors du décor, sa sœur et lui s'en allèrent vivre avec leur grand-mère à Oakland, l'une des villes les plus violentes et les plus divisées au plan racial. Sonny se révéla ce qu'il est convenu d'appeler « un enfant à problèmes ». En 1955, il décrocha au cours de sa dixième année de cours secondaire pour s'enrôler dans l'armée. Il fit ses classes pendant 13 mois et suivit un entraînement d'infanterie avancé, mais, réalisant qu'il était trop jeune, les autorités militaires le renvoyèrent à la vie civile avec les honneurs. Après cette mésaventure, il erra de petit boulot en petit boulot, y compris dans la fascinante fabrication des pommes chips. Puis il s'acheta une moto et fonda un club.

Le 1er avril 1957 (une date qu'il s'est fait tatouer sur son bras), Barger fonda le chapitre d'Oakland des Hells Angels. Un an plus tard, Friedli fut coffré et les Hells durent se choisir un nouveau président national. Grâce à son indéniable charisme, le petit bonhomme nerveux d'Oakland, un être perpétuellement agité, décrocha le poste. Barger ne perdit pas de temps pour se mettre au travail. Il déménagea le quartier général des Hells Angels de Berdoo (l'abréviation de San Bernardino que le club avait adoptée, car elle prenait moins de place sur les vestes de moto) à Oakland. Il rédigea un code de conduite qui prévoyait entre autres des amendes de 5 $ pour les membres qui se bagarraient entre eux et l'interdiction de fricoter avec les « bonnes femmes » des autres Hells. Il établit également les modalités d'un franchisage qui devait éventuellement s'étendre à l'ensemble des États-Unis et à une douzaine d'autres pays.

* * *

Malgré les aspirations plus ou moins anarchisantes des membres, Barger créa dans son club une hiérarchie pseudo-militaire qui allait faire des Hells l'une des organisations les plus strictement autoréglementées au monde. Chaque chapitre a son président, élu ou reconnu de façon incontestée, qui contrôle de façon absolue les décisions du club. Malgré ses pouvoirs, le président d'un chapitre ne peut prétendre avoir juridiction sur d'autres chapitres. Le président national lui-même n'a pas de pouvoir immédiat sur les autres chapitres, même si on l'écoute toujours et si on le traite avec respect et révérence. Le président du chapitre circule à gauche de la formation en deux colonnes qu'adoptent les motards. Près de lui chevauche son bras droit, le capitaine de route, dont les tâches sont de régler les détails ennuyeux comme la planification des déplacements, le transport de l'argent et les négociations avec la police. Derrière eux roule le vice-président, celui que le président a choisi pour le remplacer au besoin, mais qui n'est pas forcément son poulain à sa succession ; il est accompagné du secrétaire-trésorier, qui organise les réunions, distribue les amendes, perçoit les cotisations et possède la liste de tous les membres ainsi que leurs coordonnées. Suivent les membres en règle du club (les Full Patch). Le dernier de ceux-ci est le sergent d'armes, qui agit à titre de garde du corps du président, d'homme de main et de dur à cuire de service. Les clubs les plus importants peuvent avoir un exécuteur adjoint aux basses œuvres, qui chevauche près du sergent d'armes. Derrière eux suivent les membres honoraires, des membres à la retraite ou de proches associés comme des avocats, des individus se portant garant des cautions ou des fournisseurs de pièces détachées de motos qui ont déjà aidé le club dans le passé. À la queue des deux colonnes, on trouve les aspirants ou prospects et autres associés. Chacun connaît sa place et, comme dans une horde de loups, toute déviation à l'ordre établi est immédiatement et brutalement réprimée.

Il n'existe pas de grade inférieur à celui d'amis ou d'associés des membres du club. Ces gens n'ont officiellement aucun droit et ne portent pas les couleurs du club, mais peuvent être invités aux fêtes et aux équipées. Les amis qui postulent pour devenir membres doivent répondre à certains critères et posséder certaines qualifications. « Celui qui fréquente le club et veut y adhérer doit avoir une bonne moto, une Harley-Davidson, explique Clarence « Addie » Crouch, ancien vice-président du chapitre de Cleveland, être de race blanche et avoir 21 ans ou plus. » Une femme de Ventura, en Californie, a un jour essayé de poursuivre les Hells Angels pour les forcer à l'accepter comme membre. Elle échoua, car le club ne reçoit pas de subsides gouvernementaux. « Vu que nous ne recevons pas d'argent du gouvernement, ils ne peuvent nous forcer à faire quoi que ce soit, a expliqué Barger quelques années plus tard. D'ailleurs, même s'ils nous forçaient à le faire, ils pourraient toujours courir… » Un postulant doit toujours faire ce que lui dit un supérieur. Il doit aussi supporter maintes brimades, par exemple, des corrections de la part de membres du club. Même s'il se fait agresser par des bandes de deux, trois motards ou davantage, on s'attend à ce qu'il se défende, mais il doit se montrer suffisamment malin pour ne pas humilier un membre en règle en ayant le dessus dans la bagarre.

Après une période qui s'étend généralement de trois mois à deux ans, au cours de laquelle le postulant a prouvé qu'on pouvait compter sur lui, les membres du club doivent voter sur son cas. Il sera promu

« *hangaround* », mais seulement s'il reçoit l'appui de la totalité des membres. Il acquiert des droits, peut fréquenter le local du club et empêcher les curieux de venir fouiner dans les affaires des motards. En fait, le premier rôle d'un *hangaround* est de tenir le public à distance, mais un membre peut aussi exiger d'autres tâches de lui et il doit s'en acquitter. Chad Proctor, un ancien *hangaround* de Vancouver a décrit cette dictature des membres comme étant « intolérable » et a qualifié ses supérieurs de « tyranniques ». Ces aspects déplaisants de la vie des Hells Angels n'empêchent pas une foule de jeunes gens d'accepter de se soumettre à ce genre de traitement pour devenir membres.

Les risques augmentent en s'élevant dans la hiérarchie. Si un « ami » transgresse un règlement, il peut s'en tirer en se faisant virer, ce qui n'est pas le cas des *hangarounds*. Ils doivent être prêts à faire n'importe quelle tâche commandée par un membre et se montrer disponibles jour et nuit, sept jours par semaine. Si un *hangaround* contrevient au règlement, on le chasse à tout jamais. « S'il refuse de se soumettre aux brimades, on le dépossède, explique Crouch. Ils lui foutent une raclée, lui piquent sa moto et sa bonne femme. Bref, ils lui prennent tout. »

Un *hangaround* a trois occasions de devenir un prospect. S'il échoue à la troisième ronde, on le bannit. Contrairement à la plupart des opérations des Hells Angels, il n'existe pas de règlement précis en ce qui concerne l'affiliation des prospects. Si un hangaround prouve sa valeur et affiche l'attitude appropriée, il sera titularisé prospect. La vie d'un prospect n'a rien de drôle, mais elle est à maints égards moins ingrate que celle de *hangaround*. Il est admis dans le local et, ce qui est le plus important, peut arborer les couleurs du club. Il a le droit porter une veste de cuir avec le logo à tête de mort ailée et un lettrage surplombant l'écusson où l'on peut lire « Hells Angels ». On dit que les couleurs sont plus importantes pour un Hells Angels que tout bien matériel ou que toute femme. Les couleurs sont précieuses et les règles qui en régissent l'utilisation sont complexes et indiscutables. Un non-membre ne peut pas les toucher sans encourir une punition. Un Hells Angels qui oublie de porter ses couleurs à une fête ou a une réunion risque sérieusement de se faire battre par ses acolytes. S'il perd ses couleurs, il sera probablement banni à tout jamais. Profaner les couleurs est, dit-on, une offense passible de la peine de mort, même si le coupable est un autre Hells Angels. Les Hells sont très fiers de leurs couleurs et ne tolèrent pas les imitateurs. Certains de ces derniers, qui s'étaient fait tatouer une tête de mort ailée sans l'avoir méritée, se sont fait ôter le tatouage à la pointe d'un couteau…

Lorsqu'un prospect devient membre en règle — *Full Patch* — il ajoute sous l'écusson de sa veste un lettrage indiquant à quel chapitre il appartient. Traditionnellement, pour un membre, la cérémonie d'initiation, parfaitement répugnante, est l'une des pires choses qu'il a dû endurer jusqu'alors. Au cours d'un rituel aussi profane que celui de la Cosa Nostra peut être considéré comme étant d'inspiration religieuse, il reçoit une douche de vomi, d'urine, d'excréments, d'éjaculat, et on lui interdit de nettoyer sa veste à tout jamais. Suit une fête où l'initié doit prouver sa résistance aux mauvais coups, absorber de dangereuses quantités d'alcool et réaliser des exploits sexuels avec des filles fournies par le club. On accorde ensuite neuf jours au nouveau membre pour se faire tatouer la tête de mort ailée complète, avec les lettrages qui l'accompagnent et la date où il a été admis dans l'association. La plupart décident de se faire tatouer le bras, mais certains utilisent d'autres parties du corps, tels ces Hells enthousiastes qui ont choisi leur pénis pour ce genre d'opération. Si un Hells Angels quitte l'organisation de manière honorable, il doit faire ajouter la date de sa démission à son tatouage. S'il est chassé, les autres membres doivent lui ôter le tatouage. Quelques vétérans des Hells Angels ont soutenu que les nouveaux membres devaient tuer quelqu'un pour se mettre en règle, mais cette rumeur est aujourd'hui largement démentie et considérée comme un mythe.

Aussi affreux que cela puisse paraître, les hommes faisaient la queue pour grossir les rangs des Hells Angels. Les clubs de motocyclistes existant déjà demandaient à ce qu'on les fusionne aux Hells ou se voyaient forcés d'accepter une fusion dans le cadre du franchisage de l'organisation, qui cherchait à dominer cette activité. Au cours des années qui suivirent, les Hells Angels continuèrent à faire de la moto, à boire comme des trous et à faire la bringue en jouissant de leur notoriété. Ils en avaient tant, en fait, et étaient si confiants dans leur bonne étoile que Barger trouva le culot d'exprimer son patriotisme pur et dur en envoyant, en 1964, une lettre à Lyndon Johnson pour lui offrir un coup de main aux militaires en Asie du Sud-Est. Elle se lit comme suit.

Cher Monsieur le Président,
En mon nom et en celui de mes associés, je vous propose un groupe de loyaux volontaires américains pour le Viêt-nam. Nous sommes d'avis qu'un groupe de durs dans notre genre, de combattants d'élite bien entraînés, serait capable de démoraliser les Viets Cong et faire avancer la cause de la liberté. Nous sommes disponibles sur-le-champ pour subir l'entraînement nécessaire et nous présenter sous les drapeaux.
Ralph Barger J.-R.
Oakland, Californie
Président des Hells Angels

* * *

Plus tard la même année, les choses changèrent. Deux jeunes filles — l'une de 14 ans et l'autre de 15 — prétendirent avoir été victimes d'un viol collectif lors d'une fête organisée par les Hells Angels à Monterey. Même si l'une des adolescentes refusa plus tard de témoigner et que l'autre échoua au test de détecteur de mensonges qu'elle avait subi, les Hells Angels sortirent de cette affaire avec une image bien différente.

Les Hells « Terry the Tramp », Marvin « Moldy » Gilbert, « Mother » Miles et Filmore « Crazy » Cross furent accusés et leur défense coûta très cher. Au début des années soixante, malgré sa notoriété, l'organisation n'était pas riche. À ce point-ci, il ne s'agissait que d'un club se consacrant à la moto, aux beuveries et aux filles peu farouches. Certains membres commettaient de petits délits pour boucler leurs fins de mois, mais ils n'avaient pas l'ambition de devenir des magnats du crime. Quelques-uns *dealaient* dans les stupéfiants mais sur une petite échelle. La plupart du temps, les motards louaient leurs services et leur réputation de voyous à la mafia comme percepteurs de dettes ou comme hommes de main. Les Hells Angels qui occupaient un emploi avaient généralement de petits boulots. Ainsi, Barger travaillait dans un entrepôt. À cette époque, les Harley-Davidson étaient devenues des machines très chères et il était bien connu que leur entretien coûtait les yeux de la tête vu qu'elles tombaient souvent en panne. La police avait les motards à l'œil, et une pluie constante de contraventions, de versements de cautions et de jours de travail perdus à traîner devant les tribunaux finissaient par épuiser les réserves du club. Celui-ci imposait des cotisations, mettait ses membres à l'amende pour des infractions mineures et avait besoin d'une réserve constante de bière, d'alcool et de produits alimentaires pour faire la foire. Même les Hells Angels les plus décorés se retrouvaient pratiquement sans abri, car, pour eux, faire fonctionner leur club et leur moto avait bien plus d'importance que des niaiseries comme payer son loyer.

Quelques jeunes membres consommaient et commerçaient dans la mari en amateurs, car, traditionnellement, les Hells Angels méprisaient l'utilisation de stupéfiants illégaux. Mais les temps étaient durs. Avec quatre frères sous les verrous, les cautions et les avocats à payer, le club était au bord de la banqueroute. Lors d'une réunion, l'un des membres parla d'un ami qui gagnait des tonnes de fric en fabriquant une nouvelle sorte de stupéfiant dans sa cuisine avec des ingrédients que l'on pouvait se procurer chez les pharmaciens et dans les épiceries. Il trouva des oreilles complaisantes et, peut-être à regret, les Hells Angels se mirent dans le commerce de la « meth ».

Les méthamphétamines sont des stimulants qui dilatent les pupilles et engendrent une hyperactivité temporaire, une sensation d'euphorie, un accroissement d'énergie et des tremblements. Sous sa forme la plus puissante et la plus fumable, la méthamphétamine se présente sous forme de cristaux. Selon la U.S. Drug Enforcement Agency :

> La méthamphétamine est une substance neurotoxique, ce qui signifie qu'elle cause des dommages au cerveau. Prise à fortes doses ou utilisée régulièrement, elle provoque une nervosité excessive, de l'irritabilité et un comportement paranoïaque. Lorsqu'on tente de les sevrer, les consommateurs fréquents sont en proie à une sévère dépression. L'abus chronique de cette drogue produit une psychose semblable à de la schizophrénie. Elle se caractérise par des accès de paranoïa, des picotements de la peau, de l'égocentrisme, des hallucinations auditives et visuelles. Les gros consommateurs manifestent souvent un comportement erratique et violent.

Cette drogue était parfaite pour les Hells Angels. Composée de petits cristaux blancs — qui lui donnèrent son surnom de *ice* ou « glace » — les cristaux de cette substance sont faciles à dissimuler dans un blouson ou dans la tubulure d'une moto. On l'appela aussi « cranck », diminutif de *crankcase* ou « carter » en français. Une légende urbaine voulait en effet que les motards dissimulent la « meth » dans les carters de leurs Harley. Mieux, depuis qu'elle était fabriquée localement dans des « laboratoires » très discrets, les Hells Angels, qui sont des xénophobes de première classe, n'avaient pas à compter sur les « étrangers ».

Nous étions dans les années soixante et, comme le chantait le contestataire Bob Dylan de sa voix geignarde, *The times they are a' changin'* — Les temps étaient en train de changer. Le marché principal des stupéfiants se situait dans une tranche montante de population composée de jeunes devenant de plus en plus anti-*establishment*, mais d'une manière bien différente de celle des Hells Angels. Même s'ils n'avaient rien à foutre des gouvernements et de leurs règlements, les motards étaient néanmoins farouchement patriotiques et considéraient les légions de jeunes antimilitaristes comme des commies, des « cocos », des communistes. L'animosité n'était pourtant pas réciproque. Les hippies et leurs amis étaient tout autant séduits par la mystique des motards que les autres jeunes — davantage peut-être. Lorsque le journaliste Hunter S. Thompson vivait et roulait avec les Hells Angels, il leur présenta Ken Kesey, l'un des pionniers du mouvement hippy. Grand défenseur des drogues comme source de créativité, Kesey se baladait à travers le pays dans un autobus multicolore avec un groupe qui s'appelait les Merry Pranksters (les « Joyeux farceurs »). Le 7 août 1965, les deux groupes firent connaissance. Il y avait là les Hells Angels et les hippies les plus influents, sans compter une brochette de notables des milieux culturel et universitaire qui se rencontraient à une sorte de réunion au sommet pour faire la bombe.

Conduits par Barger, une quarantaine de Hells Angels de la région de la Baie de San Francisco se pointèrent à la sauterie. D'abord dégoûtés par les hippies et les intellos de gauche qu'ils trouvaient prétentiards, les motards s'allumèrent lorsqu'on leur présenta toutes sortes de nouvelles drogues, surtout le LSD et la cocaïne, et ils en évaluèrent toutes les possibilités. Les hippies furent ravis et les motards firent figure de personnages emblématiques. Dans le monde réactionnaire des années soixante, dans l'esprit de ceux que le romantisme chatouillait, les Hells Angels se substituaient aux rudes combattants individualistes. Ils prenaient la place des chevaliers, des cow-boys et des pilotes de chasse d'une autre époque et en d'autres lieux.

La fête passée, les chevaliers bardés de cuir retournèrent à leur manière habituelle de faire les choses. Le 16 octobre, une foule de manifestants contre la guerre (que l'on estima alors à 15 000 personnes) se mit en marche à partir de l'Université de Californie à Berkeley pour se diriger vers un imposant complexe militaire : le Oakland Army Terminal. La police arrêta les contestataires bien avant qu'ils n'atteignent les bâtiments et les jeunes gens organisèrent un *sit-in* silencieux comme ils l'avaient déjà fait plus tôt cette année-là. Les motards locaux se rendirent fouiner dans le coin. Ulcérés par ce qu'ils considéraient comme un étalement effronté d'anti-américanisme, ils firent irruption dans cette foule et commencèrent à matraquer quelques caboches. Les policiers ne s'interposèrent pas et laissèrent les motards se livrer à un petit exercice musclé que nombre d'entre eux auraient bien voulu pratiquer s'ils en avaient eu la possibilité. L'un des agents fit toutefois ce pour quoi il était payé et essaya d'empêcher un Hells Angels de matraquer un hippy. Mal lui en prit. Les autres motards lui tombèrent dessus et l'un d'entre eux lui cassa la jambe d'un coup de botte ferrée.

La haute hiérarchie des hippies se mit à paniquer. Kesey, Allen Ginsberg et d'autres demandèrent que l'on tienne une réunion avec Barger. En guise de réponse, celui-ci menaça d'intervenir encore à l'occasion d'une autre manifestation monstre prévue pour le 20 novembre. Cependant, après maintes supplications et civilités de la part des hippies, il revint finalement sur sa décision et décida de laisser les commies plaider leur cause. Ce qui suivit constitua un changement historique pour les Hells Angels.

Celui-ci eut lieu le 19 novembre à l'issue d'une conférence de presse. Barger y confirma son profond dégoût pour les valeurs des protestataires, mais recula par la suite. Les Hells Angels faisaient passer les affaires avant leurs convictions. Il déclara : « Vu nos sentiments patriotiques et le tort que ces gens occasionnent à notre grand pays, il ne faudrait pas se surprendre que certains actes de violence puissent survenir. Cependant, toute intervention de ce genre ne pourrait que susciter de la sympathie pour cette bande de traîtres… »

La manif eut donc lieu, tel que prévu. Les Hells Angels ne s'en mêlèrent pas. On vit bien quelques motards qui, au lieu de jouer de la matraque sur des crânes intelligents, se mirent à vendre des stupéfiants.

Par la suite, les motards firent des affaires d'or en refilant de la drogue à des millions de jeunes anti-*establishment* qui n'attendaient que ça. Les maîtres à penser de cette jeunesse obtinrent des stupéfiants à gogo, la caution clinquante des Hells Angels et se retrouvèrent moins souvent à l'hôpital. La fameuse pseudo-révolution des années soixante a pu avoir lieu en grande partie parce que les Hells ne s'en prirent pas aux manifestants.

On peut donc dire qu'à partir de cette époque les Hells Angels, qui ne semblaient être qu'une bande d'individus amateurs de sensations fortes, de filles et de rigolade, se transformèrent en une association dans le giron du crime organisé.

* * *

Les chapitres des Hells Angels continuèrent à proliférer en Californie, tout particulièrement dans la région de la Baie et au-delà. Des dizaines de clubs de motocyclistes voulurent se joindre aux Hells, mais ne furent pas acceptés. Donald « Skeets » Picard, le président d'un club de Lowell, Massachusetts, proposa une solution nouvelle et de derniers recours. Il proposait de faire parcourir à moto à ses membres les quelque 5 000 km séparant la banlieue de Boston de la ville d'Oakland afin qu'ils puissent se joindre à la bande du célèbre Sonny Barger comme prospects. On accepta l'offre de Picard, mais les recrues furent traitées avec une rudesse inouïe. La bande de Picard se trouvait à l'autre bout du pays et ses membres devaient faire confiance aux Hells Angels avant que ceux-ci ne leur permettent de porter leurs couleurs. Leur violente initiation terminée et après avoir rendu visite à tous les Hells de Californie, la moitié des trente prospects de Lowell furent acceptés comme membres. Les autres furent envoyés paître. Le 17 avril 1967, Lowell devint le premier chapitre à voir le jour à l'extérieur du mirifique « Golden State ».

À la suite de ce mariage, les demandes d'adhésion se multiplièrent. On ignora la majorité de celles-ci et seul un club put se joindre aux Hells sans l'avoir demandé. Il s'agissait des Aliens, dirigés d'une main de fer par Sandy Alexander. Ils étaient considérés comme un fléau à New York, où fourmillaient des bandes de malfaisants se livrant à la violence de manière aléatoire. Avec ses chapitres dans le Bronx, Queens et Manhattan, les Aliens commettaient des crimes de leur cru et s'occupaient de sales boulots que la mafia trouvait trop difficiles à accomplir. Il s'agissait de motards affreux, sales et méchants qui n'avaient pas besoin des Hells Angels, et c'est probablement pourquoi ces derniers tenaient tant à les recruter. Contrairement aux dizaines de clubs d'aspirants qui suppliaient les Hells de leur accorder leurs couleurs de prospects, les Aliens refusèrent de porter celles-ci et répliquèrent à Barger qu'ils n'accepteraient les couleurs des Hells Angels que lorsqu'on leur accorderait le statut de membres en règle de l'association. Par ailleurs, les Aliens ne craignirent pas d'offenser les Hells en portant des insignes rouges et blancs — des couleurs que ces derniers se réservaient férocement. Lorsque les Aliens se pointèrent à Laconia, dans le New Hampsire, arborant leurs insignes rouges et blancs, les Hells Angels les menacèrent d'extinction. Les Aliens revendiquèrent alors mordicus le droit de porter les couleurs qui leur plaisaient. De toute évidence, ils s'attirèrent le respect de Barger et, à la suite de négociations ardues, devinrent le Club motocycliste des Hells Angels de New York, le 5 décembre 1969. Dès lors, les Hells Angels prenaient l'envergure d'une organisation nationale entretenant de sérieux liens avec la mafia.

Beaucoup plus qu'aux États-Unis, le Canada — et particulièrement le Québec — connaissait, lui aussi ses angoisses existentielles d'après-guerre. Après avoir été traitée de manière cavalière pendant plus de 100 ans par un gouvernement fédéral plutôt distant et sous la férule implacable de l'Église catholique, la jeunesse du Québec était prête à se révolter. Dans les années cinquante et soixante, à l'exception d'une petite partie de Montréal, on peut dire que le Québec vivait encore sous un régime quasi médiéval et sous un conservatisme fossilisé [1]. Une telle atmosphère était propice à la prolifération de bandes de motocyclistes. À la fin des années soixante, la police estimait à 350 le nombre de clubs de motards dans la province. Cherchant à se démarquer de l'uniformité suffocante qui régnait dans La Belle province, les gangs adoptèrent des noms tels que les Black Spiders, les Missiles, les Atomes, les Beatniks ainsi que ces flagrants plagiaires des Hells, les Pacific Rebels. Mais il n'y

---

1. L'auteur fait probablement allusion à la fameuse « Grande noirceur », qui s'est manifestée particulièrement sous le régime de Maurice Duplessis et de ses séides, qui régnèrent presque sans interruption au Québec de 1936 à 1960. (N.d.T.)

avait pas que les noms. Les gangs francophones honoraient les Hells Angels en copiant leur habillement, leurs coutumes et leur hiérarchie. Seuls les Citoyens de la Terre, d'inspiration marxiste, se voulaient différents… et encore ! Tous bricolaient un peu dans le trafic de stupéfiants, surtout dans les écoles secondaires, et on les accusait de viols et autres formes de violence. Le comportement de groupes comme les Black Spiders était parfois si excessif qu'en 1978, au cours d'une scène digne de Frankenstein, ils se firent attaquer par une centaine de citoyens outrés, armés de haches, d'instruments aratoires et de torches. Toutefois, la violence se déroulait surtout entre motards, contre ceux qui avaient des dettes envers eux ou contre les adolescentes.

Ces bandes de motards québécois n'avaient toutefois pas grande envergure et manquaient d'organisation. Un gang canadien pouvait toutefois se targuer de rivaliser avec les Hells Angels. À cette époque, les affaires tournaient rondement dans le sud de l'Ontario, si bien que les gens vivant dans le territoire en demi-cercle bordant la rive occidentale du lac Ontario l'appelaient fièrement The Golden Horseshoe — le « Fer à cheval doré ». Le vice et la rébellion ne tardèrent pas à suivre dans le sillage de la prospérité. À une époque où les Hells Angels ne possédaient qu'une douzaine de chapitres, dans le sud de l'Ontario les Satan's Choice en avaient dix. Ils en avaient également un dans l'ouest de Montréal, où vit une population anglophone généralement à l'aise.

Le club atteint le summum de son influence en 1968 lorsque les Hells Angels, qui cherchaient à étendre leur hégémonie, envoyèrent un émissaire à Toronto pour rencontrer les dirigeants des Satan's Choice dans l'espoir de fusionner les clubs. On l'accueillit à l'aéroport, on écouta son boniment et on le renvoya chez lui avant même qu'il ait eu l'occasion de quitter les installations aéroportuaires.

Après cette fusion ratée, les événements commencèrent à se précipiter. La police et les médias s'en prirent individuellement aux chapitres des Satan's Choice et il y eut de nombreuses arrestations… Lorsque le charismatique fondateur et dirigeant du club, Bernie « The Frog » — La Grenouille — Guindon, fut emprisonné, l'organisation tomba en déliquescence. Un par un, les chapitres de Hamilton, de St. Catharines, de Windsor, d'Ottawa et de Montréal firent défection et passèrent aux Outlaws, les premiers rivaux des Hells Angels aux États-Unis.

La présence des Outlaws bien équipés et généreusement financés dans le West Island de Montréal ne passa pas inaperçue de l'autre côté de la ville. Après avoir raconté pendant des années que cela ne se produirait jamais, la plus importante bande au Québec demanda son affiliation aux Hells Angels en 1977. Les Popeyes constituaient l'une des bandes les plus féroces de Montréal et la mafia les utilisait souvent quand elle ne voulait pas se salir les mains. En majorité francophones et portés à se livrer à des actes de violence gratuits et à faire preuve de sadisme, les Popeyes furent acceptés et formèrent le 31e chapitre des Hells Angels, soit le premier de l'organisation au Canada.

Quoique les Satan's Choice devenus des Outlaws fussent loin d'être des enfants de chœur, le nouveau chapitre des Hells Angels avait une réputation unique de sauvagerie. Les Popeyes, qui portaient maintenant le nom de Hells Angels de Montréal, suivaient une philosophie imaginée par leur fondateur, Yves « Apache » Trudeau. Peu imposant au plan physique, avec son 1 m 67 et ses 60 kg, Trudeau compensait son modeste gabarit en réglant le compte de ceux qui le doublaient. En septembre 1970, un loser du nom de Jean-Marie Viel eut la malencontreuse idée de voler une moto appartenant à un Popeye. Trudeau le poursuivit et l'abattit devant le reste de la bande, établissant un précédent pour l'édification des autres membres. En juillet 1985, Trudeau admit 43 assassinats, faisant de lui l'un des meurtriers les plus prolifiques au monde (il était loin du *recordman* canadien du genre, le tueur en série Robert Pickton, de Vancouver, avec 64 meurtres présumés[2]). D'aucuns sont persuadés que Trudeau a tué bien plus de gens que cela, mais comme ce psychopathe semblait tirer beaucoup de fierté de ses crimes et étant donné que la Justice ne pourrait le condamner plus durement, même avec des victimes supplémentaires, il est permis d'en douter.

Après que les Popeyes devinrent des Hells Angels, les nouvelles recrues affluèrent. Gardant l'œil et le bon sur le marché montréalais des stupéfiants, les Hells savaient qu'ils avaient besoin d'hommes de main et les jeunes voyous accoururent en hordes. Mais il existait vraiment tout un monde entre les Popeyes d'origine, qui étaient massivement et

---

2. L'investigation se poursuit au moment d'aller sous presse et Pickton subit son procès sous au moins 26 chefs d'accusation de meurtre. (N.d.T.)

de manière imprévisible des malfrats violents dans leur manière nihiliste de se payer du bon temps, et les nouveaux Hells Angels, des gens pragmatiques, soucieux avant tout de vendre tranquillement leur drogue et de s'attirer le respect dans les bars où ils affichaient leurs couleurs. La nouvelle génération ne recourait à la violence qu'en dernier ressort, alors que les Popeyes estimaient celle-ci comme une sorte de récompense, de privilège octroyé à titre de membres. Les Hells Angels ne pouvaient tolérer semblable dissidence. C'est ainsi que des frères américains de la Côte est dépêchèrent des émissaires de leurs quartiers généraux de Manhattan afin d'évaluer la situation. La solution fut des plus simples. Le 14 août 1979, le chapitre des Hells Angels de Montréal fut scindé en deux. L'un des groupes était principalement composé d'anciens Popeyes et de ceux qui pensaient comme ces derniers ; ensemble, ils fondèrent le chapitre dit de Montréal-Nord dans l'île Jésus, à Laval. Le chapitre de Montréal-Sud s'implanta à Sorel, sur la rive sud du Saint-Laurent. Il se composait surtout de nouveaux venus et d'autres membres qui n'étaient pas d'accord avec le code de brutalité des Popeyes.

* * *

Les tensions qui se faisaient jour entre les Satan's Choice et les Popeyes explosèrent littéralement lorsqu'ils devinrent des Outlaws et des Hells Angels. Le chapitre de Laval commença à manifester un intérêt particulier pour leurs plus anciens rivaux. De 1977 à 1982, les Hells Angels de Montréal, particulièrement ceux du chapitre lavallois, ne menèrent qu'une guerre d'escarmouches contre les Outlaws. Il ne s'agissait pas seulement d'une question de gloriole. Les motards de Montréal constituaient les principaux rouages de distribution de stupéfiants, tout particulièrement de cocaïne, pour le compte des mafias italienne et irlandaise. Contrairement à leurs voisins militaristes et maladivement xénophobes au sud de la frontière, les Hells Angels de Montréal n'avaient aucun problème avec les stupéfiants importés. De plus, les cristaux de méthamphétamine ne constituaient pas vraiment une drogue populaire au Québec. La plupart des gens qui s'adonnaient aux stups fumaient du shit ou haschisch, que certains appelaient la marijuana du pauvre, alors que les Montréalais branchés qui se voulaient au-dessus de la masse manifestaient un appétit impressionnant pour la coke. Personne toutefois n'aimait mieux la cocaïne que le chapitre de Laval des Hells Angels, tout spécialement Trudeau. Le marché était si compétitif et les enjeux si élevés que les rues de Montréal devinrent rapidement peu accueillantes pour les motards rivaux. Trudeau se vanta personnellement d'avoir éliminé au moins 17 motards concurrents. Les rangs de ces derniers s'éclaircirent et ils disparurent de la scène.

C'est à cette époque que le gang de Laval se mit à s'amuser avec des explosifs, mais les résultats ne furent pas convaincants. Deux aspirants dynamiteurs se firent sauter alors qu'ils projetaient de placer une bombe dans une station de métro pour protester contre les conditions de détention et Robert « Ti-Maigre » Richard perdit un bras en essayant d'assembler un mécanisme détonateur. L'utilisation d'explosifs demeurait toutefois un concept vivace chez les Hells Angels québécois.

Même s'il avait réussi à éliminer les Outlaws, le chapitre de Laval demeurait embarrassant pour les Hells Angels de la nouvelle génération. Non seulement les Lavallois sniffaient-ils davantage de cocaïne qu'ils n'en vendaient, ce qui créait des créances plutôt dingues, mais ils avaient tendance à agresser des gens sans aucune raison. Si l'on pouvait tolérer leur violence, on ne tolérait plus leur stupidité. En 1982, Denis « Le Curé » Kennedy, qui était presque aussi connu que Trudeau comme tueur et comme consommateur de cocaïne, s'endetta envers le mauvais créancier. Il s'agissait de Frank « Dunnie » Ryan, le chef du célèbre Gang de l'Ouest, un survivant de la vieille mafia irlandaise qui contrôlait encore la plus grande partie du trafic de stupéfiants à Montréal.

Dans une tentative d'effacer sa dette et d'amener son créditeur à de meilleurs sentiments, Kennedy projeta d'enlever l'un des enfants de Ryan, soit son fils de trois ans, Troy, ou sa fille de sept ans, Tricia, et d'utiliser la rançon pour régler ses comptes. Fier de son plan parfaitement imbécile, Kennedy s'en vanta à ses frères à Laval. Il ne fallut guère de temps pour que Ryan ait vent de l'affaire et ne décide de s'occuper du minable conspirateur.

Plutôt que de faire le travail lui-même, Ryan se rendit à Laval où il était toujours le bienvenu. Connu comme étant l'un des gangsters les mieux nantis du Grand Montréal, il engageait souvent des membres du club comme homme de main pour percevoir des créances douteuses.

On le respectait, on le craignait et on ne voulait pas se le mettre à dos. Il leur exposa les faits. On tint un vote et Kennedy ainsi que ses acolytes Charles Hachez et Robert « Steve » Grenier, un prospect de 23 ans, furent largués sans ménagement avec une majorité de voix.

En l'espace de quelques jours, Kennedy, Hachez, Grenier et une jeune femme de 25 ans, Marjolaine Poirier, la petite amie de Hachez, visitèrent le fond du Saint-Laurent dans des sacs de couchage lestés de blocs de béton.

Une fois de plus, une crise secoua le monde interlope montréalais, le 13 novembre 1984, lorsque Ryan fut assassiné par un membre ambitieux du Gang de l'Ouest. Lorsque le meurtrier, Robert Lelièvre, fut assez sot pour se vanter de son geste, le bras droit de Ryan, Allan « The Weasel » (« la Fouine ») Ross, recruta Trudeau pour lui faire passer le goût du pain. Il savait fort bien que Trudeau, dont il connaissait les états de service, accomplirait très bien ce travail. Il lui offrit donc 500 000 $, dont 200 000 $ comptant et le reste pour éponger de vieilles dettes contractées par différents membres du chapitre de Laval.

Lelièvre se trouvant barricadé dans un appartement situé en face d'un poste de police avec des gardes du corps armés de mitraillettes, il était hors de question de l'attaquer directement. Ross savait que Lelièvre et Paul April, l'un des gardes, un ancien complice de Trudeau, étaient tous deux fanatiques de sport. Trudeau confia à Ross qu'il avait remarqué qu'il n'y avait pas de téléviseur dans l'appartement. Ross fit donc parvenir une avance de 25 000 $ à Trudeau, accompagnés d'un récepteur de télé, d'un magnétoscope et de 35 livres de plastic C4, un explosif volé dans une base des Forces armées canadiennes par un soldat, copain des Hells et de Trudeau. Prétendant faire un cadeau à April, son vieux complice, Trudeau lui apporta à l'appartement le téléviseur et le magnétoscope bourrés d'explosifs et nantis d'un dispositif à retardement. Pour ajouter du piquant à la chose, il lui refila une copie de *Hells Angels Forever*, un documentaire conçu par Sandy Alexander, mettant en vedette Sonny Barger. « Je lui ai raconté que je voulais qu'il voie comment fonctionnaient les Hells Angels, confia Trudeau, qu'il se fasse une idée de ce qu'ils étaient vraiment. »

Pour les Montréalais amateurs de sport, le dimanche 25 novembre 1984 était une belle journée pour rester chez soi. Non seulement la température était-elle sous la normale, mais les Canadiens, dont l'équipe avait été renouvelée, étaient à Boston pour affronter les Bruins si détestés. De plus, la saison tirait à sa fin pour la Ligue nationale de football qui alignait ses équipes en vue des éliminatoires. Pour un parieur invétéré, c'était un moment mal choisi pour se passer de télévision. À 15 h 30, Trudeau et Michael Blass, le spécialiste des contrats du Gang de l'Ouest, se stationnèrent illégalement devant le 1645 ouest, boulevard de Maisonneuve, un édifice de luxe de 22 étages, en bordure sud du Mont-Royal. Trudeau resta dans la voiture et ce fut Blass qui se chargea des colis jusqu'à l'appartement 917. Il échangea quelques plaisanteries avec Lelièvre, April et deux autres voyous, Louis Charles et Gilles Paquette. Ceux-ci le remercièrent pour la télé, mais lui firent comprendre qu'ils avaient d'autres choses en tête que de faire la causette. April avait l'air particulièrement nerveux et ne tenait pas en place.

Blass répondit qu'il comprenait et offrit d'installer les appareils. Voulant faire preuve d'une certaine politesse de bon ton, les gangsters apprécièrent son obligeance et lui dirent de procéder. Blass déballa le tout et, avec une méticulosité étudiée, assembla l'équipement. Sa dernière tâche consistait à brancher la minuterie à l'arrière du téléviseur. Celle-ci laissait cinq minutes à Blass pour filer. Ce dernier prit un air déçu lorsque l'appareil refusa de s'allumer et il marmonna quelque chose laissant entendre qu'il allait chercher un dépanneur, ce que Lelièvre refusa tout net. Mi-goguenard, Charles lui suggéra de rapporter le téléviseur où il l'avait pris. Blass l'interrompit et déclara qu'il connaissait un technicien « qui savait fermer sa gueule ». Lelièvre revint alors sur sa décision et Blass s'en alla. À peine eut-il fermé la porte derrière lui qu'il se précipita dans les escaliers dont il descendit les marches quatre à quatre. Il traversa le hall de l'immeuble en trombe et sauta dans la voiture de Trudeau qui démarra en laissant d'épaisses traces de pneus. Ce n'est qu'un pâté de maisons plus loin que Blass réussit enfin à fermer sa portière.

On entendit l'explosion dans pratiquement toute la ville. À 14 h 10, l'appartement de Lelièvre avait disparu avec ses occupants. Les murs de huit autres unités d'habitation dans l'immeuble s'effondrèrent et les ascenseurs furent détruits. Les vitres se fracassèrent dans tout le voisinage. « April a découvert exactement comment les Hells Angels travaillent… » ricana Trudeau.

Cette besogne accomplie, Trudeau revint voir Ross et réclama son argent. Ross lui répondit qu'il ne pouvait guère lui donner plus que les 25 000 $ qu'il lui avait avancés et que Trudeau pourrait obtenir le reste en percevant des dettes dues à Ryan par des membres du chapitre de Sorel et de The 13th Tribe (« La 13e Tribu »), une bande pressentie pour devenir le chapitre des Hells Angels de Halifax, le 5 décembre.

Il se rendit d'abord à Sorel où on lui répondit d'aller se faire foutre. Pourquoi acquitter à un Hells Angels des dettes que l'on devait à un mort ? Voyant qu'il n'y avait pas grand-chose à faire, il alla voir à Halifax. Désespérés d'être dorénavant des Hells Angels, les membres de la 13e Tribu se firent tirer la patte, mais accédèrent à sa requête et lui donnèrent 46 000 $. Quelques semaines plus tard, Grub MacDonald, alors président du chapitre des Hells Angels de Halifax, apporta une autre somme de 52 000 $ à Sorel. Elle était destinée à Trudeau, mais Grub ne voulait pas se rendre à Laval. Les Hells de Sorel prirent le magot, qui se retrouva finalement chez Trudeau, mais ils se moquèrent de l'allégeance dont MacDonald faisait preuve, et ce dernier rentra en Nouvelle-Écosse profondément contrarié.

Réjean « Zig-zag » Lessard, le président du chapitre de Sorel, convoqua une réunion entre Halifax et Sherbrooke, un autre chapitre qui avait reçu ses couleurs le même jour que la 13e Tribu. Il ne s'agissait pas seulement d'extorsion de fric, mais Trudeau et sa bande de débiles étaient des moutons noirs dans l'organisation. L'usage abusif de cocaïne et les beuveries avaient amené les Hells du chapitre de Laval à faire preuve d'un comportement bizarre. Leur violence gratuite et aléatoire, leurs crimes minables de petites canailles les exposaient tous à d'inutiles dangers. Et, ce qui était le plus important, : leurs dettes de cocaïne étaient en train de paralyser toute l'organisation. Après avoir organisé un vote, Lessard obtint ce qu'il voulait : le chapitre de Laval devait être éliminé. Deux motards de Laval se virent offrir une place au chapitre de Sorel, on força deux autres à démissionner et tous les autres furent sous le coup d'une sentence de mort.

Trudeau constituait naturellement la première cible, mais il avait le don de survie d'un cafard. Sentant que la haine des autres chapitres envers Laval allait finir par tourner au vinaigre, le malfrat, qui avait reniflé pour plus de 60 000 $ de coke au cours des trois dernières semaines, s'inscrivit le 17 mars dans un luxueux centre de désintoxication d'Oka. « Je voyais ce qui s'en venait, expliqua-t-il. J'avais déjà vu dans le passé ce qui arrivait aux membres qui buvaient ou qui sniffaient un peu trop fort… »

Robert « Ti-Maigre » Richard, l'exécuteur des basses œuvres du chapitre de Sorel, appela les quartiers généraux de Laval, Sherbrooke et Halifax pour annoncer une fête devant se tenir le samedi 23 mars à Sherbrooke, à 150 km environ au sud-est de la métropole. L'appel reçu, Georges « Bo-Boy » Beaulieu, le président du chapitre de Sherbrooke, se précipita dans un magasin de sport local pour se procurer six sacs de couchage. Le propriétaire du magasin, Daniel Raby, se souvient que Beaulieu semblait être si pressé qu'il en avait oublié de ramasser sa facture.

Moins de la moitié des membres du chapitre de Laval se pointa à la sauterie. Outrés, Lessard et ses gorilles furent forcés de rengainer leur artillerie et de jouer aux aimables hôtes. Aussi annonça-t-il à la foule que la réunion avait été retardée d'une journée de manière à laisser aux autres le temps d'arriver, étant donné que leur présence était absolument indispensable. Il retint toutes les chambres du motel Marquise, situé au bout de la rue, et en réserva d'autres à Lennoxille, à quelques kilomètres de là.

La plupart des motards se réveillèrent vers midi ou un peu après. Le reste du contingent de Laval, à l'exception de Trudeau bien sûr, arriva à Sherbrooke l'après-midi. L'« Église » — c'est ainsi que les motards appellent leurs réunions — fut convoquée pour 14 h 30. Tous les intéressés s'y présentèrent et c'est là que le massacre commença. Les prospects de Sorel, forcés d'attendre à l'extérieur, comme d'habitude, entendirent les coups de feu. Quelqu'un parla des Outlaws. Un autre hurla quelque chose où il était question d'armes à feu. Après cela, on n'entendit que des détonations et les cris des victimes. Laurent « l'Anglais » Viau reçut une balle dans la tête. Jean-Pierre « Matt le Crosseur » Mathieu connut le même sort. Michel « Willie » Mayrand mourut en tentant de se défendre. Jean-Guy « Brutus » Geoffrion prit lui aussi une balle dans la tête et, pour la bonne mesure, une dans l'épine dorsale. Guy-Louis « Chop » Adam encaissa sept projectiles tirés par trois armes différentes. Il mourut sur le parterre après avoir tenté de s'enfuir par la porte d'en avant.

Les survivants du chapitre de Laval, Gilles « Le Nez » Lachance, Yvon, « Le Père » Bilodeau et Richard « Bert » Mayrand (dont le frère venait tout juste d'être abattu devant lui) étaient recroquevillés dans un coin inondé de sang. Tandis que les autres membres du chapitre de Sorel traînaient les corps dans le garage et passaient le plancher au jet d'eau pour faire disparaître le sang et les débris humains qui y adhéraient, Lachance fit remarquer à Richard qu'il avait du sang sur ses bottes. Richard prit soin de l'essuyer.

Le nettoyage terminé, les motards se regroupèrent autour de Lessard. Il leur déclara que ces types étaient morts parce qu'ils consommaient trop de cocaïne et que Trudeau avait tenté de collecter ses frères parce que quelqu'un de l'extérieur refusait de régler une dette. On demanda à Bilodeau et à Mayrand de disparaître. Les autres, dont certains étaient encore maculés de sang et même de lambeaux de chair, firent cercle autour de Lachance. Lessard lui fit savoir qu'il n'avait aucun grief envers lui, qu'il avait le loisir de démissionner ou de se joindre au chapitre de Sorel, ce que Lachance fit éventuellement. Un ancien des Popeyes, il était toujours officiellement un prospect pour l'organisation, étant donné qu'il se trouvait en prison pour homicide involontaire lorsque ceux de son ancienne bande étaient devenus des membres en règle des Hells Angels.

Pendant que l'on forçait quelques prospects à brûler des objets appartenant à leurs frères liquidés, Lachance et deux membres du chapitre de Sorel, Jacques « La Pelle » Pelletier et Robert « Snake » Tremblay, revinrent à Laval. Ils retrouvèrent là le dernier survivant de la bande, à l'exception de Trudeau. Il s'agissait de Michel « Jinx » Genest, qui était seul et en train de boire une bière. Ils lui racontèrent ce qui était arrivé et ils l'invitèrent à faire partie du chapitre de Sorel. Il accepta et aida ses nouveaux frères à mettre dans les coffres de leur voiture les biens ayant appartenu à ceux qui s'étaient fait dessouder. Au cours des jours qui suivirent, le repaire des Hells de Laval fut pillé et les appartements des motards morts, vidés de tout objet ayant quelque valeur, peu importe que les disparus aient vécu ou non avec quelqu'un. Lessard décida que cette razzia était nécessaire pour rembourser le chapitre de Halifax et pour faire un cadeau à l'unique chapitre de l'Ouest canadien, celui de Vancouver, un geste qui, espérait-il, ferait oublier le mauvais goût du massacre. Puis il envoya une lettre au quartier général des Hells Angels de la Côte est, annonçant que « le chapitre du nord de Montréal avait été dissous ».

Dissous, certes, mais non entièrement éliminé. Normand « Biff » Hamel, un ancien prospect de Laval qui s'était affilié au chapitre de Sorel, rendit visite à Trudeau, toujours en désintoxication. Il lui raconta ce qui s'était passé et lui annonça qu'il était exclu des Hells pour conduite déshonorante et qu'il devait effacer son tatouage. Trudeau obtempéra en noircissant le logo avec un marqueur indélébile. « J'ai très bien compris ce que cela signifiait… » devait-il dire plus tard.

Une fois sa cure terminée, Trudeau se rendit au repaire de Laval, que l'on avait mis à sac. Sa moto et les 46 000 $ qu'il avait cachés dans le coffre étaient partis. Il appela Hamel qui lui annonça qu'il ferait mieux d'oublier l'argent, mais qu'il pourrait récupérer sa moto s'il liquidait deux personnes susceptibles de devenir des informateurs. Ce duo comprenait la petite amie de Mathieu, Ginette « La Jument » Henri, la comptable du chapitre de Laval.

« La Jument » était également précieuse pour les gars de Sorel, car elle était l'une des deux personnes vivantes qui savaient où la bande de Laval planquait sa drogue. Lessard savait qu'elle ne divulguerait jamais ce renseignement aux meurtriers de son copain, mais il ne tenait pas non plus à ce que la poudre finisse comme un élément de preuve. La seule autre personne susceptible de trouver les stupéfiants était Claude « Coco » Roy, un prospect de Laval qui se trouvait à l'extérieur du repaire de Sherbrooke où la plupart des membres de son chapitre avaient été liquidés. Genest devait prouver sa fidélité envers son nouveau chapitre en retrouvant la cocaïne. Il appela Roy et lui demanda de le rencontrer avec la drogue au motel Idéal, un palace à 20 $ la nuit, situé dans un trou. Dès que Roy entra dans la pièce, Genest le frappa sur le côté de la tête avec un revolver et il mourut sur le coup. Il fouilla ensuite le corps ensanglanté de sa victime et trouva cinq sachets de coke dans ses sous-vêtements. Enhardi par ce travail bien exécuté et un échantillon du trésor, il appela la copine du mort, une effeuilleuse, à qui il demanda un rendez-vous. Elle l'envoya promener.

* * *

Une mise sur écoute téléphonique en place depuis octobre 1983 au repaire de Sherbrooke finit finalement par porter fruit. Des agents de la Sûreté du Québec avaient découvert que cinq Hells Angels manquaient à l'appel et que quelque chose était survenu au repaire. Possédant peu de preuves, les flics se rabattirent sur ce bâtiment dont ils arrachèrent la porte à coups de pelle mécanique et qu'ils passèrent au détecteur de métal. De plus, des hélicoptères munis de détecteurs de chaleur suffisamment puissants pour découvrir de nouvelles tombes tournoyèrent aux alentours. Ils ne découvrirent rien d'autre qu'une chemise perforée, disaient-ils, par une balle, quelques armes légales et une quantité de drogue suffisamment négligeable pour n'attirer aucun ennui à qui que ce soit.

Trudeau récupéra sa bécane après avoir supprimé l'ancien Popeye Jean-Marc « La Grande Gueule » Deniger. Cela prit quelque temps, car les Hells Angels exigeaient une confirmation médiatique de l'exécution du contrat et personne n'avait retrouvé le cadavre. Cinq jours plus tard, c'est un Trudeau frustré qui appela le *Journal de Montréal* pour lui fournir un tuyau où il expliquait qu'on trouverait quelque chose d'intéressant sur le siège arrière de la voiture de Deniger.

Les policiers ne cessèrent de harceler les Hells Angels, mais n'obtinrent que de maigres résultats. Ils décrochèrent cependant le gros lot lorsqu'ils arrêtèrent Trudeau pour possession d'armes.

Tandis que le Saint-Laurent se réchauffait, la décomposition fit son œuvre et vint à l'aide de la police lorsque des corps se mirent à flotter. Le plus gros ouvrit cette marche funèbre : celui de Geoffrion, qui réapparut le 1er juin. Les plongeurs de la Sûreté du Québec allèrent explorer les eaux opaques où l'on n'y voyait goutte à plus de trente centimètres. En quelques coups de sonde, ils découvrirent les restes de Viau, d'Adam, de Mayrand et de Roy. Ce cimetière fluvial des Hells Angels était si peuplé que l'un des plongeurs retrouva également le squelette de Berthe Desjardins, qui avait été assassinée par Trudeau avec son mari et sa belle-mère, le 11 février 1980.

Dans les médias, ce fut la folie. *Allô Polic*e, un tabloïd à sensation bien connu, qui en savait souvent plus sur les activités de la pègre que les autorités policières, fit paraître un article dans lequel on racontait que les Hells Angels avaient un contrat sur les vies de Trudeau et de Regis « Lucky » Asselin. Ce dernier, un ancien prospect du chapitre de Laval, avait déjà échappé à deux tentatives de meurtre sur sa personne, dont une en défonçant la porte d'un hôpital au volant d'une fourgonnette criblée de balles. Le sergent Marcel Lacoste, de la SQ, qui était chargé de l'enquête, apporta un exemplaire du journal à Trudeau, incarcéré à la prison de Bordeaux sous une accusation de port d'arme prohibée sans rapport avec cette affaire. Trudeau, qui devait être remis en liberté en août, soupira, secoua la tête et déclara : « J'ai tué pour eux et, maintenant, ce sont eux qui veulent me tuer… Tu parles d'une gratitude… »

Le 2 octobre 1985, dix-sept Hells Angels furent accusés de meurtre au premier degré et des mandats furent émis pour l'arrestation de dix autres d'entre eux, le tout s'appuyant sur les tuyaux et les témoignages de Trudeau et de Gerry « Le Chat » Coulombe, un prospect de Sorel horrifié par le massacre et voulant prendre ses distances avec cette singulière confrérie. Cependant, la police savait qu'à moins de produire un témoin ayant assisté directement à l'événement, sa preuve n'était pas concluante puisque Coulombe se trouvait bien sur les lieux, mais à l'extérieur du repaire pendant la plus grande partie de la fusillade. De plus, il se cachait lorsque Robert « Snake » Tremblay avait abattu Adam sur le parterre alors que celui-ci tentait de s'échapper.

Il ne fallut guère de temps. Gilles « Le Nez » Lachance, maintenant membre du chapitre de Sorel, avait tout vu. La SQ l'arrêta sous une accusation mineure, mais connaissait exactement sa valeur. On lui offrit donc l'immunité du délateur à condition qu'il raconte en détail tout ce qui était arrivé dans le repaire des Hells de Sherbrooke en mars. Terrifié d'être la prochaine victime et plus qu'heureux d'éviter la prison, il coopéra sans se faire prier.

Le juge Jean-Guy Boilard, de la Cour supérieure, fit retentir son marteau, le 19 décembre 1986. À la suite de deux procès — un procès principal et un séparé pour Genest — comprenant l'inévitable cirque médiatique, d'innombrables requêtes de *mistrial*, ou ajournements pour défauts de procédures juridiques, une douzaine de personnes citées pour outrage au tribunal, un juge qui blâma la SQ pour son « incompétence » et un juré ayant admis avoir été acheté par les Hells Angels pour 25 000 $, Lessard, Pelletier, Michaud et Genest furent trouvés coupables de meurtre. Richard fut acquitté et les autres enregistrèrent des plaidoyers de culpabilité pour faire alléger leur sentence.

Avec six motards décédés, Lessard, Pelletier, Michaud et Genest en prison, sans compter Trudeau, Coulombe et Lachance en détention provisoire pour leur propre protection, les Québécois eurent l'impression que les Hells Angels étaient chose du passé, mais ils se trompaient lourdement. À la suite d'une campagne de recrutement intensive et l'absorption de petits clubs de motards ruraux, les effectifs des Hells Angels se trouvèrent renouvelés par l'arrivée de jeunes voyous pressés de se remplir les poches dans le trafic de stupéfiants et d'afficher leur tête de mort ailée. En fait, un Hells Angels de la vieille école déclara à un quotidien qu'il était reconnaissant envers les flics d'avoir nettoyé le bois mort qui encombrait l'organisation.

Sonny Barger et ses petits copains de la Baie de San Francisco avaient défini le protocole, les rites et la discipline de leur association. Ils avaient réussi à mettre sur pied une entité autonome qui attirait des membres prêts à mourir pour leurs frères afin de défendre les valeurs en quoi ils croyaient. Des années plus tard, des hommes comme Lessard, Trudeau et Lachance établirent un précédent qui devait se répéter maintes fois pour les Hells Angels canadiens. Un certain esprit de fraternité existait, certes, au sein de l'organisation, du moins tant qu'elle n'entrait pas en conflit avec l'argent et le trafic de drogues. Contrevenir aux règles du club dans ce secteur vous garantissait un pruneau entre les deux oreilles et un voyage aller simple pour visiter les fonds glauques de notre fleuve national. La vie d'un Hells Angels canadien n'est pas précisément l'appel romantique de la route ou la compagnie d'un groupe de frères épris de liberté. Il s'agit plutôt d'une existence sordide dans des quartiers minables alors que les membres doivent vendre des stupéfiants, installer des bombes, s'engager comme hommes de main et commettre d'autres crimes sans savoir ni quand ni pourquoi ils peuvent se retrouver un jour avec le canon d'une arme à feu collé sur la nuque.

Chapitre 3

Voilà douze ans que Kelly a l'habitude d'emprunter le Skyway Bridge deux fois par jour et, chaque fois qu'elle le fait, elle ne peut s'empêcher de regarder du même côté. Le lac Ontario est juste un des Grands Lacs, mais le port de Hamilton a du caractère. Son eau paraît huileuse, même quand on la regarde à quatre cents mètres de distance. La partie sud du port, celle qui est du côté de Hamilton, est composée de nombreuses usines métallurgiques à l'aspect sinistre sur tout son espace. Certains jours, il est difficile de les voir tant il y a de fumée et de brouillard. Les flammes sont cependant toujours bien visibles. Elles peuvent être de couleur rouge, violette et même d'un bleu intense et peuvent atteindre la hauteur de trois ou quatre étages. Elles sont nécessaires pour brûler les gaz toxiques, mais l'odeur qui en émane empeste l'atmosphère. L'accumulation des scories, qui sont une des conséquences de l'industrie métallurgique, atteint environ la même hauteur que les flammes et est impressionnante. On les retrouve sous forme de tas de pierres grises qui peuvent atteindre plus de trente mètres de haut. La vue que l'on a de la ville de Hamilton à partir du Skyway Bridge expose en fait un quartier construit sur des mâchefers qui ont été déversés dans le port pour créer de l'espace supplémentaire pour d'autres usines. Kelly fait remarquer que, si l'on regarde attentivement, il est possible d'apercevoir un dépotoir entouré d'une clôture faite de vieux autobus renversés sur le côté, dont les vitres ont été brisées et dont les côtés et les toits sont recouverts de graffitis menaçants. Tout cela n'offre pas une vue très agréable.

« Cela ressemble à un lieu où se serait déroulé un terrible accident d'autos, n'est-ce pas ? déclare-t-elle alors que sa Toyota grise lutte contre les vents latéraux qui soufflent sur le pont. On ne peut pas s'empêcher de regarder de ce côté-là, ne pensez-vous pas ? » Elle a fait comme la plupart des habitants de Hamilton qui font preuve d'ambition : elle est partie vivre en banlieue dès qu'elle en a eu la possibilité. « Pour vous dire ce qu'il en est, je ne connais plus grand monde qui soit resté ici, reprend-elle. J'ai été une des dernières de mon entourage à partir. » À l'heure actuelle, elle vit à Oakville et fait la navette pour revenir travailler pour une des compagnies d'assurances locales. Bien qu'elle ait abandonné sa ville natale et qu'elle en parle volontiers de façon dérisoire, il n'en reste pas moins que Kelly se considère encore comme étant une résidente de Hamilton. Après tout, Oakville n'est une ville que par le nom. Comme elle aime à le répéter : « Ce n'est qu'un rassemblement de quelques milliers de maisons plus ou moins identiques, d'une pompe à essence et d'un dépanneur. Hamilton peut bien être une ville laide qui sent mauvais, il n'en reste pas moins qu'il s'agit d'une collectivité ayant sa propre culture et sa propre identité. » Elle est fière d'être originaire de ce qu'il est convenu d'appeler la Ville canadienne de l'acier et se montre toujours prête à la défendre à l'occasion de diverses manifestations. « Et puis Hamilton s'est bien améliorée au cours des années, rajoute-t-elle. C'était une ville tout à fait différente de l'époque où je fréquentais l'école secondaire. Elle était plus sale, sentait plus mauvais, était plus laide et plus violente. »

Kelly a grandi à Birdland, un quartier de Hamilton niché sur la colline (appelée « la Montagne ») qui se trouve au sud-ouest de la ville, un quartier aussi éloigné qu'il est possible de l'être des usines, qui se trouvent au nord-est. Birdland ressemble plus à une banlieue qu'à un quartier urbain. On l'appelait Cardinal Heights, à l'origine ; c'était en fait une agglomération de maisons et de rues en cul-de-sac qui se ressemblaient toutes. Ce quartier avait été rebaptisé par la suite, car ses rues portaient toutes un nom d'oiseau. C'était comme la blague qui courait sur Titmouse Court. On disait que les habitants de ce secteur avaient désiré changer le nom de leur rue parce que la valeur de leurs maisons risquait de diminuer à cause du mot *mouse* (souris) qui y figurait. Birdland était loin du tohu-bohu du centre-ville. Il s'agissait d'un quartier tranquille aux rues bordées d'arbres où tout le monde se connaissait et où régnait la bonne entente. Les habitants du quartier organisaient des barbecues et des réunions autour de leurs piscines, et chaque cul-de-sac réunissait des enfants qui pratiquaient toutes sortes de sport pendant que leurs parents attentifs travaillaient, se reposaient ou se réunissaient. Kelly, qui avait grandi sur Bobolink Road, avait fréquenté l'école secondaire Hill Park.

Kelly était encore plus jolie, à cette époque-là. Nous étions en 1970. C'était une belle blonde aux longues jambes qui avait de bonnes notes et qui se contentait de son petit groupe de bons amis. Étant donné qu'elle passait une grande partie de son temps avec Rodney, son petit ami qui fréquentait déjà le collège de Mohawk, elle ne passait pas énormément de temps en compagnie des autres élèves après l'école. Cependant, trois ans après avoir fréquenté l'école de Hill Park, elle connaissait à peu près tout le monde.

Même si elle avait été plus extravertie, elle n'aurait sans doute pas passé plus de temps en compagnie de Walter Stadnick, qui n'était pas du tout son genre. Wolodumyr Stadnick était né dix-huit ans plus tôt, le 3 août 1952, à l'hôpital St. Joseph, qui se trouve au pied de la Montagne. Il était le troisième fils d'Andrew et de Valentina Stadnik. La famille Stadnik vivait au 98, East 16th Street, quelques pâtés de maisons au nord de Birdland et, de ce fait, il a grandi dans un cadre différent de Kelly avec un autre groupe d'amis. Le quartier où habitait Stadnik était composé de maisons moins jolies où se retrouvaient de nombreux immigrants ainsi que des familles d'agriculteurs qui avaient abandonné leurs terres et trouvé des emplois dans les nombreuses usines de la ville. Le père de Stadnik était un arboriculteur employé par la ville. Ce quartier était donc beaucoup moins sympathique que celui où habitait Kelly. Les habitants préféraient rester entre eux et limiter leurs fréquentations aux membres de la même famille plutôt qu'entre voisins. La qualité de vie de ce quartier ne ressemblait en rien à celle qui régnait au centre-ville de Hamilton. Cependant, les jeunes qui provenaient de ce quartier étaient plus durs et plus chahuteurs que ceux qui grandissaient à Birdland.

Stadnik, que tout le monde sauf ses parents avait baptisé Walter ou Wally et qui avait commencé à écrire son nom avec un c — Stadnick — n'avait absolument pas le profil d'un jeune délinquant. Les personnes qui se souviennent de lui sont toutes d'accord pour dire qu'il était intelligent, tranquille, poli et que sa conduite était en général bonne. Il allait à l'église avec ses parents tous les dimanches et semblait être un gentil garçon. Cependant, tout cela a changé, comme cela arrive avec tant de garçons, dès qu'il a atteint la puberté. Bien qu'il ait été un des premiers de sa classe à mesurer 5 pieds 4 pouces, soit 1 mètre 62, il n'a jamais grandi par la suite. Il était le jeune le plus courtaud de sa classe lorsqu'il est entré en onzième année. Par conséquent, il devait montrer qu'il était supérieur et se faire remarquer à l'école souvent d'une manière que les éducateurs des années soixante n'approuvaient guère. « Il possédait une grande intelligence naturelle, cependant il était impossible de le motiver », a déclaré un de ses anciens professeurs qui n'a pas voulu que l'on donne son nom, mais qui n'a pas pu faire autrement que de montrer sa frustration. « On avait l'impression qu'il ne voulait pas réussir. » Les notes obtenues par Stadnick étaient suffisantes pour passer mais pas davantage. Il a reçu ses meilleures notes au cours de mécanique automobile, car il faisait preuve d'un talent inné pour la mécanique et que sa façon de raisonner lui permettait de résoudre des problèmes complexes.

Bien que ses succès scolaires n'aient pas été extraordinaires, Stadnick a, d'autre part, remporté un certain succès dans sa vie sociale à l'école. Il possédait un charme indéniable et si sa popularité n'était reconnue que par un petit groupe de ses camarades, les autres étudiants, quant à eux, le connaissaient tous. « Bien sûr que je connaissais Wally, tout le monde le connaissait » se remémorait Kelly. Il est vrai qu'il ne faisait pas partie de mes meilleurs amis, cependant je le connaissais suffisamment bien pour lui dire « Salut ! ». Je pense toutefois que je ne l'aurais pas salué si lui ne l'avait fait en premier. Ils ne fréquentaient pas les mêmes groupes de jeunes. Kelly était tranquille, studieuse et ambitieuse. Elle passait une grande partie de son temps en cours ou à la bibliothèque. Walter, quant à lui, fréquentait de façon assidue le local destiné aux fumeurs, lorsqu'il n'était pas en classe, et on l'y retrouvait souvent à des moments où il n'aurait pas dû être là. « Il était ce que nous avions l'habitude d'appeler un "métier", c'est-à-dire quelqu'un qui ne suivait que les cours qui préparaient les élèves vers un métier spécifique, comme la mécanique automobile, l'électricité ou la métallurgie, affirme-t-elle. Cependant, il se conduisait mieux que la majorité des "métiers" ; il ne m'a jamais injuriée, pas plus qu'il n'a jamais essayé de me peloter dans les coins ou de faire quoi que ce soit de la sorte ; il avait la réputation d'être un bon garçon. »

La popularité de Stadnick avait également d'autres raisons. Selon les ouï-dire des personnes qui le connaissaient à l'école secondaire, il se faisait des amis en leur vendant de la drogue. Nous étions dans les années soixante-dix et la drogue était omniprésente. Les écoliers du secondaire avaient grandi en entendant des histoires plus ou moins mythiques concernant leur usage dans les années soixante et n'avaient qu'un désir : les essayer. « Personnellement, je n'ai jamais consommé ces cochonneries, je n'ai donc pas grand-chose à dire sur ce sujet, ajoute Kelly. J'avais pourtant de nombreux amis qui en prenaient et ils me disaient tous qu'ils se procuraient la drogue auprès de Wally. »

Les camarades de Stadnick n'étaient pas les seules personnes à connaître les activités de celui-ci. La police le connaissait, mais il n'avait jamais été pris en flagrant délit. Un agent de police de Hamilton que les élèves de l'école de Hill Park connaissaient bien, à l'époque, et qui désire n'être identifié que par son sobriquet, « Bob the Cop » ou « Bob le flic », nous a confié : « Avant comme après cette époque, il était facile de différencier les bons garçons des mauvais. Mais dans les années soixante-dix, ils se ressemblaient tous. Ils étaient tous maigres, portaient tous des cheveux longs et des jeans. » Un policier allumé pouvait toutefois remarquer la différence entre les bons et les mauvais garçons quand il patrouillait les rues en auto et qu'il voyait des jeunes en possession de bicyclettes ou de voitures qu'ils n'avaient manifestement pas les moyens de se payer ou quand il examinait leur visage pour voir ceux qui jouaient aux durs, ou encore lorsqu'il discutait avec le directeur ou les sous-directeurs de l'école. « Nous savions, bien sûr, qui était Stadnick, dit-il. Nous savions avec certitude qu'il vendait du haschisch. Cependant, nous ne pouvions rien faire tant que nous ne le prenions pas sur le fait ou tant que personne ne le dénonçait. Stadnick a été arrêté une fois en 1971 pour possession d'une petite quantité de haschisch. Il a passé quatre mois dans notre bonne vieille prison de Hamilton et a eu deux ans de mise en liberté surveillée. »

Le haschisch est une substance foncée ressemblant à du mastic, qui est produit à partir de la résine des plants de cannabis. Il contient les mêmes ingrédients actifs (le THC) que la marijuana, bien qu'en quantités bien moindres. On le fume souvent dans des pipes. Les jeunes, toutefois, ainsi que les personnes plus pauvres ont l'habitude d'inhaler la fumée d'un morceau de hasch ou « shit » qui brûle à l'extrémité d'une aiguille ou sur la lame d'un couteau — une opération qu'ils appellent « blaster ». La marijuana est une drogue plus forte, plus facile à fumer et contenant, en général, moins d'impuretés. Le haschisch est populaire là où il est difficile de faire pousser du cannabis et aussi parce qu'on peut lui donner n'importe quelle forme et qu'il est ainsi plus facile de lui faire traverser les frontières. Dans les années soixante-dix, il était pratiquement impossible de faire pousser du cannabis dans l'est du Canada, la culture hydroponique et la lumière fluorescente n'étant pas encore entrées dans les mœurs. Le haschisch était donc roi. Il était meilleur marché et plus facile à cacher que l'herbe. C'était la drogue parfaite pour les élèves du secondaire. Les gros morceaux de *shit* avaient comme nom « cakes » ou « biscuits » et les plus petits avaient reçu le nom de *nuggets* ou pépites.

Les personnes qui connaissaient bien Stadnick dans les années soixante-dix lui avaient donné le surnom de « Nurget. » La police et des journalistes se sont posé des questions sur l'origine de ce surnom pendant des années. Son origine était tout à fait évidente pour certains d'entre eux. « Les habitants de Hamilton ont une drôle façon de parler. Ils aiment jouer avec les mots, explique Bob le flic. Ils changent le nom de Tim Horton pour *Horny Tim*, le mot *bargain* (une bonne affaire) devient un *bargoon*, etc. Ils ne font pas cela pour paraître drôle ou quoi que ce soit de ce genre. Il s'agit tout simplement de leur façon de parler. » Lorsque Stadnick a été arrêté en Jamaïque bien des années plus tard, les agents de la Gendarmerie royale (GRC) et les avocats ne comprenaient pas et lui ont demandé pourquoi les autres membres des Hells Angels le surnommaient « Nurget ». Il souriait tout simplement et gardait le silence, ce qui renforçait la réputation qui lui avait été faite d'être quelqu'un de mystérieux et de secret. Ils auraient dû poser la question à Bob le flic. « Ce n'est pas difficile, aurait-il déclaré. Il avait comme surnom « Nurget », parce qu'il avait toujours une pépite de haschisch ou *nugget* sur lui. » D'autres prétendent que son surnom n'a aucun rapport avec le haschisch, mais qu'il a un lien direct avec sa petite taille.

Qu'il ait revendu du haschisch ou qu'il n'ait fait que le transporter pour un ami comme il l'a déclaré lors de son procès en 1971, il était évident qu'il avait des moyens financiers beaucoup plus importants que les autres jeunes du quartier. Désireux de posséder quelque chose de plus excitant qu'un vélo à dix vitesses ou la vieille Delta 88 de son père,

Stadnick s'acheta une moto. Elle était vieille et avait besoin de réparations — ce qui ne posait aucun problème pour lui étant donné ses talents de mécano —, mais il s'agissait d'un bel engin. Quelques jeunes de Hill Park possédaient des autos, en général des « minounes », mais personne ne possédait de moto. Le climat canadien rendait impossible l'utilisation d'un deux-roues pendant les six mois d'hiver. De plus, à cause des vacances d'été, il n'était possible d'utiliser une moto pour aller à l'école que pendant quelques semaines. Une moto peut, néanmoins, transformer un jeune, qui jusque-là serait passé inaperçu, en un personnage important sur un campus. L'étoile de Stadnick était sans nul doute en pleine ascension.

Passer de l'adolescence à la vie adulte était difficile dans les années soixante-dix. Après l'épisode d'Altamont, les hippies furent perçus comme étant plus ou moins ridicules. Ils étaient en déclin tout comme le mouvement *Peace and Love*. On naviguait en plein dans une époque où régnaient le cynisme et le pessimisme. L'économie canadienne connaissait ses pires performances depuis la Grande Crise des années trente, ce qui avait des répercussions immédiates sur les jeunes de Hamilton. Pour la première fois depuis la « Dépression » et défiant toutes les lois de l'économie, on se retrouvait dans un cycle où régnaient en même temps une économie stagnante et une inflation galopante — ce que les économistes appellent la stagflation. Les prix au détail augmentaient sans cesse, les salaires ne suivaient pas l'inflation et le taux de chômage était ahurissant. La ville de Hamilton avait été particulièrement touchée. Après avoir connu des années fastes grâce à l'excellente progression de l'industrie de l'automobile, de l'aéronautique et des fournitures militaires qui étaient de grandes consommatrices d'acier, l'économie locale a périclité alors que la demande pour ce produit connaissait un ralentissement considérable ainsi qu'une baisse dramatique des prix. Du fait de la diminution de la demande, les marchés se sont trouvés envahis par un acier à bon marché provenant de pays comme le Japon, l'Iran ou Taiwan. La seule façon de ne pas fermer les aciéries était de procéder à des mises à pied. Celles-ci ont eu comme effet immédiat de priver de travail des centaines d'ouvriers et d'ôter toute possibilité d'embauche locale à de nombreux jeunes.

« L'époque où on acceptait tous les ouvriers qui se présentaient aux portes des usines était bel et bien révolue, fait remarquer Justin

Pietzcerak, dont le père a travaillé pour l'entreprise Stelco en élevant ses fils dans l'idée qu'eux aussi pourraient être embauchés pour le même employeur. Même lorsqu'on ne procédait pas à des mises à pied, pour pouvoir être pistonné et avoir une chance de travailler dans une usine, même comme manœuvre-balai, il fallait absolument avoir quelqu'un de sa famille — que se soit un père ou un oncle — en place ou y ayant déjà travaillé. » Les jeunes qui vivaient à Hamilton se trouvaient ainsi forcés de trouver du travail auprès d'autres entreprises ou de partir pour des lieux où la récession n'avait pas frappé aussi sévèrement. Des milliers d'entre eux sont partis à la recherche d'emplois à Toronto ou aux États-Unis et d'autres, encore plus nombreux, comme Pietzcerak, ont déménagé en Alberta. « Cela paraissait être la seule chose à faire à cette époque, remarque-t-il. L'industrie automobile et les aciéries prenaient du recul et procédaient à des mises à pied à l'est, tandis que l'industrie pétrolière albertaine embauchait de plus en plus de foreurs et autres ouvriers. »

Les possibilités de trouver un emploi étaient rares pour les personnes qui avaient décidé de rester. Les diplômés universitaires et collégiaux éprouvaient, eux aussi, des problèmes pour trouver un emploi et les jeunes qui pensaient avoir la garantie d'un job dans une usine ou qui n'avaient pas planifié leur avenir faisaient face à encore plus de difficultés. Une ville, comme Hamilton, qui avait été construite autour d'une seule industrie et qui en dépendait totalement, a fait face à un effet de dominos lorsque la métallurgie s'est retrouvée en dormance. Les magasins, les restaurants et tous les services répondaient en temps normal à une clientèle importante d'ouvriers. Ils ont dû faire face, à cette époque, à de grands moments d'inactivité ponctués de deux légers accroissements de leur clientèle chaque mois, soit lorsque les chèques d'assurance-chômage étaient distribués. « Une blague courait à travers Hamilton à cette époque. On racontait que le principal employeur de la ville n'était pas la Stelco ni la Dofasco mais le bureau d'assurance-chômage, souligne Bob le flic. Et nous n'étions pas loin de la vérité… »

Cette crise a eu un effet dévastateur sur la jeunesse locale. Sans emploi ni avenir, face à des commerces fermés, des maisons abandonnées et des compressions budgétaires massives de la part des gouvernements, plusieurs de ces jeunes, normalement respectueux des lois, ont commencé à penser que le système les avait trahis, et leur foi dans ce système a vacillé. Un grand nombre d'entre eux a commencé à frauder le bien-être social, à faire de la contrebande de cigarettes ou de menus travaux au noir pour améliorer leurs ressources. D'autres ne se contentaient pas de ces moyens pour gagner de l'argent. Le marché des objets volés, principalement des radios d'autos, est devenu florissant. Les marchés aux puces, qui sont des endroits où personne ne demande la provenance des articles mis en vente et où toute la marchandise est payée en espèces, sont apparus un peu partout. Il existait un moyen beaucoup plus facile pour gagner de l'argent pour ceux qui avaient un peu plus de cran. « C'est mal, bien sûr, cependant vous pouvez bien comprendre pourquoi il y a des personnes qui vendent de la drogue, affirme Bob le flic. Peu importe s'ils étaient fauchés, les gens arrivaient toujours à trouver le montant nécessaire pour un peu de haschisch ou de marijuana — c'est vraiment dans ce racket que l'on pouvait faire quelques dollars rapidement. »

Bien que personne n'ait jamais déclaré avoir acheté de la drogue de Stadnick, ce dernier était bien connu, de ses camarades comme de la police, pour avoir été un des revendeurs de drogues les plus importants. Au moment où il a terminé son secondaire, il possédait deux motos et une garde-robe impressionnante ainsi que de nombreux bijoux, et cela, sans aucun indice qu'il n'ait jamais travaillé. Il était évident que, financièrement, il était en meilleure position que ses camarades qui livraient des journaux à domicile ou qui s'échinaient pendant quelques heures au McDonald. Peu importait la provenance de son argent, il avait cependant une façon bien à lui de faire étalage de sa nouvelle richesse. Les hippies étaient en déclin total, cependant la mode qu'ils avaient imposée, une mode assez extravagante, ayant des racines latines ou extrême-orientales, avait commencé à s'infiltrer dans des magasins comme Sears ou Kresge.

C'est à cette même époque qu'Alice Cooper et d'autres musiciens *hard rock* commençaient à cultiver leur aspect provocateur bien à eux, comme ils le font encore. Bien sûr, les adolescents ont commencé à imiter leurs héros. Cela a eu comme résultat immédiat, chez Stadnick, un remarquable mélange de couleurs, de styles et de messages incongrus. « Walter portait des vêtements vraiment étranges. Il était évident qu'il s'agissait de fripes qui avaient coûté cher. Ces accoutrements n'en paraissaient pas moins étranges lorsqu'il les mélangeait avec des vêtements normaux, se remémore Kelly en pouffant de rire. Il portait, par exemple, des jeans serrés, très serrés, et une espèce de chemise violette et noire en soie, avec des motifs, qui avait dû coûter une fortune, sous une vieille veste de jean toute rapiécée. » Et c'est à cette même époque qu'a commencé son habitude, qui a toujours duré, d'exhiber des bijoux extravagants. « Oh ! Il adorait les bijoux. Très peu de garçons acceptaient de porter autre chose qu'une simple chaîne. Wally, lui, portait de nombreuses bagues et de nombreuses chaînes », ajoute-t-elle.

Il est totalement improbable que l'on se soit posé des questions quant à la masculinité de Stadnick, malgré ses chemises en soie et sa joaillerie. « Il n'était pas impressionnant à voir, et pourtant c'était un vrai petit dur à cuire, précise Kelly. Il s'est battu avec un vrai gaillard (je crois que son nom était Stewart) et l'a complètement démoli. Personne n'a voulu contester son autorité après cet épisode. D'autre part, il n'était pas vraiment facile de l'atteindre. Lorsqu'il est entré en douzième année, Stadnick était toujours entouré d'amis, d'acolytes ou de personnes qui traînaillaient autour de lui. Que ce soit dans l'espace réservé aux fumeurs, dans le hall d'entrée de l'école ou ailleurs, on voyait toujours Stadnick entouré de jeunes portant une sorte d'uniforme en jeans et en cuir, une version bon marché de ce que portaient les blousons noirs dans le film *The Wild One* (*L'Équipée sauvage*). »

Lorsque l'école a été terminée et que les autres jeunes sont partis à l'université ou à la recherche d'emplois dans des villes plus prospères, Stadnick et ses copains sont restés pour traîner et profiter de la vie. Ils eurent tous des motos, l'un après l'autre. Ce n'étaient pas des Harley ; ils se contentaient de vieilles motos anglaises. Cependant, ils étaient tous équipés de deux roues financés, du moins en partie, par Stadnick. « Il aimait faire de la moto et ces jeunes étaient ses amis, remarque Bob le flic. Les aider à s'acheter des motos était, somme toute, le seul moyen pour qu'ils restent avec lui et pour Stadnick, de conserver leur amitié. » Ils ont commencé rapidement à rouler ensemble, à s'habiller de la même façon et à se rencontrer de façon régulière. Ils ne sont, toutefois, devenus un gang que lorsqu'ils se sont donné un nom. Ils ont découvert leur identité grâce aux intérêts de Stadnick. Nous étions à une époque iconoclaste où les héros avaient disparu. Les jeunes ne prenaient plus de pilotes d'avion, de cow-boys ou qui que ce soit qui puisse émerger d'un contexte historique, comme modèles. Stadnick et ses comparses, quant à eux, ont reculé un peu plus dans le temps.

« Tout comme les jeunes qui sont accros au jeu “Donjons et dragons” ou au “Seigneur des Anneaux”, ils aimaient tout ce qui avait une connotation médiévale, rappelle Bob. Stadnick, qui était fier de ses racines ukrainiennes, avait appelé son groupe les *Cossacks* ou Cosaques. » Le mot « kazak » vient du turc et signifie « homme libre ». Historiquement, les Cosaques viennent de l'Europe du Sud-Est. Ce sont des hommes qui se sont regroupés après avoir rejeté l'autorité de leur chef local. Ils sont connus pour leur indépendance et leur belligérance. Ils ont souvent été utilisés, et tout spécialement leur cavalerie, comme mercenaires. Ils ont la réputation d'avoir été des guerriers farouches et sanguinaires qui n'obéissaient à aucun règlement. Les parfaits héros pour une bande de jeunes motards.

L'influence de Stadnick était tellement grande qu'il a réussi à convaincre ses adeptes à se faire des queues de cheval sur le dessus de leurs têtes, suivant l'idée erronée que c'était à cela que ressemblaient les vrais Cosaques. Ils avaient même trouvé le moyen de faire un trou sur le sommet de leur casque de moto pour y faire passer leur fameuse queue de cheval. « Certes, nous connaissions bien la bande des Cossacks et ne pensions pas grand-chose de bien à leur sujet », se remémore Bob le flic. « Ils n'avaient pas une grande importance, à l'époque. Ils traficotaient, provoquaient quelques bagarres. Nous ne les avons jamais pris en flagrant délit pour quelque chose de grave. Ils donnaient l'impression que la seule chose qui les intéressait était de faire du bruit et de passer pour des durs. »

Un groupe d'adolescents aux penchants criminels perchés sur des motos, une couette de cheveux dressée sur le milieu du casque, aurait normalement dû attirer l'attention, et peut-être même engendrer une certaine peur lorsqu'ils circulaient dans les rues de n'importe quelle ville. Cependant, nous étions à Hamilton et, qui plus est, dans les années soixante-dix. La mafia locale était contrôlée par Johnny « Pops » Papalia et ce qui restait des bénéfices du crime organisé était partagé entre les Satan's Choice et les Red Devils, deux gangs de motards. Bien que les Cossacks aient été faciles à identifier à cause de leurs queues de cheval, le reste de leur habillement était celui du motard typique, c'est-à-dire les jeans, les vestes de cuir et les rapiéçages, l'uniforme standard des Hells Angels. Il est cependant peu probable qu'ils aient fait exprès de copier les Hells. Ces derniers n'avaient pas encore de chapitre au Canada et paraissaient bien éloignés, étrangers et même presque mythiques au moment où Stadnick formait sa bande. Ses Cosaques du pauvre copiaient davantage les bandes locales de motards qui, eux, copiaient les Hells. Au contraire des Cossacks, qui paraissaient presque comiques sur leurs vieilles motos anglaises de faible puissance, les membres des autres gangs bien établis étaient, eux, de vrais motards. Les Satan's Choice avaient un nombre de membres et une influence comparable aux Hells Angels. Les Red Devils, pour leur part, représentaient la bande de motards la plus ancienne du Canada. Les quartiers généraux de ces deux bandes se trouvaient sur Beach Strip, un isthme étroit qui relie Hamilton à Burlington et que domine l'autoroute Queen Elizabeth Way, dite la QEW, où passe le trafic venant de Toronto et de la région du Niagara. Les membres des Satan's Choice et des Red Devils dirigeaient leurs activités vers les quartiers du nord et de l'est de la ville et toléraient l'existence des Cossacks. « Ils ne dérangeaient pas les grands garçons… » se rappelle Bob le flic.

Bien que Stadnick ait été tout à fait satisfait d'avoir créé les Cossacks, la majorité des agents de police qui le connaissaient à cette époque est unanime pour dire qu'il aurait préféré faire partie des ligues majeures. Malgré son charisme et sa réputation de dur, il n'avait jamais attiré l'intérêt des Satan's Choice ni des Red Devils, et c'est pourquoi il a sauté sur l'occasion qui lui a été offerte de rejoindre les Wild Ones. Ces derniers tiraient sans doute leur nom pas très original du titre du film qui avait contribué à la création du phénomène même des motards. Les Wild Ones, un groupe localisé sur la « Montagne » de Hamilton, étaient beaucoup plus sérieux et plus sophistiqués que les Cossacks, mais bien au-dessous des grandes pointures. Les Wild Ones, qui étaient reliés étroitement aux Satan's Choice, agissaient pour eux en tant que club-écoles en ligue mineure pour leur fournir des recrues qui auraient déjà fait leurs preuves. Les membres des Wild Ones, selon la police de Hamilton, arrivaient à se distinguer en performant des tâches pour les Satan's Choice ou pour la mafia. Ils pouvaient également agir en tant que « gros bras » pour protéger les collecteurs de dettes ou menacer les personnes qui refusaient de payer pour leur protection. Les agents de police racontaient que la façon la plus efficace pour qu'un membre des

Wild Ones gagne du galon était de punir un débiteur récalcitrant. Leur méthode préférée était l'attentat à la bombe contre petits commerces. Ce genre d'opération était considéré comme étant l'un des meilleurs moyens d'intimidation et, de plus, cela leur permettait de retourner faire une autre visite à ces commerces, une fois que les assurances avaient réglé les préjudices. Ce système fonctionnait à merveille. La mafia engageait les motards qui intimidaient les gens d'affaires qui n'avaient comme options que de graisser la mafia ou de subir les sévices des petits malfrats motorisés. « Il s'agissait d'un type d'opération sophistiquée, admet Ken Robertson, un policier de Hamilton-Wentworth chargé d'enquêter sur les attentats à la bombe et qui, plus tard, est devenu le chef de police de la ville. Et ce n'est pas le travail qui manquait… »

Cependant, à l'automne 1978, le toujours ambitieux Stadnick a commencé à réaliser que lui et son groupe faisaient du sur place. Les Wild Ones et lui faisaient tout le sale boulot, prenaient tous les risques et ne recevaient qu'une infime partie des bénéfices. Les membres du Satan's Choice recevaient tout simplement la grosse part du butin et toute la renommée d'être le groupe de motards le plus important en utilisant simplement les Wild Ones pour les sales besognes. Stadnick, qui en avait plus qu'assez de faire tout le travail dur et dangereux pour que d'autres s'enrichissent, a décidé de prendre les choses en main. Il invita quelques membres des Wild Ones et leur dévoila son plan. Il a déployé tout son charme pour les convaincre qu'ils étaient utilisés et que les seules personnes qui devaient tirer un bénéfice de leurs muscles et de leur courage étaient eux-mêmes. Il leur a parlé d'un autre groupe de motards, beaucoup plus puissant, qui se nommait les Hells Angels. Ils étaient cool et ne les exploiteraient pas comme le faisaient les Satan's Choice. Il leur a affirmé qu'il avait parlé à quelques membres des Hells et que ces derniers menaient une belle vie, se baladaient en moto, organisaient des partouzes, gagnaient de l'argent et se payaient du bon temps. Il a ajouté qu'il avait préparé une rencontre avec ces derniers.

Deux membres des Wild Ones acceptèrent l'idée, mais les autres refusèrent, alléguant qu'elle était trop dangereuse. C'est ainsi que le 12 octobre 1978, Stadnick et ses deux compères ont emprunté la QEW, la route de cette bonne vieille Reine, en direction de la 401 vers Montréal.

Le Tourbillon fait partie des nombreux bars minables de Montréal. Si l'on exclut les quelques vieux poivrots et les danseuses qui y travaillent, les Hells Angels ont pratiquement l'usage complet du *joint*. Ce petit bar qui ne paye pas de mine, près du parc Jarry, au cœur du territoire des Hells Angels, bien loin de la guerre latente qu'ils livrent aux Outlaws, un gang du West End, est sans doute le local le plus sûr et le plus approprié pour la tenue d'une réunion. Stadnick et ses amis des Wild Ones — Gary « Gator » Davies et George « Chico » Mousseau — se sont assis à une table du fond et ont fait semblant de regarder la danseuse qui se tortillait sur la scène. Quelques bières n'avaient pas réussi à émousser leur tension. Il s'agissait de la nuit la plus importante de leur vie. La veille, ils n'avaient été qu'une bande de petits durs du quartier de la Montagne de Hamilton qui se fendaient en quatre pour se faire remarquer des Satan's Choice et, à présent, les puissants Hells Angels se montraient intéressés à les incorporer dans leur groupe.

La délégation des Hells Angels a fait son apparition exactement à l'heure prévue. Malgré la guerre qui régnait entre les gangs de Montréal, les Hells affichaient leurs couleurs avec ostentation. Les membres qui avaient été délégués à cette réunion étaient imposants, portaient les cheveux longs et arboraient tous les insignes qui allaient de pair avec leur état de *Full Patch* des Hells. Il est certain qu'ils désiraient impressionner les recrues potentielles venues de Hamilton. Louis « Ti-Oui » Lapierre, Bruno Coulombe et Jean Brochu se sont casés à la table où se trouvaient les Wild Ones et se sont fait apporter des bières avant que qui que ce soit n'ait prononcé un seul mot. Stadnick et Davies ne parlaient pas français et les Hells Angels qui étaient assis à côté d'eux ne possédaient que des rudiments d'anglais. Mousseau a donc dû faire l'interprète. Quelques plaisanteries ont été échangées à l'aide de grimaces et de gestes de la main et la glace a été brisée.

Ils allaient entrer dans le vif du sujet lorsqu'ils ont été subitement aveuglés par un rayon de soleil au moment où la porte de l'établissement s'ouvrait. Malgré l'éblouissement provoqué par cette lumière subite, ils ont pu se rendre compte que deux hommes étaient dans la porte.

Lorsque la porte s'est refermée et que leurs yeux se sont adaptés à la lumière ambiante, ils ont vu qu'il s'agissait de deux jeunes hommes musclés qu'ils n'ont pas reconnus. Il était évident qu'il ne s'agissait pas de membres des Outlaws, car ils avaient des cheveux courts et ils portaient des coupe-vent en nylon sur des chemises de golf et n'arboraient aucun tatouage. Lapierre les aurait certainement reconnus s'il s'était agi d'Outlaws. Au lieu de cela, il en a déduit qu'il s'agissait de deux policiers en civil et a mis un doigt devant sa bouche pour parer aux barrières linguistiques et indiquer à tous ceux qui étaient assis autour de la table de ne rien dire qui pourrait leur causer du tort.

Tous comprirent, et la conversation s'est dirigée vers le temps qu'il faisait et les différences qui existaient entre les femmes du Québec et celles de l'Ontario. La conversation du joyeux groupe cessa au moment où les hommes aux cheveux courts se sont levés pour se diriger vers leur table.

Lapierre n'était pas d'humeur à se faire harceler par la police au moment où il voulait donner une impression de force et de sécurité aux Wild Ones. Il s'est donc tourné vers eux pour leur dire de leur foutre la paix. Il avait à peine pu prononcer quelques paroles lorsqu'un des hommes a sorti un gros pistolet et lui a tiré une balle dans l'épaule. L'autre assassin a sorti un fusil à canon tronçonné et a commencé à tirer. Stadnick a alors instinctivement plongé sous la table. Ses amis n'ont pas été aussi malins que lui ou n'ont pas eu la même chance. Les assassins ont continué à tirer et à vider leurs chargeurs jusqu'à ce qu'ils aient la certitude que tous les hommes autour de la table soient morts et, ensuite, ils ont fui. Stadnick a réussi à remuer sous les débris de bois, les lambeaux de coussins, le verre pilé et le corps en bouillie de Mousseau. Il était surpris d'avoir survécu. Lorsque la fumée a fini par se dissiper, on a pu voir que Mousseau et Brochu étaient morts sur le coup. Davies était sur le plancher au milieu d'une mare de sang et a fini par décéder dans un hôpital local quelques jours plus tard. Lapierre et Coulombe ont survécu à des blessures qui avaient mis leurs vies en danger et ont fini par récupérer complètement. Stadnick n'a subi que des blessures peu graves, causées par des éclats de bois ou d'os qui lui ont égratigné le visage. Il n'a pas attendu l'arrivée de la police, a enfourché sa moto et a pris la direction de Hamilton.

Tout au long du trajet de retour, Stadnick, qui était astucieux, a procédé à une reconstitution des événements qui s'étaient déroulés dans le bar. Un des Wild Ones qui ne l'avait pas accompagné à Montréal et qui était au courant de ses plans avait dû aller chez les Satan's Choice pour moucharder sur ce qui était en train de se passer. Les dénonciations sont quelque chose de très mal vu dans le monde de la criminalité. Cependant, chez les motards, le cafardage peut devenir synonyme de promotion. Les membres haut placés des Satan's Choice avaient dû ensuite prévenir des membres encore plus haut placés des Outlaws vivant aux États-Unis. Ces derniers, qui n'avaient aucune envie de permettre aux Hells Angels d'accaparer une partie du marché de l'Ontario, avaient décidé d'étouffer dans l'œuf les plans de Stadnick. Ils avaient donc engagé deux motards (un de Detroit et l'autre de Miami) pour faire le travail. Ils les avaient choisis à cause de leur apparence soignée qui attirerait moins l'attention. Ainsi, il serait plus difficile de les retracer. Ils avaient eu raison dans les deux cas. Les liquidateurs n'ont jamais été retrouvés.

À son retour, Stadnick a organisé une réunion avec des membres des Wild Ones en qui il pensait pouvoir faire confiance et leur a dit de garder leur sang-froid. Ils ne possédaient pas les moyens de commencer une guerre avec les Satan's Choice, et la meilleure chose qu'ils pouvaient faire était de se tenir tranquilles et d'espérer que toute cette histoire serait oubliée ou bien encore qu'un autre groupe — les Red Devils ou même les Hells Angels — se montrerait favorable à une entente stratégique. Cependant, cette histoire ne fut pas oubliée et personne n'est venu à la rescousse des Wild Ones. Le massacre a recommencé une semaine plus tard. Un des membres des Wild Ones s'est réveillé un beau matin pour se rendre compte qu'il n'y avait plus de café dans sa belle maison située sur les hauteurs de Hamilton. Lui et sa copine, une strip-teaseuse, avaient bu sans modération pendant la soirée et il avait une sérieuse gueule de bois. Il éprouvait, par conséquent, le besoin de prendre un petit-déjeuner bien graisseux. Se sentant trop indisposé pour parcourir à pied les trois pâtés de maisons, il a donc pris les clefs de l'auto, laissant dormir sa petite amie. Il est entré dans l'auto, a bouclé sa ceinture. Sa vieille Firebird ne démarrait pas toujours du premier coup et son réservoir était presque vide. En proie à un violent mal de tête, les articulations douloureuses, il a tourné la clé du démarreur et a été réduit en charpie. L'explosion et l'incendie qui ont suivi ont été tellement intenses que lorsque la petite amie du malheureux a appelé les pompiers, elle leur a déclaré que son copain venait d'être assassiné. Une semaine plus tard, une autre explosion à la bombe a emporté la jambe droite d'un autre Wild Ones, mettant ainsi fin à sa carrière de motard. Deux membres des Wild Ones qui avaient survécu, Derek Thistlewaite et Peter Michael Urech, se trouvaient quelques jours plus tard dans le garage d'un ami pour construire une bombe qu'ils avaient l'intention d'utiliser pour intimider une victime de viol et l'empêcher ainsi de témoigner au procès d'un autre membre du gang. Leur peu d'expérience, leurs capacités intellectuelles plutôt limitées, les produits chimiques volatils utilisés et les quelques bières qu'ils avaient consommées ont eu comme résultat l'explosion du garage et la volatilisation des deux complices.

Les Wild Ones ont cessé d'exister après cette bourde. Ceux qui n'étaient pas morts se trouvaient soit handicapés à tout jamais, soit effrayés au point de disparaître, soit absorbés par d'autres gangs. Tous sauf un, Stadnick qui, incroyablement, avait réussi à échapper indemne au massacre qu'il avait provoqué et qui continuait à traîner dans la région de Hamilton. Il ne faisait partie d'aucun groupe, avait peu d'amis et rien à faire sauf attendre. Il savait qu'il préférait soit réussir soit mourir. Cependant, peu importe son sort, ce serait comme motard. Depuis son voyage à Montréal, il n'avait plus qu'une idée en tête, celle de rallier les Hells Angels, une organisation qu'il savait être nettement supérieure aux Satan's Choice ou même à leurs maîtres américains, les Outlaws. Les membres des Wild Ones qui avaient survécu avaient abandonné le monde de la criminalité, Stadnick quant à lui ne lâchait pas. Un policier motard de Hamilton, le sergent John Harris, qui a suivi de près la carrière de Stadnick, disait : « Je pense que Stadnick s'imaginait que cela ne lui arriverait jamais parce qu'il était trop intelligent, que les gars qu'il perdait à cette époque étaient simplement des imprudents… »

Chapitre 4

Montréal compte beaucoup de types comme Vincent. Il mesure environ un mètre quatre-vingt, mais, en le regardant, on a l'impression qu'il ne doit pas peser plus de quarante kilos. Il est possible d'avoir une bonne idée de son âge en observant les rides profondes qui entourent son bouc. Il porte les cheveux longs jusqu'aux épaules, bien que ses tempes soient dégarnies. Sa garde-robe complète inclut des tee-shirts, des jeans et des vestes en cuir, les vêtements idéaux pour son travail d'employé à temps partiel dans un parc de recyclage de voitures et pour son emploi moins officiel qui lui rapporte davantage.

Il n'est pas seulement tout à fait d'accord pour parler de ses activités illégales, il en est fier. Il nous a déclaré avoir gagné beaucoup d'argent en faisant la contrebande de cigarettes des États-Unis. « C'est un travail qui ne rapporte plus autant à l'heure actuelle, nous a-t-il avoué, mais j'ai d'autres atouts dans ma manche. » Ces atouts sont la revente d'objets électroniques et de pièces d'autos volées ainsi que la vente de haschisch de temps à autre. Il reçoit également un petit chèque du gouvernement, mais n'a pas voulu nous dire pour quelle raison. « Je gagne beaucoup d'argent », a-t-il conclu.

Un des autres employés du ferrailleur a marmonné très vite quelque chose en français et les deux autres ont rigolé. Vincent a traduit. Bien qu'il ait un nom français et qu'il ait vécu dans la région de Montréal depuis le milieu des années soixante-dix, il est né et a été élevé en Ontario et l'anglais est sa langue maternelle. « Je suis riche, mais j'ai l'air d'un clochard parce que je dépense tout mon argent chez les strip-teaseuses et les prostituées, a-t-il ajouté en faisant un sourire qui découvrait son incisive manquante. Que puis-je vous dire de plus ? Les femmes sont une vraie drogue pour moi… » Puis il nous a expliqué pourquoi il était plus sensé d'avoir des relations avec des prostituées plutôt qu'avec des femmes conventionnelles. « Les putes ne font pas de discrimination entre les hommes à cause de leur aspect ou de leurs revenus ; de plus, elles ne vous font pas perdre votre temps. Elles ne sont là que pour le sexe. Et puis vous pouvez leur dire de déguerpir dès que vous avez fini, a-t-il dit fièrement. Essayez donc de faire la même chose avec votre bonne femme ou votre petite amie… » Encouragé par sa propre logique, il nous a ensuite raconté comment la contrebande de cigarettes et la vente d'équipements électroniques et de pièces d'autos volées n´étaient pas des crimes à ses yeux. « Les personnes qui se font voler sont les collecteurs d'impôts, les riches et les compagnies d'assurances, soutient-il. Je ne fais que procurer aux gens normaux des biens qu'ils ne pourraient pas autrement se payer, en les enlevant aux personnes qui font en sorte que ces biens sont si inabordables en premier lieu… »

Si l'on met de côté l'illusion qu'il a d'être un Robin des Bois des temps modernes, Vincent est une personne bien vue et importante dans sa communauté, où plusieurs partagent la même philosophie. Il vit dans un monde où le pouvoir gouvernemental est bien loin et représente une entité étrangère qui n'existe que dans le seul but d'être filoutée. Les lois représentent les règlements obscurs d'un jeu auquel il n'a pas envie de jouer. « Les riches font des lois pour empêcher les gens normaux d'avancer », affirme-t-il. Les « gens normaux » de son petit monde, quant à eux, gagnent de l'argent en violant les lois et se livrent à des activités illégales afin d'obtenir des biens. C'est une vie qui le conduit souvent dans les bars et dans les *night-clubs* de Montréal et qui le met en contact avec les Hells Angels. Et c'est ainsi qu'il a fait la connaissance de Stadnick.

« C'est vraiment quelqu'un. Il n'y a pas beaucoup de personnes qui se pointent et deviennent des Hells Angels, a expliqué Vincent. Et pourtant, c'est ce que Stadnick a fait, même en ne parlant pas un seul mot de français. » La légende qui court souvent à Montréal est qu'un beau jour Stadnick s'est présenté au quartier général des Hells Angels à Sorel, qu'il a frappé à la porte et qu'il a réussi à les convaincre de le prendre comme membre. La vérité est un peu différente. Il avait eu, en fait, des contacts intermittents avec le chapitre de Sorel depuis la tentative manquée d'établir un pacte entre eux et les Wild Ones, en 1978. Au moment où les Wild Ones auront cessé d'exister, la présence de Stadnick était assez courante lors des réceptions et des autres événements des Hells Angels.

De plus, les Hells Angels avaient gagné un peu plus sa confiance en n'oubliant pas ce qui s'était produit au Tourbillon, en octobre. Ils lui avaient dit que leur vengeance serait douce et ils avaient intensifié leur guerre contre les Outlaws de Montréal, principalement du fait qu'ils avaient donné carte blanche à Apache Trudeau. Moins d'un mois après que les tueurs aient anéanti le sommet entre les Wild Ones et les Hells Angels, Trudeau s'est dirigé vers le West End de Montréal et a frappé à la porte de l'ancien président des Outlaws, Brian Powers. Ce dernier, qui ne soupçonnait rien, a ouvert et a reçu neuf balles de revolver avant de toucher le sol.

Tous les membres des Outlaws du Québec et plusieurs d'Ontario ont assisté aux funérailles de Powers. Leur nombre a augmenté alors que deux gangs de motards de Toronto — les Vagabonds et les Para-Dice Riders — se sont joints à eux pour présenter leurs respects au défunt et montrer aux Hells Angels que l'Ontario était un territoire qui appartenait exclusivement aux Outlaws et à leurs amis.

Trudeau n'a pas été impressionné par ce déploiement de force. Quelques semaines plus tard, le 8 décembre, il est retourné dans l'ouest de Montréal et a vu quelqu'un qu'il a pensé reconnaître comme étant un Outlaw. Il s'est dirigé vers lui avec désinvolture et a demandé à cet inconnu — un homme qui se nommait William Weichold et qui n'était pas un motard — s'il se nommait « Roxy ». Weichold n'a pas eu le temps de répondre que Trudeau l'avait atteint d'une balle dans la tête. L'affreux a raconté plus tard à la police qu'il avait failli mourir de rire lorsqu'il avait lu dans *Le Devoir* qu'il avait commis une erreur.

Il a eu une autre occasion de rire, le 29 mars 1979, lorsque Roland « Roxy » Dutemple a démarré sa Camaro, ce matin-là. Cette dernière a explosé et Roxy a cramé sans histoire. Selon des indicateurs, Dutemple avait été la personne qui avait raconté aux hommes de main des Outlaws où devait se tenir la rencontre de Stadnick avec les Hells Angels. Trudeau avait donc fini par rectifier le vrai coupable.

L'homme était sur sa lancée. Il y a eu une rumeur qui disait que les Huns — un gang de motards montréalais non affilié à aucun autre groupe — pensaient à se joindre aux Outlaws. Trudeau a donc décidé d'agir. Il n'eut pas à aller aussi loin pour trouver sa nouvelle proie. Elle se trouvait dans le quartier de Fabreville, qui fait partie de Ville de Laval. Apache s'est dirigé vers la maison d'un certain Robert Labelle. En regardant par la fenêtre, il a repéré ce dernier, qui avait dirigé les Huns pendant 25 ans. Il avait cependant abandonné son poste de chef de bande pour consacrer plus de temps à son commerce d'import-export servant de couverture à l'exploitation à grande échelle d'un réseau de stupéfiants. Le visiteur a sonné à la porte, Labelle a ouvert et Trudeau lui a logé une balle dans la tête. Que cette histoire soit pure légende ou non, une chose est certaine : la fusion entre les Huns et les Outlaws n'a jamais eu lieu.

Bien que Trudeau ait laissé derrière lui toute une longue file de cadavres d'Outlaws ou de sympathisants de ceux-ci, il lui restait encore à zigouiller une grande pointure du milieu. Tout cela a changé le mardi 9 mai. Donald McLean était une personnalité importante, que ce soit physiquement ou intellectuellement parlant, chez les Outlaws. Il n'avait pas de rang officiel, mais beaucoup le considéraient comme étant l'étoile montante et le futur président de la bande. Chose certaine, il ne dissimulait pas vraiment son statut. Il était un des Outlaws qui arborait le plus de décorations. Non seulement il les portait même lorsque les autres membres considéraient que cela représentait un danger, mais encore il conduisait une moto qui attirait l'attention de loin. Sa Flat Head 1963, qu'il avait fait modifier, faisait un bruit de tonnerre et affichait quantité de chromes et d'illustrations psychédéliques. Ce jour-là, Carmen Piché, sa petite amie âgée de 22 ans étant sur la moto en arrière de lui, McLean a donné un coup de pied à la pédale pour démarrer et les deux passagers de la moto se sont fait pulvériser. Le démarreur avait été relié à une bombe artisanale faite et installée par Trudeau et deux de ses amis des Hells Angels, Yves « Le Boss » Buteau et Jean-Pierre « Matt le Crosseur » Mathieu.

* * *

La popularité de Walter Stadnick était grande, bien que ses connaissances en français aient été pratiquement nulles et qu'aucun des Hells Angels n'ait pu se glorifier de parler un anglais plus que rudimentaire, il a pu devenir une de leurs recrues sans avoir à passer par la routine d'intronisation. Son apprentissage a été plus facile que pour d'autres, car il a eu la permission de continuer à habiter à Hamilton tout en se déplaçant seulement pour les réunions du club et pour les fonctions obligatoires, quand il le pouvait. « Les membres de Sorel ont tout de suite aimé Wally, se rappelle Vincent. Il n'était pas grand, mais c'était un dur. Et il avait des tonnes de bonnes idées. Il paraissait être beaucoup plus intelligent que la majorité des types avec lesquels il se tenait. »

Il a même eu la permission d'amener un copain de Hamilton, un ancien membre des Wild One. Noël « Frenchy » Mailloux s'était mérité ce surnom dans sa ville natale, en grande majorité anglophone, pour sa facilité à parler le français. Il est devenu l'interprète de Stadnick lorsque cela s'avérait nécessaire quand ils eurent déménagé à Montréal. « Noël n'était jamais loin et Wally pouvait se faire comprendre grâce à lui », précise Vincent.

Sans sous-estimer le charme personnel et les bravades de Stadnick, ce dernier a eu la chance de se joindre aux Hells Angels exactement au moment où ces derniers avaient besoin de nouvelles recrues, des recrues intelligentes et ambitieuses.

À la fin des années soixante-dix, les Hells Angels avaient connu des changements significatifs aux États-Unis. En 1973, Sonny Barger a purgé une peine de prison pour s'être trouvé en possession d'héroïne et de marijuana. Il a eu droit à une libération conditionnelle en février 1977 et a trouvé, à sa sortie de prison, un monde tout à fait différent et chez les Hells Angels, une présence plus marquée ainsi qu'une mentalité d'affaires plus agressive. La marijuana et les drogues injectables comme l'héroïne avaient connu un vrai déclin pendant le séjour qu'il avait effectué à la prison de Folsom, alors que des drogues qui aident à rehausser l'ego parce qu'elles sont des stimulants — la cocaïne et la métamphétamine, le « cristal » — prenaient des parts considérables sur le marché. Les Hells Angels faisaient d'énormes profits à cette époque où l'Ère du Verseau, soutenue par des idéaux comme l'amitié et l'amour libre, devenait un concept dépassé remplacé par le narcissisme de l'époque disco.

Comme dans toute corporation de taille importante, l'augmentation du chiffre d'affaires exigeait une croissance de la main-d'œuvre.

Heureusement pour les Hells, une pépinière de nouveaux talents avait fait son apparition et la majorité de ces recrues possédaient tant le talent que la motivation. Les vétérans du Viêt-nam faisaient des aspirants bien préférables aux anciens combattants des générations précédentes de la Seconde Guerre mondiale ou de la guerre de Corée. Les vétérans de l'enfer vietnamien étaient non seulement habitués aux opérations de guérilla et de camouflage, mais ils méprisaient le gouvernement qui, d'après eux, les avait trahis. De plus, ils ne portaient aucunement dans leur cœur une population qui les avait ignorés, s'était moquée d'eux et avait banalisé tous les sacrifices qu'ils avaient consentis en Asie du Sud-Est. Ces survivants qui n'avaient rien de spécial à faire avaient perdu toutes leurs illusions, se sentaient incompris et, par conséquent, se montraient incapables de réintégrer la vie américaine traditionnelle, se sont tournés vers les Hells Angels ainsi que vers d'autres gangs de motards où ils retrouvaient une fraternité, une vie plus excitante et un patriotisme qu'ils estimaient inexistant ailleurs.

Il est évident que l'augmentation explosive des affaires et des membres n'est pas passée inaperçue aux yeux du gouvernement américain. En juin 1979, le gouvernement fédéral a arrêté Barger ainsi que sa femme et la plupart des membres du chapitre d'Oakland et les a accusés de crimes aux termes de la loi du Racketeer-Influenced and Corrupt Organizations (RICO), soit la Loi contre les organisations corrompues et se livrant à des extorsions. Le procureur fédéral G. William Hunter a déclaré alors aux médias : « La pierre angulaire de leur commerce de drogues illégales est la fabrication et la vente de méthamphétamine. »

Il semble que les fédéraux aient triché. La loi RICO avait été utilisée contre la mafia, le Weather Underground, les Black Panthers ainsi que diverses autres associations de malfaiteurs ou d'extrémistes et avait produit l'effet désiré. La caution de Barger avait été fixée à un million de dollars. Le juge qui avait été désigné pour s'occuper de cette affaire était Samuel Conti qui avait reçu le surnom de « Hanging Sam » — soit « Sam le nœud coulant » — après avoir distribué des sentences très sévères dans des procès fort importants. La salle du tribunal de San Francisco ressemblait à une place fortifiée. Les locaux avaient été protégés par des vitres antiballes et étaient entourés de gardes armés de fusils et de mitraillettes. Chaque personne qui pénétrait dans la salle d'audience était fouillée deux fois plutôt qu'une pour voir si elle ne cachait pas d'armes. Toute personne qui portait une ceinture dépassant cinq centimètres de large se la faisait confisquer.

Le procès ne s'est cependant pas déroulé comme prévu. Huit mois et plus de cent témoins à charge plus tard, le tribunal s'est retrouvé dans une impasse totale. Il avait été très clairement établi que les membres du chapitre d'Oakland utilisaient et vendaient à peu près toutes les sortes de drogues — Barger a même admis qu'il vendait de l'héroïne — et qu'ils utilisaient l'intimidation et même le meurtre comme moyen de pression pour protéger leurs affaires ; cependant, on n'avait pas pu trouver qu'ils commettaient ces crimes en tant que groupe. Étant donné que l'organisation et non ses membres faisait l'objet du procès, Conti, qui s'était évanoui deux fois d'épuisement durant le procès, s'est vu obligé d'y mettre fin pour vice de procédure. La caution de Barger a été réduite à 100 000 dollars et il a été libéré. Une semaine plus tard, les accusations contre lui, contre sa femme et contre 19 autres membres des Hells Angels ont été retirées. Quelques mois plus tard, les 11 membres qui restaient ont dû subir leurs procès et, à nouveau, le jury n'a pas pu établir de verdict. En février 1981, le gouvernement a abandonné toutes les accusations et déclaré que les Hells Angels n'était pas une organisation criminelle, bien qu'il était clair que de nombreux criminels se trouvaient parmi ses membres.

RICO, la loi qui avait fait tant de mal à la mafia aux USA, se trouvait impuissante contre les Hells Angels. Les agents fédéraux ont même été punis pour leur excès d'orgueil, tandis que les motards acquirent une telle popularité qu'ils passèrent aux yeux de certains pour des héros populaires. Des tee-shirts ornés de la phrase : « Libérez Sonny Barger » firent leur apparition un peu partout à travers les États-Unis, et les Hells Angels virent le nombre de leurs membres augmenter de façon exponentielle.

Comme toujours, les choses se sont passées d'une manière quelque peu différente au Canada. Bien que le marché de la cocaïne ait décollé, la portée de l'influence des Hells Angels et le nombre de ses membres n'avaient pas suivi le mouvement. Le Canada n'avait pas été impliqué dans le bourbier vietnamien, et les insoumis américains qui avaient déserté et traversé la frontière n'étaient pas le genre de jeunes enclins à faire partie des gangs de motards, pas plus que ces derniers n'étaient prêts à les accepter. Il existait des gangs de motards faisant le trafic des drogues un peu partout au Canada au début des années 1980, mais les Hells Angels limitaient leur rayon d'action à la ville de Montréal. De plus, bien que la police ait estimé que le marché de la cocaïne à Montréal ait été, à l'époque, le marché le plus important en Amérique du Nord en dehors des villes de New York et de Los Angeles, les Hells Angels n'étaient pas les gens à qui ce marché profitait. Les membres du chapitre de Laval ne possédaient absolument pas le sens des affaires et préféraient renifler la cocaïne et s'endetter abusivement plutôt que d'en faire la vente. Le chapitre de Sorel faisait de son mieux, mais ses membres manquaient d'expérience et d'inspiration. Par conséquent, ils ne jouaient qu'un rôle peu important sur le marché montréalais de la vente de drogues.

Stadnick arrivait donc au bon moment. Il était intelligent, aimable, ambitieux et un dur à cuire, exactement ce dont avaient besoin les Hells Angels de Montréal. Encore mieux, c'était un Ontarien anglophone qui, comme tous ceux qui le connaissaient le laissaient entendre, avait une excellente expérience du commerce de la drogue. Il possédait donc le potentiel nécessaire pour aider les Hells à développer d'autres marchés canadiens encore plus lucratifs. Le 26 mai 1982, très peu de temps après qu'il se soit présenté à leur porte, Stadnick était initié comme un des membres du chapitre de Montréal-Sud des Hells Angels.

Il ne les a pas déçus socialement parlant. « Je me rappelle très bien de Stadnick à cette époque. Il était dingue… se remémore Vincent. Il a dépassé tout le monde au chapitre de la boisson, des bagarres ou de sa façon de faire la foire lors du cinquième anniversaire des Hells Angels de Sorel, en décembre 1982. Ce maudit Wally a été le dernier homme à tenir debout. »

Il est bien possible qu'il ait pu boire beaucoup d'alcool sans que cela le dérange, cependant, au contraire des autres membres des Hells Angels montréalais, il n'a jamais gaspillé les profits que faisait le club en s'adonnant lui-même à la cocaïne. Les membres du chapitre de Sorel n'avaient pas, et de loin, le même problème que leurs frères de Laval. Par contre, nombre de ses membres montraient des symptômes évidents d'un usage excessif de cocaïne — psychose, violence gratuite et surtout paranoïa.

Stadnick l'a remarqué dès le début lorsque lui et Mailloux sont retournés chez eux, à Hamilton, pour Noël, en 1982. Étant donné que les Satan's Choice contrôlaient le commerce de la drogue à Hamilton, la ville appartenait aux Outlaws et les membres des Hells Angels n'étaient pas les bienvenus. Stadnick s'est donc tenu tranquille. Il s'est conduit plutôt discrètement, se contentant d'aller boire quelques bières avec des amis et sa famille. Mailloux, qui consommait énormément de cocaïne, a éprouvé beaucoup plus de difficultés à faire de même. On le connaissait comme étant d'un tempérament soupçonneux et il a finalement laissé la paranoïa prendre le dessus sur sa personnalité. Pendant son séjour à Hamilton, il s'est montré nerveux, irritable et agité. Il portait constamment un Magnum .357 partout où il allait et examinait toutes les autos — même les taxis — pour voir si elles n'avaient pas été truffées d'explosifs avant d'y entrer.

Sa petite amie s'en est aperçue, mais ne s'est pas plainte. Connie Augustin était également une adepte de la cocaïne et sa consommation était en train de déraper. Mince, sculpturale, cette strip-teaseuse de 24 ans avait du succès. Elle donnait des représentations dans différents clubs de Hamilton et s'était octroyé le titre d'ancienne « Miss Ontario nue », bien qu'elle n'ait jamais précisé où elle avait remporté un tel titre ni qui le lui avait décerné. Elle habitait une maison de ville modeste mais convenable qu'elle louait sur Garth Road, un quartier à l'ouest de la « Montagne » de Hamilton, non loin du coin où Mailloux et Stadnick avaient grandi. Elle vivait avec son fils âgé de quatre ans, Stewart Hawley, et avec Mailloux lorsqu'il était en ville. Le père de Stewart vivait à Kitchener et ne venait que très rarement le voir.

Le reste de cette histoire n'a été connu que lors du procès qui a eu lieu plus tard. Connie Augustin a estimé qu'entre Noël et la Saint-Valentin, elle et Mailloux avaient consommé pour 21 000 dollars de cocaïne. Lorsque la provision qu'il avait apportée de Montréal s'est épuisée, Mailloux est allé rencontrer un ancien ami pour en obtenir davantage. Mario D'Alimonte travaillait comme videur dans une discothèque au Royal Connaught Hotel, au centre-ville, et savait comment se procurer n'importe quelle drogue. Lorsque Mailloux et sa compagne sont allés le rencontrer pour la première fois, le 17 juillet, il a plaisanté en voyant l'état dans lequel ils étaient et il leur a d'abord suggéré d'aller se coucher plutôt que de continuer à se droguer. Il a alors remarqué que Mailloux s'énervait à la suite de sa blague. Laissant tomber le bavardage, il leur a donné ce qu'ils étaient venus chercher. Le couple s'est ensuite dépêché de rentrer au bercail pour sniffer la drogue. Deux heures après, Mailloux s'est levé pour téléphoner. Il hurlait des obscénités à quelqu'un, mais Connie avait l'habitude de ce genre de comportement. Il paraissait très agité lorsqu'il a raccroché. Il tremblait et piquait une crise. Il a eu du mal à la regarder dans les yeux pendant plus qu'un bref instant : il se trouvait sous l'influence de la cocaïne et pataugeait en pleine paranoïa. La jeune femme a commencé à être nerveuse. Il a prétendu que la cocaïne de D'Alimonte n'était pas bonne et qu'elle pouvait même être dangereuse, et elle a commencé à s'inquiéter. Puis il l'a convaincue que D'Alimonte avait été engagé par les Outlaws pour le tuer et a essayé de jeter ce qui restait de la drogue dans la cuvette des cabinets. Connie Augustin a réussi à arrêter son geste, mais il a sorti son pistolet.

Énervé par le coup de fil menaçant qu'il avait reçu, D'Alimonte a chargé deux fusils de chasse qu'il gardait sur lui en permanence, même au lit. Mailloux a ordonné à sa conjointe d'éteindre toutes les lumières, de fermer à clé toutes les portes et d'abaisser les stores. Il s'est assis devant la fenêtre du salon sur un des petits tabourets en bois de Stewart, mettant en joue toutes les personnes qui passaient sur le trottoir. Il arma son pistolet et faillit abattre la seule personne qui enfila les marches de l'escalier vers l'entrée, la reconnaissant juste à temps. Il s'agissait de Cindy Lee Thompson, une amie de travail de Connie. Mailloux a hurlé quelque chose à Connie. Celle-ci a couru vers la porte, a agrippé son amie avant que celle-ci n'ait eu le temps d'appuyer sur la sonnette et l'a attirée à l'intérieur de la maison.

Cindy Lee était plus jeune, plus jolie et moins farouche que Connie Augustin et gagnait beaucoup d'argent. Bien que cette jeune femme de 18 ans n'ait commencé à danser que depuis six mois, elle avait suffisamment accumulé de fric pour s'acheter une Lincoln Continental toute neuve et habitait dans une maison beaucoup plus grande, située dans un meilleur quartier que celui où résidait Mailloux. Étant donné son âge, elle avait dû obtenir une permission spéciale de la Commission des permis d'alcool de l'Ontario pour avoir le droit de travailler dans un établissement où l'on servait de l'alcool. Elle avait même eu à fournir, pour ce faire, une permission écrite de son tuteur légal. Le stratagème fonctionna même si le nom de la personne qui avait signé la permission demeura illisible et l'adresse indiquée (56 Sherman Avenue North) était bidon. Elle avait peu d'amies parmi ses compagnes de travail du fait qu'elle aimait étaler sa richesse de petite parvenue, ce qui n'empêchait pas Connie Augustin de bien s'entendre avec elle. Elles s'échangeaient leurs vêtements, sortaient, buvaient et prenaient de la cocaïne ensemble.

Sans dire un mot, Augustin a vite emmené Cindy Lee dans la cuisine où elles ont terminé ce qui restait de cocaïne. Finalement, elles ont commencé à discuter à voix basse de la situation. Thomson a convaincu son amie que Mailloux, dans l'état dans lequel il était, s'avérait beaucoup plus dangereux que ne pourrait l'être n'importe quel Outlaw. Elle lui a aussi fait remarquer que si un autre motard faisait son apparition, il le ferait pour s'occuper de Mailloux et non d'elles. Connie Augustin a réfléchi pendant quelques instants et a élaboré un plan. Sur la pointe des pieds, elle a gravi les marches de l'escalier qui était recouvert de tapis pour aller dans la chambre de Stewart et, le prenant dans les bras, l'a transporté jusqu'à la cuisine. Le petit garçon dans ses bras, elle et Cindy Lee Thomson ont pris la fuite par la porte arrière de la maison et se sont précipitées sur la banquette avant de sa Buick 1975. Mailloux les avait entendues et les a poursuivies. Au moment où sa copine mettait la clé dans le démarreur, il a pris place sur le siège arrière en braquant son revolver. Avant qu'elle ait pu dire quoi que ce soit, il a appuyé le gros canon froid du pistolet contre la nuque de Connie et lui a donné l'ordre de démarrer.

Elle a démarré sans même lui demander où aller. Elle s'est arrêtée au premier feu rouge au coin de Stone Church et Upper James et a pris une décision. À cet endroit précis, la rue Upper James est à six voies et, à 3 h 40, la circulation est pratiquement inexistante. Connie a pensé que la meilleure façon de sauver la vie de son fils serait de fuir en courant. Après tout, Mailloux n'avait aucune raison d'en vouloir à Stewart ou à Cindy Lee. Elle serait la seule, elle, sa petite amie, à l'avoir « trahi » en fuyant. Il était certain qu'il allait courir derrière elle. Dans une tentative désespérée pour sauver sa peau et celle de son fils, elle a ouvert la porte de son côté et a commencé à courir aussi vite qu'elle le pouvait.

Funeste décision. La réaction immédiate de Mailloux a été de tirer. Il l'a atteinte d'une balle dans le dos qui est ressortie par son sein droit. Ensuite, il a abattu Stewart et Thomson d'une balle dans la nuque. Ils sont tous deux morts sur le coup.

Lorsque le tireur a regardé par la fenêtre éclaboussée de sang, il a remarqué une chose à laquelle il ne s'attendait pas. Connie Augustin, toujours vivante, courait vers une voiture arrêtée de l'autre côté d'Upper James. Le tireur a ouvert la porte et a commencé à la poursuivre tout en faisant feu de tous les côtés. Elle avait réussi à atteindre la voiture de John Perrins et essayait d'ouvrir la porte du passager avec la force du désespoir en hurlant : « Il va me tuer ! » Perrins a regardé de l'autre côté et a vu Mailloux qui se dirigeait à toute vitesse vers sa voiture tout en rechargeant son pistolet. Ce dernier a recommencé à tirer et Perrins a écrasé l'accélérateur.

Connie Augustin a trébuché, s'est relevée et a couru en direction de la voiture suivante. Kevin Pomeroy travaillait avec Perrins pour la société Dofasco et tous deux avaient été invités à la même réception le soir en question. Il allait rentrer chez lui dans le quartier Mount Hope, lorsqu'il s'est aperçu qu'il avait perdu un enjoliveur. S'étant arrêté pour le chercher et après avoir renoncé à le retrouver, il s'est assis à nouveau dans la cabine de sa camionnette. Quelques secondes plus tard, Connie est entrée et s'est assise sur le siège du passager tout en hurlant. Elle a essayé, comme elle le pouvait, de lui expliquer ce qui se passait, sans qu'il arrive à comprendre quoi que ce soit. Au milieu de ce tumulte, il se rendit compte que l'homme armé était à côté de la porte de la camionnette qu'il essayait d'ouvrir de toutes ses forces. Connie, qui avait eu la sagesse de la fermer de l'intérieur, hurlait en direction de Pomeroy et lui disait de démarrer. Cependant, la panique et l'incompréhension de ce qui était en train de se produire avaient paralysé le malheureux. Ce n'est qu'après avoir entendu une détonation et ressenti une brûlure au menton qu'il a démarré en trombe et que sa camionnette a traversé l'intersection comme une flèche. Il a réalisé qu'il avait été atteint par une balle au menton après avoir dépassé le prochain pâté de maisons. Toutefois, il n'a pas paniqué, a poursuivi deux rues plus loin au coin de Rymal Road, une intersection que les habitants du coin nomment Ryckman's Corners, et a stoppé la camionnette dans le stationnement du dépanneur Target Variety.

Bill Verral se trouvait derrière son comptoir et a immédiatement reconnu Pomeroy. The Target est ouvert 24 heures sur 24. Il s'agit du dernier dépanneur disponible la nuit, sur la route qui conduit de Hamilton à la maison de Pomeroy, à Mount Hope ; il s'y est souvent arrêté pour acheter des cigarettes ou un Coke. Verral a pensé que Pomeroy lui faisait une blague lorsqu'il est entré en criant qu'on lui avait tiré dessus. Il s'est aperçu de son erreur lorsqu'il a vu le sang couler et appela immédiatement une ambulance. Puis il se ravisa et décida qu'il serait intelligent de ne pas attendre. Il demanda à son frère Paul, qui était en train de ranger des caisses de boissons gazeuses, d'emmener Pomeroy à l'hôpital. C'est à ce moment précis que Pomeroy leur a parlé de Connie Augustin. Les trois hommes se sont précipités en courant vers la camionnette et ont essayé d'ouvrir les portes, mais elle ne les a pas laissés entrer. Pomeroy a mis sa clé dans la serrure, mais elle appuyait chaque fois sur le piton de la portière. Après avoir désespérément essayé d'amener Connie à la raison, Paul a conduit Pomeroy à l'urgence du Chedoke-McMaster Hospital. Augustin n'a pas voulu sortir de la camionnette, malgré les supplications de Bill, et a attendu que l'ambulance arrive. Elle avait encaissé deux balles et s'est effondrée en se rendant à l'urgence du Henderson Hospital.

Lorsqu'il s'est aperçu que Connie Augustin s'enfuyait dans la camionnette de Pomeroy, Mailloux a compris qu'il ne pourrait pas la tuer cette nuit-là et il s'est enfui. N'ayant pas grand choix devant lui, il est entré en courant dans le parc Dr William Cornell et s'est caché dans les fourrés. La police de Hamilton-Wentworth, alertée par Bill Verral, a envoyé quatre policiers à sa recherche. Suivant les indications des témoins oculaires, ils ont dégainé leur revolver et ont commencé à fouiller l'étendue du parc. Une épine d'arbuste ayant malencontreusement éraflé l'œil d'un des policiers, celui-ci dut s'en aller. Les trois autres ont passé au peigne fin l'étendue dans la semi-obscurité. Le plus expérimenté d'entre eux, le sergent Charles Bramlett, un ancien sous-officier de l'armée, a repéré un mouvement dans une haie de cèdres et s'en est approché le pistolet à la main. Bramlett et Mailloux étaient à moins de 30 mètres l'un de l'autre et chacun visait son vis-à-vis. Bramlett s'est avancé vers Mailloux sans hésiter un instant. Il continuait de viser la tête de Mailloux, mais n'a pas appuyé sur la gâchette. Lorsqu'ils arrivèrent à moins de sept mètres l'un de l'autre, Bramlett a entendu « Bang ! ». Mailloux, qui n'avait plus de munitions après avoir fait feu au moins trente fois au cours de la nuit, continuait à appuyer sur la détente en espérant que le revolver finisse par cracher ses balles. Chaque fois qu'il tirait, il criait « Bang ! » le plus fort qu'il le pouvait. Bramlett a appelé les autres officiers et ils ont appréhendé un Mailloux tremblotant, prononçant des paroles incohérentes et ils l'ont emmené au poste de police.

Il y a eu tout un remue-ménage dans la maison de Connie Augustin, le jour suivant. Des voisins qui ont tous demandé à ne pas être identifiés ont rapporté que la maison avait reçu au moins trois visites. Cependant, il ne s'agissait pas de policiers à la recherche d'indices. La première visite a eu lieu tôt, le vendredi matin. Une femme âgée qui habitait de l'autre côté de Garth Street a déclaré que « deux types portant des vestes de cuir étaient arrivés à moto et étaient passés devant la pelouse de sa maison ». Les deux individus, « qui avaient l'air d'être des durs à cuire », ont frappé à la porte, regardé par la fenêtre et sont repartis. Environ une heure plus tard, un autre voisin, qui habitait deux maisons plus loin, a vu un homme aux cheveux longs en veste de cuir arriver à moto, accompagné d'une femme blondasse, à la maison de Connie Augustin. Il a garé sa Harley dans la rue. Lui et la femme se sont dirigés vers la porte et sont entrés. Le témoin n'a pas remarqué s'ils avaient des clés pour entrer ou non, mais il est certain qu'ils n'ont pas frappé ni sonné avant d'entrer. Ils sont restés quelques minutes à l'intérieur et sont repartis.

Environ 90 minutes plus tard, d'autres motards ont fait leur apparition, accompagnés cette fois-ci d'une camionnette en plus de leurs motos. Ils ont reculé la camionnette par-dessus le trottoir pour le stationner sur la pelouse et ont ouvert le hayon. « Ils se ressemblaient tous avec leurs vestes de cuir, leurs cheveux longs et leurs barbes, a déclaré un témoin. Ils avaient tous l'air dépenaillés et n'ont fait qu'entrer et sortir de la maison. Ils apportaient des affaires et les mettaient à l'arrière du camion. » Ils sont partis une fois satisfaits de leur travail et après s'être assurés qu'il ne restait plus rien de compromettant dans la maison.

Lorsque la police a perquisitionné dans la maison, elle a trouvé beaucoup de preuves qui démontraient les liens de Mailloux avec les Hells Angels, y compris ses décorations que les agents ont remises au juge. Réticents, les policiers furent forcés de les remettre au prévenu, le juge ayant conclu qu'elles représentaient une preuve inadmissible. Ils n'ont cependant pas découvert de drogues

Stadnick est retourné à Montréal et a été reçu à bras ouverts. Les Hells Angels ne lui ont pas tenu rigueur du fait que Mailloux s'était effondré. Les types de Sorel connaissaient trop bien le fait que certains deviennent totalement fous en faisant une surconsommation de cocaïne. Ils ont été très impressionnés par la façon dont Stadnick avait géré la crise en faisant preuve d'intelligence, de courage et de sens de l'initiative, s'assurant que Mailloux n'entraînerait personne dans sa chute et que la police ne pouvait trouver aucun lien qui risquerait de mettre en péril la vie du club. Ils avaient souhaité que Stadnick réussisse et celui-ci avait pleinement redressé la situation lorsque la crise s'était présentée, en faisant preuve d'aplomb et d'efficacité.

Sa cote a encore grandi lorsque les Hells Angels ont appris que la présence de Stadnick en Ontario avait quelque peu fait peur aux Outlaws de Hamilton. Lorsque l'ancien président des Outlaws de la ville, Richard Williams, a subi son procès pour la présumée possession de huit armes à feu et de quatre bâtons de dynamite, ses avocats ont convaincu le procureur de la Couronne, Laverne Urban, ainsi que le juge Walter Stayshyn, qu'il devrait avoir la permission de posséder une arme à feu lorsqu'il sortirait de prison à cause du danger auquel sa vie serait confrontée, étant donné « la présence de Hells Angels en ville ». Stadnick était définitivement l'homme dont le chapitre de Sorel avait besoin pour mener le club dans son attaque contre le reste du Canada, étant donné son intelligence, sa capacité à gérer les crises et le fait que les tribunaux l'avaient désigné comme constituant un réel danger pour les Outlaws.

Bien qu'il ait perdu son interprète, Stadnick s'accommodait de la situation. La qualité de son français ne s'était jamais améliorée et ne dépassait guère le niveau du charabia. Cependant, de nombreux membres du chapitre avaient fait suffisamment de progrès en anglais pour pouvoir communiquer avec lui ainsi qu'avec le quartier général de l'Est à Manhattan. Stadnick n'avait pas pris de temps pour remonter la longue file des motos et se placer de plus en plus vers l'avant de la parade.

Étant donné sa conduite, sa confiance en lui, son charme, sa bonhomie et ses capacités à régler les querelles, de nombreux motards de Sorel ont commencé à dire à quel point il ressemblait à Yves Buteau qui était devenu le président du chapitre. Cela était un grand honneur. Un ami proche de Sonny Barger, le gros et blond Buteau était le seul Canadien à avoir la permission de porter la décoration des « Hells Angels internationaux ». Buteau, un ex-Popeye, était la personne responsable de l'admission de ceux-ci au sein de la famille des Hells, ce qui faisait d'eux le gang dominant à Montréal. Buteau possédait un talent véritable. Il pouvait être brutal si nécessaire, par exemple lorsqu'il avait fomenté la guerre meurtrière qui eut lieu entre les Atomes et leurs rivaux, les Gitans, pour assurer le succès des Popeye ou lorsqu'il avait, en compagnie de Mathieu et de Trudeau, installé une bombe sur la moto de McLean. Quand il apprit que dix Popeyes étaient partis sans payer d'un restaurant sympathique envers les « gars de bicycle », il a enfourché sa moto pour aller régler la facture. Au contraire de nombreux motards, tout particulièrement certains membres des Popeyes qui se moquaient des conventions, Buteau a toujours fait preuve de modération et d'un sens des relations publiques grâce auxquelles il a gagné le statut de président et son surnom de « *Le Boss* ».

Tout comme Barger avant lui, Buteau savait que si les Hells Angels voulaient réussir en affaires ils allaient devoir s'améliorer. Il a encouragé ses membres à se raser et à laver leurs vêtements de temps en temps, et même à envisager de se faire couper les cheveux. Il voulait que l'image qu'ils présentaient à leurs clients et à leurs fournisseurs soit moins négligée, ce qui ne pourrait que diminuer le harcèlement policier. Les Hells Angels, lorsqu'ils étaient sous les ordres de Buteau, avaient reçu l'ordre de maintenir un profil discret, d'éviter les menus larcins lorsque cela était possible ainsi que toute confrontation avec la police, même si cela devait signifier faire marche arrière. Tous les règlements de Buteau pouvaient être violés sauf un : tout membre des Hells Angels de Montréal pris à se droguer à la cocaïne recevrait instantanément une condamnation à mort sans qu'il y ait possibilité de faire des excuses ou d'aller en appel. Buteau avait trop vu les ravages causés par l'utilisation de la drogue, que ce soit de façon excessive ou simplement occasionnelle, pour le plaisir, chez beaucoup de ses amis. Chez les Popeyes, certains étaient devenus fous ou se retrouvaient confrontés à des dettes énormes. Buteau, qui avait fait les quatre cents coups dans le passé et qui poursuivait le rêve ambitieux d'établir les Hells Angels au Canada, de l'Atlantique au Pacifique, savait très bien que la cocaïne n'était pas bonne pour les affaires. « Buteau avait l'habitude de dire : "Un drogué qui vend de la drogue est comparable à un chien qui tiendrait une boucherie" », rappelle Vincent, le ferrailleur, qui connaissait Buteau tant chez les Popeyes que chez les Hells Angels.

Si Buteau était certes un excellent gestionnaire, c'était aussi un diplomate encore plus rusé. Il s'était rendu en Colombie-Britannique pour se renseigner sur un gang qui se nommait les Satan's Angels. Ces derniers comptaient trois chapitres et avaient fourni un excellent travail pour dominer le marché de la drogue dans la région de Vancouver. Ils avaient pris comme modèle les Hells Angels américains, avaient formé des alliances et fournissaient de la drogue à des gangs britanno-colombiens moins importants comme les Coffin Cheaters, du centre de Vancouver, et les Devil's Escorts de Kamloops. La police ayant réussi à démanteler avec succès le marché de l'héroïne dans la capitale provinciale, en 1981, les Satan's Angels avaient entrepris, avec un plus grand succès encore, une reconversion vers le marché de la prostitution et de la cocaïne. Buteau, qui avait été favorablement impressionné par leur efficacité et leur désir d'utiliser la violence si nécessaire, leur a offert de se joindre aux Hells. Les Satan's Angels, ravis à la perspective d'être acceptés par leurs héros, ont sauté sur la possibilité qui leur était offerte de devenir les troisième, quatrième et cinquième chapitres des Hells Angels canadiens.

De nombreux membres des Hells Angels du Canada ont pris l'avion pour assister à la cérémonie qui officialisait l'union entre les anges de Satan et ceux de l'enfer, d'autres ont préféré y aller en auto. Toutefois, des membres du club de Laval, Michel «Jinx» Genest et Jean-Marc Nadeau, ont décidé de faire le trajet en autocar. Genest s'est endormi le dos contre la fenêtre, huit heures après leur départ. Quatre Outlaws, dont Mario «The Wop» («Le Macaroni») Parente, un motard de Hamilton particulièrement forcené, passaient justement sur la route 17 à la sortie de North Bay en Ontario et ont été passablement surpris par ce qu'ils voyaient. Bien que l'on ne pût voir le visage de Genest, le logo des Hells était bien identifiable du fait qu'il était appuyé directement contre la fenêtre. Sachant que les Hells Angels ne montraient aucune pitié envers les personnes qui arboraient leur logo sans être membres, les Outlaw ont réalisé qu'un de leurs ennemis s'était retrouvé inconsciemment dans leur territoire. Un des motards est resté pour suivre l'autocar, tandis que les autres sont partis en toute hâte vers Sault-Sainte-Marie pour prendre des munitions et une voiture anonyme. Lorsque finalement ils ont rattrapé le car, ce dernier se dirigeait vers le rivage est du lac Supérieur. Ils l'ont suivi à suffisamment de distance pour ne pas se faire remarquer jusqu'à ce que celui-ci sorte de la route 101 pour se diriger vers Wawa, une ancienne ville minière de

3 500 habitants qui ne possédait pas de gare routière. L'autocar a fait un arrêt devant un restaurant ouvert 24 heures sur 24 du nom de « Mr Muggs », dont la spécialité était le beignet fourré au fudge au chocolat. Genest, Nadeau et une jeune fille de 17 ans qui voyageait avec eux sont sortis du véhicule pour aller se restaurer.

Un quart d'heure plus tard, alors que les passagers regagnaient leurs sièges dans l'obscurité, une voiture s'est approchée toutes fenêtres ouvertes. Les passagers de la voiture, dont la cible était l'autocar et rien d'autre en particulier, ont ouvert le feu. Ces hommes ont été décrits plus tard comme ayant des cheveux longs, des barbes et des vestes en cuir. Pendant les dix secondes qu'ont duré les tirs, les cris, les bruits du verre brisé, les passagers de l'autobus se sont jetés sur le sol en se protégeant instinctivement la tête. Il n'y eut pas de blessés, mais l'autocar était rendu dans un piteux état. Il ne restait aux passagers qu'à attendre dans le restaurant que la police arrive. Lors de son enquête, la Police provinciale de l'Ontario (OPP) a découvert 56 capsules de PCP cachées dans une boîte de cigarettes qui avait été mise à la poubelle. Genest, Nadeau et la jeune fille ont été questionnés séparément et minutieusement au sujet de l'attaque et des drogues. La police n'a pas réussi à les faire craquer et a dû les relâcher. Genest et Nadeau ont attendu dans le restaurant l'arrivée du prochain autocar en direction de Montréal, tandis que la jeune file a accepté que la police la reconduise à Sault-Sainte-Marie. Pas moins de 20 témoins ont remarqué le collant qui se trouvait sur le pare-chocs de la voiture de Parente. On pouvait y lire : « Appuyez les Outlaws de votre localité. »

La fête se déroula sans Genest ni Nadeau et, le 23 juillet 1983, les Hells Angels avaient étendu leur influence sur la Côte ouest en établissant des chapitres aux membres dûment en règle à Vancouver, Nanaimo et White Rock. Cette expansion vers le Pacifique permettait à Buteau, déjà un chef reconnu et un motard respecté, de se prendre pour une sorte d'homme d'État.

* * *

À l'autre bout de l'échiquier du monde de la criminalité se cachait Gino Goudreau. Âgé de 22 ans, petit et nerveux, c'était un malfaiteur des ligues inférieures qui vendait de la marchandise volée et de la drogue, dont la cocaïne, quand il pouvait s'en procurer. Il faisait tout ce qu'il pouvait pour ne pas se faire remarquer des Hells Angels. Lors des rares occasions où il les côtoyait, il s'en allait furtivement, comme un enfant puni, en protestant qu'il ne faisait que traîner par là. Les Hells le trouvaient comique et ne l'ont jamais pris au sérieux.

Il aurait sans doute été préférable qu'ils le fassent. Buteau, plus ambitieux que jamais, organisait des réunions avec des représentants d'autres clubs dans l'espoir de forger de nouvelles alliances. La nuit du 8 septembre, il était en compagnie de René Lamoureux, un membre des Hells Angels de Montréal qui entretenait des relations très étroites avec le quartier général de Manhattan et qui maîtrisait le mieux l'anglais au sein du chapitre. Ils donnaient une réception pour un visiteur important dans un des bars de strip-tease de Sorel, Le Petit Bourg. Guy « Frenchy » Gilbert était venu en tant que représentant du chapitre des Satan's Choice de Kitchener, un des trois chapitres qui ne s'étaient pas alliés aux Outlaws, et la discussion portait sur la fondation du premier chapitre des Hells Angels en Ontario.

Goudreau et sa petite amie sont arrivés en moto et se sont garés devant le bar. Son frère aîné était un Outlaw et il avait toujours voulu en devenir un, lui aussi. Il a attendu un peu après une heure du matin pour voir Buteau, Lamoureux et Gilbert sortir du bar. Les trois amis sirotaient leur rhum and Coke sur le trottoir, visiblement heureux d'être ensemble par cette chaude nuit de fin d'été. Gilbert a allumé un joint et les deux autres se sont mis à rire. Ils ont observé la rue avec attention et n'ont rien vu de spécial. « Regarde bien ce qui va se passer ! » a déclaré Goudreau à sa petite amie au moment où il a sauté de la moto et sorti un pistolet de calibre .38 de sa veste. Il a tiré et atteint Buteau de deux balles à la poitrine, une autre s'est logée dans l'estomac de Gilbert, une autre dans celui de Lamoureux alors qu'un dernier projectile lui perça le cuir chevelu. Les clients du Petit Bourg se sont réfugiés sous les tables et la strip-teaseuse qui était en piste est partie nue et à quatre pattes dans les toilettes pour hommes. Buteau est tombé la tête la première et était déjà mort lorsqu'il a touché le sol. Gilbert a réussi à trébucher jusqu'au bar en laissant une trace de sang derrière lui et est mort en s'agrippant à un tabouret. Lamoureux s'est écroulé sur le trottoir et a attendu, en se tenant le ventre et en se balançant, qu'une ambulance arrive. Il a survécu à ses blessures. Goudreau a sauté sur sa moto et a fui. Il a été reçu chez les Outlaws le jour suivant.

Buteau ayant été éliminé, le chapitre de Sorel allait devoir être sauvé du chaos. Réjean « Zig-Zag » Lessard a été élu président du chapitre et Michel « Sky » Langlois est devenu le président national dont dépendait Sorel, Laval ainsi que trois autres chapitres indépendants et isolés situés sur la Côte ouest, les trois chapitres que Buteau avait annexés au mois de juillet précédent.

Langlois possédait un titre plus impressionnant, mais, en fait, Lessard possédait le vrai pouvoir. Il avait débuté avec les Maraudeurs, un gang particulièrement violent de la ville minière moribonde d'Asbestos. Ce gang était bien connu pour vendre de la drogue aux enfants, pour avoir violé des filles et pour faire le commerce de voitures volées. Les Maraudeurs et les Popeyes se retrouvaient souvent ensemble pour fêter et c'est ainsi que Lessard avait connu Buteau depuis longtemps et lui faisait confiance. Lorsque les Popeyes se sont unis aux Hells Angels, Lessard a suivi.

Lessard était un vrai dur des Cantons de l'Est. Il était couvert de tatouages et s'est trouvé tout à fait à sa place parmi les membres du chapitre de Laval, qui avaient la réputation d'être des batailleurs. Il a rapidement acquis une réputation de bagarreur sauvage et d'être un grand vendeur et consommateur de cocaïne. Son utilisation excessive des drogues l'a rattrapé au printemps de 1983 lorsqu'il a dû faire face à une série de psychoses qui ont abouti à des crises d'épilepsie. Il a immédiatement juré qu'il ne prendrait plus de cocaïne et a très rapidement recouvré la santé. Une fois remis, il a remarqué à quel point ses amis de Laval pouvaient être stupides, violents et irresponsables. Ils gaspillaient de l'argent ainsi que leurs vies à cause de la poudre blanche alors qu'ils auraient dû la vendre et s'enrichir. Absolument dégoûté par le chapitre de Laval, au cours du même été il a décidé de le plaquer en compagnie de Luc « Sam » Michaud et de Robert « Ti-Maigre » Richard pour s'allier au chapitre de Sorel où l'on avait davantage le sens des affaires. Son association étroite avec Buteau lui garantit une crédibilité immédiate et, très peu de temps après, il était devenu le numéro deux du président. C'est ainsi que lorsque Buteau a été assassiné au mois de septembre, il n'a pas été surprenant que Lessard ait été choisi pour le remplacer.

Ses premières actions en tant que président ont remporté un grand succès. Il a réussi à orchestrer des funérailles somptueuses pour Buteau, le 12 septembre. La réputation de Buteau était telle que pas moins de

2 000 motards endeuillés sont venus présenter leurs respects au disparu et ont fait la queue dans la petite église de Sorel. Quelques-uns d'entre eux, qui étaient recherchés par la police — notamment John « Jake the Snake » McLaughlin, un tueur à gages et un homme de main du West End, sont venus faire acte de présence dans des fourgonnettes dénuées de fenêtres, louées pour l'occasion, et qui s'étaient garées devant l'église. La cérémonie terminée, une file de presque 200 motards a pris la route en roulant à 45 kilomètres à l'heure pour escorter le cercueil jusqu'au cimetière de Drummondville. Bien que de nombreux motards soient venus de l'étranger, des États-Unis ou même d'Angleterre, ce défilé représentait une manifestation de force impressionnante qui a donné instantanément de la crédibilité au nouveau régime de Lessard.

L'admiration de Lessard envers Stadnick n'a pas terni avec le changement de garde. La police, à qui il arrivait de surveiller le chapitre de Sorel, avait remarqué que Stadnick arborait, à l'occasion, un écusson affichant « Filthy Few » sur sa veste, mots qu'on pourrait traduire par « Les Derniers Dégueulasses ». Cet écusson pouvait avoir des significations différentes suivant l'interprétation qu'on voulait bien lui donner. Au cours des années soixante-dix, les policiers d'Oakland avaient remarqué que tous les Hells Angels qui avaient été arrêtés pour meurtre ou étaient soupçonnés d'un crime semblable portaient l'écusson « Filthy Few ». Ils ont donc fait la supposition tout à fait naturelle, si présomptueuse, que le droit d'entrée pour faire partie de la fraternité des Filthy Few était d'avoir commis un meurtre. Sonny Barger s'est empressé de fournir une tout autre explication dans son autobiographie. Il a écrit : « L'insigne des Filthy Few fait allusion à celui qui est le premier à faire la fête et le dernier à s'en aller. Ce terme a été inventé après que quelqu'un ait dit : “*Man*, quand t'es le dernier à quitter le party, t'es dans un état dégueulasse.” C'est ainsi que nous avons eu l'idée de donner aux fêtards infatigables le nom de Filthy Few. » Il était bien entendu dans l'intérêt de Barger de nier le fait que les Hells Angels, en tant qu'organisation, commettent des meurtres et en récompensent les auteurs. De plus, ne pas accepter cette dernière version aurait certainement aidé la police. Quel que soit le choix que l'on puisse faire, Stadnick portait l'insigne. Point final.

Un an après la mort de Buteau, Lessard faisait preuve de moins de souci pour les Outlaws qu'il n'en montrait pour son ancien chapitre de

Laval. Leur violence exagérée et gratuite était la cause de nombreuses arrestations non nécessaires. Chacune d'entre elles pouvait entraîner la divulgation de dangereux secrets. De plus, leur très grande consommation de cocaïne leur avait fait contracter des dettes énormes. Il a donc planifié de réunir les deux chapitres au cours d'un événement spécial pour que les membres de Sorel discutent avec ceux de Laval et essayent de les raisonner. Une cérémonie et une réception étaient prévues pour la commémoration de la mort de Buteau, et cet événement paraissait être l'occasion parfaite.

Elle aurait pu l'être, mais le choix du moment n'était pas bon. Le 8 septembre 1984, le pape Jean-Paul II a atterri à St Jean, Terre-Neuve où il a été accueilli par des milliers de Canadiens, des fidèles comme des curieux. Ce pape, qui a été le plus populaire de notre époque et une superstar mondiale, fut aussi le premier à poser le pied en sol canadien. Il a été entouré de foules immenses partout où il est allé. Dans des provinces à forte densité catholique, comme Terre-neuve et le Québec, la population voyait cet événement comme ayant une ampleur sans égal. Le pape Jean-Paul II, un homme au très grand charme, s'est fait aimer des Canadiens en les louant et en leur disant à quel point ils avaient conquis son cœur. Il a même fait un commentaire sur la bière canadienne en la qualifiant de « savoureuse et digne de mention ».

La population montréalaise n'a pas agi différemment malgré sa réputation de cynisme sur le plan religieux. Le train du pape est entré dans la gare Windsor à 22 h 26 dans la soirée du 10 septembre avec presque 90 minutes de retard. Le convoi avait ralenti pour rouler à 35 km heure à cause des plus de 35 000 personnes qui s'étaient entassés le long des voies entre Québec et Montréal pour essayer d'apercevoir le souverain pontife. Le jour suivant sera plus tranquille, se limitant à la visite de deux sanctuaires — les tombes du Frère André et de sainte Marguerite Bourgeoys —, à la célébration d'une messe en plein air au parc Jarry et à un ralliement de jeunes au stade olympique. L'excitation était palpable, la ville était électrisée. Le maire Jean Drapeau, celui qui avait amené les Jeux olympiques de 1976 à Montréal, a déclaré que la visite du pape était « l'événement le plus important de l'histoire de sa ville ». Des milliers de personnes scandaient « J.P. ! J.P. ! » et « *Vive Il Papa !* ». Au moins 350 000 personnes ont bravé la pluie battante pour le voir au parc Jarry, et plus de citoyens encore n'ont pas réussi à s'y rendre. La circulation à Montréal, qui est déjà difficile en temps normal, s'est trouvée totalement bloquée par moments, tandis qu'à d'autres, les voitures roulaient à tombeau ouvert.

La journée n'était vraiment pas indiquée pour qu'aient lieu les cérémonies en souvenir de Buteau, mais Lessard n'a absolument pas voulu changer d'idée. En général, les automobilistes ont l'habitude de laisser passer les Hells Angels lorsque ceux-ci envahissent les routes. Cependant, la circulation était telle, ce jour-là, qu'il était impossible qu'un groupe de motards traverse Montréal sans se trouver confronté à la pagaille qui y régnait. Lessard a pensé qu'ils pourraient éviter le gros de la circulation en prenant des routes secondaires. Cela a fonctionné au départ de la ville. Le cortège des motos a traversé le Saint-Laurent pour se diriger vers Drummondville en empruntant une série d'anciennes routes à deux voies qui traversaient des forêts arborant tous les tons de doré et de rouge, des champs de maïs et des pâturages. La circulation était fluide, les routes dont le revêtement était vieux et mauvais étaient glissantes, car il avait plu constamment, bien que légèrement depuis 22 heures la veille. Roulant vers le sud sur la route Monseigneur-Parenteau, qui traverse le petit village de Saint-Pie-de-Guire, certains des motards ont ralenti pour tourner dans l'abrupte descente en direction est. Lessard et la plupart des membres de la tête du cortège ont traversé le village sans ralentir. Un prospect des Hells Angels, Daniel Matthieu, un jeune homme au visage poupin, se trouvait environ à 400 mètres derrière le peloton de tête et en avant d'un nombre important d'autres motards lorsqu'il a aperçu une vieille Mercury qui empruntait la rue Saint-Michel à bonne allure. Il a également remarqué que la voiture allait arriver à un stop, il a donc mis les gaz et traversé l'intersection en accélérant.

Le vieux curé d'une petite paroisse était au volant de la *minoune*. Il se dépêchait pour se rendre à Montréal à temps pour être présent à la messe qui allait se tenir au parc Jarry. Il ne voulait pas manquer ce qui promettait d'être l'événement le plus important de sa vie. Non seulement s'était-il réveillé en retard ce matin-là, mais il avait été retardé par des paroissiens qui, ne pouvant se rendre dans la métropole, avaient voulu lui confier différents objets pour les faire bénir ou lui avaient raconté leurs épreuves pour qu'il demande au pape de prier pour eux. Leurs demandes irréalistes ou saugrenues ainsi que le retard sur son horaire avaient rendu cette matinée stressante de façon presque insupportable. Il ne s'était pas rendu à Montréal depuis 20 ans et n'était plus sûr de connaître la bonne route. Il avait donc mis une carte routière sur le siège du passager, récité une prière puis démarré. Au moment où il passait rue Saint-Michel, il se trouvait complètement perdu. Saint-Pie-de-Guire ressemblait à n'importe quel petit village de la Rive-Sud sans qu'il n'y ait quoi que ce soit pour le différencier des autres. Quelle qu'en ait été la cause — la pluie, la carte ou le stress —, le vieux curé n'a pas vu le stop, pas plus qu'il n'a remarqué les motards.

La vieille Mercury a heurté la moto de Mathieu avec une telle force que le corps de ce dernier a été trouvé sans jambes à 35 mètres de la carcasse de sa Harley. Stadnick se trouvait juste derrière lui. Il n'a pas pu s'arrêter à temps et son « chopper » s'est écrasé contre la portière du passager de la voiture. Les fourches surdimensionnées de sa moto sont sorties de leur logement et ont défoncé le réservoir d'essence de l'auto du curé. La bagnole, la moto et Stadnick se transformèrent en une gigantesque boule de feu.

Les autres motards se sont précipités dans une tentative désespérée pour porter secours à leurs copains, mais le brasier dans lequel se trouvait Stadnick était encore trop violent pour entreprendre quoi que ce soit. Deux prospects ont alors ouvert la porte de la voiture et ont réussi à en extraire brutalement le chauffeur. Alors que l'un d'eux s'apprêtait à taper sur ce dernier, il retint son geste en apercevant le col romain du vieux prêtre, qui devait d'ailleurs sortir de l'accident indemne.

Il n'y avait rien à faire pour Matthieu, qui gisait démembré sur le sol. Lorsqu'ils ont finalement réussi à sortir Stadnick du brasier, ils furent stupéfaits de constater qu'il respirait encore.

Chapitre 5

John Harris est si imposant qu'il fait peur aux gens. Ce colosse de 1 m 98, un ancien joueur défensif pour l'Université du Minnesota et pour les Tiger-Cats de Hamilton, affiche des muscles qui n'ont pas besoin d'être gonflés aux stéroïdes. Tout semble si naturel qu'on dirait qu'il est né comme ça. De plus, lorsqu'on le regarde, on a l'impression que non seulement il réalise parfaitement qu'il peut vous botter le derrière, mais que, si besoin est, il se fera un plaisir de régler ce détail. Donnez-lui un gros flingue, une bonne matraque, une veste pare-balles et un uniforme, et il devient le pire cauchemar des malfrats. Voilà pourquoi, sans doute, la police de Hamilton-Wentworth l'a affecté, en 1980, à sa section de surveillance des motards criminalisés. « Il est pratique d'être le plus gros bonhomme dans la pièce, explique-t-il. Quand vous pouvez intimider ces colosses, le boulot s'en trouve grandement facilité… » Il accomplira d'ailleurs si bien sa tâche que ses supérieurs hésiteront à le muter. « Mes chefs m'avaient raconté que personne ne devrait faire ce job pendant plus de deux ans parce que le stress et le danger étaient trop grands, dit-il en riant. C'est pourquoi sans doute j'ai collé dix ans dans ce service. »

Harris a connu Walter Stadnick depuis l'époque où il était patrouilleur, dans les années soixante-dix, et il n'avait pas une très haute opinion de l'individu. « C'était le genre de gars que l'on ne remarquait jamais, peu importe ce qu'il pouvait faire, explique Harris. Même s'il avait été à poil, il serait passé inaperçu dans une foule. Harris a surveillé tous les mouvements de Stadnick au cours de son ascension dans la hiérarchie des Hells Angels et il ne se gênait pas pour bien faire sentir sa présente au motard lorsque ce dernier était en ville. Je l'interpellai de temps à autre, juste pour lui faire savoir que j'étais là et que je l'avais à l'œil, raconte Harris. Il coopérait toujours, mais ne disait jamais un mot de trop. Je trouvais la situation plutôt drôle, mais il n'avait pas l'air de partager cette opinion. » Leurs routes se croisaient souvent lorsque Harris allait fouiner dans les bars, les boîtes de strip-tease et autres estaminets fréquentés par Stadnick. « Il était toujours poli, mais n'a jamais eu le sens de l'humour, se remémore le policier. Un jour, je lui ai dit : "La dernière fois que j'ai vu des bottes de cow-boys aussi petites, c'était sur un porte-clés." Je n'ai eu aucune réaction de sa part. C'est comme ça qu'il était, ce cher Walter… »

En 1984, Hamilton était toujours un fief déclaré des Outlaws et, après l'implosion de Mailloux, qui avait laissé Stadnick comme l'unique Hells Angels en ville, Harris était beaucoup plus intéressé à garder l'œil et le bon sur Mario « The Wop » (« Le Macaroni ») Parente et sa bande. Mais, en septembre, il reçut un appel de Kathi Anderson, la copine de Stadnick. Harris la connaissait depuis un moment et la trouvait assez correcte si l'on tenait compte du genre de conjoint avec lequel elle partageait sa vie. Le jour, elle occupait un emploi au centre-ville, à la succursale du Canada Trust. Elle était intelligente, s'exprimait bien et avait une personnalité presque rafraîchissante lorsqu'on la comparait à celle des strip-teaseuses cocaïnomanes et aux cervelles de moineau avec lesquelles la plupart des motards passaient leur temps. Sans même lui dire bonjour, elle déclara à Harris : « John, Walter a besoin de toi… »

L'accident dans lequel Daniel Mathieu périt avait eu un effet catastrophique sur Stadnick. Lorsque le réservoir de la moto lui explosa en plein visage, la chaleur fut si intense que son casque fondit en grande partie et ses mains restèrent collées sur le guidon. Quand les autres motards essayèrent d'arracher son corps carbonisé et fumant à l'épave encore en flammes de la moto, ils étaient sûrs de transporter un individu prêt pour la morgue. Ce n'est que lorsque l'hélicoptère des services ambulanciers arriva qu'ils se montrèrent un peu plus optimistes.

Trois jours plus tard, Stadnick se réveilla d'un coma provoqué médicalement en hurlant de douleur. Il ne savait peut-être pas où il se trouvait ni pour quelle raison, mais il réalisa rapidement le sérieux et la gravité de sa situation. Ses cris et son agitation ne tardèrent pas à attirer une infirmière dans sa chambre. Elle tenta de le calmer, mais la douceur de ses paroles fut inopérante pour le brûlé qui ne comprenait pas un traître mot de ce qu'elle lui disait. Pendant qu'elle lui parlait en français, il lui répondait en anglais en hurlant. C'était la barrière linguistique totale. Elle le mit donc sous sédation.

Lorsque les visites commencèrent le jour suivant, Anderson se trouvait sur place comme elle l'avait été depuis son arrivée à Montréal après l'accident. Elle savait que c'était bien lui qui se trouvait sous les bandages, mais n'avait aucune idée de ce à quoi il ressemblerait une fois qu'on les lui aurait retirés. Le médecin, qui parlait anglais, lui expliqua que Walter avait subi des brûlures au troisième degré sur la plus grande partie du corps et qu'il avait de la chance d'être encore en vie. Il avait, de plus, perdu deux doigts et demi et le bout de son nez dans les flammes, et une foule de cicatrices marquaient surtout son torse, ses bras et ses mains. Il s'éveilla à nouveau en gueulant. Les traitements antidouleurs les plus élaborés ne peuvent pas grand-chose contre des brûlures au troisième degré. Certaines blessures de Walter se rendaient jusqu'à l'os. Lorsque Kathi parvint à le calmer suffisamment pour lui parler, elle réalisa qu'il ne pouvait rester dans un hôpital où aucune des infirmières ne semblait parler anglais. Peu importe ce dont il avait besoin, elles se contentaient de lui administrer des sédatifs à tour de bras. Ce n'était certainement pas l'endroit où il devait se trouver.

Kathi Anderson appela Réjean « Zig Zag » Lessard, le président du chapitre de Sorel auquel appartenait Stadnick, et lui raconta ce qui arrivait. Soucieux de se rendre utile, il lui fit savoir que le club défraierait le coût de son transport à Hamilton et lui assurerait même une protection. The 13th Tribe (« La 13e Tribu »), un club domicilié à Halifax, des prospects des Hells Angels, aurait amplement la possibilité de faire ses preuves en assurant la garde à l'extérieur de la chambre de Stadnick.

Tout comme les flics, les motards suspectaient Parente d'avoir tiré sur l'autocar à Wawa parce qu'il avait vu qu'un Hells Angels se trouvait à bord. Il était douteux qu'il laisse Stadnick récupérer tranquillement à Hamilton, leur ville commune. « Mario n'avait pas inventé la poudre, mais il avait vraiment du cran, explique Harris. Un tas de gars jouaient aux durs, mais lui mettait ses menaces à exécution. »

Parente avait gagné ses épaulettes sans détour, grâce à des incidents comme lors d'un pugilat avec un dur à cuire nommé Jimmy Lewis, qui avait eu lieu chez Bannister, un cabaret de strip-teaseuses contrôlé par les motards, au centre-ville de Hamilton. La bagarre s'était éventuellement poursuivie à l'extérieur, où elle fut interrompue par les videurs et des clients de l'établissement. Sans dire un mot, Parente enfourcha sa moto, tandis que Lewis rentrait dans le cabaret. Parente se rendit au quartier général des Outlaws, rue Birch, prit un fusil de chasse que la police lui avait rendu après que la justice ait déclaré que cette preuve à conviction, relative à une autre affaire, était irrecevable, puis retourna chez Bannister où il abattit Lewis. Il fut condamné et fit trois ans de prison.

La 13e Tribu était composée d'une bande de types plutôt coriaces, capables de faire face aux Outlaws si besoin s'en faisait sentir, mais ils ne pouvaient monter la garde hors des heures de visite, lorsque la sécurité était maintenue au minimum. Parente ou un de ses sbires pouvaient facilement se faufiler dans l'hôpital et abattre Walter, incapable de se défendre. Désespérée, Kathi Anderson s'était donc tournée vers la seule personne capable de protéger son conjoint et avait appelé Harris.

Les flics de Hamilton se faisaient parfois des extra en louant leurs services comme agents de sécurité à l'occasion de concerts et autres événements du genre. En fait, un mois plus tôt, certains agents avaient été l'objet d'une enquête à cause de leur conduite discutable pendant qu'ils travaillaient en banlieue de la ville, à la piste de course de Flamboro. Mais, dans ce cas, la situation était différente. Kathi Anderson voulait engager un policier afin de protéger un Hells Angels (un criminel aux yeux de Harris). « Je lui ai répondu que je ne pouvais encourager une telle chose et ma première réaction a été de refuser, se souvient Harris. Mais Stadnick est un être humain avec des droits comme les autres. J'ai donc dit à Kathi que j'allais demander la permission à mon chef. »

À la plus grande surprise de Harris, le chef Ken Robertson, de la police de Hamilton-Wentworth fut d'accord pour que des policiers montent la garde auprès de Stadnick pendant son hospitalisation. Il s'était dit que si le fait de protéger un Hells Angels pouvait certainement lui donner mauvaise presse, une guerre généralisée des gangs de motards serait bien pire pour la ville. Le jour avant que le motard brûlé ne soit ramené à Hamilton, Harris eut un entretien avec Kathi Anderson et l'avocat de Stadnick, Stephan Frankel, pour régler les conditions de ce transfert.

* * *

Construit en 1848, l'Hôpital général de Hamilton paraît plus vieux qu'il ne l'est réellement. Il a subi, depuis, un ravalement complet, mais, lorsque Stadnick y était hospitalisé, il y régnait encore, à l'extérieur comme à l'intérieur, une atmosphère sinistre, signe de l'époque de la révolution industrielle. Situé dans l'une des pires sections de la rue Barton, à deux coins de rue de la prison, jamais on ne croirait que cet établissement hospitalier est l'un des meilleurs au Canada et que son unité des grands brûlés est particulièrement respectée dans le milieu médical.

Diane était infirmière à cet hôpital au moment où Stadnick s'y trouvait. Elle s'en souvient parfaitement. « C'était complètement dément. Dans la journée, nous avions de gros motards baraqués à la porte de la chambre et, le reste du temps, des flics à la carrure impressionnante. C'était comme si ces gens protégeaient une star du rock ou quelque chose du genre », explique cette professionnelle de la santé. Les membres de la 13e Tribu et les policiers de Hamilton-Wentworth ne semblaient guère s'aimer. « On pouvait voir que les motards étaient des gars sortis de petites agglomérations. Ils n'avaient pas l'habitude de faire affaire à des policiers du genre de ceux de Hamilton, poursuit-elle. Ces derniers raillaient et agaçaient tout le temps les gardes du corps, comme s'ils cherchaient la bagarre. » Malgré les provocations des policiers, les motards se gardèrent de commettre tout geste illégal. « Après un certain temps, les choses se sont calmées et les deux groupes se sont plus ou moins tolérés, se remémore Diane. Toutefois, les flics désignaient toujours Stadnick sous le sobriquet de "French Fry" ("La Frite") et les motards appelaient les policiers "The Doughnut Gang" ("Les Mangeux de beignes"). »

Les heures de visite étaient des plus occupées. Kathi Anderson était là dans la mesure où son travail le lui permettait et Stadnick avait de fréquentes rencontres avec son avocat et ses nombreux amis des alentours. Stephan Frankel fut secoué en constatant les brûlures subies par son client. « Il était méconnaissable. Le seul moyen de m'assurer que c'était lui, c'est lorsque j'ai vu Kathi à son chevet... » déclara le défenseur. Don Stockford, un ami de la famille Stadnick, qui avait toujours voulu être un motard, passait voir son copain régulièrement et parvint à obtenir le statut de prospect grâce à sa gentillesse et à sa loyauté. Et, bien sûr, Harris passait de temps à autre. « Je voulais juste lui faire voir que je traînais toujours dans le coin et le taquiner un peu », explique le policier. Les Outlaws ne se pointèrent jamais et la 13e Tribu gagna ses couleurs en devenant le chapitre de Halifax des Hells Angels, le 5 décembre 1984.

En sortant de l'hôpital, Stadnick devint une différente personne. Son accident lui avait coûté deux doigts et demi, le bout du nez et la plupart de sa surface cutanée. Tout le haut de son corps, ses bras et ses mains avaient subi de gros dégâts, mais cet accident avait également modifié sa personnalité. « Ce n'est pas qu'il était un Apollon avant l'accident, explique Harris, mais, après cela, il n'avait vraiment pas une tête agréable à regarder. D'ailleurs, il a semblé changer davantage mentalement que physiquement. Après l'accident, il semblait plus solitaire et plus déprimé… » Cette catastrophe ne sembla guère affecter Anderson et Stockford, qui tous deux firent preuve de loyauté envers Stadnick. « Kathi s'est montrée constante en demeurant toujours à ses côtés après l'accident, reconnaît Harris. Peu de gens auraient fait cela… »

* * *

Pendant que Stadnick récupérait chez lui à Hamilton, à Montréal, Réjean Lessard déclarait la guerre. Excédé du fait que les membres de Laval *sniffaient* davantage de cocaïne qu'ils n'en vendaient et qu'ils accumulaient ce faisant des dettes incroyables, Lessard décida de « fermer » le chapitre. Après avoir signé l'arrêt de mort des principaux coupables, il convoqua l'ensemble de son chapitre à une fête qui devait se tenir au quartier général des Gitans (autrefois les « Dirty Reich »), un club de la région de Sherbrooke subordonné aux Hells Angels. L'hécatombe, que l'on appela plus tard le Massacre de Lennoxville, cette banlieue ouest de la capitale de l'Estrie qui fut le lieu du massacre, se révéla un indéniable succès. Lessard et ses hommes abattirent cinq membres du chapitre de Laval, mais ratèrent Yves « Apache » Trudeau, leur principale cible, qui s'était inscrit dans un centre de désintoxication la semaine précédente. Pour se faire remercier de leur participation, les Gitans eurent l'honneur de devenir les Hells Angels du chapitre de Sherbrooke.

Avant que les macchabées ne commencent à flotter sur les eaux du Saint-Laurent, la nouvelle du massacre de Lennoxville circulait déjà dans le milieu des motards et l'avait profondément partagé. Certains truands étaient impressionnés par l'esprit de décision de Lessard et par sa capacité à imposer sa volonté ; d'autres étaient abasourdis de voir ainsi des Hells Angels transformer leurs semblables en victimes. Aucune organisation n'était plus divisée que les SS, une bande de voyous peu homogène de l'est de la métropole et affichant des tendances racistes. La divergence y était si profonde qu'elle contribua effectivement à démantibuler la bande. L'un de ses membres, Salvatore Cazzetta, fut si consterné qu'il forma avec son frère une autre bande opposée aux Hells Angels. Réalisant combien il serait dangereux de s'exhiber comme des rivaux aux yeux des hommes de Lessard, le nouveau gang — les Rock Machine — identifia ses membres non par des blousons aux écussons multicolores mais par des bagues à l'effigie d'un aigle stylisé.

Lorsqu'il avait formé sa nouvelle bande, Cazzetta avait clairement expliqué que c'était parce qu'il ne voulait pas faire partie des Hells Angels. « Salvatore m'a confié un jour : "Ces gars-là, ils font fonctionner leur club d'une manière que je n'aime pas" », avait expliqué Fred Faucher, un vétéran des SS et l'un des premiers membres des Rock Machine. Grâce au charisme de Salvatore Cazzetta et à ses liens avec la mafia montréalaise, ce nouvel agrégat de malfrats ne chôma pas et ne tarda pas à prendre une importance manifeste dans le marché. La bande grandit encore et gagna en crédibilité lorsque deux anciens SS bien connus, l'imposant Paul « Sasquatch » Porter et l'imperturbable André « Curly » Sauvageau se joignirent à la horde.

L'un des amis les plus proches de Cazzetta, Maurice « Mom » Boucher, l'un des membres fondateurs des SS, n'était pas de cet avis. Un dur à cuire qui avait fait ses classes dans les rues les plus dangereuses de Montréal, un décrocheur du secondaire passé dealer à plein temps et homme de main, Boucher se trouvait derrière les barreaux lorsque les SS se désintégrèrent. Il avait été trouvé coupable d'avoir assailli sexuellement une femme sous la menace d'un couteau sur la gorge, avait été condamné à 40 mois de prison mais relaxé au bout de 23. Il débarqua dans un Montréal qui avait bien changé. Pendant son séjour à l'ombre, les Hells Angels s'étaient entretués, les SS avaient disparu, et une nouvelle et importante bande avait émergé. Évidemment, les Cazzetta tentèrent de le recruter pour les Rock Machine, mais Boucher n'était pas intéressé. Il ne voulait pas faire partie de la troisième meilleure bande de motards à Montréal. En réalité, Boucher admirait ce que Lessard avait fait : ce type avait vu un problème et l'avait résolu. Boucher avait toujours voulu faire partie de la meilleure bande, et la manière dont Sorel avait géré ses affaires était pour lui la preuve que les Hells Angels représentaient la crème. Plutôt que d'adopter une attitude antagoniste envers les Rock Machine, Boucher se rendit à Sorel à moto et demanda à faire partie des Hells Angels. La bande fut plus que d'accord pour l'accueillir en qualité de prospect à condition de promettre de ne jamais plus utiliser de cocaïne. Il acquiesça et promit de s'en tenir dorénavant à l'alcool.

Lorsque les cadavres des membres du chapitre de Laval commencèrent à remonter à la surface des eaux, la police savait très bien qui avait fait le coup. Toutefois, ce n'est pas avant l'arrestation par pure coïncidence de Trudeau et l'article d'un tabloïd dévoilant qu'il avait été désigné pour être la nouvelle victime que l'affaire fut mise à jour. Son témoignage contre le chapitre de Sorel était exactement ce dont la police avait besoin pour porter un coup décisif aux Hells Angels québécois. À la suite d'une enquête longue et approfondie, qui se prolongea à cause des nombreuses interventions de l'avocat des Hells, Léo-René Maranda, le procureur de la Couronne, René Domingue, accusa de meurtre 17 membres du chapitre de Sorel et émit des mandats pour 10 autres, le 2 octobre 1985. La peur incita deux autres Hells Angels, Gerry « Le Chat » Coulombe et Gilles « Le Nez » Lachance, à devenir délateurs. Le témoignage de Lachance fut particulièrement dévastateur, car il était un témoin oculaire du massacre de Lennoxville et était prêt à tout pour échapper à ce qu'il pensait être une sentence de mort du chapitre de Sorel.

Les choses n'allaient guère mieux pour les Hells Angels de la Côte est. Une prostituée de Halifax, frustrée du fait que les motards lui réclamaient quarante pour cent de ses recettes brutes en échange de publicité et de protection, alla trouver la police et raconta tout. Le 30 mai 1986, les huit membres en règle des Hells Angels du chapitre de Halifax furent arrêtés et condamnés pour proxénétisme. Ils écopèrent éventuellement de sentences d'un an de prison. Leur repaire et ce qui restait de leur commerce furent gérés par les prospects et les *hangarounds* jusqu'à ce que Michel « Sky » Langlois, qui était devenu président après l'arrestation de Lessard, fut informé par le quartier général de l'Est à Manhattan qu'un chapitre devait comporter au moins six membres en règle ou faire face à une suspension potentiellement permanente de ses activités. Cela était déjà arrivé à Buffalo, dans l'État de New York, voilà quelques années. Désespéré, Langlois puisa dans les réserves des chapitres de Sorel et de Halifax pour défrayer les billets d'avion de membres en règle de Colombie-Britannique qui se relayaient aux deux semaines afin de faire fonctionner le club de Halifax.

Le réseau national des chapitres des Hells Angels dont Yves « Le Boss » Buteau avait rêvé et qu'il avait commencé à mettre sur pied très sérieusement était en pleine déconfiture. Le chapitre de Laval était mort, tous les membres importants de Sorel et de Halifax se trouvaient incarcérés, balançaient leurs frères ou se cachaient de la police, et les chapitres de Colombie-Britannique faisaient la navette d'un bout à l'autre du pays pour empêcher le club de Halifax de sombrer. De plus, malgré certaines incursions, le club n'avait pas pied en Ontario, le plus riche marché au Canada en ce qui concernait les stups et la prostitution.

Les malheurs des Hells ne passèrent pas inaperçus chez les Outlaws. D'habitude moins agressifs que leurs rivaux, les Outlaws décidèrent de se manifester au Québec. Ils commencèrent par distribuer des brochures à travers Montréal sur lesquelles ils décrivaient ce qu'ils appelaient « la fraternité des Hells Angels » au moyen de dessins crus de motards montréalais morts au fond du Saint-Laurent. Le 10 avril 1986, lors d'un concert rock en plein air qui se tenait dans le petit village de Verchères, sur la rive sud de Montréal, les Outlaws, d'habitude discrets, arrivèrent en arborant ostensiblement leurs couleurs. Selon des témoins oculaires et des tabloïds tels qu'*Allô Police*, ils s'adonnèrent à la vente de stupéfiants sans avoir l'air de craindre l'intervention de leurs rivaux ou de la police. Dans l'espoir d'organiser une fête internationale regroupant les leurs, le chapitre des Outlaws de Montréal s'acheta une ferme à Dundee, au Québec, à deux pas de la frontière de l'État de New York. Avant que quoi que ce soit ne se passe, la Sûreté du Québec, qui avait été prévenue, perquisitionna dans la ferme et y trouva 200 pistolets, 30 grenades, une caisse de dynamite, mais n'arrêta personne d'important. L'assurance des Outlaws se trouvait renforcée par la conduite des Evil Ones, une célèbre bande affiliée aux Hells Angels, dont les membres cessèrent d'arborer leurs couleurs en public. Lorsque Langlois découvrit cela, il explosa, se précipita au repaire des Evil Ones et menaça leur président, Marc Bourassa. À moins que les Evil Ones ne fassent davantage preuve de courage et n'affichent leurs couleurs, il les leur enlèverait. Il laissa également entendre aux motards timorés qu'ils pourraient fort bien se retrouver à leur tour au fond du fleuve. Bourassa et sa bande obtempérèrent et se firent pardonner en donnant le produit de braquages locaux au fonds de défense des Hells Angels.

* * *

Sorti de l'hôpital, Stadnick récupérait dans sa maison mobile à Courtcliffe Park à Carlisle, Ontario, à l'extérieur de Hamilton. Courtcliffe est un endroit convivial où les gens se la coulent douce, relaxent et apprennent à se connaître d'une génération à l'autre. Tout comme à Hamilton, les voisins campagnards de Stadnick le trouvaient tranquille, sans prétention, absolument charmant. « Il ne causait jamais de problèmes et était toujours gentil, raconte un voisin dont la caravane était proche de la sienne. Je ne savais même pas que c'était un motard. Il venait toujours ici en voiture. » Si Stadnick ne se montrait jamais avec sa Harley ou ne portait pas ses couleurs, il avait tout de même apporté à Carlisle au moins un élément de son existence de malfaiteur.

Au cours de l'été 1986, un voisin qui taillait son gazon autour de son habitation tomba sur un grand contenant Tupperware planqué dans le sous-bois. Lorsqu'il l'ouvrit, il était plein de pilules. Flairant quelque chose de suspect, il appela la police. Étant donné que la plupart des agents de police de Hamilton-Wentworth savaient que Stadnick se faisait oublier dans sa cambrousse, on remit l'affaire à Harris. « C'était bourré d'amphétamines et nous savions que ça lui appartenait, raconte Harris. Nous avons donc replacé le colis où nous l'avions trouvé en gardant un œil dessus. » Mais Stadnick avait dû se douter de quelque chose, car il n'alla jamais récupérer les pilules. « C'était un petit malin, remarque Harris. S'il ne savait faire rien d'autre, il avait au moins le don d'éviter les pépins… »

Harris n'était alors pas la seule source de soucis de Stadnick. Même si les Hells Angels n'avaient pas de présence officielle en Ontario à cette époque, Stadnick avait des affaires à traiter et gardait ses acolytes non loin de lui. Plutôt que de les rencontrer chez lui, Stadnick organisait des réunions à l'autre bout de la ville. « Il y avait le nom de quelqu'un d'autre sur la paperasse, mais nous savions qu'en réalité c'était Walter qui était propriétaire du Rebel's Roadhouse, dévoile Harris. C'était tout un établissement. Devant, il y avait un bar et, derrière, un bureau. » Même s'il appartenait aux Hells Angels dans une ville contrôlée par les Outlaws, avec son décor mi-motard, mi-confédéré sudiste, il s'agissait d'un endroit populaire pour faire des rencontres ou s'humecter les amygdales, et le bar encaissait de généreux profits le plus légalement du monde. Cependant, loin des oreilles indiscrètes, c'est en arrière que se passait l'action. Stadnick et Stockford, qui était dorénavant devenu son bras droit, rencontraient les poids lourds régionaux ainsi que de vieux copains. « Walter était extrêmement prudent à Hamilton… dit Harris. Il s'entourait d'amis qui avaient des commerces légitimes et reconnus. »

Kathi Anderson aidait à gérer les investissements de Stadnick et calculait ses impôts. Elle occupait également un emploi chez Canada Trust. Pour sa part, Stockford exploitait West End Talent, une agence qui s'occupait de trouver des strip-teaseuses pour les bars de la région.

Certains des vieux copains de Stadnick qui avaient rompu leurs liens avec les bandes de motards comprenaient des gens comme Wild One « Cataract Jack » Pluim, devenu un prospère agent immobilier. Un autre, Alvin Patterson, était propriétaire exploitant de AL Choppers, un atelier spécialisé dans la réparation, la préparation et les modifications de motos Harley-Davidson. Un autre, George Freeborn, était propriétaire d'une société de pavage ; il décrocha d'ailleurs le contrat d'asphaltage des abords du nouveau poste de police de Hamilton Mountain. « Ces particuliers se conduisaient prudemment et aidaient Walter dans ses occupations légales », fait remarquer Harris.

À l'exception de Stockford, aucun des amis de Stadnick à Hamilton n'eut sérieusement maille à partir avec la loi, pas même Patterson, pourtant le seul importateur canadien de *Easy Rider*, un magazine de motards publié par une société couverture appartenant aux Hells Angels et qui fut déclaré illégal au pays jusqu'en 1984. La police ne se mêla jamais de cette affaire.

Les Outlaws ne pouvaient pas ignorer l'influence croissante de Stadnick dans la région. S'ils étaient incapables d'empêcher un unique membre en règle de réussir à s'implanter dans leur territoire, comment pourraient-ils empêcher les Hells Angels de s'approprier toute la province ? Il fallait donc faire disparaître Stadnick, mais ce n'était pas facile. Il se méfiait autant des Outlaws que de la police. Poser une bombe dans sa voiture était hors de question. Il était bien trop malin. Les Outlaws se décidèrent donc à lui faire la peau dans son repaire au Rebel's. Grâce à leurs collègues de l'État de New York, le chapitre de Hamilton parvint effectivement à mettre la main sur l'engin parfait. L'arme antichar légère M-72 (connue sous l'acronyme LAW, pour *Light Antitank Weapon*) est un lance-roquettes à un coup semblable aux bazookas de la Deuxième Guerre mondiale. Avec son tube pouvant se replier sur 60 cm et ne pesant que 2 kg 30, le LAW est facile à dissimuler, mais possède une puissance de destruction incroyable. À 200 mètres, la roquette anti-blindage du LAW peut passer à travers 30 cm de métal et détruire tout ce qui se trouve derrière. Le plan consistait à envoyer le projectile à travers la porte d'en avant du Rebel's lorsque Stadnick s'y trouvait et d'avoir un lance-roquettes de rechange au cas où le coup raterait.

Ce projet ne fut jamais mis à exécution. Un informateur nerveux au sein des Outlaws appela Harris et lui raconta tout, y compris l'endroit où l'on avait enterré les armes, dans un parc provincial voisin. Harris décida de ne pas laisser les lance-roquettes dans leur cachette, même s'ils pouvaient permettre de prendre en flagrant délit ceux qui viendraient les déterrer. C'était bien trop dangereux. « Dans le fond, je pense que les Outlaws étaient soulagés lorsque nous avons trouvé l'artillerie. Ils n'avaient probablement pas le cœur de faire un coup aussi spectaculaire, estime Harris. Lorsque Parente était le boss, ils auraient fait n'importe quoi, mais après qu'il a été envoyé en taule, ils n'avaient plus les tripes pour ce genre de choses… »

* * *

Lorsque Stadnick retourna à Sorel, il trouva que les choses avaient changé. La plupart de ses copains étaient en prison ou effrayés de se faire embarquer. Avec leurs effectifs réduits, les Hells Angels perdaient lentement du terrain au profit de ceux qui avaient été les seconds violons du genre : les Outlaws. Toujours à la recherche de talents prometteurs, il remarqua en Maurice Boucher un prospect intrépide et décidé, et se lia rapidement d'amitié avec lui. Bien bâti, joli garçon, Boucher baragouinait l'anglais alors que Stadnick, le grand brûlé, n'était pas meilleur en français, mais les deux hommes sentirent qu'ils avaient besoin l'un de l'autre. Boucher était impitoyable mais non irresponsable comme l'était Trudeau. Il avait le courage et les muscles pour imposer la loi des Hells à ses hommes. Pour sa part, Stadnick était méticuleux, intelligent et visionnaire. Il avait la capacité de charmer, de recruter et de formuler une stratégie pour le retour en force des Hells Angels. Ensemble, ils formaient ce qui allait être l'avenir du club au Canada et ils le savaient fort bien.

Mais ce n'était pas eux, pas plus que d'autres Hells Angels de Montréal qui réussiraient à effectuer les premières percées durables avec un club ontarien. Dans les vastes territoires canadiens, entre Québec et la Colombie-Britannique, au beau milieu de la rivalité existant entre les Hells Angels et les Outlaws, il existait des dizaines de clubs qui faisaient tout ce qu'ils pouvaient pour rester neutres. En fait, les trois clubs les plus importants et non alignés de l'époque, ce qui restait des Satan's Choice en Ontario, les Grim Reapers en Alberta et Los Brovos à Winnipeg, avaient formé une alliance officieuse destinée à freiner les incursions des Outlaws et des Hells Angels dans leurs propres territoires. Toronto n'était pas différent. Ce marché deux fois plus important que celui de Montréal en ce qui concernait les stupéfiants et la prostitution était partagé entre un certain nombre de clubs qui se toléraient plus ou moins. Selon une entente tacite et strictement respectée, nul club torontois ne devait s'associer avec l'un des deux « majors ». Cela changea en août 1986 lorsque les Para-Dice Riders, le plus important club de Toronto, se rendit célébrer avec les Hells Angels de Colombie-Britannique.

Rick Ciarnello était membre du chapitre de Vancouver et, si l'on en croit la police, le leader de facto des Hells Angels de la C.-B. Il niait fréquemment que les Hells Angels étaient une association criminelle. Pour lui, il ne s'agissait que « de braves garçons, amateurs de randonnées à moto ». Mais il vivait dans une imposante résidence dans un quartier huppé et se baladait dans une Lincoln Continental dernier modèle arborant des plaques ornées du mot « Angels ». Ce n'était pas juste les membres qui s'enrichissaient en Colombie-Britannique ; les chapitres locaux avaient mis leurs ressources en commun pour se payer un superbe domaine boisé près de Nanaimo, sur l'île de Vancouver, qu'ils appelèrent Angel Acres. On y trouvait une piste de moto, une vaste piscine, une scène avec abat-voix et plusieurs caravanes pour y passer la nuit. C'était l'endroit rêvé où les motards pouvaient lever le coude, faire la fête et partouzer sans que les voisins et la police ne s'en mêlent. Le premier week-end d'août 1986, les Hells Angels de Colombie-Britannique y célébrèrent leur troisième anniversaire. Plus de 3 000 motards se pointèrent des quatre coins du continent, y compris 39 membres des Para-Dice Riders, venus par la route de Toronto. Ces invités burent sec, firent la foire et rencontrèrent les instances supérieures des Hells, y compris Stadnick, mais ne conclurent aucune entente sinon celle de revenir pour de semblables célébrations l'année suivante.

* * *

De retour à Montréal, Stadnick et Boucher (devenu *Full Patch* le 1er mai 1987) commençaient à exercer leur influence. Leurs talents complémentaires faisaient d'eux une équipe avec laquelle il fallait compter. Ils étaient donc prêts lorsqu'une occasion favorable se présenta.

Malgré un salaire officiel de 400 $ par semaine, Langlois possédait, dans les montagnes, un chalet à faire rougir Ciarnello de honte. Il possédait aussi une voiture de luxe, une Harley-Davidson de concours spécialement préparée pour lui et un avion de tourisme. Lorsque le numéro un du chapitre fut incarcéré, il se trouva naturellement en liste pour devenir président. Non seulement avait-il l'ancienneté requise, mais il avait prouvé ses capacités pour faire de l'argent et échapper aux poursuites. Son règne prit toutefois fin de façon abrupte au printemps 1988. Lorsque la rumeur circula qu'à la prison de Bordeaux un associé des Hells Angels était prêt à trahir Langlois pour sa participation au massacre de Lennoxville en échange d'une condamnation allégée, le président fut pris de panique. Plutôt que de risquer d'embarrassants interrogatoires policiers et des comparutions au tribunal, il prit les jambes à son cou. Après avoir ramassé l'essentiel de leurs possessions, Langlois et sa femme filèrent au Maroc. Pendant deux ans, ils se firent oublier dans ce pays francophone où les touristes européens abondent.

Stadnick prit l'initiative et convoqua une assemblée d'urgence où chaque membre se présenta. Après une longue nuit marquée par la sobriété, les discussions et les argumentations, il prit un vote qui fut serré mais d'où émergea un grand gagnant : nul autre que lui-même. Walter Stadnick, le petit dur de Hamilton, le rigolo qui faisait passer sa queue de cheval par un trou dans son casque, l'homme défiguré par le feu qui ne connaissait à peu près pas le français obtint ce qu'il avait toujours cherché : être président des Hells Angels canadiens.

En qualité de président, sa première décision se révéla astucieuse. Il prit Boucher à part et lui annonça qu'il serait dorénavant le gros bonnet de l'association au Québec, alors que lui se concentrerait principalement à recruter des clubs au Canada anglais et s'occuperait d'autres objectifs stratégiques. Tout cela était des plus logiques. En effet, Stadnick réalisait qu'en plus de la barrière des langues, il ne cernait pas facilement les différences culturelles existant entre le Québec et le reste du Canada. En outre, il appréciait les qualités de Boucher, qui pouvait se montrer charmant et sympathique lorsqu'il le voulait et qui avait respecté sa promesse de ne pas consommer de stupéfiants. Boucher était un leader naturel et un ami fiable qui comprenait que Stadnick possédait des qualités d'organisateur et une maîtrise de la stratégie qu'il n'aurait jamais.

Avec une équipe aussi bien structurée, les Hells Angels passèrent de nouveau à l'offensive. Un club de la ville de Québec, les Vikings, projetait de se joindre aux Hells, mais, après la fuite de Langlois, beaucoup de ses membres firent preuve de scepticisme. Ils ne connaissaient pas Stadnick et se disaient consternés par le fait que ce nabot anglophone puisse dorénavant diriger la destinée des tout-puissants Hells Angels. Le 28 mai 1988, le chapitre de Sorel suivit le bord du fleuve pour aller faire la fête avec les Vikings. Stadnick négocia la fusion pendant que Boucher traduisait et se faisait des copains. L'opération réussit si bien que les Vikings devinrent le soir même des membres en règle et se transformèrent en Hells Angels du chapitre de Québec. Un peu plus d'une année plus tard, le 17 octobre 1989, aux termes d'un mandat de perquisition, la Sûreté du Québec s'attaqua à leur repaire à l'aide d'une pelle mécanique. Après avoir abattu deux murs extérieurs et un plafond et n'avoir trouvé rien d'incriminant, les policiers de la SQ haussèrent les épaules et passèrent à autre chose. Le chapitre de Québec appela Sorel à la rescousse. Stadnick leur recommanda de poursuivre la police et leur fournit les noms d'avocats spécialisés. Les Hells gagnèrent leur procès et la SQ fut forcée de leur rembourser les réparations du repaire !

* * *

Lorsque Stadnick rentra à Hamilton, il s'agissait d'un homme différent, ou du moins donnait-il cette impression. « J'ai tout de suite compris qu'il avait été élu président lorsqu'il s'est montré dans sa voiture de fonction, se rappelle Harris. Au lieu de sa classique Pontiac Bonneville, il conduisait une Jaguar noire flambant neuve, immatriculée au Québec. » Ses vêtements avaient également changé. Portant toujours des vêtements voyants, Stadnick en rajouta lorsqu'il devint président. « Il portait ses couleurs de plus en plus. Il les décorait en ajoutant des appliques et des bordures de cuir rouge, se souvient Steve Pacey, le flic de Hamilton qui prit la suite de la surveillance des motards criminalisés en 1999 et qui connaissait Stadnick depuis l'école secondaire. Il était cérémonieux comme un monarque, mais, parfois, il me rappelait plutôt Michael Jackson… »

Stadnick n'impressionnait guère les flics, toutefois son influence n'en augmentait pas moins dans sa ville natale. Le 23 août 1988, il fut arrêté au domicile de Douglas Freeborn, un ancien président du chapitre des Satan's Choice de Hamilton qui avait décidé de démissionner lorsque les Outlaws avaient fait main basse sur le club. On ne découvrit qu'un peu plus de 300 grammes de haschisch sur le divan où ils se trouvaient et l'on accusa les deux compères de possession de drogue avec l'intention d'en faire le commerce. Ce qui survint par la suite étonna tout le monde, surtout Harris. Pour des raisons qui n'ont jamais été entièrement élucidées, Freeborn déclara que toute la drogue lui appartenait, et Stadnick fut libéré.

L'affaire rendit Stadnick célèbre dans son patelin. Le *Hamilton Spectator*, un quotidien aussi ancien que la ville elle-même, fit comme si c'était la première fois qu'on entendait parler des incartades du petit motard. Le 15 septembre 1989, on publia dans ce journal un article prétendant que Stadnick se trouvait à Hamilton pour recruter des membres aspirants afin d'y établir un chapitre. « Il s'agit d'un authentique membre des Hells Angels et il a la permission du président national d'établir un chapitre de cette association dans notre ville », disait-on dans cet article où l'on citait Bob Slack, le directeur de la section de la répression du vice et des stupéfiants de la police régionale de Hamilton-Wentworth. De toute évidence, ce policier ne savait pas qu'à cette époque Stadnick était déjà président.

D'autres limiers n'étaient pas de cet avis. « Il est clair qu'il voulait implanter les Hells Angels en Ontario, mais qu'il ne tenait pas à créer de chapitre à Hamilton, remarquait Harris, car cela aurait attiré l'attention sur son terrain de jeu... » Même si Harris avait raison, peu importe. L'idée avait fait son chemin, et Stadnick était le motard le plus connu et le plus craint à Hamilton.

* * *

Enhardis, Stadnick et les Hells Angels de Montréal ne tardèrent pas à se manifester. Quelques jours après avoir fait flamber le vieux repaire de Laval, le chapitre de Sorel se présenta à une fête organisée par les Vagabonds, un club de motards non alignés de Toronto. « Lorsque les Hells Angels se pointent à Toronto, ils sont maintenant toujours les bienvenus », déclara un prospect de Sorel qui avait assisté à la beuverie des Vagabonds. Les Hells furent reçus avec convivialité, mais lorsque les conversations s'orientèrent vers des choses sérieuses, les Vagabonds ne se mouillèrent pas. Stadnick parvint néanmoins à conclure une entente avec le président des Vagabonds, Donald « Snorkel » Melanson, au terme de laquelle les membres de la bande de Toronto pouvaient se procurer individuellement des stupéfiants des Hells Angels et les revendre localement, mais il n'y eut aucune association officielle entre les deux clubs.

Pendant que Stadnick prêchait la bonne parole des Hells à travers le pays, Boucher consolidait l'emprise du club au Québec. Il tira la première salve le 15 septembre 1989 lorsque ses gorilles débarquèrent à Danville, une petite ville située entre Sherbrooke et Asbestos, en Estrie, et lancèrent des cocktails Molotov sur le repaire lourdement fortifié des Outlaws. Le jour suivant, Darquis Leblanc, le président du chapitre des

Outlaws de Danville, se présenta au repaire des Hells à Sorel et demanda à changer d'allégeance. Boucher accepta, mais lui précisa qu'il ne deviendrait jamais un Hells Angels ni même un prospect ou un *hangaround*. Il devait se contenter de servir le club en qualité d'associé et d'accomplir les boulots ingrats pour lesquels les Hells ne voulaient pas se salir les mains. Leblanc s'empressa d'accepter.

Pour bien faire comprendre que le Québec était leur territoire, de forts contingents de membres des Hells et de leurs clubs fantoches commencèrent à se présenter en arborant clairement leurs couleurs dans des villes et des bars contrôlés par les Outlaws et ce sont ces derniers qui, maintenant, n'osaient plus afficher leurs insignes en public.

Les Hells Angels portèrent un grand coup le 15 septembre 1990, lorsque Claude Meunier, le président des Outlaws de Montréal, amena sa moto à réparer dans un atelier du quartier de la Côte-Saint-Paul. Alors qu'il stationnait son engin, il regarda par-dessus son épaule gauche et vit une voiture qui avançait lentement vers le trottoir. Il n'eut pas le temps de se retourner : du siège arrière de la voiture un homme ouvrit le feu sur lui. Il s'effondra sur son guidon avec quatre balles dans la poitrine et, en prime, une autre dans le cou.

Les funérailles de Meunier attirèrent des centaines de Outlaws du Canada et des États-Unis, ainsi qu'un invité-surprise, nul autre que Leblanc, venu présenter ses respects. Il avait été ami avec Meunier bien avant que les deux motards ne fassent partie des Outlaws. Malgré la présence de dizaines de policiers en uniforme et en civil, des Outlaws enragés qui l'avaient reconnu, commencèrent à l'insulter, à cracher sur lui et à le malmener. Leblanc prit la fuite avec un certain nombre de Outlaws à ses trousses. Satisfaits de sa disparition, ils abandonnèrent leur poursuite, mais un groupe de policiers le suivit. Ils remarquèrent qu'il essayait d'ouvrir avec l'énergie du désespoir la porte d'une fourgonnette blanche en stationnement. Les occupants refusèrent de le laisser entrer et Leblanc se remit à courir. Lorsque la police fouilla la fourgonnette, ils y trouvèrent deux Evil Ones et un associé des Hells Angels ainsi qu'une mitraillette de calibre 30 et deux pistolets Magnum .44.

Trois semaines plus tard, Tony Mentore, le vieil ami de Meunier, attendait son frère à l'extérieur du magasin de leur père à Joliette. Un jeune homme avec une carte routière s'approcha pour lui demander apparemment son chemin. Mentore baissa sa vitre. L'étranger sortit un calibre dissimulé sous la carte et lui logea trois balles dans la tête.

Ces meurtres et la présence croissante des Hells Angels et des Evil Ones sur leur territoire eurent un effet dévastateur sur les Outlaws de Montréal. En décembre 1989, les morts, les défections, les retraites (très) anticipées avaient rendu une bande ayant déjà été redoutable en un ramassis d'impotents réduit à dix membres et n'affichant que rarement leurs couleurs. Leur nouveau président, Johnny « Sonny » Lacombe, devint un véritable reclus. Il ne quittait sa maison de Châteauguay que lorsque nécessaire et toujours accompagné d'au moins deux gardes du corps.

Une fois les Outlaws éliminés en tant que menace réelle dans la région montréalaise, l'utilité de Leblanc n'était plus évidente. Le 21 février 1991, une journée neigeuse, on le retrouva abattu en compagnie de son beau-frère, Yvan Martel, à moins de 30 mètres du quartier général des Hells Angels à Sorel. Leurs voitures se trouvaient dans le stationnement, mais lorsque la police interrogea les Hells Angels, tous nièrent avoir jamais rencontré Leblanc ou Martel.

L'un des avantages immédiats de cette guerre que menaient les Hells Angels contre les Outlaws fut de s'approprier un autre chapitre au Québec. L'un des plus anciens clubs de la province était celui des Missiles, qui avait connu une existence en dents de scie. Ses membres étaient cependant reconnus pour être experts dans le trafic de drogues. D'abord installés à Jonquière, ils déménagèrent ensuite à Chicoutimi et à Trois-Rivières, après que des arrestations successives les eurent rendus un peu trop visibles pour la police. Installés finalement dans une ville relativement importante, les Missiles traficotèrent si bien qu'ils se firent courtiser pendant des années par les Hells Angels comme par les Outlaws. Après que ces derniers furent plus ou moins poussés dans la clandestinité sous l'impulsion des Hells Angels de Stadnick, le 14 juin 1991, les Missiles devinrent des membres en règle du chapitre des Hells Angels de Trois-Rivières.

* * *

Après avoir réussi une série de coups relativement fumants, les Hells Angels de Stadnick durent faire face à une première crise, le 16 mai 1992. Lors de la fouille aléatoire de la cellule d'un prisonnier au centre de détention Archambault, à Sainte-Anne-des-Plaines, au nord de Montréal, on découvrit un bien étrange document dans son réfrigérateur. C'était une liste de noms, d'adresses et de numéros d'assurance sociale de plus de 260 gardiens et gardiennes de prison à travers le Québec. Ce qui était le plus inquiétant, c'est qu'une soixantaine de noms étaient soulignés ou marqués d'un astérisque. Même si le détenu avait des liens connus avec le chapitre de Sorel, il fit la carpe et les Hells Angels ne purent être mis en cause.

Étant donné qu'on n'avait pas arrêté de Hells Angels de quelque importance au cours de la guerre qui les opposait aux Outlaws, Stadnick se trouvait confortablement à l'écart de la police. Les flics le croisaient bien à Hamilton, accompagnant par exemple ses vieux parents à l'église, mais on remarquait aussi, de plus en plus, sa présence à Winnipeg.

Vers 1990, les policiers et les informateurs échangeaient constamment des informations sur le mouvement et les activités des motards du genre de Stadnick. « Dès que les motards traversaient la frontière entre le Québec et l'Ontario, la Police provinciale ontarienne, ou OPP, les suivait, souvent dans des voitures banalisées, explique Me Frankel, et la police des forces locales les surveillaient, peu importe où ils se trouvaient dans une ville… » Même si ce genre de coopération avait prouvé son efficacité dans une foule d'investigations, elle fut la source d'au moins une indiscrétion majeure. Kevin Roy Hawkins était un flic respecté qui hérita de la surveillance des motards dans Kitchener-Waterloo, en 1987. Le problème survint lorsqu'il rencontra Cherie Graham, une effeuilleuse qui travaillait à l'hôtel Breslau, dans l'est du centre-ville de Kitchener, et en tomba amoureux. En l'espace de quelques semaines, il laissa sa femme et déménagea chez la strip-teaseuse, mais leurs relations étaient loin d'être toujours au beau fixe. L'artiste du déshabillé progressif eut l'occasion de se plaindre à d'autres policiers que Hawkins devenait violent lorsqu'il prenait un coup un peu trop fort. Ce qu'il y avait de plus grave, c'étaient les relations que le policier finit par entretenir avec l'agent de la nouvelle copine, Claude Morin, qui n'était pas seulement un affable imprésario mais aussi le président du chapitre de Kitchener des Satan's Choice. Entre la pension alimentaire qu'il devait verser à sa femme et ce que lui coûtait sa nouvelle blonde, Hawkins commença à s'endetter sérieusement. Cherie lui recommanda alors quelqu'un censé le dépanner : Morin en personne.

Les deux hommes se rencontrèrent et Morin lui refila 5 000 $ pour certaines informations. Lors d'une autre rencontre, Hawkins raconta à Morin qu'une opération antidrogue devait se dérouler à Hamilton, cette semaine-là. À partir de ce renseignement, Morin en déduisit qui était l'indicateur de Hawkins et il le fit liquider. « Au début, nous pensions qu'il s'agissait d'une transaction de came qui avait mal tourné, remarque Harris, mais lorsque Hawkins a dérapé et que nous avons découvert ce qui était arrivé, nous redoublions de prudence quand nous parlions… »

Chapitre 6

Alors que le Québec, l'Ontario, la Colombie-Britannique et la Côte est du Canada étaient soit sous l'autorité des Hells Angels, soit en passe de le devenir, entre les deux océans on trouvait pratiquement un no man's land. En effet, au beau milieu du pays se trouvait Winnipeg, une région urbaine aussi grande que celle de la ville de Québec ou celle de Hamilton, une ville où toutes les routes, les voies ferroviaires et les lignes aériennes s'arrêtaient pour desservir les Prairies. Naturellement, cette région représentait un marché énorme pour les drogues, l'exhibition de chair plus ou moins fraîche et la prostitution. Selon la GRC, on y trouvait la plus forte concentration de gangs de tout le Canada. Il y avait toutefois une différence de taille : à Winnipeg, la majorité de ces « gangsters » n'étaient que des adolescents, dont plusieurs étaient encore au cours secondaire, et non des criminels endurcis comme ceux qui composaient des organisations comme les Satan's Choice ou le Gang de l'Ouest.

La ville se targuait de posséder deux grandes bandes de motards dont les origines remontaient aux années soixante : Los Brovos et les Spartans, des gens davantage intéressés à se faire peur sur la route et à écluser des caisses de bière qu'à se mouiller dans des activités du crime organisé. Les deux bandes fusionnèrent au début de 1980 sous l'étendard des Brovos, mais certains mécontents démissionnèrent pour créer leur propre formation qu'ils appelèrent les Silent Riders — les « Motards silencieux ». Sous la férule d'un chef aux méthodes brutales, Darwin Sylvester, les Silent Riders étaient plus ambitieux que Los Brovos. Ils avaient fait des avances multiples aux Hells Angels, y compris en usant leurs pneus de motos pour se rendre jusqu'en

Colombie-Britannique afin d'y rencontrer les différents chapitres. Malheureusement, Sylvester se fit choper pour une histoire de drogues et de possession d'armes, en 1984, ce qui coupa court aux ambitions de la bande. Mécontents de cette concurrence et sentant les faiblesses de cette dernière, les membres de Los Brovos décidèrent qu'il était temps de pousser les Silent Riders à la retraite. Le combat qui s'ensuivit fut inégal. Sans Sylvester, les Silent Riders furent rapidement mis en débandade et forcés de brûler leurs couleurs.

Lorsque Sylvester sortit de prison en 1990, il était trop tard pour rescaper les Silent Riders, mais il parvint à recruter quelques survivants et suffisamment de Brovos insatisfaits pour former un nouveau club, suffisamment coriace pour ne pas se faire assimiler de force. Il appela sa bande les Spartans, ce qui ramenait Winnipeg au statu quo de deux bandes de motards vivant en plus ou moins bonne intelligence pour éviter de déclencher une guerre ouverte pouvant se révéler fort coûteuse. Une telle situation ne pouvait mieux faire le bonheur des Hells Angels. À Winnipeg, le commerce des stupéfiants était largement décentralisé et il y avait suffisamment de main-d'œuvre et de gestionnaires compétents pour le dominer. « Winnipeg est un goulot d'étranglement pour le trafic de drogues au Canada, expliquait Rick Lobban, le flic affecté aux associations de motards, au début des années 1990. Nous savions que les Hells Angels allaient débarquer et qu'il ne s'agissait que d'une question de temps. »

Stadnick ne tarda pas à devenir un visiteur assidu de la ville de Winnipeg. Il commença à passer beaucoup de temps en ville, généralement avec les membres des Brovos. La police déclara que Stadnick trouvait cette bande beaucoup mieux dirigée que les Spartans et leur bande de petits voyous. Comme il le faisait à Toronto, Stadnick aimait à afficher ses couleurs ou encore des vêtements excentriques très chers et était toujours entouré d'une phalange de gardes du corps. L'un d'entre eux, un dealer originaire de Thunder Bay, en Ontario, et répondant au nom de Donald « Bam Bam » Magnussen, ne le quittait jamais d'une semelle. Ils faisaient un drôle de couple et attiraient bien des regards. Stadnick, toujours bien mis, de taille réduite, avait l'air encore plus petit et plus voyant près de Magnussen, une montagne d'homme qui préférait porter de vieux tee-shirts et des jeans élimés, peu importe la température.

Même si Los Brovos et les Spartans étaient fiers de leur indépendance, ils n'en étaient pas moins impressionnés par la capacité de Stadnick de se procurer de l'alcool, des stupéfiants et autres substances « récréatives ». La puissance et la réputation des Hells Angels le précédaient également. « Les Hells Angels, ça c'est vraiment le club, eut l'occasion de déclarer Ernie Dew, le président de Los Brovos. Chez eux, vous passez du club-école aux ligues majeures… »

Malgré le pouvoir qu'il pouvait exercer dans le milieu, les choses n'étaient pas toujours faciles pour Stadnick. Le 16 juin 192 en matinée, Lobban l'avait suivi à l'aéroport et donna un tuyau aux agents de sécurité. Alors que Stadnick se soumettait aux détecteurs de métaux, un des agents le soumit à une fouille plus poussée. On trouva 81 000 $ dissimulés dans sa ceinture et Stadnick fut arrêté sur-le-champ sous l'accusation de possession d'argent provenant d'activités criminelles. Quelques heures plus tard, il était libéré sous caution et prenait le prochain avion pour Toronto, car il aurait fallu qu'il attende presque une semaine pour le prochain vol direct à destination de Hamilton. Harris soutenait qu'habituellement Stadnick préférait utiliser l'aéroport John C. Munroe de Hamilton, car il n'y avait pas sur place de détachement de la police.

En août, lors de la visite suivante de Stadnick à Winnipeg, il recevait quelques Brovos, des Spartans et des filles au Rolling Stone Cabaret, un bar de rockers du centre-ville. La conversation allait bon train. Tout le monde s'amusait ferme lorsque deux personnages importuns firent leur apparition. Deux policiers de Winnipeg qui n'étaient pas de service se pointèrent déjà éméchés au bar et s'installèrent à une table près de Stadnick. Dès qu'ils prirent place, ils se mirent à l'agresser, riant de sa taille, de son accoutrement, de ses cicatrices et insinuant des choses quant aux relations qu'il pouvait entretenir avec l'omniprésent Magnussen. Les deux ivrognes voulant sans doute soulever des doutes sur la force des Hells Angels ne réussirent qu'à se ridiculiser ainsi que leur employeur. Lorsqu'ils se sentirent frustrés par l'absence de réaction à leurs quolibets, ces énergumènes titubèrent hors du bar en continuant à lancer des insultes et des insinuations malveillantes. Dehors, les flics s'enhardirent. Non contents d'insulter les motards, ils commencèrent à les pousser et à leur donner des claques. Il n'y eut aucune réaction jusqu'à ce que l'un des provocateurs enfourche la Harley-Davidson d'un membre des Los Brovos. En un instant, les deux agents, mal inspirés, se firent sauter dessus par les motards. Ceux-ci leur infligèrent une sérieuse raclée qui les mena à l'urgence d'un centre hospitalier local où on les soigna pour blessures multiples. Stadnick, Magnussen et un autre motard furent cependant arrêtés.

La police de toutes les régions du Canada exultait : elle avait enfin attrapé l'insaisissable Walter Stadnick. Non seulement avait-il été arrêté pour coups et blessures sur un policier, mais, par surcroît, alors qu'il se trouvait en liberté sous caution ! « Je ne pouvais pas y croire, déclara Harris. Walter, qui faisait tellement gaffe chez lui et à Montréal, avait complètement pété les plombs dans l'Ouest… »

Les policiers s'étaient réjouis un peu trop tôt. Le 4 octobre 1993, Stadnick fut cité à comparaître à la suite de son arrestation à l'aéroport. Son avocat demanda un sursis sous prétexte que le *Winnipeg Sun* avait publié un article parlant de la carrière de Stadnick chez les Hells Angels et que ces révélations empêchaient son client de subir un procès juste et équitable. Il mit également en doute l'exactitude de l'article et exigea que l'auteur de l'article, Melanie Verhaeghe, divulgue ses sources. Avant le procès, la journaliste avait remarqué être suivie par un gros blond dans une Jeep, personnage que l'on identifia plus tard comme étant Magnussen. L'ayant fait savoir à l'avocat de Stadnick, Sheldon Pix, elle s'attendait à le voir surpris et prêt à l'aider, mais, au contraire, elle le trouva en fait fort menaçant. Il lui déclara qu'il avait un lourd dossier sur elle et qu'il l'avait fait suivre par un détective privé qui avait tourné un document vidéo « des plus intéressants » sur sa vie privée. Le juge décida que l'article ne ferait aucune différence, et le procès se déroula tel que prévu. Malgré des heures de témoignage, la poursuite ne put rien prouver. Même s'il existe des lois interdisant de faire de l'argent en vendant de la drogue, il n'existe aucune loi vous interdisant de vous promener innocemment avec 81 000 $ dans vos poches. Étant donné que cette somme ne pouvait être reliée à quelque acte criminel que ce soit, Stadnick fut libre de courir dans la nature.

Une semaine plus tard, il était de retour à Winnipeg pour subir son enquête relativement aux accusations pour coups et blessures. À peine le juge eut-il lu l'acte d'accusation qu'il pouffa de rire et rendit une fin de non-recevoir. Il fit remarquer que, de toute évidence, les policiers soûlographes avaient provoqué les motards. Une fois de plus, Stadnick fut libéré.

Même si les Hells Angels n'étaient toujours pas officiellement présents au Manitoba, Stadnick considérait qu'il avait fait du bon boulot sur les rives de la rivière Rouge, et ce, malgré ses accrochages avec les forces de l'ordre et les médias. Non seulement avait-il réussi à faire en sorte que Los Brovos et que les Spartans se parlent et, mieux, fassent la fête ensemble, mais il avait, selon la police, établi de bonnes relations d'affaires avec les deux bandes, à qui les Hells Angels fournissaient de la drogue, des strip-teaseuses et des prostituées, des « services » que les clubs locaux de motards commercialisaient génialement aux Winnipeguois affamés.

En Ontario, la situation était moins rose. Les Outlaws étant la bande dominante, Stadnick se mit à courtiser la seconde en ordre d'importance, soit celle des Satan's Choice. On le voyait souvent en compagnie de Bernie « The Frog » (« La Grenouille ») Guindon, le président de cette association, dans les bars à effeuilleuses d'Oshawa et dans les grands restaurants de Toronto. « Il faisait toute une virée, fait remarquer un agent de la Police provinciale de l'Ontario. Il allait retrouver Guindon à Oshawa, sortait avec lui, retournait par route à Hamilton pour accompagner ses vieux à l'église, puis prenait l'avion pour Winnipeg. » Les Satan's Choice faisaient partie de ces bandes de motards de tout poil qui avaient fait leur apparition au milieu des années soixante dans le sud de l'Ontario. La différence principale par rapport aux autres résidait dans le leadership de Guindon, qui avait pris en main la présidence du club en 1965. Même si elle n'était pas un pion important dans la hiérarchie du crime organisé, la bande s'était fait un nom en luttant contre ses proches concurrents et, parfois, en les éliminant. Ils étaient devenus les motards les plus respectés dans la province à la suite d'accrochages avec les Golden Hawks, les Fourth Reich, les Chain Men et autres clubs aux appellations colorées.

Avec l'accroissement des effectifs de la bande, on créa d'autres chapitres. Chaque été, Guindon se faisait l'hôte d'une réunion de tous ses membres dans la ville touristique de Wasaga Beach, à 120 km au nord-ouest de Toronto. Cet événement n'était guère apprécié des villégiateurs, mais ne donnait lieu qu'à de rares conséquences judiciaires. « C'était affreux quand ils arrivaient, se rappelle Ian, qui avait un chalet à Wasaga Beach dans les années soixante et soixante-dix. Ils campaient sur le parterre de votre maison sans vous le demander et jetaient leurs ordures et leurs bouteilles vides aux alentours. Certains d'entre eux puaient comme le diable… » Aussi envahissants et odieux qu'ils aient pu l'être, les motards semblaient n'avoir rien à craindre de ces vacanciers timorés. « Jamais nous n'aurions appelé la police. Ils étaient trop nombreux. Vous auriez dû voir leurs trognes… De vrais tueurs, dit Ian. Nous nous contentions de les éviter et de vaquer à nos affaires le mieux que nous pouvions. »

Cette tolérance fut mise à l'épreuve en août 1968 lorsqu'un photographe du *Globe and Mail* infiltra la bande de fêtards et prit des photos d'un de leurs petits jeux, au cours duquel on plaçait deux douzaines de motards dans un enclos à la poursuite d'un malheureux poulet qui ne tardait pas à se faire déchiqueter. Le gagnant était celui qui parvenait à arracher le plus gros morceau de chair à l'animal. Lorsque les photos furent publiées, ce fut un scandale. La Société protectrice des animaux de l'Ontario offrit même une récompense substantielle pour toute information pouvant mener à l'arrestation de quiconque avait pris part à ce jeu cruel. Nul témoin ne se présenta.

De toute façon, ce ne sont pas quelques arrestations pour cruauté envers les animaux qui auraient fait une grande différence, car la bande des Satan's Choice était déjà conséquente et prenait rapidement de l'ampleur. À son apogée, au début des années soixante-dix, les Satan's Choice représentaient la deuxième bande de motards en importance au monde. Bien plus importante que les Outlaws, elle suivait les Hells Angels de près avec des chapitres à Hamilton, à Oshawa, à Guelph, à St. Catharines, à Preston (qui fait maintenant partie de Cambridge), à Peterborough, à Ottawa, à Kingston, à Windsor, à Montréal et à Vancouver. Le succès du club était imputable avant tout au leadership de son président national, qui aimait d'ailleurs mieux se faire appeler « commandant suprême ».

Ancien champion de boxe amateur du Canada dans la catégorie des poids moyens légers, Bernie Guindon était un leader naturel plutôt futé. Il était devenu président des Satan's Choice à l'âge de 22 ans et avait réussi à recruter des clubs locaux de la même manière que Stadnick devait le faire quelques années plus tard, en défrayant généreusement beuveries et gueuletons et en utilisant la force, si nécessaire. Les effectifs des Satan's Choice grossirent à un point tel, que des émissaires des Hells Angels et des Outlaws vinrent au Canada dans le but de les recruter, mais l'offre des Américains fut refusée sans raisons apparentes. Guindon était bien connu pour régler les différends qui survenaient au sein du club. En 1973, suite à une bagarre dans un club de strip-tease, le chapitre de Toronto des Satan's Choice déclara la guerre à deux importants clubs indépendants, les Vagabonds et les Black Diamond Riders. Lorsque Guindon entendit parler de ce conflit, il convoqua une réunion au sommet avec les présidents des deux clubs « ennemis » et négocia un traité de paix sans en informer son chapitre de Toronto. Ce dernier accepta la décision de son commandant sans discuter.

À la suite de cette entente de tolérance mutuelle et voyant que les Hells Angels lorgnaient avec insistance vers l'Ontario pour s'y implanter, il décida de mettre en lice les super clubs. Il appela ses correspondants chez les Outlaws et ceux-ci sautèrent sur l'occasion de former une alliance incluant éventuellement les Vagabonds et le plus grand club indépendant de Toronto, les Para-Dice Riders.

Arrêté en 1973 pour agression sexuelle avec circonstances aggravantes, Guindon se fit coffrer et eut tout le temps de pratiquer la boxe. Bien que jouant les prisonniers modèles et prétendant vouloir représenter le Canada aux Olympiques de 1976 ou encore enseigner la boxe aux enfants afin qu'ils ne commettent pas les mêmes erreurs que lui, il éprouva des difficultés avec la Commission de remise en liberté conditionnelle. La pierre d'achoppement était toujours la même : on ne consentait pas à le libérer à moins qu'il ne se tienne loin de personnages interlopes, et les Satan's Choice répondaient à cette définition. « Ce sont les seuls amis que j'ai et je ne les laisserai pas tomber ! » protesta-t-il devant un reporter du *Toronto Star*. Il purgea donc l'intégralité de sa peine.

Les Outlaws, dont le quartier général se trouvait à Chicago, virent la chance qui se présentait pour eux. Peu de temps après la mise de Guindon sous les verrous, ils envoyèrent un groupe d'émissaires avec une offre fort tentante. Si on les laissait commercialiser leurs drogues en Ontario, une proposition en soi intéressante, les Outlaws étaient prêts à traiter les Satan's Choice en égaux. De plus, les chapitres des Outlaws des États limitrophes du Canada promettaient même de modifier leurs écussons pour y inclure une feuille d'érable et la langue de flamme des Outlaws en l'honneur du club canadien. Dans les deux mois qui suivirent la formation de l'alliance, deux Outlaws américains furent arrêtés alors qu'ils tentaient de refaire leur vie sous un nom d'emprunt, au Canada. James « Blue » Starrett, qui exploitait désormais un commerce florissant sous le nom de Charlie Brown Painting Contractors à St. Catharines, fut arrêté et déporté pour s'être échappé d'une prison de Floride où il purgeait sa sentence pour le meurtre d'une femme à coups de fusil de chasse, commis lors d'une fête des Outlaws. Cinq semaines plus tard, William « Gatemouth » Edson fut appréhendé à Kitchener alors qu'il sortait d'un magasin de la Régie des Alcools de l'Ontario (LCBO). À Fort Lauderdale, Floride, cet Outlaw avait assassiné trois Hells Angels, battu la petite amie d'un Bandidos et torturé une femme en lui appliquant des cuillers rougies au feu et des cigarettes sur la peau parce qu'elle avait endossé un tee-shirt des Outlaws. Le permis de conduire ontarien bidon d'Edson était au nom de Dennis Lupo. Dans le même ordre d'idées, le membre le plus recherché des Satan's Choice, un meurtrier du nom de Howard « Pigpen » Barry, fut épinglé en Caroline du Nord avec un permis de conduire de la Floride au nom de Tim Jones alors qu'il arborait les couleurs des Outlaws.

Malgré ces accrocs divers à la loi, Guindon honora l'alliance à sa sortie de prison en se disant qu'il fallait mieux travailler avec les Outlaws que de leur faire la guerre. Il fut également impressionné par l'efficacité, digne des grandes sociétés, avec laquelle ils géraient leurs affaires de stupéfiants, et non moins impressionné par les rentrées d'argent que ces méthodes engendraient. Ce furent toutefois leurs méthodes industrielles de fabrication de drogue qui causèrent la perte de Guindon et de sa bande de motards indépendants. Cet avatar survint lorsque ces derniers se croyaient totalement à l'abri. Oba Lake est un camp de chasse et de pêche à 240 km au nord-est de Sault-Sainte-Marie. Il n'est accessible que par le train ou en hydravion. Il n'y avait que deux bâtiments près du lac. Près des voies de chemin de fer, on trouvait un pavillon où des gens en moyen, surtout des *sportsmen* américains qui taquinaient le doré ou traquaient l'orignal, pouvaient résider. Ce pavillon était la propriété d'Alain Templain, un membre important du chapitre d'Oshawa des Satan's Choice qui, tous les étés, avait coutume de se rendre dans ces régions septentrionales aux commandes de son propre hydravion. Sur une île au milieu du lac, les

Outlaws avaient construit un laboratoire de drogues très élaboré où travaillaient des membres de Satan's Choice. Guindon et Templain s'y trouvaient lorsque l'île fut envahie par des agents de la Police provinciale de l'Ontario déguisés en paisibles pêcheurs résidant au pavillon de Templain. Chopés avec du PCP[1] et une centaine de kilos de la même drogue en préparation, le tout d'une valeur de six millions de dollars, Guindon et Templain se retrouvèrent condamnés à 17 ans de prison.

À peine le « commandant » était-il à l'ombre que son poulain, Garnet « Mother » McEwen, du chapitre de St. Catharines, convoqua une réunion au sommet. Cette nuit-là, il parvint à convaincre les présidents des chapitres de Montréal, de Windsor et d'Ottawa de brûler leurs couleurs et de se joindre aux Outlaws. Les membres dissidents devaient obligatoirement prendre leur retraite. Au cours de l'été 1977, la fête se déplaça de Wasaga Beach à Crystal Beach, à 15 km de la frontière américaine, où l'on assista une remise massive d'écussons.

Lorsque Guindon découvrit cela, il offrit 10 000 $ de sa poche pour la tête de McEwen, mais il était trop tard : le déferlement des gros gangs à l'américaine avait déjà commencé. Les Outlaws s'étaient implantés en force en Ontario et avaient établi une tête de pont au Québec. Ce qui restait des chapitres des Satan's Choice se rallia éventuellement aux Outlaws ou, privés des conseils de Guindon, ils disparurent dans une obscurité relative pendant qu'il était sous les verrous. Personne ne réclama la prime de Guindon. McEwen fut finalement expulsé de chez les Outlaws pour avoir détourné 30 000 $ et se sauva en Alberta où il essaya de mener une vie normale en travaillant dans un hôtel. Son nom apparut pour la dernière fois dans les journaux en 1990 lorsqu'un motard, ignorant son identité, lui infligea une volée à l'aide de sa propre jambe artificielle.

Une alliance des principaux clubs indépendants permit de tenir les Outlaws à l'extérieur de Toronto jusqu'à l'été 1984, lorsque les réserves locales de drogues se tarirent. Les Outlaws exercèrent de lourdes pressions pour empêcher les dealers et les fournisseurs locaux de

---

1. Phencyclidine ($C_{17}H_{25}N$). Anesthésique utilisé en médecine vétérinaire dont on a détourné l'emploi pour en faire une drogue « psychédélique » appelée aussi *angel dust*. (N.d.T.)

transiger avec ces motards autonomes. Le siège cessa en septembre, lorsque Robert « Pumpkin » Marsh parvint à convaincre la bande Iron Hogs de prendre les couleurs des Outlaws et de devenir le chapitre de Toronto. « C'était une bande de types plutôt épais, rappelle Harris, mais ils ont permis aux Outlaws de s'implanter à Toronto. » Cette stratégie permit aussi d'établir une coalition anti-Hells Angels comprenant les Outlaws, les Para-Dice Riders, les Vagabonds et même les Satans's Choice, à l'exception de Guindon.

Dès 1986, après avoir régularisé le statut des Holocaust (autrefois les Queensmen) de London en leur remettant leurs insignes, les Outlaws devinrent la bande de motards la plus importante en Ontario avec des chapitres à Toronto, à Hamilton, à Windsor, à St. Catharines, à Ottawa, à Sault-Sainte-Marie et à Kingston. Le chapitre de Kingston réussissait particulièrement, car il se trouvait à peu de distance de la frontière américaine et encore plus près de la population pénale la plus importante au Canada, un marché gratiné pour écouler des stupéfiants. Cette réussite frustrait les Hells Angels, bien établis au Québec, en Nouvelle-Écosse et en Colombie-Britannique, mais qui lorgnaient vers des marchés encore plus prometteurs. Ils furent forcés d'examiner les candidatures de clubs que les Outlaws avaient négligés comme les Coffin Wheelers de Sudbury, les Henchmen de Kitchener et, du moins jusqu'à sa disparition, la vieille bande de Stadnick, les Wild Ones de Hamilton.

Lorsque Guindon fut finalement libéré en 1991, il retourna à Oshawa et reprit la direction de ce qui restait des Satan's Choice. Stadnick, qui présidait maintenant les Hells Angels, se présenta presque immédiatement. Il rencontra Guindon à plusieurs reprises et lui paya la tournée des restaurants les plus chers et des bars de strip-tease les plus en vue de Toronto. Pour leur protection et pour bien montrer la puissance des Hells Angels, ils étaient toujours accompagnés de gardes du corps au gabarit de gorilles. Guindon appréciait le spectacle, les repas fins et les verres à l'œil et il ne refusait jamais une invitation de Stadnick. Toutefois, il retardait toujours le moment où il accepterait de changer ses écussons pour ceux des Hells Angels. Ce que Stadnick ignorait, c'est que Guindon n'avait aucune intention de se rallier à son organisation. Aussi xénophobe que les premiers Hells Angels, il ne voulait pas que son club, une institution véritablement canadienne, devienne une sorte de franchise d'un gang américain élargi. Il patinait dans le même sens que Stadnick, non seulement pour se faire payer la traite mais aussi pour garder des relations de bon voisinage. De plus, en faisant miroiter à Stadnick une possible association, il s'assurait que les Hells Angels n'effectuent une prise de pouvoir hostile.

Lorsque Stadnick perdit patience, il décida de montrer à Guindon qui était le patron. Accompagné de 150 Hells Angels et associés, le 18 juin 1993, Stadnick roula de Montréal jusqu'à l'ancien lieu de ralliement des Satan's Choice : Wasaga Beach. De nombreux clubs indépendants étaient de la fête, sauf les Satan's Choice. La Police provinciale de l'Ontario arrêta le cortège à deux reprises mais ne trouva aucun motif pour détenir qui que ce soit. L'un des policiers amena malgré lui beaucoup d'eau au moulin des Hells Angels en confiant au *Toronto Star* : « Cette année, vous pouvez vous attendre à un été très violent… » À la fête, Stadnick rencontra un tas de motards, mais passa le plus clair de son temps avec les Loners à l'hôtel Alliston, dont il avait loué toutes les chambres.

L'homme qu'il rencontra en particulier était le président des Loners, Frank Lenti. Même selon les normes canadiennes, Lenti était un drôle de pistolet. Vaniteux, toujours en train de se pomponner et sujet à de violents accès de colère, il avait l'habitude de laisser tomber les choses lorsqu'elles n'allaient pas exactement dans le sens qu'il souhaitait. À l'origine, il avait fait partie des Rebels, un club nettement raciste du nord de Toronto, qui arborait le drapeau confédéré. Les Loners du début s'étaient ménagé un créneau douillet à Woodbridge, au nord de la Ville Reine, d'où Lenti était originaire. Vu que les Rebels avaient adopté le drapeau confédéré sur leur logo, les Loners décidèrent de prendre nettement leurs distances avec ceux-ci.

Les choses allèrent plutôt bien jusqu'à ce que d'autres Loners prennent leur président en train de voler des sommes appartenant au club. Pour éviter de faire face aux accusations, Lenti décida d'aller se faire oublier en Italie jusqu'à ce que les choses se calment. Pendant son absence, faute de direction, les Loners se désintégrèrent. Lorsqu'il rentra en 1981, Lenti se joignit aux Satan's Choice chez qui il connut également des difficultés. Son ego et ses pleurnicheries perpétuelles lui mirent à dos la direction du club et, petit à petit, les autres membres. En 1984, il parvint à réunir d'autres mécontents et forma une nouvelle bande qu'il appela à nouveau les Loners. Même s'ils réussirent à terroriser quelques pâtés de maisons dans la région de Woodbrige, ils ne s'imposèrent jamais vraiment, et les autres motards les appelèrent les Losers. À ce que l'on en sait, les réunions que Stadnick eut avec Lenti tournèrent au vinaigre. Lenti, qui était d'origine italienne, tenta d'en mettre plein la vue au président des Hells Angels avec ses relations présumées dans la Cosa Nostra. Stadnick, qui entretenait des relations véritables avec la mafia depuis l'époque où les Wild Ones faisaient sauter des boulangeries à Hamilton, et plus récemment à Montréal, ne fut guère impressionné.

Cependant, l'expansion prévue en Ontario allait devoir attendre. Le 16 septembre 1996, la plus grosse saisie de drogue dans l'histoire de Winnipeg causa une crise dans les rues de la ville. La police confisqua pour 18 millions de dollars d'héroïne et de cocaïne après avoir perquisitionné dans 70 maisons, y compris le repaire des Brovos. Seize personnes furent arrêtées, sous des accusations de possession de drogues et de blanchiment d'argent, mais aucune de celles-ci ne faisait partie d'une bande de motards. Cette descente créa une situation très favorable pour les Hells Angels. La police avait confisqué des quantités impressionnantes de stupéfiants et mis au chômage un grand nombre de dealers. Cette opération laissait dans son sillage une bande de consommateurs désespérés et des motards prêts à tout. Quelques jours plus tard, la police repéra Stadnick à Thunder Bay, une ville proche de la frontière manitobaine, où il rencontra des membres des Satan's Choice. Il consacra une heure et demie à leur président du chapitre de Kitchener, André Wateel, avant de prendre l'avion pour Winnipeg, le jour suivant. Du jour au lendemain, la pénurie de drogue disparut dans la capitale manitobaine. Comme toujours, Stadnick faisait enrager la police, persuadée qu'il était impliqué dans le trafic illicite de drogues, mais les limiers ne pouvaient découvrir la moindre trace de preuve. « Il était extrêmement prudent, remarque Harris. Il se débrouillait toujours pour cloisonner ses contacts. »

Stadnick était un personnage terriblement voyant avec ses accoutrements excentriques et sa horde de gigantesques gardes du corps, mais il poursuivait ses opérations en mode furtif. La police enregistra pendant de nombreuses heures ses conversations avec d'autres motards ou des personnalités interlopes, mais ne trouva jamais de preuves susceptibles de l'incriminer, même dans les messages codés. Stadnick et les interlocuteurs avec qui il faisait affaire s'éloignaient des lieux pouvant se trouver sous écoute et se retrouvaient sur des coins de rue achalandés, des parterres de maisons, dans des ruelles isolées et même des jardins publics, des endroits où ils étaient certains que la police ne tendrait pas l'oreille.

* * *

Malgré ses succès à Winnipeg, Stadnick demeurait frustré de ne pouvoir implanter son organisation en Ontario. Sous la direction violente de Parente, qui tirait à vue sur tous les Hells Angels, cette province était devenue le territoire des Outlaws. Les Satan's Choice, qui possédaient encore un solide réseau et des chefs valables comme Wateel, présentaient une excellente occasion de créer une sérieuse opposition, mais Stadnick réalisa qu'ils ne deviendraient jamais des Hells Angels tant que Guindon serait dans le décor. Après sa rencontre avec Lenti, il estima les clubs non alignés comme étant indignes de recevoir les couleurs des Hells. Incapable ou non intéressé à recruter des motards en Ontario, il décida d'importer les siens.

Son projet consistait à infiltrer des motards québécois fidèles aux Hells Angels en Ontario pour former des clubs-écoles et stimuler la vente de stupéfiants. Il se creusa les méninges pour décider qui devait être leur leader, mais choisit finalement Dany « Danny Boy » Kane. Contrairement aux autres motards, généralement lourdauds ou, au pire, nantis d'un cerveau gros comme un petit pois, Kane avait de quoi impressionner Stadnick par son intelligence, son ambition et sa personnalité sociable. Le chef des Hells remarqua également que même s'il ne maîtrisait pas l'anglais, Kane avait réussi à aplanir les choses entre la présidence et son lieutenant pour la Côte est, David « Wolf » Carroll, qui dirigeait le chapitre de Halifax, autrefois la « 13e Tribu ». Kane avait beaucoup de choses à son actif, y compris un passé au cours duquel il avait prouvé son courage, son ingéniosité et sa loyauté.

Une grossesse inattendue, survenue en 1988, avait forcé Kane à occuper, aux côtés du père de sa conjointe, un emploi dans la filature Tissus et fibres d'Amoco à Saint-Jean, sur la Rive-Sud. La monotonie du travail de tisserand, jour après jour, le déprimait. Dans un effort pour se changer les idées, il acheta une Harley 1946 Knucklehead, une machine ayant 23 ans de plus que lui, qu'il abritait avec une attention jalouse dans la propre chambre de son bébé. Josée, sa conjointe, aimait bien la moto, mais n'était pas certaine qu'ils puissent se payer un tel engin. Le vrombissement du moteur de la Harley et le port de la veste de cuir enhardirent Kane. Il ne tarda pas à dire à son patron qu'il en avait plein le casque des métiers à tisser et lâcha son emploi. Avec une femme et un bébé à la maison, le besoin d'argent se faisait sentir. La famille de Kane ne pouvait l'aider et il était inutile de demander quoi que ce soit aux parents de Josée, qui avaient à s'occuper de deux autres petits-enfants issus de deux autres de leurs filles encore adolescentes et mères célibataires. Aussi, lorsque Pat Lambert, un vieil ami de Josée, offrit un emploi à Kane, il ne manqua pas de sauter sur l'occasion.

Lambert était membre d'un club-école des Hells Angels ayant pour nom les Condors. Peu connus à l'extérieur de la Rive-Sud, les Condors étaient respectés par les Hells et les autres bandes. Contrairement aux Evil Ones, qui travaillaient dans la région à l'ouest de la leur et semblaient toujours avoir maille à partir avec la police, les Outlaws ou les Hells Angels, les Condors étaient tranquilles et efficaces. La police régionale les considérait comme du menu fretin peu inquiétant, mais, en fait, les Condors dominaient, au nez et à la barbe de cette dernière, le trafic de drogues dans les patelins avoisinants. Lambert était l'un de leurs meilleurs dealers. Il offrit à Kane 700 $ par semaine pour livrer des stupéfiants dans les bars locaux et encaisser l'argent que l'on devait à Lambert. Il gagnait ainsi trois fois plus qu'à la filature et pouvait décider de ses heures de travail.

Kane n'ayant qu'un permis de conduire de moto, cet hiver-là, Josée fit office de chauffeur pour le véhiculer de bar en bar sur la Rive-Sud dans sa vieille Hyundai Pony. Pendant que Kane faisait son travail, elle attendait dans son tacot avec Benjamin, son fils, frissonnant de froid, car la chaufferette de la voiture ne fonctionnait pas. Ils se rendaient ensuite jusqu'à la prochaine agglomération et un autre bar. Plus sociable que jamais, il ne tarda pas à développer son propre réseau. Il achetait la drogue directement de Lambert et la revendait dans les bars situés entre ceux dont son chef s'occupait déjà. Sa part du gâteau monta très rapidement de 700 $ à 3 000 $ par semaine. Mais la vente de stupéfiants est une occupation périlleuse reposant sur le respect qu'engendre la peur.

De nombreux dealers ne craignaient, pas plus qu'ils ne respectaient, le fluet jeunot de 21 ans qui commerçait, accompagné par sa copine et son bébé dans une Pony délabrée. Même s'il travaillait officiellement pour Lambert, les dealers de Kane savaient pertinemment qu'il ne pouvait faire appel à la force de frappe des Condors. Ils commencèrent donc à lésiner pour régler leurs dettes et à marchander sur des prix précédemment fixés. Certains refusaient même carrément de payer. Kane décida qu'il était temps de s'imposer.

Il commença par contacter un Condor, propriétaire d'un gymnase, et lui acheta des poids et haltères ainsi que des stéroïdes. En quelques mois, entre l'exercice et les pilules, le voyou maigrichon se transforma en un dur plutôt musclé en proie parfois à des crises de violence. Toute contestation de paiement se soldait par un coup de pied ou un coup de poing de la part du nouveau dur à cuire, et les mauvaises créances ne tardèrent pas à se solder. Les Condors aidèrent à achever la deuxième partie de sa transformation lorsqu'ils l'amenèrent dans le territoire de la réserve mohawk de Kahnawake et lui présentèrent certains trafiquants. Kane rentra chez lui avec plusieurs pistolets, commença à faire ses tournées, armé d'un revolver, et à bien montrer son flingue à ceux avec lesquels il faisait affaire. Il le fourra même dans la bouche d'un débiteur récalcitrant, imitant par le fait même une scène qu'il avait vue à la télévision. Les résultats furent instantanés. Voyant là qu'il y avait de l'argent à faire, Kane commença à revendre aux motards et autres membres de la pègre des armes de poing et des mitraillettes qu'il achetait à des Mohawks.

Au printemps 1992, Kane avait su s'attirer le respect sur la Rive-Sud. En quelques années, le tisserand et chômeur efflanqué était devenu un dealer de drogues et un passeur d'armes possédant des bras et le désir de s'en servir. C'était le moment où les Condors décidèrent de le tester. Un de leurs dealers avait été viré du bar Delphis à Saint-Luc. Non seulement celui-ci était-il un de leurs membres, ce qui signifiait une perte de revenus, mais en plus le club perdait la face dans son milieu. Ils décidèrent de faire sauter le bar en question et Kane fut pressenti pour le contrat. Pas de problème. Le 2 mai, le bar Delphis, qui était fermé, explosa et brûla de fond en comble. Son propriétaire, Réal « Tintin » Dupont, comprit le message et alla exercer ses talents ailleurs. Il devint plus tard membre des Rock Machine. Pour sa part, Kane avait gagné de l'expérience, s'était fait respecter et s'était même trouvé un fournisseur à la base des Forces armées canadiennes à Val Cartier, qui lui vendit 4,5 kg d'explosif C4, de quoi faire sauter un immeuble de rapport, le tout pour 5 000 $.

Quelques jours plus tard, Kane et Josée se mirent à vivre séparément. Il pensait qu'elle pouvait ainsi obtenir des prestations de bien-être social plus élevées si elle était mère célibataire. De plus, elle travaillait au noir comme concierge de son immeuble en échange d'un appartement gratuit. Le motard avait estimé aussi que ses occupations étaient trop dangereuses pour rester près de sa conjointe et de son fils. Il déménagea non loin de là, dans une maison, à L'Acadie, avec deux Condors et un criminel endurci nommé Robert Grimard. En juillet, Kane amena chez lui deux nouveaux copains, histoire de prendre quelques bières et de fumer un joint. Il s'agissait de petits voyous de gangs de rue locaux, Martin Giroux et Éric Baker. Une fois le remontant pris et la fumette achevée, Kane emmena les deux gringalets de 19 ans vers un placard dissimulé sous les escaliers pour leur montrer quelque chose dont il était très fier. Lorsque Kane en sortit un sac de hockey, Baker raconta plus tard à la police qu'ils pensaient qu'il était plein de drogues. Ils furent stupéfaits de le voir rempli d'armes tout aussi illégales qu'attrayantes pour certains. Aussi stupide que cela puisse paraître à tout individu autre qu'un criminel blanc-bec de 19 ans, ils décidèrent sur-le-champ qu'ils voleraient ce sac. Deux jours plus tard, les deux petits voyous surveillèrent la maison. Lorsqu'ils virent qu'il n'y avait personne, ils entrèrent par une fenêtre d'en arrière et firent main basse sur les armes.

Comme s'ils tenaient à mettre leur vie davantage en danger, ils s'empressèrent de se rendre dans les bars miteux de Saint-Jean pour essayer de bazarder leur butin. Leurs clients potentiels, qui comprirent tous que ces armes appartenaient à Kane, leur rirent au nez en leur recommandant de jouer les courants d'air s'ils savaient ce qui était bon pour eux. Voyant qu'ils ne pourraient vendre une seule de ces armes, Giroux et Baker décidèrent de retourner à la maison de L'Acadie et de remettre le sac de hockey à sa place dans l'espoir que Kane n'y verrait que du feu. Mais Kane, Grimard et deux Condors avaient été mis au parfum et se trouvaient déjà dans la maison, prêts à attendre les deux nigauds. Ils attrapèrent Giroux, mais Baker parvint à fuir en se dissimulant dans un champ de maïs. Ils passèrent Giroux à tabac et lui firent savoir qu'il pourrait souffrir encore plus s'il ne les aidait pas à retrouver Baker.

Cinq jours plus tard, dans la ville de La Prairie, Baker fut poussé sur le siège arrière de la voiture de Grimard, où se trouvait déjà Giroux. Curieusement, des agents de la Sûreté du Québec, qui filaient Grimard, furent témoins de l'incident mais perdirent leur filature lorsque le conducteur parvint à zigzaguer dans la circulation et à prendre l'autoroute. La SQ abandonna la poursuite. Les deux garçons furent emmenés dans une carrière désaffectée de Napierville où Giroux fut relâché. Kane prit un pistolet et troua d'une seule balle les jambes de Baker. Une autre voiture arriva et deux Condors, Louis David et Richard Proulx, ainsi qu'un associé nommé Daniel Audet, en sortirent. David justifia sa présence en tordant le gras droit de Baker jusqu'à ce qu'il casse. Après deux heures de tortures au cours desquelles on lui infligea des coupures avec bâton, on lui urina sur le visage, on le poussa dans un brasier, on lui tira une balle qui lui rasa le cuir chevelu, on fonça sur lui avec une voiture qui ne freina qu'à la dernière seconde, le tout sous les menaces permanentes de Kane qui lui disait qu'il allait l'achever. Baker fut le premier surpris d'être toujours vivant lorsque Kane et ses hommes quittèrent l'endroit. Peu convaincu qu'il ne s'agissait pas là d'une autre forme de sévices, mais peu intéressé à crever seul dans la détresse de cet immense trou, il rampa au hasard s'aidant de son bras valide. Il estima plus tard qu'il lui avait fallu plus d'une heure pour atteindre une ferme voisine. Même s'il supplia le cultivateur de ne pas appeler la SQ, celui-ci l'avait déjà contactée dès que le blessé avait franchi le seuil de sa porte. On promit une protection policière à Baker à condition qu'il témoigne contre ses tourmenteurs. Il accepta.

Kane, Grimard, David, Proulx et Audet furent arrêtés. Une fouille dans la maison de Grimard permit à la SQ de retrouver les armes et le matériel nécessaire pour faire des bombes. Toutefois, le C4 de Kane, les stupéfiants et les accessoires qui accompagnaient ce trafic étaient bien cachés dans l'appartement de Josée. Pendant que les kidnappeurs et tortionnaires se morfondaient en prison, leurs avocats s'entendirent avec la poursuite : les accusés étaient prêts à plaider coupables à toutes les accusations sauf à celles de tentative de meurtre. Kane, identifié comme étant le leader du groupe, écopa de la sentence la plus sévère :

deux ans moins un jour de cabane, plus trois ans de liberté surveillée. Juste avant d'être incarcéré, Kane apprit que Josée était de nouveau enceinte.

Dans la célèbre prison de Bordeaux, à Montréal, Kane trouva quelqu'un qui allait changer sa vie. Dans chaque lieu de détention, on trouve quelques prisonniers comme Tamara, des hommes dont l'orientation est plus féminine que masculine et qui, en échange de leurs faveurs, obtiennent protection et compagnie. Ce Tamara s'attacha à Kane, qui découvrit son ambivalence sexuelle.

À l'extérieur, les choses changeaient également. Josée avait accouché d'une fille, et les Condors étaient chose du passé. Cherchant à consolider ses opérations sur la Rive-Sud, Stadnick décida que les Evil Ones absorberaient les meilleurs éléments des Condors et forceraient les autres à prendre leur retraite. Pat Lambert était le bienvenu dans cette restructuration, mais préféra plutôt continuer à fourguer ses drogues et à exploiter son agence d'hôtesses et de strip-teaseuses de manière indépendante. Lorsque Kane fut libéré, les Evil Ones l'approchèrent pour être *hangaround* chez eux, mais il choisit de demeurer avec Lambert. En échange, Lambert le présenta à David Carroll. Kane lui plut immédiatement et il le présenta à son tour à Stadnick. Ce dernier fut impressionné par le physique de Kane et par son pedigree. Ce dernier était un motard accompli qui vendait de la drogue et des armes avec un ostensible succès ; il avait fait sauter un bar, fait du temps à Bordeaux et avait su fermer sa gueule. Plutôt que de gravir péniblement les échelons chez les Evil Ones, Kane devint prospect chez les Hells Angels dès sa rencontre avec Stadnick.

Ce dernier décida alors de nommer Kane responsable d'un club-école des Hells Angels en Ontario, à qui il donna, d'après ses propres initiales, le nom de Demon Keepers. Le plan était bien simple et conforme aux stratégies de marketing des grandes sociétés. Les Demon Keepers devaient faire leur apparition dans les grandes villes de l'Ontario et offrir des stupéfiants de haute qualité à des prix inférieurs à ceux des autres bandes et avec de meilleures modalités de livraison. Kane travailla dur pour mettre son organisation en place et, le 29 janvier 1994, à l'occasion d'une fête donnée à Sorel pour lancer sa nouvelle bande, il présenta ses nouvelles couleurs, qu'il avait lui-même confectionnées.

Gardant à l'esprit leurs projets d'expansion, les Demon Keepers s'installèrent à Ottawa, à Cornwall (près de ce rétrécissement du Saint-Laurent, sur la rive opposée à la frontière entre le Québec et l'État de New York) et à Toronto, le marché le plus lucratif pour les marchands de drogue au Canada. Dès le début, des problèmes se manifestèrent. Ainsi, au lieu de s'installer dans un endroit que l'on pouvait défendre facilement, comme sur un site industriel ou commercial, à choisit en guise de repaire pour les Demon Keepers un appartement luxueux au troisième étage d'un immeuble situé dans le quartier branché de Yonge-Eglington, une décision qui provoqua des gorges chaudes chez les policiers.

Un problème, bien plus grave que les goûts de luxe de Kane, résidait dans le choix de ses hommes. Sélectionnés parmi les clubs-écoles de la Rive-Sud, les Demon Keepers avaient été choisis pour leur taille et leurs qualités de gorilles et non pour leur intellect. Parlant d'eux, quelques années plus tard, Kane décrivit les individus qu'il avait alors à son service comme des « imbéciles dénués de talent ». Leur stupidité mise à part, il y avait pire, notamment leur incapacité à parler anglais et leur manque de contacts et de compréhension de la sous-culture du milieu de la drogue en Ontario. Sous la direction de Kane, d'Ottawa à Niagara Falls les Demon Keepers contactaient les motards, les gens du milieu, les strip-teaseuses, les videurs, les barmen et autres clients éventuels, mais leur manque de subtilité, leur maladresse et leur anglais exécrable étaient la cause de malentendus et de mépris. Avec un chiffre de vente pratiquement nul, ils ne firent guère que garder un œil sur leurs concurrents locaux, les Outlaws, et comploter pour leur faire la peau, mais aucun coup de feu ne fut tiré. Le seul succès que Kane remporta fut de trouver une agence par l'entremise de laquelle Lambert pouvait importer de nouvelles effeuilleuses du Québec pour satisfaire la demande des lucratives boîtes de nuit torontoises. Cherchant de l'aide, Kane appela maintes fois Carroll, mais ce dernier était toujours trop ivre ou avait trop la gueule de bois pour lui être de quelque utilité. De plus en plus frustré, il appela Stadnick, qui était très occupé à Winnipeg et à Montréal. Exaspéré et ayant d'autres choses à faire, le président des Hells lui déclara qu'il n'était pas suffisamment agressif et que les Demon Keepers devaient commencer à afficher leurs couleurs avec un peu plus de fierté. En l'espace de deux semaines, onze des dix-huit

Demon Keepers de Toronto furent arrêtés pour des infractions mineures. La police de la Ville Reine ayant reçu des tuyaux de la SQ et de la Police provinciale de l'Ontario (OPP) comme quoi les Demon Keepers représentaient les Hells Angels, on proposa une entente aux motards : s'ils quittaient l'Ontario et n'y revenaient pas, toutes les accusations contre eux seraient retirées. Tous acceptèrent. Malgré ces difficultés, Kane continua à monter la garde, mais plus tard il confia à la police qu'il s'était souvent demandé si Stadnick n'avait pas fait en sorte pour qu'il se casse la gueule.

Le 1er avril 1994, jour du Poisson d'avril, Denis Cournoyer, le second dans la chaîne de commandement des Demon Keepers, s'arrêta au quartier général de Sorel pour y prendre Kane. À bord de la Chevrolet Corsica 1992 de Cournoyer, ils n'auraient pu se montrer plus ordinaires. Mais ils furent suivis par la SQ alors qu'ils respectaient scrupuleusement les limites de vitesse sur l'autoroute 20. Ils s'arrêtèrent à Montréal pour ramasser un autre Demon Keeper, Michel Scheffer, à l'appartement de sa petite amie, puis se dirigèrent vers l'Ontario. Grâce à des informations communiquées par un informateur implanté dans la nouvelle bande, les policiers de la SQ savaient où ils se rendaient et alertèrent leurs homologues de l'OPP. Lorsque Kane et Cournoyer traversèrent la frontière ontarienne, là où l'autoroute 20 devient la 401, l'OPP, qui attendait sur Roy's Road, les prit en filature. Une série de voitures banalisées suivirent la Corsica jusqu'à Belleville et jusqu'au stationnement du resto rapide Wendy, fréquenté principalement par des camionneurs et des voyageurs de la 401.

Kane, Cournoyer et Scheffer avaient l'intention de rencontrer d'autres Demon Keepers, de se rendre à Toronto et de renforcer le chapitre. Cournoyer fut prévenu de surveiller l'arrivée d'une Mustang jaune où devaient se trouver des membres de sa bande. La voiture arriva… suivie de l'OPP. À 10 h 05, Cournoyer stationna sa Corsica près de la Mustang et ouvrit la porte. À peine sortait-il de sa voiture qu'il entendit : « Pas un geste ! Vous êtes en état d'arrestation ! » Ne comprenant pas très bien l'anglais, il comprit néanmoins ce qui se passait. Sa première idée avait été de rentrer dans la voiture et de se sauver, mais la police avait bloqué les deux véhicules. Kane, Cournoyer, Scheffer et les Demon Keepers dans la Mustang se rendirent sans incident. En fait, l'OPP était si fière de la facilité avec laquelle l'opération s'était déroulée qu'elle se servit du film de cette arrestation pour faire des vidéos de formation et de promotion. Une fouille élaborée de la Mustang ne donna rien et ses occupants furent libérés.

Ce n'était pas le cas de ceux qui se trouvaient dans la Corsica. La police trouva un Magnum .357 sous le siège de Kane et un gros sac vert contenant un calibre .32 nickelé sous le siège arrière où se trouvait Scheffer. Dans le coffre, les policiers trouvèrent trois vestes ornées du logo des Demon Keepers, un fusil de chasse, des munitions pour les trois armes et des gants aux doigts lestés de plomb. Kane sentit sa tension s'élever lorsqu'il vit Dillon, le berger allemand de l'OPP, fourrer son nez là où il n'aurait pas dû. En quelques secondes, le brave toutou découvrit un gramme de haschich entre les sièges avant.

Kane, Cournoyer et Scheffer furent arrêtés. La police n'eut qu'à consulter ses ordinateurs. Cournoyer et Scheffer n'avaient pas de dossiers très chargés, mais la séance de torture dans la carrière pesait sur celui de Kane et l'OPP en déduisit à juste titre qu'il était le patron. Pire, le Magnum était enregistré comme une arme volée et puisqu'il se trouvait sous son siège, la police déduisit qu'il s'agissait de celui de Kane. Les trois accusés eurent la permission de discuter avec Peter Girard, un criminaliste de Belleville. Étant donné que le dossier de Kane signifiait qu'il finirait de toute façon derrière les barreaux, peu importent les circonstances, il se chargea de toutes les infractions et prit le blâme. Cournoyer, l'un des rares motards qui savait comment faire du PCP et de la métamphétamine, fut dépeint comme un chauffeur involontaire. L'OPP accepta ces explications. Cournoyer fut relâché, Scheffer écopa de deux mois sur une accusation réduite de possession d'armes prohibées et Kane, de quatre autres mois pour possession de matériel volé et d'un autre quatre mois pour recel, les deux sentences devant être purgées concurremment. On oublia le gramme de haschich.

À peine deux mois après leurs débuts, Stadnick dissout les Demon Keepers en leur disant d'aller tous se balader dans la nature et surtout d'y rester. Son plan, audacieux mais maladroitement exécuté, constituait un échec lamentable et il voulait mettre derrière lui ce qu'il considérait être un chapitre humiliant de l'histoire des Hells Angels. Stadnick envoya également un message à Kane qui se morfondait au Centre correctionnel de Quinte pour lui dire que les Hells Angels ne lui en voulaient aucunement et qu'à sa libération il serait le bienvenu à Sorel.

Personne n'est d'accord sur ce qui arriva par la suite. La GRC soutient que Kane avait appelé le bureau de l'Interpol à Ottawa et que cet organisme leur avait retransmis l'appel. D'autres policiers prétendent que Kane demanda à un gardien de prison de Quinte de contacter la GRC. Dans les deux cas, Kane s'entendit pour être ce que la Gendarmerie royale appelle un « agent source », c'est-à-dire une taupe, un informateur au sein des Hells Angels. Il faut dire qu'il allait en avoir beaucoup à raconter.

Lorsque Kane sortit de prison, il se rendit à Sorel pour vérifier son statut. Il parla à Carroll, qui était son plus fidèle appui dans le passé. Fin soûl, comme d'habitude, il sembla vraiment heureux de voir Kane, mais lui conseilla que ce qu'il avait de mieux à faire était de se joindre aux Evil Ones en tant que prospect et de gravir les échelons. Déçu, Kane approcha Stadnick, qui n'avait guère de temps à lui consacrer. Il ne semblait pas perturbé par le fiasco mais simplement préoccupé par d'autres choses. Le 30 juin, il avait démissionné de son poste de président national pour échafauder un projet secret avec Boucher et tout comme « Mom », son comparse, ne semblait guère intéressé par quoi que ce soit d'autre.

Celui qui remplaçait Stadnick au poste de président national était Robert « Ti-Maigre » Richard. Kane ne trouva pas qu'il s'agissait précisément de quelqu'un avec qui il pouvait avoir des affinités. Comme pour beaucoup de motards, son surnom était une blague, car il devait approcher les 150 kg. Ancien sergent d'armes du chapitre de Sorel, on disait qu'il avait joué un rôle déterminant dans le massacre de Lennoxville, et ce, malgré son acquittement.

Cet individu tranquille, de qui émanaient force et ruse, était inabordable, sauf pour les plus courageux. Un jeune motard se débrouilla tout de même pour attendrir la carapace de Richard, au point de devenir non seulement son protégé mais un ami en qui il avait pleinement confiance. Il s'agissait de Scott Steinert, un Américain de haute taille et bien tourné de sa personne qui, de l'avis de la police, pouvait être charmeur. Le chef motard le trouva en fait si séduisant que, sous son influence, Steinert devint un prospect au chapitre de Sorel sans avoir de stage à suivre dans un club-école ou même sans être *hangaround*. La vie de prospect de l'Américain se déroula sans anicroche, car bien des membres en règle, *full patch*, le traitaient avec un respect démesuré par crainte de se mettre à dos leur chef plutôt caractériel.

Kane s'accrocha immédiatement à l'étoile de Steinert et les deux devinrent très rapidement de bons amis. Steinert fit même office de parrain au baptême de Guillaume, le bébé que Josée avait mis au monde lorsque Kane était détenu à Quinte. Ce qui impressionna le plus Kane fut le projet de Scott de monter son propre club-école des Hells dans la région de Belleville/Kingston. Celle-ci pourrait importer des stupéfiants des États-Unis, qui se trouvent sur l'autre rive du Saint-Laurent, pour les revendre à l'importante population carcérale du coin. Cela ne pourrait se faire qu'à condition que Steinert soit membre en règle, mais Kane était certain que cela ne prendrait guère de temps et que l'Américain, entreprenant, sûr de lui et bilingue, pourrait réussir là où Stadnick avait échoué. Kane le considéra comme une figure ascendante du club. S'allier avec lui accordait la souplesse de choisir son camp — les Hells Angels ou la GRC — au moment opportun.

L'une des raisons pour lesquelles Stadnick et Boucher manquaient de temps pour les histoires de présidence ou pour s'occuper de Kane était qu'ils flairaient l'odeur du sang. Les Outlaws pratiquement éliminés, la seule bande qui faisait encore de l'ombre aux Hells Angels pour dominer intégralement la province était celle des Rock Machine, qui prenait même de l'ampleur. Avec 51 membres en règle et de nombreux acolytes dans la pègre montréalaise, les Rock Machine commençaient à représenter une sérieuse menace. Toutefois, lorsque leurs fondateurs, Salvatore et Giovanni Cazzetta furent tous deux incarcérés à la suite d'affaires de drogues, Boucher essaya de convaincre Stadnick que c'était le moment de frapper un grand coup. Il soutenait que, privés de leurs leaders, les Rock Machine ne tarderaient pas à se démantibuler à la moindre pression de leur part. Après avoir mûrement réfléchi, Stadnick acquiesça.

Avec cette décision, Stadnick lança un plan qui devait modifier le panorama du crime organisé au Canada et lui accorder des pouvoirs bien plus grands que ceux qu'il détenait comme président des Hells Angels. Il allait créer une super bande, pratiquement à l'abri des poursuites judiciaires, déclencher une guerre des gangs qui allait laisser quelque 200 morts sur le tapis, dont un petit garçon de 11 ans, et déstabiliser le gouvernement du Québec.

Chapitre 7

La guerre des motards n'a pas commencé avec un gros bang. Ni même un boum. La guerre entre les Hells Angels et les Rock Machine a, en fait, commencé par une lettre polie. Par un bel après-midi d'été sans nuages du mois d'août 1994, le président national des Hells Angels, Robert « Ti-Maigre » Richard, s'est dirigé vers le club des Rock Machine à Montréal pour y déposer une lettre sur ses marches. Richard, un colosse borgne de 150 kg, accomplissait là un fait audacieux, car il arborait tous ses insignes en territoire ennemi.

Dans cette lettre, les Hells Angels demandaient aux Rock Machine de ne plus se donner le qualificatif de bande de motards. Dans un sens, ils avaient raison étant donné que très peu de membres des Rock Machine — et cela tout particulièrement depuis l'incarcération des Cazzetta — possédaient de moto ou circulaient sur ce genre de véhicule. Cette lettre ne se voulait pas uniquement un exercice de sémantique. Les membres des Rock Machine ont bien compris la vraie signification du message : le Québec était le territoire des Hells Angels et les autres n'étaient pas les bienvenus.

Cependant, il était trop tard pour qu'on se contente d'intimider. Au fur et à mesure que les Hells Angels et leurs bandes affiliées avaient absorbé des sections toujours plus importantes du marché de la drogue à Montréal, de nombreux revendeurs de rue se sont trouvés désenchantés par leurs tactiques. Lorsqu'un dealer désirait vendre des stupéfiants dans un secteur appartenant aux Hells, il devait automatiquement s'approvisionner chez ces derniers et revendre au prix qu'ils exigeaient. Si jamais ce même dealer désirait s'approvisionner ailleurs, il devait toujours verser une pénalité aux Hells Angels — et parfois le payer de sa propre vie. Étant donné que pas un seul groupe ne possédait la force ou la volonté d'affronter les Hells Angels, de nombreux dealers se sont tournés vers le deuxième gang en importance, les Rock Machine. Ces derniers, qui avaient vu décliner leurs bénéfices, ont été bien heureux de les accepter, et c'est ainsi que s'est forgée une nouvelle force pour combattre les Hells Angels.

Ce nouvel adversaire, qui avait tout simplement pris le nom d'Alliance, était constitué des Rock Machine, de quelques Outlaws demeurés à Montréal, de dealers indépendants et d'un certain nombre de propriétaires de bars qui vendaient de la drogue dans leur établissement et qui, lorsqu'ils parlaient d'eux, se désignaient comme étant le Dark Circle (ou « Cercle noir »). Le Dark Circle, identifié par un anneau sur lequel était gravée la serre d'un aigle, se montrait très efficace pour recruter de nouveaux fantassins, qu'ils aient un casier judiciaire ou non, pour lutter pour leurs droits de vendre de la cocaïne. Leur présence à tous a eu pour effet de faire grimper les effectifs relativement modestes des Rock Machine pour qu'ils acquièrent suffisamment de force et de confiance pour s'attaquer aux Hells Angels au Québec d'une façon qui avait été impossible aux Outlaws.

Bien entendu, il y avait eu quelques échauffourées avant que Richard ne déclare vraiment la guerre. Pierre Daoust était le genre de personne dont Stadnick aimait s'entourer ; il n'était ni un membre ni un prospect mais un ami très proche du gang et représentait un atout extrêmement précieux pour le club, car il possédait et administrait l'atelier de réparations de Harley-Davidson le plus important de l'est de Montréal. Les Hells Angels affectionnent tout spécialement les ateliers de réparation de motos, non seulement parce qu'ils peuvent y faire réparer et arranger leurs machines selon leurs propres spécifications, mais aussi parce qu'ils peuvent s'occuper là des affaires du club, loin de leur local où il existe toujours la possibilité qu'on y trouve des micros cachés.

Bien qu'il ne se soit jamais rien passé d'ennuyeux dans son atelier, Daoust était connu pour avoir une association étroite avec les Hells Angels et il avait souvent été vu en train de faire de la moto en leur compagnie. Lors de l'après-midi du 13 juin 1994, deux jeunes individus sont entrés dans l'atelier. Il était assez courant que des types entrent dans l'atelier pour se renseigner, soit pour un travail à faire sur une moto, soit pour se faire donner un prix pour en acheter une. Pour lui, c'était tout à fait le genre de types dont il pourrait se débarrasser rapidement. Au moment où Daoust s'est relevé pour aller à leur rencontre, un des deux hommes a tiré un revolver de la poche de sa veste en jean et l'a abattu. Bien que personne n'ait été accusé du meurtre de Daoust, de nombreux membres des Hells Angels ont soupçonné les Rock Machine.

La journée suivante a été encore plus violente. Dans son plan global, Stadnick avait décidé de cloisonner les preneurs de décisions au sein de l'organisation. Il utiliserait des clubs mineurs, comme les Evil Ones ou les Condors, pour commettre les crimes en retour d'un approvisionnement en drogue et de la protection. La raison de cette stratégie était simple : si jamais un membre d'un de ces clubs-écoles se faisait prendre en train d'accomplir une activité illégale demandée par les Hells Angels, il gardait le silence, acceptait sa punition pour être grassement remercié soit en argent, soit en drogue ou même en se faisant proposer de devenir un membre actif à sa sortie de prison. Ce système fonctionnait très bien. Un club-école de Montréal, les Rockers, se spécialisait dans l'intimidation des dealers de rue pour que ceux-ci ne travaillent qu'avec les Hells Angels. Un de leurs chefs, un dur qui se nommait Normand Robitaille, déjà un bon ami de Maurice « Mom » Boucher, rentrait chez lui le 14 juin lorsqu'il fut abattu par deux individus masqués qui prirent la fuite. Il fut très grièvement blessé ; la déclaration de guerre était évidente.

Un peu plus tard, le même jour, la police de Montréal, informée anonymement que les Rock Machine avaient planifié faire exploser le quartier général des Evils Ones, a fait une descente dans les chambres d'hôtel de cinq membres des Rock Machine. Ils y ont trouvé trois bombes contrôlées à distance, douze bâtons de dynamite et deux pistolets. Sur les cinq membres arrêtés, seulement deux d'entre eux, Fred Faucher et Martin « Blue » Blouin, appartenaient au gang du chapitre de la ville de Québec.

Trois jours plus tard, deux hommes connus comme étant des sympathisants des Rock Machine ont été arrêtés dans l'est de Montréal. Ils étaient masqués, portaient des gilets pare-balles et étaient en possession de dynamite et de détonateurs. La rumeur a très vite couru qu'ils avaient été envoyés pour assassiner Boucher. Selon Vincent, l'informateur qui prétendait être un ami de Stadnick et de Boucher, les Hells Angels considéraient que ces actions constituaient davantage des nuisances que des actes de guerre. « Il est vrai que Robitaille a été blessé, cependant ils n'ont obtenu que peu de résultats en comparaison des efforts qu'ils ont investis. De plus, nombre d'entre eux se sont fait arrêter, a-t-il déclaré. S'il était évident qu'ils voulaient faire du mal, il était tout aussi évident qu'ils abritaient une taupe, car les flics les attrapaient toujours avant qu'ils n'arrivent à leurs fins. »

Les Hells Angels, cependant, ne pouvaient laisser une insurrection, même mineure, impunie. C'est ainsi qu'ils ont décidé de frapper un gros coup contre l'Alliance. La première cible allait de soi. Sylvain Pelletier ainsi que ses deux frères contrôlaient le réseau de drogues le plus important, non affilié aux Hells Angels. Ils avaient la main haute, en fait, sur la plus grande partie du trafic de cocaïne dans Hochelaga-Maisonneuve, le quartier même où résidait Boucher. Un peu en aval, le matin du 26 octobre 1994, sur une des rues bordées d'arbres de Repentigny, Pelletier est entré dans sa nouvelle Jeep Grand Cherokee et a mis la clé dans le démarreur. Il a été dévoré par les flammes et calciné avec le métal et le plastique avant d'avoir pu enclencher le levier de vitesse sur la marche arrière. Son corps n'a pu être formellement identifié que grâce à son fichier dentaire.

Deux semaines plus tard, Daniel Bertrand, un associé des Rock Machine et un dealer bien connu, se reposait tranquillement en compagnie de quelques amis au Sainte-4, un bar en vogue du Village gai de Montréal, un district que Scott Steinert, des Hells Angels, voulait contrôler. Bertrand venait d'envoyer un de ses jeunes amis au bar pour renouveler leur boisson lorsque deux hommes se sont dirigés vers lui et ont sorti deux mitraillettes. La scène aurait pu tout aussi bien être extraite du film *Scarface*. Les deux hommes ont arrosé le club de balles pour ensuite s'enfuir. Bertrand est mort et trois de ses amis ont été gravement blessés. Les tireurs n'ont jamais été retrouvés.

Cependant, aux yeux des membres du club de Sorel, les ennuis avec les Rock Machine n'étaient pas ce qui importait le plus. Le 4 décembre, les Hells Angels avaient organisé un rassemblement à leur club de Sherbrooke — là où avait eu lieu le massacre de Lennoxville — pour célébrer le dixième anniversaire des chapitres de Sherbrooke et de Halifax ainsi que pour rendre honneur à Stadnick pour son travail en tant que président national. Tous les Hells Angels du Canada avaient reçu une invitation et ils se sont presque tous présentés pour cette grande occasion. Il ne s'agissait pas d'une réunion qui devait se terminer en soûlerie généralisée. Il fallait aussi parler d'affaires. Au sommet de l'ordre du jour, on remarquait un hommage à Stadnick. Après toute une série de discours prononcés par différents membres, prospects et invités venant de partout au Canada, l'ancien président a reçu un cadeau conçu tout spécialement pour lui plaire. Il s'agissait d'une boucle de ceinture plaquée or, de la taille d'une assiette à pain, lourde comme une brique, où le célèbre blason, la tête de mort ailée des Hells Angels, avait été gravé.

Lorsque Stadnick s'est levé pour faire son discours, il a annoncé quelque chose qui allait, à tout jamais, changer le cours de la vie des motards et du crime organisé. Il a annoncé que la raison pour laquelle il avait démissionné de la présidence était qu'il allait s'unir à un nouveau club. Les invités qui, jusque-là, avaient été assez décontractés sont devenus totalement silencieux. Stadnick s'est mis à rire et a ensuite fait part de son plan génial. Ce nouveau club, qui serait davantage qu'un chapitre, serait constitué de vétérans des Hells ayant fait preuve de nombreuses années de bons et loyaux services. Ils ne feraient pas partie d'un chapitre, mais travailleraient de concert avec les Hells Angels et les clubs affiliés à travers le Canada.

Ce qu'il ne dit pas, ce soir-là, c'est que les Nomads existeraient pour protéger Stadnick et ses alliés de toutes poursuites judiciaires. Il était trop dangereux de traiter des affaires à l'intérieur des repaires. Au lieu de cela, les Nomads utilisaient des membres des Hells Angels ou des clubs affiliés pour conclure leurs transactions et, au besoin, en payer le prix. Alors que les Hells Angels planifiaient contrôler le marché de la drogue au Canada, les Nomads ont été constitués pour contrôler les Hells Angels, et il est vite devenu évident que les Hells et les clubs affiliés ne pouvaient acheter la drogue de qui que ce soit d'autre.

Dany « Danny Boy » Kane était devenu, à cette époque-là, le confident en qui de nombreux membres influents des Hells Angels avaient pleine confiance. (Rappelons qu'il était également un informateur de la GRC.) La journée qui a suivi la réception, il a raconté à la police ce qui avait transpiré à la grande réunion, dévoilant aux flics les détails en ce qui concernait les Nomads, et ce, deux mois avant que l'usine autrichienne qui fabriquait les insignes des Hells Angels n'ait livré les nouveaux écussons. La GRC, après avoir jeté un coup d'œil aux noms des membres des Nomads, en a déduit qu'il s'agissait d'un club qui réunissait la crème de la crème des Hells. En effet, il s'agissait d'une liste comportant les grandes stars des Hells Angels. Au côté de Stadnick et de son ami loyal Don « Pop » Stockford, la structure originelle des Nomads incluait des noms comme Maurice Boucher, celui du président du chapitre de Halifax, David « Wolf » Carroll, l'ancien président du chapitre de Trois-Rivières, Louis « Mèlou » Roy et son meilleur ami Richard « Rick » Vallée. On retrouvait également Gilles « Trooper » Matthieu, Denis « Pas Fiable » Houle et Normand « Biff » Hamel, le chef d'un club affilié de la Rive-Nord, The Death Riders. Selon la police, ils étaient tous bien connus comme étant des personnes haut placées dans le marketing de la drogue, et aucun d'entre eux n'hésiterait à utiliser la violence. Kane leur a déclaré que, bien que Boucher ait été nommé président, les rôles des trois plus importants acteurs ne changeraient pas. Boucher allait contrôler le Québec, Caroll la Côte est, et Stadnick le reste du Canada tout en gardant un œil sur l'Ontario.

Même si le plan avait pour objectif de supprimer graduellement tous les locaux assignés à un club, car ces derniers attiraient immédiatement la police et devenaient par le fait même des lieux trop dangereux pour y conclure des affaires, Boucher s'installa dans un quartier général temporaire au centre du quartier Hochelaga-Maisonneuve, où il avait grandi.

Alors que les personnages principaux des Hells Angels étaient occupés par la formation du nouveau club, le mandat de s'occuper des Rock Machine est passé au niveau des membres de rang inférieur. Un homme, en particulier, a sauté sur l'occasion qui se présentait. Scott Steinert n'était pas, et cela, de bien des façons, un membre des Hells Angels de Montréal comme les autres. Il était né à Beloit, dans le Wisconsin, et avait déménagé à Sorel à l'âge de huit ans, lorsque la société Beloit, l'entreprise mondiale la plus importante dans la construction de machines à papier, a transféré son père. Sa famille était à l'aise et il a été éduqué dans une école anglaise. Il était intelligent et sociable, cependant ses notes n'étaient pas bonnes et son comportement lui attirait des ennuis avec ses professeurs. Allant jusqu'à faire preuve de violence envers eux, ces accrochages l'amenèrent à plusieurs reprises devant le Tribunal de la jeunesse. Il décrocha à l'âge de 18 ans et déménagea à Vancouver où il travailla comme manœuvre dans un parc d'attractions et traficota dans les drogues. C'est à Vancouver qu'il a fréquenté un groupe de futurs motards et qu'il s'est acheté une Harley.

Steinert est retourné à Sorel lorsque la petite amie qu'il avait eue à l'école lui a téléphoné pour lui annoncer que ses parents étaient retournés au Wisconsin. C'est un tout autre homme qui est arrivé à Sorel. Il avait toujours été fort et avait fait de la musculation à Vancouver. Il était à présent tout en muscles et de taille imposante. Il possédait une Harley et était devenu un dealer et un homme de main expérimenté. Grâce à sa parfaite maîtrise de l'anglais et du français, il a utilisé ses anciennes relations pour se remettre dans le circuit en faisant de petits boulots, comme démolir le portrait à de mauvais payeurs ou fourguer de la marchandise volée ou de la drogue. Il commençait à se faire un nom lorsqu'il a vendu un kilo de PCP à un officier de la GRC en civil, en octobre 1985. Il a plaidé coupable et a écopé d'une peine de cinq ans de prison. Le système correctionnel canadien n'était cependant pas prêt à faire face à autant de charme et d'intelligence. Il a revendiqué le fait qu'il n'avait jamais vendu de drogues à des mineurs ou entretenu de lien avec qui que ce soit appartenant au crime organisé. Il parvint ainsi à se faire placer en liberté conditionnelle. Les gardes du pénitencier ont déclaré qu'il possédait « des qualités intéressantes » et « un potentiel plus élevé que la normale. » Steinert a donc été libéré après avoir passé un peu plus de deux ans à l'ombre, lorsque Louise, sa fidèle amie d'enfance, a témoigné que ses parents lui avaient prêté de l'argent pour qu'il crée un commerce d'isolation de maisons et que leur cercle d'amis ne comprenait personne du milieu.

Moins d'un an plus tard, Steinert s'est de nouveau retrouvé devant un juge. Il avait été appréhendé pour avoir battu un homme qui avait emprunté 300 $ à un usurier. Cet individu vivait du bien-être social et n'arrivait pas à réunir les 2 000 $ que le requin lui réclamait. C'est ainsi que Steinert avait été envoyé pour lui donner une leçon. Cependant, Steinert avait été pris sur le fait et cela démontrait tout à fait qu'il travaillait pour le crime organisé. Il ne reçut qu'une peine d'un mois de prison. Lorsqu'il s'est retrouvé sous les verrous, Steinert n'a pas manqué de se faire de nouveaux amis ainsi que des relations utiles. En fait, un certain nombre de groupes lui faisait la cour et il a décidé de se joindre aux Hells Angels. Il est très vite devenu un des favoris de Richard, le nouveau président national.

L'équipe de *dinamiteros* que Steinert avait formée incluait Pat Lambert. Ces experts avaient posé leur chargement de mort subite dans deux bars de l'est de Montréal, en décembre 1994, pour intimider les Rock Machine. Kane a raconté tout cela à la GRC. La police a découvert les explosifs qui avaient été amorcés, mais qui, étant donné leur mauvaise construction, n'avaient pas explosé. Le premier succès remporté par Steinert a été une bombe qui a explosé le 5 décembre, lorsque l'un des prospects des Rock Machine, Bruno Bandiera, a démarré sa fourgonnette Plymouth et que lui et son véhicule ont été pulvérisés. Steinert planifiait un autre attentat à la bombe télécommandée. Il la destinait à un des repaires des Rock Machine. Il a dû annuler la mise à feu de la bombe, car des enfants jouaient près de l'endroit où devait avoir lieu l'explosion. Selon Kane, les Hells Angels ne voulaient jamais mettre en danger la vie d'enfants, même ceux de leurs pires ennemis.

Le 16 décembre, une camionnette se trouvait garée devant un restaurant où « Mom » Boucher aimait aller déjeuner. Heureusement pour lui et pour les autres clients de l'établissement, il est venu déjeuner plus tard, ce jour-là. Le « pick-up », garé à cet endroit depuis huit heures du matin, a été remorqué avant que Boucher n'arrive. Les employés de la fourrière ont été stupéfaits de trouver des bâtons de dynamite et un détonateur à distance sous la bâche. Lorsqu'il a réalisé qu'il avait été la cible de cet attentat manqué, Boucher a fait poser des vitres à l'épreuve des projectiles à son domicile et a commencé à porter un gilet pare-balles quand il se trouvait hors des endroits sécurisés. Et, pire encore, il a réalisé que les Rock Machine étaient devenus une menace suffisamment importante pour que les Nomads aient à s'impliquer.

Normand Baker, un membre important des Rock Machine qui avait déjà été arrêté pour possession d'explosifs, a pris la décision de fuir la neige et la violence montréalaise et de partir en vacances à Acapulco. En fait, il s'était rendu dans ce qui était un territoire appartenant aux Hells Angels, qu'il l'ait su ou non. Toute la côte mexicaine du Pacifique avait gagné la popularité des Hells Angels après que Boucher, qui se voyait refuser l'entrée aux États-Unis, ait commencé à aller en vacances au Mexique et qu'il soit devenu associé à cinquante pour cent d'un hôtel près d'Ixtapa. Six membres et deux prospects du chapitre de Trois-Rivières des Hells Angels ont également quitté pour Acapulco la journée qui a suivi le départ de Baker pour cette ville.

Le 4 janvier 1995, Baker se trouvait en train de déjeuner avec sa petite amie au Hard Rock Café d'Acapulco. Un homme qui n'avait pour tout vêtement qu'un maillot de bain et des espadrilles et qui paraissait nerveux, s'est approché de lui. Baker, mécontent, lui a rudement demandé en anglais ce qu'il lui voulait. Cet individu lui a souhaité la bonne année en français, a sorti un revolver d'un sac et l'a flingué à bout portant. Au début, les autres clients ont pensé qu'il s'agissait d'une blague. Ils ont cependant cessé de rire lorsque du sang s'est mis à gicler partout. Le meurtrier a essayé de s'enfuir, mais les videurs avaient fermé la porte à clé. En désespoir de cause, il a fracassé la vitrine pour s'enfuir et a commencé à courir le long de l'Avenida Casiera Miguel Aleman. Il n'est pas allé très loin. Des videurs, des clients et des passants se sont unis pour l'attraper, le maîtriser et le retenir jusqu'à l'arrivée de la police. Il a été identifié comme étant François Hinse, un prospect des Hells Angels du chapitre de Trois-Rivières. La veille, Kane avait confié à son officier traitant de la GRC que Baker était la cible numéro un de Steinert.

À l'audience préliminaire du prévenu, le 14 janvier, le procureur José Vélez Zapata a demandé une peine de 40 ans de prison pour Hinse. Malgré les nombreux détails que des douzaines de témoins oculaires avaient donnés, nombre d'entre eux ayant prolongé leurs vacances pour témoigner, et malgré les brûlures de poudre que Hinse avait sur les doigts, le juge Edmundo Román Pinzón a décidé que les preuves étaient insuffisantes pour l'inculper et l'a remis aux personnes chargées de l'immigration qui l'ont renvoyé au Canada. La GRC était convaincue qu'il s'était agi là d'un cas de « corruption flagrante ». On raconte que cela aurait coûté 270 000 $ aux Hells Angels. Kane a raconté plus tard à la GRC qu'un officier de police mexicain avait dit à Boucher qu'il se serait personnellement occupé de Baker pour la modique somme de 5 000 $, ce qui aurait épargné bien des problèmes de justice…

Boucher avait, en fait, formé des alliances avec la police canadienne. Grâce à certains agents corrompus d'unités de police de banlieue, les

Hells Angels avaient réussi à obtenir les photos et les adresses d'un grand nombre de membres des Rock Machine ainsi que celles de leurs associés. Kane a également rappelé que Boucher avait rencontré, un jour, un homme en Mustang noire et qu'il était revenu en disant : « C'est mon *bœuf*... »

La guerre faisait rage au Québec. Un membre des Rock Machine, Daniel « Dada » Senesac, a déposé avec précaution une bombe artisanale dans le coffre de sa Corsica le jour où Hinse a été relâché. Il l'a entourée de serviettes et de couvertures pour amortir les nids de poule de la route. Après avoir emprunté le chemin de Sorel, il s'est dirigé vers un bar connu comme étant un endroit de prédilection des Hells Angels. Senesac est passé sur un nid-de-poule qui lui a été fatal. Bien qu'il ait été suffisamment intelligent pour investir dans un gilet pare-balles, on n'a jamais retrouvé sa tête et ses bras. Son corps a pu être identifié grâce aux tatouages qui se trouvaient sur son dos.

Vu que des bombes explosaient régulièrement dans les rues de Montréal, la population désirait fortement que le gouvernement intervienne. Qu'un motard en tue un autre dans un bar à putes, c'est une chose. La guerre entre eux était une tout autre affaire.

L'utilisation de bombes, et particulièrement de bombes artisanales qui pouvaient exploser n'importe quand et n'importe où mettait en danger la vie de la population. Serge Ménard, le ministre de la Sécurité publique du Québec a nié le fait, le 19 janvier, que les attentats à la bombe fassent partie d'une guerre de motards. Il a déclaré par la voix d'un porte-parole « qu'il s'agissait d'événements isolés », qu'il ne jugeait pas nécessaire d'employer une force spéciale et qu'il choisissait de laisser la Sûreté du Québec et les polices locales s'occuper du problème.

Moins de deux semaines plus tard, trois « événements isolés » impliquant des bombes et des motards se sont produits le même jour. Il neigeait, le matin du 31 janvier, lorsque des membres de l'unité antiterroriste de la Ville de Montréal ont découvert 200 bâtons de dynamite dans une voiture (de la même sorte que ceux utilisés par Steinert lors de l'attentat raté qui avait eu lieu deux mois plus tôt), ainsi que 50 détonateurs à distance dans une maison à proximité de cette auto. Ce même soir, Simon Bédard, un membre d'un club-école des Hells Angels de Québec, les Mercenaires, est entré dans son *pick-up* Chevrolet S-10 et a perdu une jambe lorsque la camionnette a explosé.

Trois jours plus tard, Claude « Le Pic » Rivard, un membre de la bande des Pelletier et un revendeur de drogues bien connu pour le compte de l'Alliance, attendait à un feu de circulation lorsqu'un autre S-10 s'est arrêté à côté de lui. L'homme qui était assis sur le siège du passager, Serge Quesnel, a abaissé sa vitre et a atteint Rivard d'une balle en plein visage. Un policier en uniforme se trouvant là par hasard a été témoin du meurtre et s'est lancé dans une poursuite. Le S-10, qui avait été volé, s'est retrouvé dans le fossé six pâtés de maisons plus loin et les deux passagers sont partis à pied dans deux directions différentes. Quesnel avait abandonné son revolver. Les deux hommes n'ont pas été attrapés.

Au fur et à mesure que la violence augmentait dans les rues de Montréal, de plus en plus de motards se sont retrouvés derrière les barreaux où ils continuaient leur guerre. Un de ces fantassins, Stéphane « Godasse » Gagné, une brute constamment défoncée dont l'éducation n'avait pas dépassé la septième année, était devenu un génie de l'organisation de réseaux de vente de drogues dans l'est de Montréal. Il obtenait ainsi un revenu régulier de 250 000 $ par an. Enfin, cela a duré jusqu'à ce qu'il reçoive un coup de téléphone, à l'été 1994, provenant de Paul « Fonfon » Fontaine, un membre à part entière des Hells Angels. Fontaine a ordonné à Gagné d'arrêter ses opérations et Gagné a obéi sans répliquer. Il lui a, par ailleurs, organisé une rencontre avec Boucher grâce à un ami commun qui possédait un magasin de téléphones cellulaires fréquenté par les Hells Angels. Impressionné par l'ambition de Gagné et par le fait que ce dernier avait nommé son fils Harley-David, Boucher lui a dit qu'il pouvait recommencer à vendre de la drogue dans l'est, mais qu'il devait se la procurer auprès de Fontaine et lui remettre une partie des revenus. Cette entente a bien fonctionné jusqu'à ce que Gagné vende 1,5 kg de cocaïne à un agent de la Sûreté du Québec qui travaillait incognito. Gagné s'est bien gardé de moucharder les Hells Angels. Il a accepté sa punition en espérant que cela lui donnerait le statut de prospect lorsqu'il sortirait.

Comme de nombreux Montréalais qui devaient subir une peine de prison pour un délit en relation avec les drogues, Gagné a été envoyé à la prison de Bordeaux. À la fin de 1995, cette prison tristement célèbre était elle-même devenue le marché le plus âprement disputé du Québec. La police avait estimé que le commerce interne en drogues de la prison s'élevait à plus de sept millions de dollars par an ! La drogue entrait principalement dans des sacs en papier ou à l'intérieur de balles de tennis que l'on jetait par-dessus les murs de l'établissement lors des périodes de promenade. Bordeaux était en train de se détériorer pour devenir une véritable zone de guerre. À l'intérieur, des membres des Hells Angels et des Rock Machine recrutaient d'autres prisonniers au moyen de drogues, d'argent liquide ou de menaces de violence. Au mois de février, tous les prisonniers sauf 20 avaient choisi leur camp. Lorsque, sur consentement mutuel, les deux camps battirent sauvagement les 20 prisonniers non alignés, les gardes ont finalement décidé de s'en mêler. À partir de là, la moitié de la prison a été réservée aux Hells Angels et à leurs associés, tandis que l'autre a été réservée aux Rock Machine et à leurs alliés. Les deux groupes ne se rencontraient jamais autrement que sous haute supervision et les prisonniers non alignés devaient se défendre contre le groupe qui occupait l'aile de la prison dans laquelle ils se trouvaient.

Alors qu'il se dirigeait vers la prison de Bordeaux, Gagné a raconté aux gardiens qu'il avait des amis parmi les Hells Angels. Ils ont regardé son mandat d'arrêt et comme ils ne voyaient pas de mention que Gagné avait des liens avec l'un ou l'autre des groupes, ils l'ont envoyé dans le bloc C, au beau milieu du territoire des Rock Machine. Le premier jour, il s'est trouvé entouré de six prisonniers dans sa cellule. Ils ne savaient pas qui il était et, par conséquent, lui ont fait passer le test standard. Un de ces hommes, Jean Duquaire, a sorti une photo de « Mom » Boucher et a ordonné à Gagné de cracher dessus. Lorsque ce dernier a refusé, les autres hommes l'ont tabassé, lui cassant trois côtes et deux dents. Pendant son séjour à l'hôpital, il a rencontré des associés des Hells Angels qui lui ont procuré une barre de métal (qu'il a cachée dans une des jambes de son pantalon) et une cuillère qui avait été aiguisée pour pouvoir faire office de couteau. Le jour où il est retourné au bloc C, il a rencontré Duquaire, qui se trouvait seul, et l'a matraqué avec la barre de fer. Gagné, après lui avoir asséné deux coups, a remarqué qu'il y avait quelqu'un derrière lui. Le témoin, un prisonnier non aligné dont la taille était la moitié de celle de Gagné, s'est trouvé dans l'obligation de poignarder le corps inconscient de Duquaire. Gagné avait pensé que le fait d'obliger ce témoin à larder sa victime l'empêcherait de moucharder. Son travail terminé, Gagné est retourné à sa cellule et a fait semblant de dormir. Moins d'une heure plus tard, il a été mis en détention provisoire dans une cellule et a été transféré un peu plus tard dans une prison dominée par les Hells Angels, à Sorel.

Il fut très agréablement surpris d'y rencontrer Boucher à son arrivée. En effet, quelques jours plus tôt, le 24 mars 1995, « Mom » et son bras droit, André « Toots » Tousignant, se trouvaient en route vers Sherbrooke pour y assister à un show de motos lorsqu'ils ont été arrêtés par la police pour ne pas avoir signalé qu'ils allaient changer de voies sur l'autoroute. Les policiers, connaissant l'identité des personnes qu'ils avaient arrêtées, leur ont demandé de descendre de voiture. Une fouille rapide de cette dernière a révélé un pistolet 9 mm qui n'était pas enregistré et pour lequel il n'existait pas de permis. Les numéros de série avaient été limés. Boucher a plaidé coupable à l'accusation de possession d'une arme prohibée et a reçu une peine de six mois de prison. Les choses étaient totalement différentes à la prison de Sorel. Les Hells Angels y faisaient la loi et vivaient dans une atmosphère relax, loin des menaces des Rock Machine et même des gardiens. De plus, la drogue abondait. Les prisonniers faisaient si bien la loi à la prison de Sorel que lorsque la directrice de l'établissement a refusé de délivrer des permis de sortie d'une journée à Boucher et à deux de ses amis, ces derniers ont fait exploser une bombe à son domicile, le soir même. Boucher avait entendu parler de ce qui s'était produit à la prison de Bordeaux et a promis à Gagné que son courage et sa loyauté seraient récompensés.

La guerre s'intensifiait à l'extérieur des murs de la prison. Le 12 février, des associés des Rock Machine ont dérobé 2 500 bâtons de dynamite, mystérieusement abandonnés sur un chantier de construction, à Joliette. Une semaine plus tard, à la suite d'un coup de téléphone anonyme, les policiers firent une découverte encore plus effrayante. Ils ont trouvé deux camions remorque pleins d'explosifs et de détonateurs dans un garage de l'est de Montréal que les Hells Angels utilisaient fréquemment. Un des camions contenait une bombe à fragmentation dans laquelle des centaines de clous entouraient quatre bâtons de dynamite. C'était la première fois que la police avait la preuve de l'existence d'une bombe de type shrapnel. La dynamite peut causer des dommages épouvantables lorsqu'elle explose dans un local fermé, mais une bombe à fragmentation propulse une grande quantité de minuscules morceaux de métal chauffés à blanc sur une surface beaucoup plus étendue. Quiconque se trouve à proximité de l'explosion sera soit tué, soit grièvement blessé. Cette découverte a montré à la police que les motards avaient décidé de terroriser la population et d'utiliser cette nouvelle arme pour régler leurs histoires de drogues. « De nombreuses personnes auraient été tuées ou grièvement blessées si cette bombe avait explosé dans un lieu public, a déclaré Michel Gagné, un détective de l'escouade antigang de la police de Montréal. Nous ne parlons plus ici d'une guerre de gangs… »

Le jour suivant, le 21 février, la police de Montréal a procédé au transfert de quinze policiers supplémentaires à l'escouade antigang. Ils n'avaient commencé leur service que depuis quelques heures lorsque la prochaine bombe a explosé. Le bar L'Énergie, un night-club fréquenté par les Hells Angels et leurs associés, avait déjà survécu à une déflagration en 1993. Cette fois-ci, une bombe contenant cinq kilos d'explosifs très puissants entourés de balles de 9 mm a explosé, envoyant les projectiles dans toutes les directions, démolissant ainsi la façade du bar. Cela s'est produit un mardi, durant la nuit, et le bar était vide. L'explosion n'a tué personne. Elle a cependant atteint son objectif. Les Rock Machine démontraient par là qu'ils étaient en possession d'une bonne quantité d'armes antipersonnel et qu'ils n'avaient pas peur de les utiliser. Les Hells Angels ont répondu en logeant trois balles dans la tête de Claude Cossette, un des plus vieux et des plus influents dealers de drogue de l'Alliance, au moment où il sortait de chez lui, à Châteauguay. Une semaine plus tard, deux Rockers ont découvert une boîte en carton devant l'entrée d'un de leurs lieux de rencontre et l'ont ouverte avec une extrême précaution. Évidemment, ils y trouvèrent une bombe. Sous le coup de la peur et ne sachant que faire, ils ont appelé Boucher. Ce dernier leur a envoyé Tousignant qui, avec sang-froid, a enlevé les fils du détonateur de la dynamite et l'a lancée dans la ruelle où elle a explosé avec grand fracas. Au cours de la même nuit, la police a découvert une autre bombe dans un bar dont le propriétaire était un homme qui était soi-disant membre du Dark Circle.

La violence a diminué pendant que Boucher se trouvait en vacances à Ixtapa et les Hells Angels ont repris leurs activités. Bien qu'il n'ait été qu'un prospect, Steinert dont l'ambition ne faisait que croître, a commencé à faire étalage de sa force. Défiant toutes les règles du club, il a fondé un club affilié qu'il a nommé le Group of Five. Cette

Cortège de Hells Angels près de Drummondville, organisé pour honorer la mémoire de leur chef Yves Buteau, assassiné en 1983. (CP)

(*À gauche*) Yves « Apache » Trudeau a été un meurtrier prolifique qui a admis avoir commis pas moins de 43 meurtres. La majorité de ses victimes étaient d'autres motards. (CP)

(*En bas*) On cherchait constamment à accaparer l'intérêt de Stadnick. On le voit, ici, en train d'écouter avec grande attention ce que lui raconte André Wateel, l'ancien président des Satan's Choice du chapitre de Kitchener. (*The Toronto Sun*)

(*Page opposée, image de gauche, en haut*) Serge Quesnel était un meurtrier à la solde des Hells Angels. Il a accepté de témoigner contre ses anciens employeurs moyennant une réduction de peine. (CP)

(*Page opposée, image de droite, en haut*) Le Sergent John Harris était policier à Hamilton entre les années 1980 et 1990. Il a suivi de près la carrière de Stadnick. (Jerry Langton)

Pendant une grande partie de son mandat en tant que ministre de la Sécurité publique du Québec, Serge Ménard a nié l'existence d'une guerre des motards dans sa province. Très peu de personnes étaient de son avis. (Jacques Boissinot, CP)

La mort du jeune Daniel Desrochers, âgé de 11 ans, à Montréal, a dressé l'opinion publique contre les motards. Des milliers de personnes ont assisté à ses funérailles. (Robert Galbraith, CP)

(*À gauche*) Maurice « Mom » Boucher a fait partie des premiers Nomads et est devenu le motard le plus célèbre du Québec. (John Mahoney, CP)

(*À droite*) Stadnick aimait arborer ses couleurs et ses emblèmes en public. La police pouvait suivre la trajectoire de sa carrière en observant les insignes qu'il arborait. (*The Toronto Sun*)

Les Rock Machine se sont retrouvés sans force lorsque Paul « Sasquatch » Porter les a quittés pour rejoindre les Hells Angels. (John Mahoney, CP)

Du fait qu'il était le président national, Stadnick assistait souvent à des événements spéciaux à travers le Canada. Nous le voyons ici assistant à des funérailles à Winnipeg. Il est encadré de gardes du corps originaires de la Colombie-Britannique. (CP)

Stadnick se faisait de nombreux amis. Il est, sur cette photo, en compagnie de Stockford et de Pat Burns, un ancien joueur et entraîneur de la LNH. (CP)

Fred Faucher est devenu le président des Rock Machine lorsque de nombreux chefs du gang ont été soit emprisonnés soit assassinés. (Jacques Boissinot, CP)

Lors de la fouille de la maison de Stadnick, la police a découvert des indices, mais elle n'a pas trouvé de drogues. (Cathie Coward, *The Hamilton Spectator*)

Parmi les possessions de Stadnick saisies par la police se trouve sa bien-aimée Harley-Davidson, qui a été vendue aux enchères un peu plus tard. (John Rennison, *The Hamilton Spectator*)

organisation approchait les bars des quartiers les plus riches et élégants de Montréal et d'Ottawa — des lieux qui, jusque-là, n'avaient pas attiré l'attention des Hells Angels ou des Rock Machine — pour leur fournir de la cocaïne et de l'ecstasy [1]. Steinert était déjà riche, grâce à son agence de strip-teaseuses et d'hôtesses « Sensations », lorsqu'il a conclu un marché avec un capo de la mafia de New York par l'entremise de laquelle il devait fournir des effeuilleuses en République dominicaine. Par la suite, il s'est vanté qu'il allait prendre le contrôle de toutes les autres agences de la province — par la force si cela s'avérait nécessaire. Il s'agissait là d'un plan astucieux ; l'industrie du sexe ne rapporte peut-être pas autant que le marché de la drogue, cependant l'argent s'y gagne plus facilement et se retrace plus difficilement. De plus, Montréal a été qualifiée, dans une étude publiée par le Conseil du statut de la femme du Québec, comme étant « la Bangkok de l'Occident », donc l'endroit idéal pour ce genre de commerce. Il s'agissait, cependant, d'une menace directe contre Carroll, qui avait repris en main l'Aventure, la société qui appartenait à Lambert et qui fournissait des filles venant de la Côte est et du Québec aux Ontariens.

Pire encore, Steinert, qui se vantait toujours, racontait à qui voulait l'écouter qu'il allait fonder un nouveau gang, encore plus efficace, dans la région de Kingston et de Belleville en Ontario. C'était une chose que de se faire un ennemi de Carroll, qui était alcoolique et souvent sans le sou, mais cela en était une autre que de marcher sur les plates-bandes de Stadnick. Il n'était déjà pas recommandé de planifier aussi ouvertement de fonder un nouveau gang en Ontario, un territoire que le club avait réservé à Stadnick, il était encore plus ennuyeux de constamment rappeler pourquoi et comment les Demon Keepers de Stadnick n'avaient pas réussi. Stadnick avait décidé pour le moment de laisser Steinert continuer à se vanter.

Le 14 mars, un associé des Rock Machine se dirigeait, au volant de sa camionnette, vers son travail dans un bar de la ville de Québec lorsqu'une bombe à retardement l'a fait exploser. Contrairement aux

1. Formule chimique : $C_{11}H_{15}NO_2$ (Méthylène-dioxi-métamphétamine ou MDMA). Stimulant très dangereux que l'on peut ingérer, inhaler, fumer ou priser, souvent utilisé dans les « raves » et autres fêtes du genre. Contrairement à la légende, n'a pas d'effet aphrodisiaque, mais est utilisé concurremment avec d'autres drogues pour ses effets abrasifs sur la mémoire. (N.d.T.)

bombes précédentes, placées sous le tableau de bord ou dans la console dans le but de tuer le chauffeur ou le passager, celle-ci avait été installée dans la porte même du conducteur. Lorsqu'elle a explosé, la jambe gauche de Marcoux a été arrachée et le marchepied du véhicule a volé par la fenêtre dans un appartement qui se trouvait en face. Le marchepied a abouti sur le plancher d'une chambre à côté d'un bébé de dix-huit mois. Bien que ce bébé et son frère de dix ans aient été couverts de sang et de verre cassé, ils n'ont pas été grièvement blessés.

Des passants innocents avaient déjà été pris dans les échanges de coups de feu ; cependant, c'était la première fois où des enfants avaient été blessés. La peur qu'éprouvait la population a été remplacée par de l'indignation. Le jour suivant, le ministre de la Sécurité publique du Québec, Serge Ménard, a rencontré les ministres pour discuter d'un plan d'action. Lorsqu'il est sorti de la réunion, il a été harcelé par la presse et a fini par admettre ce que la population québécoise savait depuis longtemps. « Il s'agit d'une guerre entre les Hells Angels et les Rock Machine pour le contrôle de la drogue », a-t-il remarqué.

Jugeant l'occasion favorable, les Hells Angels ont commencé une campagne de presse très agressive. D'aucuns ont déclaré que Stadnick en personne avait donné des ordres en ce sens. Les Hells Angels étaient derrière une campagne de publicité qui a distribué des centaines de milliers de tracts de propagande à travers le Québec dans lesquels ils niaient toute responsabilité pour la violence et blâmaient la Sûreté du Québec. Certains de ces torchons les plus populistes ont fait ressurgir d'anciennes haines en racontant que la SQ avait placé des bombes dans des bars pendant la Crise d'octobre pour discréditer le Front de libération du Québec (FLQ) et qu'elle faisait la même chose à l'heure actuelle pour jeter le discrédit sur d'innocents motards. La SQ, en réponse à ces accusations, a émis un communiqué de presse sans auteur dans lequel elle déclarait avoir négocié un traité de paix entre les Hells Angels et les Rock Machine.

En fait, la trêve n'a jamais existé. La violence a fini par se calmer, en avril 1995, alors que Boucher était en prison et Stadnick en voyage. Deux policiers de Hamilton en uniforme ont repéré la Jaguar de Stadnick et ont décidé de l'arrêter. Ils l'ont suivi jusqu'à ce qu'il oublie de signaler un changement de voies. Ils l'ont interpellé à ce moment-là. Stadnick, comme toujours, s'est montré poli et a coopéré avec eux. C'est tout juste s'il ne s'est pas montré gentil. Comme il sortait de la voiture, un des officiers de police (actuellement à la retraite), a remarqué son énorme boucle de ceinture en or. Après lui avoir posé quelques questions, le policier a confisqué l'objet parce qu'il pouvait, soi-disant, se révéler une arme potentielle. Il lui a donné une amende et l'a laissé repartir. Stadnick, après avoir passé la nuit avec ses parents et les avoir accompagnés à l'église le jour suivant, s'est dirigé vers l'aéroport de Hamilton et a pris l'avion pour Winnipeg.

Cette grande ville des Prairies était devenue, en quelque sorte, un troisième foyer pour Stadnick. Selon la police qui le connaissait bien, il y avait acheté un condominium et l'avait donné en cadeau à Tiffani, la petite amie qu'il y entretenait, et à leur fils Damon (Nomad épelé à l'envers). Il habitait donc chez eux lorsqu'il se trouvait à Winnipeg. En avril 1995, il y était venu pour affaires, à l'occasion d'une réunion avec les Spartans qui ne savaient plus quoi faire devant la conduite et la violence de leur chef Darwin Sylvester. Stadnick a donc formé un nouveau club. Comme dans toutes les actions qu'il entreprenait, le plan était de grande envergure et d'une exécution très méticuleuse. Le nouveau gang de Winnipeg, baptisé les Redliners, était en fait un club-école des Rockers, qui était lui-même affilié aux Nomads, représentant l'élite des Hells. Bien que Stadnick ait créé les Redliners, la police locale a déclaré que le lien avec lui était trop complexe pour qu'il puisse être prouvé au tribunal. Et, au contraire des Spartans et des Los Brovos, qui dirigeaient leurs opérations soit de chez eux ou de leurs magasins couvertures, le local des Redliners a été le premier bunker fortifié des Prairies. Situé entre l'aéroport et une gare de triage très importante, il était blindé et muni de portes avec système de fermeture automatique. Le local était aussi équipé d'un générateur électrique et de ce qui existait de plus perfectionné en matière de système de surveillance vidéo et audio. Le local blindé des Redliners a donné à la police de Winnipeg l'impression qu'une guerre couvait.

Stadnick a passé une grande partie du printemps et de l'été 1995 à Winnipeg à surveiller les Redliners, sans jamais avoir été aperçu au local ou dans ses environs. Il rencontrait fréquemment ses membres dans des bars et dans des restaurants, surveillait leur allure et prenait note de leurs progrès. La discipline qu'il leur a imposée a impressionné la police. Au contraire des autres motards de Winnipeg (ou même des premiers Hells Angels), Stadnick a obligé les Redliners à garder les cheveux courts et bien coupés et à s'habiller correctement en tout temps. Rick Lobban, un agent de la police de Winnipeg chargé de surveiller les motards, a raconté plus tard aux journalistes que « les Redliners représentaient une tentative de la part de Stadnick pour créer un groupe possédant un certain panache, en faire des éléments qui pouvaient éventuellement constituer un chapitre des Hells Angels ».

Selon Kane, Stadnick avait encore plus de travail à accomplir à Winnipeg. Les rapports qu'il faisait parvenir à la GRC prétendaient que Stadnick, qui traitait encore avec les Spartans et les Los Brovos, les avait utilisés comme messagers pour transporter dans deux valises jusqu'à 7 kg de cocaïne, à bord d'un train de Via Rail, à Montréal, à destination de l'ouest. Il avait établi un plan par lequel ils devaient s'arrêter à la gare Union Station de Toronto et prendre rendez-vous avec un contact anonyme pour échanger une des valises de drogue contre une autre pleine d'argent. Lorsque le messager arrivait à Winnipeg, il devait appeler un téléavertisseur et donner un code indiquant son hôtel et son numéro de chambre. Peu de temps après, un individu, que le messager ne connaissait pas, devait échanger une autre valise pleine d'argent contre la drogue qui restait. Le messager devait ensuite remettre les deux valises d'argent à un troisième contact à Montréal. C'était un système qui fonctionnait bien et qui avait été utilisé à plusieurs reprises.

La guerre a recommencé lorsque Stadnick a refait son apparition à Montréal et que Boucher est sorti de prison. Le 3 juillet, des officiers de police de la SQ qui avaient reçu un tuyau, ont découvert un camion remorque blanc à Lachine. Le véhicule avait été volé aux services d'entretien de l'Université McGill, en janvier. Ce qu'ils ont découvert à l'intérieur a provoqué une onde de frayeur à travers la province. Il y avait là un arsenal suffisant pour un assaut militaire d'envergure. On avait soudé un trépied au plancher du véhicule, sur lequel était montée une mitrailleuse 7.62 FN (le modèle utilisé par de nombreuses unités militaires de l'OTAN). L'engin était muni d'un ruban de munitions de deux mètres de long. On y retrouvait également quatre mitraillettes Mac-10, deux fusils à canons tronçonnés et une carabine semi-automatique M-1 de calibre .30 de l'armée américaine. Un peu plus au fond du camion, on découvrit 122 bâtons de dynamite, 50 détonateurs et une bombe à fragmentation de 3,5 kg. Ces munitions avaient un aspect déjà suffisamment terrifiant, mais la police a trouvé quelque chose qui aurait pu avoir un impact encore plus important sur la situation, pourtant déjà critique : des décalcomanies volées à la Sûreté du Québec. Si jamais ces collants avaient été fixés sur les panneaux du camion, toute attaque dans laquelle il aurait été impliqué aurait été attribuée à la Sûreté ! Bien qu'ils n'aient jamais admis aucun lien avec le camion et son contenu, quelques Hells Angels ont prétendu, par la suite, que la SQ y avait déposé à escient les décalcomanies pour discréditer encore davantage les malheureux motards.

Quelle qu'ait pu être l'origine de ces fameuses décalcomanies, la SQ a si mal manœuvré qu'elle a réussi à transformer une victoire éclatante en un épisode catastrophique au plan des relations publiques, un désastre tellement important que les Hells Angels n'auraient jamais pu rêver d'une telle chance. Pour désarmer la bombe, la police de Montréal a fini par livrer son robot anti-bombe au milieu de la nuit. Au lieu de faire évacuer le voisinage, les forces de l'ordre se sont cachées derrière un bouclier spécial et ont fait fonctionner le robot grâce à une télécommande. Il suffit normalement au robot d'un jet d'eau sous haute pression pour neutraliser une bombe, mais quelque chose a mal tourné, cette nuit-là, sur l'aire de stationnement de Lachine où se trouvait le dangereux camion. Pour une raison inconnue, le jet a déclenché les explosifs avec, comme résultats, que le camion a explosé en millions de morceaux de métal qui ont volé un peu partout. Les débris se sont éparpillés sur un périmètre de 800 mètres et n'ont pas épargné les immeubles d'habitation ni les magasins. Certains de ces débris sont même tombés dangereusement près d'un vieux réservoir de chlore qui faisait partie d'une usine de traitements des eaux. Les habitants du quartier ne se sont certes pas réveillés au milieu d'un nuage de gaz toxique, mais leurs fenêtres ont volé en éclats et leurs planchers ont été constellés de morceaux de verre, de métal, de briques et d'asphalte. Un miracle : personne n'a été blessé ! La SQ, toutefois, a été unanimement accusée d'avoir, en toutes connaissances de cause, mis en danger la vie de personnes innocentes. De plus, elle a dû remplacer à ses frais le robot de la police de Montréal.

La SQ pensait avoir fait un bon coup lorsqu'elle a arrêté un petit truand de la ville de Québec, un ancien des Mercenaires nommé Michel « Pit » Caron. Lors de l'interrogatoire de Caron par la police, il est devenu évident que le malfrat était beaucoup plus impliqué dans la guerre des gangs qu'elle ne l'avait imaginée. Lorsque la conversation aborda le sujet des meurtres, les policiers étaient prêts à faire une offre. En retour du retrait de certaines accusations, Caron a tout raconté ce qu'il savait au sujet de son vieil ami et partenaire occasionnel, Serge Quesnel.

Quesnel, un décrocheur du secondaire qui vivait en banlieue de Trois-Rivières, avait déjà occupé un emploi pendant deux semaines — comme cuisinier dans un fast-food. Il avait abandonné cet emploi et, grâce à ses muscles, intimidait les mauvais créanciers des revendeurs de drogue, ce qui lui procurait une vie financièrement beaucoup plus confortable que celle de cuistot. Il a gravi des échelons du monde interlope, en 1988, en matraquant à mort un petit dealer du nom de Robert Jobin. Il avait commis cet acte pour tenter de faire bonne impression sur ses employeurs éventuels, et cet effort a été récompensé. Quesnel était de plus en plus en demande et était bien rémunéré pour les services rendus. Lorsqu'un autre dealer, Martin Naud, a fait circuler le bruit qu'il possédait suffisamment de détails concernant la mort de Jobin pour mettre Quesnel en danger, ce dernier lui a enfoncé une paire de ciseaux dans l'œil avant de lui trancher la gorge et de brûler ses restes.

Quesnel a dû passer un laps de temps assez court à la prison de Donnacona pour un délit qui n'avait d'ailleurs rien à voir avec les événements précédents. Il y gagna de l'argent et s'y fit des relations en battant et en poignardant d'autres prisonniers. Il a ensuite prétendu que son avocat lui avait proposé de le présenter à Louis « Mèlou » Roy, le président du chapitre de Trois-Rivières et un ancien Nomads. Roy, impressionné par le curriculum de Quesnel, lui offrit le poste de tueur officiel. Au cas où l'idée d'empocher 500 $ par semaine et 10 000 $ à 25 000 $ par meurtre commis (selon le risque) ne lui conviendrait pas, Roy a renchéri qu'il y aurait « beaucoup de travail à accomplir ». Quesnel s'est empressé d'accepter. Pour débuter, Roy lui a donné un pistolet et 2 000 $ en argent liquide, il lui a payé une coupe de cheveux et offert pour 800 $ de vêtements.

Le 14 décembre 1994, Quesnel a reçu un coup de téléphone de Sylvain « Baptiste » Thiffault, le second membre en ordre d'importance et d'influence du chapitre de Trois-Rivières. Il a donné à Quesnel son premier mandat. Jacques Ferland était un fabricant de PCP et, à l'occasion, un vendeur de drogues de Grondines, sur la route touristique 138, entre Québec et Trois-Rivières. Il lui arrivait de vendre de la drogue à des membres et à des associés des Rock Machine. Thiffault a raconté à Quesnel tout ce qu'il savait sur Ferland, y compris son adresse personnelle, les restaurants qu'il aimait fréquenter et ses autres habitudes. Étant une cible facile (Ferland était un petit dealer qui ne possédait pas dans ses relations d'amis influents ni de système de protection), la rémunération de ce contrat fut fixée à 10 000 $. Quesnel, nerveux et excité à l'idée d'avoir à remplir son premier contrat, a appelé son vieil ami Caron et lui a offert 4 500 $ s'il venait l'aider. Le soir du 29 juillet 1995, Caron a conduit Quesnel jusqu'au domicile de Ferland et ils ont attendu dans leur voiture. Quesnel a aperçu André Bédard, un ami de Ferland, sur le trottoir, et les deux hommes sont entrés ensemble dans la maison de la cible. Bédard a crié à Ferland qu'il avait une visite et s'en est allé. Ferland a descendu l'escalier et Quesnel lui a tiré deux balles dans la tête. La femme de la victime, qui était encore en haut, a entendu le coup de feu et s'est cachée. Il était inutile qu'elle ait peur. Quesnel avait reçu l'ordre strict de lui laisser la vie sauve. Caron et Quesnel ont abandonné la voiture volée comme il avait été prévu et sont retournés chez eux en motoneige.

Satisfaits du travail, les Hells Angels ont passé une autre commande à Quesnel, là encore au moyen d'un coup de téléphone de Thiffault. Ils lui ont même fourni un chauffeur, Mario Lussier — un membre des Rowdy Crew, un club-école des Hells Angels qui vendait sa drogue dans la région de Lanaudière. Le meurtre de Claude « Le Pic » Rivard a failli mal tourner lorsqu'un policier a eu la malencontreuse idée de se trouver sur la scène du meurtre. Les Hells Angels ont, toutefois, été favorablement impressionnés en constatant comment Quesnel et Lussier avaient réussi à semer le flic qui n'a trouvé rien d'autre qu'une vieille camionnette volée. Les Hells Angels ont versé 15 000 $ à Quesnel et lui ont promis de le faire travailler à nouveau.

Richard « Chico » Delcourt se pensait très futé. Il avait réussi à vendre de la drogue sans passer par les Hells Angels ou par l'Alliance et il ne pensait pas que cela pourrait entraîner des conséquences fâcheuses. Lorsque les Hells Angels ont été mis au courant de ses opérations en tant qu'indépendant, ils ont offert 10 000 $ à Quesnel pour qu'il l'assassine. Quesnel a pensé que, comme de nombreux dealers de drogues au Québec à cette époque, Delcourt devait rêver de faire partie des Hells Angels un jour ou l'autre. Il a pris pour prétexte qu'il le conduisait à une réception donnée par les Hells à Québec, réception au cours de laquelle, a-t-il sous-entendu, ces derniers allaient examiner les états de service de recrues possibles. Delcourt était une personne très prudente, ce qui se comprend. Devant les réserves de ce dernier, Quesnel a répondu en riant : « Si nous avions voulu te tuer, nous l'aurions fait depuis longtemps. » Rasséréné, Delcourt a été d'accord pour partir avec lui.

Quesnel avait prévu originellement de demander à son ancien partenaire de lui servir de chauffeur, cependant Caron évitait son vieux complice, car il avait peur de devenir sa prochaine victime. Aucun autre chauffeur ne s'étant présenté, Quesnel a donc décidé de voler lui-même une voiture et est allé chercher Delcourt. Après lui avoir expliqué qu'il prenait toujours les routes secondaires pour éviter la police, Quesnel lui a dit qu'il avait une confession à lui faire : il n'avait pas de permis de conduire. Ne voulant pas que son nouvel ami ait des ennuis, Delcourt lui a offert de prendre le volant. Alors qu'il sortait du véhicule pour prendre la place de Quesnel, ce dernier l'a atteint de trois balles pour prendre immédiatement la fuite.

Les choses tournaient rondement pour Quesnel jusqu'au moment où Caron l'a dénoncé. Le 1er avril 1995, la SQ a stoppé sa voiture, l'a accusé des meurtres de Ferland et de Delcourt et l'a transporté en prison. En échange de son témoignage contre Roy et les autres Hells Angels et de sa confession de cinq autres meurtres et de treize autres crimes, la SQ a offert à Quesnel une peine de 20 ans de prison avec possibilité de liberté surveillée au bout de 12 ans. Quesnel était presque prêt à accepter l'offre, mais il a fait une pause avant de répondre. Les gens de la SQ ont alors adouci sa peine jusqu'à en être ridicule. Lorsqu'ils ont réalisé que le premier souci de Quesnel était sa propre protection, ils lui ont offert une nouvelle identité et ont même promis de payer l'abrasion de ses tatouages, y compris les larmes bleues qui étaient dessinées sous ses yeux. Quesnel, qui sentait à quel point ils étaient désespérés, continuait à résister et a indiqué qu'il apprécierait une aide financière pour ses efforts. Sans même faire semblant de marchander, les négociateurs lui ont affirmé qu'ils lui donneraient 500 dollars par semaine pendant 15 ans. Quesnel a fait un peu de calcul mental et a vu qu'il s'agissait d'une somme globale de 390 000 $. En supposant que l'argent soit versé dans un compte d'épargne, le tueur à gages serait millionnaire lorsqu'il sortirait de prison. Pas si mal pour quelqu'un qui venait d'admettre avoir assassiné cinq personnes. Quesnel a donc accepté de témoigner en dissimulant son fou rire.

Quelques jours plus tard, la police avait arrêté une douzaine de membres des Hells Angels et de leurs associés, y compris Roy et Thiffault. La SQ a cependant laissé échapper une autre de ses victoires. Considérant que Quesnel avait trop de valeur pour être incarcéré dans une prison ordinaire, la SQ l'a gardé dans une cellule de son quartier général à Québec. Sa petite amie, une strip-teaseuse de 21 ans du nom de Sandra Beaulieu, venait souvent lui rendre visite. Les officiers de la SQ ont commencé à apprécier les visites de la danseuse et à avoir hâte qu'elle revienne. Deux d'entre eux l'ont même convaincue de poser pour des photos osées dont elle aurait la possibilité de garder une copie.

Alors que la Couronne se préparait pour les audiences préliminaires contre Lussier, le premier des hommes contre lequel Quesnel devait témoigner, Martin Tremblay, un avocat qui défendait de nombreux Hells Angels, a mis au point un plan audacieux. Il a envoyé à des journaux locaux des copies de photos que les policiers avaient faites de Sandra Beaulieu ; ainsi qu'une d'elles où elle était assise sur les genoux de Quesnel dans un des bureaux de la SQ. Il a également envoyé un affidavit dans lequel la strip-teaseuse jurait avoir eu des relations sexuelles et pris de l'alcool et du PCP dans les bureaux de la SQ. Il a ensuite divulgué des détails du marché que la SQ avait conclu en échange du témoignage de Quesnel. Il a également noté qu'étant donné que Quesnel avait réussi à convaincre la Beaulieu de faire entrer clandestinement du PCP dans le poste de police, il avait admis avoir conspiré pour passer de la drogue, un crime susceptible d'annuler son marché avec les policiers provinciaux. L'opinion publique a été, comme on peut s'y attendre, très négative envers tout ce charmant monde. Quesnel a répondu en accusant Me Tremblay d'avoir voulu assassiner Roger Aubin, un de ses anciens clients. Comme les enquêteurs n'ont pas trouvé de preuve pour corroborer cette affirmation, la crédibilité de Quesnel est tombée encore plus bas.

Si jamais les motards avaient connu un certain appui de la population, si jamais leur prétendue mystique avait bénéficié d'un certain crédit auprès du peuple québécois, tout cela s'est achevé le 9 août 1995. Deux hommes sont entrés dans une Jeep Wrangler à l'intersection du boulevard Pie-IX et de la rue Adam, à Montréal, en plein cœur du dur quartier d'Hochelaga-Maisonneuve. Six autres hommes les observaient. Au moment où le conducteur a tourné la clé dans le démarreur, un des *spotters* qui le surveillait a fait exploser la bombe qui se trouvait au-dessous du siège du chauffeur. L'explosion a été suffisamment forte pour projeter le corps du chauffeur, soudainement séparé de ses jambes, à quatre mètres de haut, et une pluie de shrapnels a envahi les rues tranquilles bordées d'arbres. Cette fois-ci, le miracle n'a pas eu lieu. Deux enfants jouaient sur la pelouse, devant l'école Saint-Nom-de-Jésus, rue Adam. Au moment de l'explosion, à 12 h 40, les jeunes Yan Villeneuve et Daniel Desrochers ont été fauchés par la mitraille. Desrochers ne s'est jamais relevé. Lorsqu'un mur de débris est tombé sur eux, un morceau de métal brûlant de la taille d'un rouleau de pièces de 10 cents a pénétré dans le crâne du garçon et s'est logé dans son cerveau. La victime, âgée de 11 ans, est entrée dans le coma et est décédée quatre jours plus tard.

Devant ces derniers événements, la population de Montréal a montré sa colère et son profond écœurement. Bien que de nombreuses personnes haïssent tous les motards, même s'il devait être démontré que la bombe avait été posée par les Rock Machine — et elle aurait tout aussi bien pu l'être par les Hells Angels —, tous voulaient connaître l'identité de la personne qui avait déclenché l'explosion. Le genre de commande à distance utilisée pour faire détoner ce genre d'engin a une portée très restreinte et la personne qui actionne le dispositif de mise à feu doit voir sa future victime entrer dans la voiture avant de l'actionner au moment idéal. Puisque le plastiqueur avait eu la possibilité de voir sa victime, la présence des deux jeunes garçons ne pouvait pas passer inaperçue à ses yeux. Les deux clans n'ont, évidemment, jamais voulu reconnaître qu'ils étaient les auteurs de cet attentat et se faire étiqueter de tueurs d'enfants. La police qui ne désirait pas que la population choisisse un camp ou un autre (ce qui aurait fait paraître l'un des deux comme étant innocent), a nié le fait que le conducteur de la Jeep, Marc Dubé, ainsi que le passager, Jean Côté, aient eu quelque lien que ce soit avec l'un ou l'autre des gangs. Quelques journalistes plutôt naïfs ont exploité la fable voulant que Dubé soit un citoyen honnête qui avait eu le malheur de ressembler à un membre du gang Alliance du nom de Normand « Bouboule » Tremblay et que, coïncidence supplémentaire, il conduisait le même modèle de voiture que son sosie… Bien entendu, il était complètement ridicule d'imaginer un personnage haut placé dans la hiérarchie, tel que Tremblay, en train de circuler à pied ou dans une voiture décapotable dans le quartier Hochelaga-Maisonneuve, à quelques rues du quartier général de Boucher ! Et même si le scénario de la police avait été vrai, les Hells Angels auraient encore été tenus responsables de la bombe et de la mort du petit Desrochers.

Lorsqu'ils ont réalisé qu'ils ne pouvaient rien faire pour calmer l'opinion publique, les Hells Angels ont nié à maintes reprises toute implication de leur part dans l'attentat et, dans « un geste de sympathie », offrirent à la mère une somme d'argent qui ne fut jamais révélée. Comme il est facile de le prévoir, elle a été indignée par le procédé. « Cela me dégoûte. Je ne pourrai jamais oublier ce qu'ils ont fait », a déclaré Josée-Anne Desrochers qui, comme une bonne partie de la population, manifestait une vive colère contre la police. « Cela fait cinq ans que la comédie dure et le gouvernement n'a strictement rien fait », a-t-elle dit. Tout en sous-estimant le mépris que la mère du jeune garçon pouvait avoir pour eux, les Rock Machine, qui voyaient là une bonne occasion de jouer les fins relationnistes, lui ont également offert une somme d'argent.

Tandis que les images de Daniel Desrochers, de ses funérailles et des processions d'écoliers en larmes à travers les rues de Montréal inondaient les médias montréalais, la police avait du fil à retordre devant la horde de citoyens en colère qui voulaient connaître les raisons pour lesquelles leurs soi-disant protecteurs ne pouvaient rien faire contre la menace des gangs. Tout ce que la police pouvait faire pour le moment était de montrer de la compassion. « La population nous demande pourquoi ce genre de chose est arrivé, a déclaré Jacques Duchesneau, le chef de police de la Communauté urbaine de Montréal, mais nous ne sommes tout de même pas en plein Beyrouth… » La seule chose qu'il pouvait offrir à la population était un numéro de téléphone gratuit où elle pouvait appeler 24 heures sur 24 pour donner des informations de façon anonyme.

Cependant, la police dissimulait également la vérité. Dubé était un petit passeur de drogues qui travaillait exclusivement pour des associés des Hells Angels. La police a appris plus tard par des informateurs, principalement Kane, que les Hells avaient sacrifié Dubé dans le but de faire croire que l'Alliance mettait en danger la vie de la population en frappant dans des zones résidentielles. Bien que personne n'ait jamais déclaré que lui ou qui que ce soit d'autre ait mis en danger, en toute connaissance de cause, la vie des deux garçons, l'identité des personnes responsables de l'explosion finit par être bien claire. Avant cet incident, Steinert, qui se vantait en permanence, avait parlé à qui voulait l'entendre d'un plan que lui et Boucher avaient mis au point et qu'ils avaient défini comme étant plus rock'n'roll (une expression québécoise signifiant plus impressionnante) que tout ce que le gang avait réalisé jusque-là. Il s'était montré plus énervé que d'habitude lorsqu'il avait commandé trois détonateurs à distance de Pat Lambert, le 8 août. Deux jours plus tôt, une explosion à Saint-Lin, au nord de Montréal, qui avait failli blesser des enfants innocents (des neveux en bas âge de la personne visée), avait été très critiquée par Stadnick et Carroll au sein du club. On dit même que Carroll avait suggéré que la personne qui commettrait une telle erreur devrait la payer de sa vie. Rien de cela n'a pu empêcher que Steinert, dans sa tentative effrénée de faire bonne impression sur Boucher, la personne du club qui à ses yeux possédait le vrai pouvoir, ne persiste et signe dans ses intentions.

Steinert est devenu étonnamment silencieux après l'attentat contre le jeune Desrochers. Il a arrêté de faire sa propre promotion et a même refusé de répondre aux questions concernant les détonateurs qu'il avait achetés de Lambert. Quand il a recommencé à parler, il a discuté de l'incident avec les amis qu'il avait au chapitre, leur demandant ce qu'ils en pensaient, sans jamais en accepter la responsabilité. Lorsqu'il leur a demandé si, advenant le cas où on le retrouverait, celui qui avait fait exploser la bombe devait être exécuté par le club pour avoir tué un enfant, la réponse a été un oui unanime et sans appel. Une grande partie de ces renseignements est arrivée aux oreilles de la GRC grâce à Kane. Cependant, ses contacts ont remarqué qu'il n'aimait pas parler de l'incident et qu'il donnait peu de détails. Quelques-uns d'entre eux ont même exprimé à haute voix leurs interrogations au sujet de Kane, qui avait une grande expérience dans les bombes et était un ami intime et un associé de Steinert. Se sentait-il coupable parce que lui aussi avait trempé dans l'incident ? D'autres ont réfuté cette hypothèse en faisant remarquer que Kane était le père de trois enfants, qu'il est possible qu'il ait ressenti la même douleur que le reste de la population et aussi une certaine honte devant l'horrible gaffe commise par son ami.

À la mort du jeune Desrochers, le 13 août, le maire de Montréal, Pierre Bourque, a demandé aux gouvernements provincial et fédéral de promulguer des lois antigang de plus grande portée. Ménard et Allan Rock, le ministre fédéral de la Justice, ont refusé parce qu'une telle loi compromettait, selon eux, les droits civiques, non seulement ceux des motards, mais de la population en général.

Pendant que les braves gens manifestaient leur colère directement contre la police et contre le gouvernement, les gangs ont repris allègrement leurs attaques et leurs attentats à la bombe. La première attaque a raté. Un individu a jeté une grenade (retracée plus tard comme ayant été volée aux Forces armées canadiennes) contre Bob Chopper, ancienne propriété du président national des Hells Angels, Robert « Ti-Maigre » Richard, et qui était encore l'atelier de réparation et de transformation sur mesure de motos à Montréal. La grenade n'a pas explosé et n'a fait que fêler la devanture du magasin de Longueuil. Trois jours plus tard, une bombe artisanale a explosé devant le club des Rowdy Crew à Le Gardeur. L'explosion a été forte et bruyante, mais n'a cependant causé que peu de dommages à l'immeuble qui était très fortifié. La seule victime était le pit-bull du club.

Le 26 août, un peu après minuit, la police a reçu un coup de fil anonyme qui indiquait qu'une voiture dans laquelle se trouvait une bombe était stationnée dans l'est de Montréal. Lorsque les policiers sont arrivés sur les lieux, ils ont trouvé une Chevrolet Lumina de couleur bleu pâle — exactement comme celle que l'auteur de l'appel anonyme avait décrite. Un assez long fil de métal sortait du capot de la voiture. Vers 2 heures du matin, au moment où la police commençait à réaliser qu'aucun explosif ne se trouvait dans la Lumina, une bombe de 5 kg de C4 soufflait le mur arrière de l'atelier Bob Chopper, de l'autre côté du fleuve. Arrivée sur les lieux de l'attentat, la police fut accueillie par un avocat (réputé pour avoir défendu les Hells Angels dans le passé). Celui-ci a demandé aux policiers de revenir avec un mandat de perquisition pour pouvoir fouiller ce qui restait du local. Au retour de la police, des témoins ont déclaré que des individus, entre-temps, étaient entrés dans l'immeuble alors qu'il fumait encore et qu'ils en étaient sortis à la course en portant des cartons qu'ils avaient jetés dans des voitures. La nuit suivante, un salon de tatouage que fréquentaient les membres des Rock Machine et leurs associés a été détruit au moyen de cocktails Molotov.

Enhardis par le manque d'arrestations, et ce, en dépit de l'indignation de la population, les membres de l'Alliance ont fait passer la violence à la vitesse supérieure, car leurs cibles étaient les individus et non pas les propriétés. Le 11 septembre, un de leurs membres a fait exploser une bombe dans le patio du bar Le Harley, situé dans une banlieue au nord de la ville. Il a attendu que la serveuse soit rentrée dans le bar pour déclencher le détonateur. Les neuf personnes qui ont été blessées avaient des liens étroits avec les Death Riders, un des clubs-écoles des Hells Angels de la Rive-Nord. Mario Lepore, celui qu'on disait être le comptable préféré de Boucher, était parmi les blessés et a perdu une jambe dans l'explosion.

Quatre jours plus tard, l'Alliance a fait escalader la guerre d'un cran en commettant un assassinat vraiment audacieux. Il s'agissait de la première fois qu'un Hells Angels de haut niveau avait été choisi comme cible. Richard « Crow » Émond, un ancien Missile, un des fondateurs du chapitre de Trois-Rivières des Hells Angels, et sa petite amie se dirigeaient vers leur voiture après avoir fait des courses dans un centre commercial de l'est de Montréal lorsque quelqu'un les a appelés par leurs noms. Un homme masqué a tiré six fois au moment où Émond s'est retourné pour voir qui l'interpellait. Trois des balles l'ont atteint et lorsque la police est arrivée, elle a trouvé son corps à moitié dans sa Pontiac Bonneville et à moitié à l'extérieur de la voiture. Ils ont également découvert un revolver chargé sous le siège du chauffeur. La mort d'Émond a autant bouleversé le monde interlope que celle du jeune Desrochers avait affecté la population.

Les drapeaux ont été mis en berne dans tous les locaux des Hells Angels du Québec et la police a commencé à montrer des signes de nervosité. Elle a émis la supposition naturelle que les Hells Angels n'allaient pas tolérer la mort d'un de leurs membres les plus importants. L'époque où les bars vides de clientèle étaient les cibles des bombes était révolue. L'époque des meurtres était arrivée.

Le gouvernement a fini par s'occuper du problème. La police de Montréal, dépassée par les événements, a obtenu de l'aide. Le

23 septembre 1995, Ménard, qui avait nié à maintes reprises l'existence d'une guerre des gangs, a annoncé la formation d'une brigade antigang. Avec un énorme budget, 30 officiers de la SQ ont rejoint les 30 officiers de la brigade antigang de la police de Montréal ; 10 officiers de la GRC devaient venir s'ajouter, plus tard. L'escouade antigang a fini par comporter 100 membres. Leur travail était de démanteler les groupes de motards. Le moment avait été bien choisi et les autorités surent s'attirer la sympathie d'une population convaincue d'avoir été abandonnée et qui réclamait la nécessité d'une intervention gouvernementale. Ce nouveau groupe d'intervention a reçu le nom de Carcajou, un animal légendaire dans la culture québécoise. Le plus imposant membre de la famille des belettes, il a une force extraordinaire et est extrêmement courageux. À telle enseigne qu'on a déjà vu des carcajous faire peur à des grizzlys pour s'emparer de la proie de ces derniers. Le nom a eu une telle résonance au sein de la population québécoise qu'un vieux chasseur est allé chercher dans son grenier un carcajou empaillé pour l'envoyer à la police de Montréal. Cependant, la police n'a jamais mentionné que, malgré sa férocité, le carcajou est en voie d'extinction. En fait, pas un seul carcajou n'a été vu vivant depuis 1978 au Québec.

Chapitre 8

La police de Hamilton a rendu la boucle de ceinture de Stadnick lorsqu'elle a réalisé qu'en aucune façon elle ne pouvait prouver au tribunal qu'il s'agissait d'une arme dangereuse. Stadnick fut scandalisé de voir la condition dans laquelle elle lui avait été rendue. Elle semblait avoir fait le tour de la station de police à coups de pieds. C'est une chose que Stadnick ne saurait tolérer. La police de Hamilton était en train d'essayer de le malmener en se basant seulement sur sa réputation. Il n'avait jamais eu de problèmes dans cette ville et n'avait jamais été condamné de quoi que ce soit où qu'il soit passé. Il a appelé la police pour porter plainte. On finit par le mettre en relation avec le sergent John Harris.

Harris ne s'était pas occupé des motards depuis quelques années, il était néanmoins le sergent qui commandait l'équipe de la Division centrale, ce qui faisait de lui le patron des agents qui avaient arrêté Stadnick. « Au commencement de la conversation, je n'ai pas vraiment cru qu'il s'agissait de lui au téléphone. J'ai pensé que quelqu'un me faisait une blague, a déclaré Harris. Lorsque j'ai réalisé qu'il s'agissait de lui, j'ai vraiment été surpris du motif de son appel. » Il était certain que la boucle de ceinture avait une grande importance aux yeux de Stadnick. Harris l'a invité pour qu'ils en discutent ; il avait peut-être une cellule de libre à lui offrir. Stadnick ne trouva pas la blague très drôle et raccrocha. Un peu plus tard, Harris a reçu une lettre de Stephan Frankel, l'avocat de Stadnick, l'informant que Stadnick les poursuivait, lui et les policiers qui l'avaient arrêté, pour la somme de 500 $, ce qui couvrirait les frais de réparation de la boucle et le préjudice psychologique qu'il avait subi. Harris a ri. Il n'était absolument pas question qu'il paye quoi que ce soit. La plainte a fini par aller en Cour des petites créances. « Nous avons perdu. Cependant, je pense que Walter considère que, moralement, nous avions gagné, a déclaré Frankel. Et j'ai entendu dire que certaines personnes ont été très heureuses de savoir que trois agents avaient été obligés de perdre une journée au tribunal... »

Des événements mineurs se produisaient à une heure de voiture de là. Ils allaient provoquer de grands changements à l'atmosphère de détente qui prévalait en Ontario chez les motards. Frank Lenti, le motard ombrageux que Stadnick avait jugé incompétent lors de la campagne de recrutement à Wasaga Beach, avait été démis comme président des Loners. En compagnie de quelques amis de la région de Woodbridge, il avait formé immédiatement un nouveau club qu'il a nommé les Diablos. Il établit le nouveau repaire en sa propre maison, située exactement en face de l'emplacement du club des Loners. En nombre très inférieur, les Diablos se tenaient, en général, en dehors du chemin des Loners et venaient aux réunions chez Lenti en passant par sa cour arrière. Les membres des Satan's Choice de Toronto accordaient une certaine valeur aux Diablos, malgré le fait qu'ils connaissaient bien les sautes d'humeur et les crises de colère de Lenti. Ce dernier était le propriétaire d'une agence d'hôtesses et de strip-teaseuses ainsi que d'une entreprise de dépannage d'autos. Les Satan's Choice qui avaient à nouveau Bernie Guindon comme chef, désiraient étendre leur zone d'influence à la région de Woodbridge, où le commerce de la drogue était très important.

À la grande surprise de nombreux policiers de la région de Toronto, les Satan's Choice ont offert aux Diablos de se joindre à eux, le 6 juillet 1995. « C'était quelque chose de vraiment étrange. Ils connaissaient Lenti, savaient que les Loners l'avaient mis à la porte et cela ne les a pas empêchés de l'inviter à se joindre à eux, a déclaré Tony, un ancien officier de police de Toronto qui a préféré ne pas être identifié. On aurait pu croire qu'ils étaient désespérés. Les tensions qui s'étaient limitées à des insultes échangées des deux côtés de la rue ont connu une véritable escalade lorsque les Diablos, renforcés par leur nouveau statut, se sont montrés plus intrépides. Deux jours après avoir reçu la nouvelle de leur récente promotion, deux des Diablos ont décidé de lancer un cocktail Molotov sur une remorqueuse appartenant aux Loners. Ceux-ci, déjà enragés, sortirent de leurs gonds en se rendant compte de l'insolence des Diablos, qu'ils considéraient comme des sous-hommes en dépit de l'opinion de Guindon, et décidèrent de faire monter la tension d'un cran pour les effrayer. »

Le 22 juillet, deux membres des Diablos se trouvaient dans une auto et cherchaient comment occuper leur soirée. Ils la terminèrent dans la salle d'urgence d'un hôpital ! Cinq balles de revolver ont pénétré par la vitre arrière de la voiture et chacun des deux hommes a été atteint d'une balle. Ils n'ont pas souffert de blessures sérieuses, cependant il était indéniable que la guerre était déclarée. Les Diablos ont eu une riposte pas tellement courageuse : ils réussirent à convaincre deux jeunes filles mineures d'aller arroser d'essence les voitures d'occasion qui se trouvaient dans un garage appartenant à des associés des Loners. Les gamines se sont dégonflées avant que l'une d'entre elles puisse mettre le feu et ont été arrêtées par la police peu de temps après.

C'est à ce moment précis que la police locale a décidé d'intervenir. Les policiers ont tenu une réunion avec des représentants des Diablos et des Loners et les ont mis en garde contre l'utilisation de personnes mineures et de bombes pour régler leurs différends. Ils leur ont donné comme exemple les événements qui se déroulaient à Montréal et le fait qu'une guerre de gangs puisse très vite dégénérer. « En y repensant bien, ce n'était pas une bonne idée, a déclaré Tony en insistant sur le fait que les Diablos pas plus que les Loners n'étaient extrêmement intelligents. Plutôt que de les décourager, c'est comme si nous leur en avions donné l'idée… »

Les Loners, consternés de voir jusqu'où les Diablos pouvaient s'abaisser, ont décidé de passer à l'action au centre-ville. Pendant la nuit du 1er août, Toronto a subi son premier attentat à la bombe lorsqu'un engin a explosé devant le quartier général des Satan's Choice, à proximité de la prison Don, dans la vieille ville alors en pleine renaissance. La bombe avait été suffisamment puissante pour souffler les fenêtres et les vitres des immeubles et des autos de tout un pâté de maisons, tout en ne faisant que peu de dommages au repaire des motards qui avait été fortifié. Aucun des cinq motards qui se trouvaient à l'intérieur de l'immeuble n'a été blessé ; cependant, ils étaient furieux. Moins d'une heure plus tard, un individu a lancé une bombe incendiaire contre la vitrine principale d'un salon de tatouage, le Pluto's Place, qui se trouvait dans le même quartier et que fréquentaient les Loners. Un peu plus de 24 heures plus tard, trois cocktails Molotov ont été projetés contre les vitres du Bazooka Joe, un bar au nord de la ville fréquenté par des membres du Satan's Choice. Exactement comme cela s'était produit au commencement de la guerre des gangs à Montréal, les bombardements avaient lieu en pleine nuit alors que le bar était vide. La prochaine explosion a eu lieu dans un atelier d'usinage qui appartenait à un associé des Diablos, juste après le lever du soleil.

Le comité exécutif de la ville de Toronto, qui ne voulait pas que sa ville devienne un deuxième Montréal, a décidé de trouver un moyen de mettre les deux gangs dans une forme quelconque d'illégalité. Ses membres ont étudié de très près des milliers de documents jusqu'à ce qu'ils trouvent que des rénovations récentes — comme le blindage à l'épreuve des balles et des bombes —, entreprises au club des Satan's Choice situé sur l'avenue Kintyre, violaient une entente préalable. Ils reclassèrent donc la zone où se trouvait le club dans la catégorie résidentielle. Lorsque la municipalité a informé les motards qu'ils devaient renoncer à leur immeuble, ils ont répondu en y faisant emménager un des membres du club, ce qui faisait de l'immeuble sa résidence officielle.

Ce fut la police qui posa le prochain geste. Le 15 août, deux policiers ont repéré la Lincoln Town Car blanche de Pietro Barilla, le président des Loners, stationnée dans un parking d'un restaurant Harvey. Les deux policiers ont arrêté deux de ses associés au moment où ils revenaient avec des hamburgers et des frites. Une fouille rapide de la voiture a permis de découvrir deux pistolets de calibre .380 sous les sièges avant. Le jour suivant, une bombe, cachée dans une allée située en arrière du club des Loners à Markham, a éclaté, soufflant une bonne partie du mur arrière de l'immeuble.

Tout comme l'assassinat d'Émond à Montréal avait fait craindre à la police qu'il y aurait des représailles terribles de la part des Hells Angels, les policiers de Toronto craignaient le prochain geste que risqueraient les Loners. Ils savaient qu'automatiquement les Satan's Choice y répondraient de façon écrasante. Effectivement, une voiture est passée en plein jour devant la maison d'André Wateel, le président du chapitre de Kitchener des Satan's Choice, et une bombe incendiaire a été projetée contre la bay-window du salon. Les rideaux se sont immédiatement enflammés ; sans l'intervention rapide des pompiers, la maison aurait brûlé au grand complet. Wateel n'était pas chez lui à ce moment-là. Cependant, une femme et un enfant se trouvaient au premier étage. Ils ont réussi à sortir indemnes. Non seulement les Loners avaient-ils réussi à amener la guerre à l'extérieur de Toronto, mais ils s'étaient attaqués à la mauvaise personne. Wateel, un excellent ami de Guindon et de Stadnick, était considéré comme étant une étoile montante à l'intérieur du club et, par la police, comme un motard assez unique qui combinait à la fois le leadership d'un vrai chef et la volonté de se battre quand cela s'avérait nécessaire. Un groupe d'officiers de police de l'Ontario très haut placés, qui désiraient effrayer les motards avant qu'ils ne rétorquent, a demandé au ministre fédéral de la Justice Allan Rock de renforcer les lois antigang. Allan Rock a refusé.

Le dernier épisode de la guerre a eu lieu le jour suivant. Vers 10 heures du matin, Frank Lenti était à moitié installé dans sa Ford Explorer lorsqu'un Loner, qui était de l'autre côté de la rue, a fait exploser une bombe. Le président des Diablos a perdu sa jambe droite. La police a découvert un pistolet pour lequel Lenti n'avait pas de permis et une mitraillette Mac-10 lorsqu'elle a perquisitionné dans sa maison. «Je savais qu'officiellement il était aligné avec les Satan's Choice, mais il devint évident que les deux groupes en présence avaient été soulagés de sa disparition de la scène, a commenté Tony. Lenti hors circuit, ils ont tous stoppé les actes de belligérance.» Privés de chef, les Diablos ont rapidement disparu. Les Loners, qui n'avaient plus d'ennemis à Toronto-Nord, ont décidé de faire la paix avec les Satan's Choice. Après avoir fait le point sur la situation et après de maintes hésitations, les Loners sont allés à une réception donnée par les Satan's Choice et ont formé une alliance non formelle avec eux, tout en prétendant qu'ils pourraient peut-être même prendre la place des Diablos en tant que chapitre de Toronto-Nord.

Le Conseil municipal de Toronto, qui n'était pas au courant du traité de paix, se trouvait encore en état de panique. La nouvelle de la mort du petit Desrochers était toute récente et on voulait à tout prix éviter que ne se produise une guerre sur grande échelle, à tel point que la mairesse de Toronto, Barbara Hall, a décidé de traiter directement avec les motards. Le 20 septembre, elle a téléphoné à l'avocat des Satan's Choice et lui a déclaré que la Ville de Toronto se trouvait prête à acquérir l'immeuble qui leur servait de quartier général. Il a rappelé le jour suivant et lui a annoncé que son client, l'ancien président du chapitre et propriétaire de l'immeuble, Larry McIlroy, était d'accord pour le vendre au prix de 350 000 $. Bien que l'immeuble vienne tout juste d'être évalué à 190 000 $, Hall a accepté ce marché et lui a dit de préparer les papiers. Lorsque les médias, qui jusque-là avaient toujours appuyé Hall, ont entendu la nouvelle, ils ont réagi avec virulence. L'événement a fait la une de tous les journaux et la mairesse a vite reçu le sobriquet de « Biker Barb », soit « Barbara la Motarde ». Le conseil municipal a fait accepter le plan d'achat de l'immeuble en dépit des protestations de la population — sauf les voisins immédiats du club. Après que la ville de Toronto ait offert de nombreuses concessions, la tentative d'achat a connu une fin lamentable le 20 octobre, lorsque le club a refusé d'inclure une clause l'empêchant de faire l'acquisition d'un nouvel immeuble dans le même quartier. Le Conseil municipal, dans une vaine tentative pour atténuer le désastre, a engagé un avocat dans le but d'aider une association de voisins à trouver d'autres violations de zonage.

Une semaine plus tard, la police a fait un raid important au club des Loners de Woodbridge. Bien qu'elle y ait trouvé trois armes interdites — une mitraillette, un fusil d'assaut et du Mace[1] en vaporisateur —, elle n'a pas réussi à le faire fermer et il n'y a pas eu d'arrestations importantes. Le propriétaire d'une ferme des environs de Hamilton a agi plus efficacement quand il a su que les Loners voulaient utiliser sa ferme comme base régionale. Après avoir lu dans le *Hamilton Spectator* que les Loners étaient en guerre avec les Satan's Choice, il les a jetés dehors et n'a pas souffert de représailles.

Tandis que les motards et leurs admirateurs se moquaient bien des autorités à Toronto, les Montréalais, qui en avaient assez de la guerre des motards, ont eu quelques faibles lueurs d'espoir. Carcajou a donné des résultats presque immédiats lorsque Mom Boucher a commis une erreur surprenante, le 25 septembre. Un de ses vieux amis, un petit trafiquant de cocaïne du nom de Steven Bertrand, l'a appelé pour lui demander conseil. Quelques jours plus tôt, Bertrand avait surpris un homme en train de flirter avec sa petite amie et il l'avait attaqué. Les deux hommes se roulaient par terre sur le plancher du bar lorsque des

1. Gaz paralysant.

amis criminalisés de l'intrus ont stoppé Bertrand et lui ont montré leurs revolvers. Bertrand et sa petite amie ont quitté furtivement le bar en proférant des menaces. La police, qui écoutait la conversation privée, a entendu Boucher rire tout en conseillant Bertrand. Sur l'enregistrement de la conversation, on entendait Boucher dire à Bertrand d'aller chercher quelques amis, de se munir de bâtons de baseball, de retourner au bar et de leur montrer qu'il était un homme. Le fait d'inciter à la violence constitue une infraction majeure pour une personne en liberté surveillée. La police a donc délivré un mandat d'arrestation contre Boucher. Ce dernier a fui quand il a appris la nouvelle. Les policiers de Carcajou avaient anticipé qu'il allait fuir et ont obtenu des mandats de perquisition pour fouiller de nombreux clubs de motards. Le 23 octobre, la police a effectué des raids dans plusieurs repaires de trois clubs-écoles. Boucher s'est rendu aux autorités le jour suivant lorsqu'il a réalisé qu'il ne pourrait pas se cacher éternellement de la police et que plus cette dernière le recherchait, plus il risquait de s'attirer des problèmes encore plus graves.

La population, qui tenait Boucher comme responsable de la guerre des gangs, a exulté de joie. Bien qu'il ait été condamné 14 fois par des tribunaux québécois — dont une fois pour agression sexuelle sous menace d'une arme — et qu'il soit en liberté conditionnelle pour deux actes criminels à ce moment-là, Boucher a été libéré sous caution. Son avocat, Léo-René Maranda, a déclaré à la presse : « Être un Hells Angels n'est pas illégal. » Le juge n'a pas dû être d'accord. Parmi les nombreuses conditions qui accompagnaient la mise en liberté conditionnelle, il y avait une stricte interdiction de communiquer avec les autres membres du club.

À la suite de ce maigre succès, Carcajou a déclaré une guerre totale aux gangs. Lors d'un raid effectué au club des Rock Machine à Laval, l'escouade a découvert des armes automatiques, des fusils, des détonateurs et de la drogue. Six motards ont été arrêtés. Quelques jours plus tard, Patrick Dupuis, un membre des Evil Ones, un gang associé, a été arrêté en possession de quatre bâtons de dynamite qui se trouvaient dans le coffre de sa Ford Tempo. Grâce à des renseignements glanés lorsqu'ils recherchaient Boucher, les officiers de l'escouade Carcajou ont effectué un raid dans huit bâtiments, y compris dans les demeures de six membres associés des Hells Angels. L'assaut a eu lieu le 26 octobre et a conduit à l'arrestation de deux Death Riders et de treize autres motards, à la confiscation d'armes illégales allant de fusils aux grenades, et à la saisie de quantités suffisantes de marijuana et de cocaïne pour permettre de les inculper de trafic de drogues. Ensuite, les officiers de l'escouade Carcajou ont montré qu'ils ne faisaient pas de jaloux lorsque, le 9 novembre, ils ont effectué des raids dans 25 endroits associés avec les Rock Machine et qu'ils ont procédé à 22 arrestations pour possession d'armes illégales et trafic de stupéfiants. Trois semaines plus tard, un raid effectué au club des Jokers a permis la récolte des armes et des substances illicites habituelles. Ils ont également découvert quelque chose de plus sinistre. Pendant le mois de septembre, trois associés des Rock Machine avaient essayé de faire exploser le quartier général des Jokers lorsque leur bombe artisanale a explosé au moment où ils l'installaient. D'une façon macabre, les Jokers collectionnaient des souvenirs. Lorsque la police a découvert des dizaines de restes humains dans des pots de conserves et dans des sacs de plastique dans le congélateur du club, elle a pu identifier de nombreux restes grâce aux tatouages qui se voyaient encore très bien.

Malgré les nombreuses arrestations, la violence parmi les motards ne déclinait pas. Les explosions de bombes étaient encore courantes. La maison de la directrice de la prison de Sorel avait été incendiée pour une deuxième fois et des tireurs d'élite appartenant aux Rock Machine avaient atteint des Hells Angels lorsque ces derniers se promenaient à pied ou faisaient de l'exercice dans la cour de la prison Leclerc, à Laval. On aurait pu croire qu'enfin les motards étaient à court d'idées lorsque l'atelier Bob Chopper fut bombardé pour la seconde fois. Marcel Blondeau, un pacifique père de deux enfants vivait dans la maison voisine du repère de motards et en avait plus qu'assez de la situation. Il avait essayé de vendre sa maison, mais pas une seule personne de la région de Montréal ne pouvait considérer l'achat d'une propriété sise à côté d'un lieu aussi inquiétant. Finalement, il a supplié le maire de Longueuil, Claude Gladu, d'agir. Au même moment, Barbara Hall essayait de soudoyer les Hells Angels pour qu'ils quittent Toronto. Gladu a réussi à convaincre la municipalité de Longueuil de louer une maison aux Blondeau à l'autre extrémité de la ville jusqu'à ce qu'ils réussissent à vendre leur maison. Ces deux actions démontrent bien que les autorités comprenaient bien les problèmes occasionnés par les gangs de motards. Malheureusement, elles soulignaient également qu'elles ne pouvaient rien faire pour les éliminer.

La police, qui en avait assez de présenter Quesnel dans des procès contre les motards pour constater que les témoignages de ce dernier se trouvaient automatiquement discrédités, recherchait à tout prix un autre témoin dont les affirmations pourraient avoir davantage de poids. Elle a fini par trouver l'oiseau rare : un homme tellement détestable que les autres motards l'avaient surnommé « Satan ». Arrêté lors du raid du 26 octobre, il se trouvait dans une cellule, attendant d'être jugé pour des crimes en rapport avec des histoires de drogue. Martin « Satan » Lacroix a accepté de témoigner contre son patron en échange d'un abandon des accusations contre lui. Michel « L'Animal » Lajoie-Smith était un homme costaud et musclé, au tempérament explosif. Les membres de Sorel, après avoir éliminé le chapitre de Laval, avaient créé un gang associé, les Death Riders, dont la mission était de traiter des affaires au nord de la ville de Montréal. Ils y ont envoyé le membre à part entière Lajoie-Smith pour surveiller le gang et pour s'assurer que les membres des Death Riders feraient ce qui leur était demandé tout en se faisant respecter dans la zone qui leur était assignée. En arrivant sur les lieux, il s'est rendu au bar *La Marsolaise*, dont le propriétaire avait refusé de payer sa protection. Lajoie-Smith n'a même pas cherché à négocier ; il a tout simplement attrapé au hasard un client du bar et lui a infligé une terrible raclée. Il n'a pas ménagé ses efforts puisque la victime, âgée de 32 ans, Alain Cadieux, n'a jamais quitté soit son fauteuil roulant ou l'hôpital depuis ce jour-là.

Deux mois plus tard, Lajoie-Smith a donné 400 $ à Lacroix pour déposer une bombe au bar *Le Gascon*, un club de strip-tease fréquenté par les membres de l'Alliance dans la localité de Berthierville, à l'est de la métropole. Elle n'a pas explosé. Toutefois, en plus du passage à tabac de Cadieux, ce dernier acte suffisait à mettre Lajoie-Smith derrière les barreaux pour une longue période de temps, et Lacroix a dévoilé à la police tout ce qu'il savait. Les officiers de police de l'escouade Carcajou avaient eu l'exemple des erreurs commises par la Sûreté du Québec dans le cas Quesnel. C'est ainsi qu'ils n'ont pas offert d'argent à Lacroix et qu'ils l'ont gardé en prison, bien qu'il ait été en détention préventive. Lorsque la police a décliné à Lajoie-Smith les accusations qui pesaient contre lui, celui-ci était déjà en prison pour possession d'armes illégales.

Il n'a guère fait preuve d'émotion et a tout simplement demandé à ne pas être transféré à la prison de Bordeaux, où régnaient les Rock Machine.

Devant le poids des preuves accumulées contre lui, Lajoie-Smith a plaidé coupable à l'accusation d'avoir battu Cadieux. Carcajou a saisi la résidence, la Cadillac et les deux Harley-Davidson de Lajoie-Smith en vertu de la loi sur la gestion des biens saisis. Sa maison de 13 chambres a pris feu mystérieusement une semaine avant que le gouvernement ne la mette aux enchères. Lajoie-Smith hors circuit, les Hells Angels ont envoyé le toujours ambitieux Steinert au nord de Montréal pour agir en tant que parrain des Death Riders.

* * *

Alors que Carcajou connaissait un certain succès en mettant des membres des Hells Angels et de l'Alliance sous les verrous, trois individus avaient réussi à sortir indemnes des événements. Ce n'était sans doute pas une coïncidence. Il s'agissait en effet des trois membres anglophones les plus haut placés des Hells Angels au Québec, tous des Nomads. Stadnick, qui n'avait jamais eu de chef d'accusation contre lui, ainsi que Stockford, qui n'avait jamais été arrêté, ont approché leur vieil ami Carroll pour que ce dernier les aide à atteindre leur objectif final : la conquête de l'Ontario. Le 20 février 1996, Stockford a rencontré Carroll dans un chalet de Saint-Sauveur, une station de ski des Laurentides. Dans cette atmosphère touristique, il s'agissait d'une rencontre d'affaires. Selon ce que Kane a raconté à la police, Stockford, sous les ordres de Stadnick, avait acheté une grande quantité de drogue de Carroll et s'était organisé pour que celle-ci soit renvoyée à Montréal. De là, un messager avait apporté quatre kilos de haschich à un contact qu'il devait rencontrer à la Toronto Union Station et il a ensuite loué une auto pour le gros coup.

À peu près à mi-chemin de la Queen Elizabeth Way, entre Toronto et Hamilton, le messager a tourné sur la Bronte Road et s'est arrêté au Tim Horton. Une fois à l'intérieur du café de cette chaîne bien connue, il a rencontré son contact : le cousin de Stockford. Ensuite, les deux hommes ont marché jusqu'au stationnement et, une fois dans la voiture, ont échangé un sac plein d'argent contre un autre contenant un kilo de cocaïne et 1 000 doses d'ecstasy destinées au marché de Hamilton. Selon ce que Kane a raconté à la GRC, il s'agissait là de la première de nombreuses livraisons dans cette région. Les Hells Angels, dont la présence en Ontario n'était pas officielle, n'éprouvaient cependant aucun problème pour y écouler leur drogue.

Quelques kilomètres plus loin, un club de motards, encore à ses débuts, a fait une percée et a contribué à aider les forces qui se manifestaient contre les Hells Angels en Ontario. Lorsque Johnny Sombrero était devenu président des Black Diamond Riders, une bande de Toronto petite mais bien établie, il avait expulsé du gang tous les membres qui avaient un casier judiciaire. Il ne voulait tout simplement pas aller en prison pour une faute commise par un tiers. Il n'y a pas eu de discussion. Pas un seul des membres expulsés n'a osé défier le vrai dur à cuire qu'était Sombrero et ils sont partis sans causer de problèmes. Six de ces motards en chômage ont formé un nouveau club à Milton, la ville natale de deux d'entre eux. Ils lui ont donné un nom plutôt défaitiste : les Lost Souls — les Âmes perdues.

Milton était une petite ville rurale somnolente au nord de Burlington jusqu'à ce que la population de Hamilton commence à y déménager en grand nombre. Lorsque la qualité de vie à Hamilton a commencé à décliner, les personnes qui pouvaient se le permettre financièrement ont déménagé vers des banlieues comme Milton, Waterdown et Ancaster. Ces localités sont devenues des marchés très profitables pour la cocaïne et l'ecstasy, grâce à tous ces citadins qui s'étaient ajoutés à la population locale. Le 13 avril 1996, les Satan's Choice, qui ne se sont pas montrés aussi difficiles que les Sombrero ou les Black Diamond Riders, ont approché les Lost Souls en leur faisant miroiter une offre. S'ils étaient d'accord pour vendre la drogue des Satan's Choice dans la région en accordant une commission de dix pour cent au chapitre de Kitchener, ils auraient la possibilité de devenir éventuellement un chapitre.

Le déséquilibre n'a pas duré longtemps. Le 4 mai, les vingt membres au grand complet des Loners sont arrivés au quartier général des Para-Dice Riders, le club indépendant le plus important de Toronto. En dépit du fait qu'ils avaient flirté avec les Satan's Choice après la chute des Diablos, les Loners sont arrivés avec une offre : ils désiraient se joindre au chapitre des Para-Dice Riders. Les Loners offraient aux Para-Dice une présence plus active au nord de la ville et l'accès aux principaux personnages de la mafia italienne. Ils ont fait valoir qu'ils tenaient à s'unir aux Para-Dice Riders étant donné que les Satan's Choice, et tout particulièrement leur président André Wateel, les menaçaient mais qu'ils n'oseraient pas leur toucher s'ils étaient des Para-Dice. La réponse fut immédiate et positive. Les bières circulèrent en premier et ensuite la remise des insignes. Les Para-Dice Riders, qui ne s'attendaient à une telle arrivée de nouveaux membres, n'avaient pas assez d'insignes et ont cependant promis d'en faire faire. Ce que les aimables hôtes ne savaient pas et qu'ils ne découvriraient que trop tard, c'est que la peur n'avait pas été le vrai facteur qui avait fait accourir les Loners. En fait, Stadnick les avait convaincus d'infiltrer les Para-Dice Riders en leur promettant qu'ils pourraient devenir des prospects des Hells Angels s'ils arrivaient à prendre le pouvoir.

En dépit de nombreuses années de coexistence pacifique, il n'existait pas grande affection entre les Para-Dice Riders et les Satan's Choice. Les deux grands clubs, qui s'étaient alignés surtout pour faire front commun contre les Hells Angels, avaient commencé à se soupçonner l'un de l'autre avec l'arrivée massive de nouveaux membres. Et, lorsqu'ils se sont rencontrés le jour de la fête de la reine Victoria, à l'occasion d'une manif pour protester contre les barrages routiers, les injures et les menaces de toutes sortes ont vite fusé de part et d'autre. Ironie du sort : la présence de nombreux policiers et de membres de la GRC en uniforme a empêché l'escalade de la violence. Bien qu'aucun coup de feu n'ait été tiré et qu'il n'y ait pas eu d'agression physique, une autre sorte de guerre avait débuté en Ontario, une guerre froide au cours de laquelle les Para-Dice Riders et les Satan's Choice se disputaient le recrutement de nouveaux membres et la fondation de nouveaux chapitres afin d'essayer de garder leur part du marché ontarien.

Un peu plus loin, à Hamilton, Ion William Croitoru n'avait aucune idée de ce qui se déroulait et est devenu très vite un acteur important sur la scène locale. Ce jeune homme coriace, résident de Hamilton, promenait ses 130 kg sur une carcasse d'un mètre quatre-vingt. Croitoru était bien connu dans certains quartiers, mais cela n'avait pas fait de lui quelqu'un de très riche. Lorsque la World Wrestling Foundation (WWF), la Fondation mondiale de lutte professionnelle, a connu son apogée dans les années quatre-vingt, elle a eu besoin d'hommes forts à offrir en pâture à ses étoiles, et Croitoru possédait le profil de l'emploi. Il était grand, fort, avait une apparence non conventionnelle et un air « importé ». Roumain d'origine, il finissait toujours par avoir le rôle du méchant dans la grande tradition du catch et il jouait les vilains Turcs. Il avait, et cela était un atout supplémentaire, la capacité de faire le comique devant des milliers de spectateurs. Lorsque des catcheurs, comme Hulk Hogan, le brutalisaient à l'intérieur du ring, Croitoru — qui catchait sous le nom de Johnny K-9[2] — charmait le public en faisant de manière théâtrale son numéro d'acteur du cinéma muet.

Cette image n'impressionnant guère les dirigeants de la WWF, Croiteru reçut de moins en moins de contrats et ses engagements arrêtèrent carrément après 1991, lorsqu'il fut condamné à six mois de prison pour trafic de cocaïne et coups et blessures. Une fois libéré, il signa un contrat avec la Middle Tennessee Wrestling, une organisation de moindre importance et combattit sous le pseudonyme de Taras Bulba, le héros le plus célèbre de l'histoire des Cosaques. Peu de temps après, il se joignit à la Cornette's Smokey Mountain Wrestling, où il est devenu champion sous le nom de Bruiser Bedlam. Peu importe sa performance dans les ligues mineures, lorsqu'il se promenait dans les rues de Hamilton et que les passants lui demandaient un autographe ou lui payaient une bière à la Running Pump, il était pour eux Johnny K-9.

Lorsque la ligue Cornette s'était retrouvée sans le sou, Croitoru avait emprunté la personnalité de Johnny K-9 à l'extérieur du ring et avait même réussi à ouvrir un compte en banque sous ce nom. Au printemps de 1996, il se trouvait sans emploi, mais continuait à faire de l'haltérophilie quotidiennement, au cas où un promoteur de matchs de lutte l'appellerait. Il s'est trouvé des partenaires assez rapidement. L'un d'eux était un homme que la police n'avait identifié que par son pseudonyme, Jimmy Rich. Il a suggéré que lui, K-9 et un autre homme, Gary Noble, aillent à Toronto rendre visite au Satan's Choice dans leurs locaux. Les trois haltérophiles au crâne rasé furent accueillis avec effusion et on leur proposa de démarrer un chapitre de prospects des Satan's Choice à Hamilton, après une petite séance initiatique où ils ont

2. Ce sobriquet a été choisi en raison d'un jeu de mots. En effet, K-9 signifie « canin » lorsque prononcé à l'anglaise. Le chef motard s'identifie donc à un chien, qui se veut de toute évidence féroce. (N.d.T.)

dû remplir les rôles de barmen et de gardiens de sécurité au club de Toronto. Après avoir prouvé leur valeur, Noble a acheté un vieux restaurant au 269, Lottridge Avenue, un peu au nord de Barton street, pour la somme de 40 000 $, qui est devenu leur club.

Les Outlaws, affaiblis par une série d'arrestations qui étaient le résultat d'un informateur que Harris avait soudoyé, n'ont rien fait pour empêcher l'installation du nouveau chapitre. Et Stadnick, qui avait terminé de faire la cour aux Satan's Choice et qui s'intéressait à l'heure actuelle aux Para-Dice Riders, n'a rien fait non plus. Bien que Stadnick ait toujours cherché à entretenir des relations polies avec le chef des Outlaws, Mario « the Wop » Parente, tous deux ont réalisé qu'ils étaient ennemis et que Hamilton, du moins pour le moment, était le territoire des Outlaws. Stadnick comme Stockford étaient extrêmement prudents lorsqu'ils se trouvaient dans leur ville natale. Stockford a raconté à Kane qu'un soir, il avait entendu quelqu'un sonner à la porte. Il a regardé par la fenêtre et a vu un individu debout sur le seuil avec un carton à pizza. Étant donné que Stockford n'avait pas commandé de pizza, il n'a pas ouvert. Stadnick était, bien entendu, une cible beaucoup plus visible que Stockford, et Harris rapporte que Stadnick n'arborait presque jamais ses insignes lorsqu'il se trouvait en Ontario. Le peu imposant chef des motards marchait sur la rue principale de Hamilton lorsqu'une camionnette s'est arrêtée à côté de lui. Avant qu'il ne réussisse à se retourner pour voir qui c'était, deux bras puissants l'entouraient. Mais kidnapper Walter Stadnick n'était pas chose évidente. Il réussit à se défaire de l'emprise de son agresseur et à le mettre par terre en lui assénant un coup de pied bien placé. Stadnick a aperçu alors l'éclat métallique d'un pistolet au moment où le passager de la camionnette est sorti. Il se mit à courir et a fini par se mettre en sécurité. Il avait reconnu en ses deux agresseurs des membres des Outlaws.

Stadnick avait également d'autres ennemis. Steinert, dont l'ambition excessive avait souvent fâché Stadnick, a commencé à vouloir marcher sur les plates bandes de ce dernier. Steinert a commencé à utiliser Donald « Bam Bam » Magnussen dans le plus grand des secrets pour vendre de la cocaïne à Thunder Bay, en Ontario. Magnussen avait été un des gardes du corps et un bon ami de Stadnick. Malgré l'absence de preuve que Stadnick ou un autre de ses alliés en aient été au courant, Steinert a commencé à avoir des problèmes à la même époque. Ce dernier, qui avait vécu au Canada depuis l'âge de huit ans, n'avait jamais entrepris de démarches pour obtenir la citoyenneté canadienne. À la suite de coups de téléphone anonymes, le ministère de l'Immigration du Canada a commencé à enquêter sur l'homme d'origine américaine et à mettre en route le mécanisme de la déportation.

Stadnick reçut toutefois de bonnes nouvelles au cours de cet été-là. Vers la fin du mois de juin, la paisible municipalité de Port Perry, en Ontario, s'est trouvée envahie par des centaines de motards et des dizaines d'agents de la Police provinciale de l'Ontario (OPP). Ce fut l'un des événements les plus importants dans l'histoire des motards : la mise à la retraite de Bernie « the Frog » Guindon, la personnalité dominante des Satan's Choice depuis le moment où il était devenu président, en 1965. Pas un seul Hells Angels ou un seul Para-Dice Riders n'avait été invité alors que d'autres motards étaient venus de toutes les provinces du Canada. Cet état de choses a fait réaliser aux policiers que la tension montait et qu'une guerre était imminente. Stadnick, quant à lui, a vu là une bonne occasion. Il était tout à fait conscient que Guindon avait construit et reconstruit l'empire des Satan's Choice en Ontario. Malgré de nombreuses arrestations et la perte de la plupart de leurs chapitres, y compris celui de Hamilton, au profit des Outlaws, lorsque Guindon s'était retrouvé en prison, les Satan's Choice avaient rebondi pour reprendre la place de numéro deux en Ontario, derrière leurs frères aînés, les Outlaws. Ils possédaient, selon des sources policières, une trésorerie enviable provenant de la vente de drogues, de la prostitution, du strip-tease, et d'autres commerces. De plus, ils ne manquaient pas de main-d'œuvre prête à s'occuper de la vente ou à faire sauter des têtes. Il ne fait aucun doute que Stadnick caressait l'idée de faire le lien avec un réseau si bien établi, qui remportait tant de succès, et il avait essayé de faire la jonction en négociant avec Guindon au cours des années. Cependant, maintenant que Guindon était hors circuit, Stadnick a commencé à dresser des plans pour s'emparer du marché.

La police de l'Ontario élaborait des plans semblables. Elle avait eu le mandat d'abattre un gang de motards par an et la retraite de Guindon avait mis les Satan's Choice dans leur collimateur (au moins un motard prétendra que Guindon avait été mis au courant par un officier de l'OPP qu'un raid allait avoir lieu et qu'il serait préférable qu'il quitte le club immédiatement). Le matin du 19 décembre 1996, la police municipale ainsi que l'OPP, munies de mandats, ont effectué une descente au club des Satan's Choice et ont fouillé les maisons de tous les membres, prospects et associés connus. Avant Noël, 109 des 125 membres actifs des Satan's Choice avaient été coffrés. K-9, Noble, Rich et deux prospects qu'ils avaient ramassés ont été arrêtés à Hamilton.

Ce qui leur est arrivé est tout à fait typique de tout ce que les motards qui ont été arrêtés ont vécu. Lorsque des accusations plus graves rataient leurs cibles par manque de preuves crédibles ou se retrouvaient diminuées à presque rien pour obtenir un plaidoyer de culpabilité, la Couronne commença à inculper les motards de recel de biens obtenus de façon criminelle et à confisquer lesdits biens. K-9, qui prétendait avoir encaissé des revenus de 4 751 $ par an au cours des huit dernières années, s'est fait confisquer 48 articles. Lors d'enchères, son lot comportait 7 802 $ en argent comptant, deux Harley-Davidson, un énorme sofa en cuir rose qu'il avait fait faire sur mesure et un poster laminé d'un mètre quatre-vingt de haut représentant James Dean. Ils trouvèrent vite preneur dans le plus strict anonymat. Comme la plupart des autres membres des Satan's Choice, K-9 s'est appauvri au cours de cette expérience, ce qui ne l'a pas empêché de se retrouver rapidement en action.

* * *

Les Hells Angels avaient également leurs problèmes. Robert « Ti-Maigre » Richard, prévenu par son médecin des conséquences de son obésité, a subi une crise cardiaque importante, le 23 février 1996, et a perdu la vie. L'action des gens de Carcajou contre les Hells Angels s'est également révélée un facteur tout aussi important. Les limiers de l'escouade Carcajou ont mené une série de raids contre les intérêts des Hells Angels dans la ville de Québec. Cela a commencé par l'arrestation d'un associé du club nommé Clément Allard, pris en possession de 20 millions de dollars en faux billets, le 14 mars. Les raids de Carcajou ont provoqué 35 arrestations et la confiscation de suffisamment d'armes et de drogues pour ébranler sérieusement les finances du club.

Quelques jours après l'enterrement de Richard, son protégé, Steinert s'est fait remarquer par les médias d'une manière assez surprenante en s'appropriant un morceau de la petite histoire du Québec, le

« Château Lavigueur ». La nuit du 14 avril 1986, Yves Lavigueur, âgé de 18 ans, est allé répondre à la porte de sa maison quasi en ruines de Lachine et y a vu un homme mal habillé qui lui a crié quelque chose en anglais. Il a claqué la porte au nez de l'inconnu et a oublié l'incident jusqu'au jour suivant alors que le même homme s'est présenté à nouveau accompagné d'un ami. Lavigueur était sur le point d'appeler la police lorsque l'ami de l'inconnu lui a adressé la parole en français et lui a dit : « Monsieur Murphy a une grande nouvelle à vous annoncer. » Lavigueur les a fait entrer et ils se sont assis sur le divan en compagnie du père d'Yves, Jean-Guy.

Grâce à son interprète, William Murphy a rappelé à Jean-Guy que lorsque ce dernier avait perdu son portefeuille, une personne anonyme le lui avait renvoyé. Murphy avait rendu tout l'argent ainsi que les papiers d'identité qui s'y trouvaient, mais avait gardé le billet de loterie 6-49. Il s'agissait d'un billet gagnant qui rapportait 7,8 millions de dollars ! Après avoir célébré l'événement, Jean-Guy a décidé de partager cette manne céleste avec quatre personnes de sa famille et avec Murphy. Chacun recevait donc 1,3 million de dollars. Cette histoire fit les délices des Québécois. Cependant, l'affaire a malheureusement fini par mal tourner et a retenu une fois de plus l'intérêt de la population. La famille Lavigueur a déménagé dans un vrai manoir de 22 pièces dans le quartier élégant de l'Île aux Pruches, à Laval, que les médias ont immédiatement baptisé « Château Lavigueur ». À peine avaient-ils emménagé que les Lavigueur, qui aimaient bien la dive bouteille, ont commencé à se faire remarquer, ce qui a fait le bonheur des journaux à scandales. Nous étions en présence d'une version réelle des *Beverly Hillbillies* [3] en pire. En 1995, l'argent des Lavigueur était épuisé et la municipalité a mis leur maison en vente. Les Lavigueur sont alors retournés à Lachine. L'intérêt du public était tel que, de manière à limiter l'accès à la maison, un droit d'entrée de 25 $ était exigé des curieux qui voulaient la visiter.

Deux amis des Death Riders, blessés lors de l'explosion du bar Le Harley, au mois de septembre, ont acheté la maison. Lorsqu'ils entreprirent des rénovations, comme des fenêtres anti-balles et des caméras

3. Série télévisée américaine des années soixante et soixante-dix racontant l'histoire de montagnards parvenus s'installant à Hollywood. La série de 274 épisodes s'étendit sur 9 saisons. (N.d.T.)

de surveillance vidéo, un reporter a demandé à Richard Turcot (la personne dont le nom apparaissait sur l'acte notarié) s'il était un associé des Hells Angels. Il a répondu « non » et a refusé de répondre à d'autres questions. Une fois le blindage de la maison terminé, Steinert, que les Hells Angels avaient envoyé au nord pour contrôler les Death Riders, a emménagé au Château Lavigueur. Le cadre somptueux a fait plus que de servir de palais à l'homme qui se considérait comme le roi de Laval. Il a aussi servi de lieu où il pouvait mener les affaires des Death Riders. Steinert, lorsqu'il a découvert qu'un de ses vieux amis, Stéphane Chouinard, avait eu des rentrées d'argent et qu'il désirait tourner des films pornos, lui a offert d'utiliser le Château Lavigueur — à condition qu'en tant qu'hôte il puisse être un des acteurs et qu'il ait sa part des revenus.

Une accalmie ayant eu lieu au cours de l'été 1996, les Montréalais se montraient optimistes et semblaient satisfaits du travail effectué par Carcajou. Quelques éditorialistes proclamaient que la guerre était finie et certains politiciens suggéraient de réduire le budget de Carcajou ou même de le démanteler complètement étant donné qu'ils avaient accompli leur mission. Cette sensation d'accalmie a été annihilée le matin du 22 août lorsque trois bombes ont explosé en banlieue. Le jour suivant, la GRC, qui avait reçu l'information de Kane, a fait une découverte effrayante. Lorsque Gagné était sorti de prison, au mois d'avril, il avait envoyé un message à Boucher pour lui demander du travail. Deux jours plus tard, la mère de Gagné l'a réveillé pour lui dire qu'il avait de la visite. Il s'agissait de Boucher et de son bras droit, Tousignant. Ils l'ont emmené faire un tour de voiture.

Au sud-ouest de Montréal se trouve l'arrondissement de Verdun. Arrivés là, Boucher a pointé du doigt le quartier général des Rock Machine. Puis il a mis son poing en face du visage de Gagné et, lorsqu'il a été certain qu'il regardait, a rapidement allongé ses doigts, mimant une explosion. Pas un mot, pas de sons inutiles. Il a demandé à Gagné s'il avait compris et celui-ci lui a répondu par l'affirmative. Boucher lui a ensuite tendu 1 000 $ et Tousignant l'a raccompagné chez lui. Après de nombreuses tentatives frustrantes pour trouver un bon point d'observation du QG, Gagné a finalement réussi à se procurer une camionnette volée à Hydro-Québec, un véhicule tellement courant et anonyme qu'il était à l'abri de tout soupçon. Il l'a chargée de quelque 100 kg de dynamite installée dans cinq glacières de camping, chacune d'entre elles ayant son propre détonateur. Le jour où tout aurait dû sauter, la GRC a découvert la camionnette dans une des rues les plus achalandées de Verdun, à peu de distance du QG des Rock Machine. Les tests entrepris par les experts ont démontré que l'explosion aurait été suffisamment puissante pour tuer des dizaines de personnes dans une pluie de shrapnels et qu'elle aurait pu causer des dommages immenses aux structures des immeubles adjacents.

Bien que les renseignements fournis par Kane aient, une fois de plus, empêché une situation comme celle qui s'était produite dans le cas du jeune Desrochers, le délateur continuait de commettre des crimes en toute impunité et coûtait beaucoup d'argent à la GRC. Étant donné qu'il représentait la seule source d'information que la police possédait au sein des Hells Angels, elle était obligée de croire tout ce qu'il racontait. Cependant, de nombreux policiers étaient certains que Kane était impliqué dans de nombreux crimes, y compris l'attentat qui avait tué le petit Desrochers. Mais tant qu'il le niait, il n'y avait pas grand-chose qu'ils puissent faire.

Lorsque le corps de Roland Lebrasseur fut retrouvé sur le bas-côté d'une route de la communauté de Brossard, sur la rive sud, la police a demandé à Kane ce qu'il savait de Lebrasseur. Kane leur a dit que Lebrasseur avait travaillé pour Carroll en tant que chauffeur pour son agence d'hôtesses. Lorsqu'il a rencontré d'autres Hells Angels, il s'est vanté de pouvoir confectionner des bombes. Étant donné qu'ils savaient qu'il était un vétéran des Forces armées canadiennes, ils ont toléré sa présence. Cependant, il n'a jamais fait de bombes et ne savait même pas comment les fabriquer. Au lieu de cela, il a commencé à sniffer des quantités industrielles de cocaïne et à accumuler des dettes chez les mauvaises personnes, tout particulièrement Carroll, qui était constamment à court d'argent liquide, malgré son rang élevé et ses nombreuses affaires. Ce que Kane ne leur a jamais raconté, c'est que, lors d'une réception, au mois de février, saoul et complètement drogué, Lebrasseur a essayé de faire une passe à Patricia, sa nouvelle petite amie. Lorsqu'elle l'a repoussé, il lui a parlé de la relation qui existait entre Josée et Kane et lui a également parlé de ses trois enfants. Patricia n'a pas seulement déclaré à Kane que tout était fini entre eux, elle a également quitté la ville. Kane n'a pas non plus raconté aux policiers que le matin du 3 mars, avant le lever su soleil, il a conduit Lebrasseur dans un terrain vague éloigné de toutes habitations, lui a dit de sortir de la voiture, puis lui a logé trois balles dans la tête et dans la poitrine et est rentré chez lui.

Bien que la GRC lui versât un revenu de 4 000 $ toutes les deux semaines et qu'il générait également des revenus chez les Hells Angels, Kane a fait savoir aux policiers qu'il avait besoin de plus d'argent. Il se lamentait comme un adolescent gâté pour en avoir davantage et leur a déclaré qu'étant donné que tous les Hells Angels importants étaient les propriétaires d'un commerce, sa crédibilité serait accrue si lui aussi en possédait un. Après quelques pourparlers, la GRC lui a versé 30 325 $ pour fonder *Rencontres Sélectes*, un magazine gai où les hommes plaçaient de petites annonces salaces pour attirer des partenaires. La majeure partie des bénéfices devait provenir de publicités de dimension plus importante pour des bars de strip-tease, des lignes téléphoniques érotiques et des services d'hôtesses, qui appartiendraient pour la plupart à des amis de Kane ou qui seraient contrôlés par ceux-ci. Il a affirmé à qui voulait l'entendre que lorsque son affaire tournerait bien, il pourrait la transformer en un bar pour homosexuels à Montréal et commencer à faire beaucoup d'argent. Kane, qui n'avait pas terminé le secondaire, ne connaissait rien au graphisme et encore moins à l'édition. C'est ainsi que ses agents traitant au sein de la GRC ont mis au point son plan d'affaires et ont même conçu le graphisme du premier numéro du magazine ! Il les prenait vraiment pour des idiots. Kane n'a fait que très peu de travail utile pour le compte de sa publication, qui a cessé de paraître après le troisième numéro et dont tous les coûts avaient été assumés aux frais des contribuables. Son but primordial avait cependant été atteint : avoir la possibilité de rencontrer des homosexuels.

Aimé Simard était un jeune homme solitaire, au visage triste, originaire de Québec et qui vivait chez sa mère. Il avait étudié les techniques policières dans un cégep, malgré les mauvaises habitudes qu'il avait de commettre de petits vols et de frauder. Lorsqu'un instructeur lui a annoncé que pas un seul corps de police ne voudrait d'un policier aussi dodu et court que lui, il a quitté le cégep et est retourné chez maman. Il a fui pour rejoindre son père et d'autres membres de sa famille à Hamilton lorsque les accusations pour usurpations d'identités ainsi que pour chèques sans provision ont commencé à s'accumuler.

À Hamilton, il n'y avait pas de travail pour un jeune n'ayant pas fini ses études et ne parlant pas anglais. Il est donc retourné chez sa mère une fois de plus. Peu de temps après, il s'est retrouvé en prison où il s'est mis à dos un dealer de cocaïne. Lorsqu'il a été libéré, il a rendu visite au poste de police de Québec et a offert aux policiers de leur donner des informations sur ce revendeur. Ceux-ci, dont plusieurs savaient que Simard avait toujours voulu être dans la police, ont été surpris qu'il ne demande rien en retour.

Lorsque la nouvelle s'est répandue que Simard était un informateur, il a commencé à porter une arme de poing avec lui en tout temps. Quand son poids a atteint les 160 kg, il s'est adressé au gouvernement provincial et a réussi à convaincre les autorités de payer pour une opération où on devait lui faire une gastroplastie de réduction ou agrafage de l'estomac. Bien décidé à commencer une nouvelle vie dès qu'il serait devenu un homme plus mince, il s'est inscrit à un cours de sciences infirmières. Après qu'un de ses camarades se soit aperçu qu'il possédait une arme et qu'il lui en a demandé la raison, il a été de nouveau arrêté pour possession d'arme sans permis et pour l'avoir pointée en direction d'un camarade (une accusation qu'il a toujours niée). Il a reçu une peine de 18 mois de prison. Lors d'une permission de sortie pour une fin de semaine qui lui avait été accordée avant de se présenter devant le comité des remises de peines, il a décidé de célébrer et d'aller danser. Cette nuit-là, un policier qui passait par là l'a vu en train de dissimuler un revolver sous le siège de sa Jeep. Il est donc retourné en prison, où il a terminé sa peine avec une rallonge.

Dès sa sortie de prison, Simard est retourné une fois de plus chez sa mère. Elle y avait mis, cependant, deux conditions : qu'il trouve un emploi et qu'il retourne étudier. Alors qu'il travaillait comme commis de nuit au Château Mont-Sainte-Anne et qu'il étudiait la criminologie pendant la journée (il espérait encore devenir policier malgré son dossier), il a placé une petite annonce dans *Rencontres Sélectes* dans la catégorie bisexuelle. Kane lui a dit après quelques conversations téléphoniques qu'il s'arrêterait à Québec, en route pour Halifax. Au cours de leur rendez-vous, qui incluait des relations sexuelles dans le propre lit de la mère de Simard, ce dernier a reconnu sur un des bras de Kane le tatouage qui l'identifiait comme étant un membre des Hells Angels.

Kane allait à Halifax sous les instructions de Carroll, qui était consterné de voir dans quel gâchis son ancien chapitre se trouvait depuis qu'il était parti. Sans leur chef, les Hells Angels de Halifax ne s'intéressaient qu'à une seule chose : faire la fête. Ils avaient perdu leur mainmise sur la prostitution et tout particulièrement sur le marché de la drogue. Ils s'étaient terriblement endettés auprès de Carroll et avec d'autres passeurs de drogues qu'ils avaient laissé s'emparer du marché. Kane devait rencontrer un vieil ami de Carroll, Paul Wilson, un propriétaire de bars bien connu à Halifax, pour s'occuper du chapitre et recruter une petite troupe de durs pour reprendre la ville.

* * *

Pendant que Stadnick avançait ses pièces sur l'échiquier en espérant ainsi s'emparer de l'Ontario, les choses ont commencé à mal tourner à Winnipeg. Même si Stadnick avait accompli un travail remarquable avec les Redliners, son club affilié, tous les motards ayant de l'expérience à Winnipeg se tenaient du côté des Los Brovos ou des Spartans, les meilleurs étant les Los Brovos. Les Redliners servaient de gardes du corps et savaient convenablement faire la fête. Cependant, c'est avec les membres des Los Brovos que Stadnick transigeait. Il leur faisait confiance et ce sont eux qui revendaient les drogues des Hells Angels à Winnipeg. Au cours du printemps 1996, Stadnick a demandé à Ernie Dew, leur président, de se préparer à devenir le chef du chapitre des Hells Angels à Winnipeg.

Mike McCrea, qui était aux commandes du chapitre de Halifax pendant que Carroll était à Montréal, dans un effort pour faire preuve de bonne volonté et pour démontrer qu'il existait un sentiment fraternel entre les chapitres, a invité David Boyko, l'ancien président des Los Brovos et un de ses membres les plus populaires, à venir pour une fête dans l'est du Canada. Au début, Boyko a refusé, mais il a fini par accepter l'invitation sur l'insistance de McCrea. Sa participation à la fête fut courte. Un des autres invités était Magnussen et les deux se détestaient. Magnussen qui était déjà saoul et complètement drogué lorsque Boyko est arrivé possédait l'outrecuidance de son patron actuel sans posséder son charme pour l'atténuer. Magnussen avait perdu un gros montant d'argent dans une mauvaise transaction de drogues à

Winnipeg, l'année précédente, et faisait porter le chapeau aux Los Brovos. Il n'avait jamais aimé Boyko et, étant donné qu'il s'agissait du premier membre des Los Brovos qu'il lui avait été donné de rencontrer depuis longtemps, il a reporté sa hargne sur lui.

La montagne de viande que tous appelaient « Bam Bam » s'est approchée de Boyko les poings serrés et lui a demandé où était son argent. Boyko a essayé de le calmer et lui a dit qu'il ne savait pas de quoi il parlait. Avant qu'il ait pu finir sa phrase, Magnussen lui a décroché un coup de poing. La bagarre n'a pas duré longtemps. Un groupe d'invités les a séparés et a jeté Magnussen dehors. Un peu plus tard, pendant la fin de semaine, on a retrouvé le corps de Boyko sur une route de gravier prés de Dartmouth.

La nouvelle du décès de Boyko a atterré les Los Brovos, car Boyko était extrêmement aimé (la raison principale pour laquelle Stadnick avait demandé à McCrea de l'inviter à Halifax). Ses funérailles eurent lieu en grandes pompes auxquelles participèrent les membres des Los Brovos, leurs rivaux les Spartans et des clubs qui sont accourus de toutes les provinces des Prairies (principalement les Grim Reapers d'Alberta). McCrea est venu à l'enterrement espérant par ce geste convaincre les motards de Winnipeg qu'il s'agissait d'un événement isolé, d'un acte de violence qui n'avait aucun rapport avec les Hells Angels. Cela n'a pas fonctionné. Pas une seule des personnes qui a assisté aux funérailles n'a reconnu sa présence et les membres des Los Brovos lui ont tourné le dos lorsqu'il s'est approché.

Bien que certains membres des Hells Angels de Montréal lui aient conseillé de renoncer à Winnipeg — quelques-uns ont même pensé qu'il pourrait être assassiné dans un acte de vengeance —, Stadnick n'a même pas voulu envisager cette possibilité. Il avait mis trop d'énergie sur Winnipeg, particulièrement sur les Los Brovos, et il n'allait pas laisser le premier imbécile s'emparer de son travail. Pendant ce temps-là, à Winnipeg, les membres des Los Brovos ressassaient leur colère en silence, et cela, jusqu'au 11 mai, alors qu'une transaction de drogues entre un certain nombre de leurs associés et trois membres des Redliners a mal tourné. Il n'y a pas eu de négociations. Les trois malheureux Redliners ont été battus, ont reçu des coups de pied, ont été brûlés, tailladés, mutilés, torturés jusqu'à les rendre non reconnaissables, avant d'être mis à mort. Il est bien possible que les meurtriers aient agi ainsi pour se venger symboliquement de Stadnick ou des Hells Angels, car lorsqu'il est arrivé à Winnipeg dans l'espoir de conclure une paix, deux membres des Los Bravos l'attendaient à l'aéroport. Ils n'ont pas été spécialement amicaux, mais ils ne l'ont pas tué non plus.

Chapitre 9

Les conséquences de l'assassinat de Richard « Crow » Émond commençaient à se dissiper lorsque les Rock Machine récidivèrent avec un autre membre en règle des Hells Angels, le 16 décembre 1996. Bruno Van Lerberghe, du chapitre de Québec, était tranquillement en train d'engloutir une assiette de poutine au bar Rest-O-Broue II, à Vanier, lorsqu'un homme fit feu sur lui en plein visage et prit la fuite à pied. En plus de rayer de ce monde un deuxième *full patch* des Hells, le meurtre de Van Lerberghe déplaça la guerre des gangs dans la bonne ville de Québec qui, jusqu'alors, avait échappé à la violence sauvage qui déferlait sur la métropole. Avant le jour de l'An 1997, trois autres hommes furent tués par balles dans la région et tous appartenaient à des bandes de motards.

Les Nomads n'étaient pas davantage en sécurité que les autres. Le jour après le meurtre de Van Lerberghe, ce club d'élite perdit l'un de ses membres pour la première fois. Lorsque Richard « Rick » Vallée fut jugé pour conspiration dans le meurtre de Robert Leduc, un membre des Jokers qui, selon lui, ne travaillait pas avec suffisamment d'ardeur pour ses maîtres, peu de gens s'attendaient à une condamnation. Le seul témoin à charge était Serge Quesnel, dont le manque de crédibilité était devenu un gag récurrent dans la Vieille capitale. Lorsqu'il fut acquitté, les Jokers présents au prétoire applaudirent, mais Vallée avait encore quelque chose à régler avant de reprendre le chemin de la liberté. À un autre étage du même palais de justice, il devait être entendu par la U.S. Drug Enforcement Agency — la DEA, l'organisme américain de répression des stupéfiants —, qui cherchait à l'extrader afin qu'il puisse subir son procès pour l'assassinat d'un de leurs informateurs.

En 1993, Lee Carter était barman dans un bowling de Champlain, dans l'État de New York, au sud de la frontière canadienne. Lorsque Vallée approcha le jeune homme d'allure bon chic bon genre pour transporter un « colis » (de la cocaïne, selon la DEA) de New York à Montréal, Carter alla tout raconter à la police. Vallée fut arrêté, mais avant qu'il puisse être cité à comparaître, la Porsche de Carter explosa et son propriétaire fut tué sur le coup. Une partie du véhicule se retrouva sur le toit de l'allée de bowling et la jambe droite de la victime atterrit à dix mètres de là, sous une autre voiture. Les Hells Angels savent fort bien que les sentences infligées aux États-Unis sont autrement sévères que celles dont ils peuvent écoper au Canada et que les procureurs sont autrement habiles à convaincre les jurés de la culpabilité des motards. Même si elle ne réclamait pas la tête de Vallée, ce qui aurait compromis son extradition, l'homme savait pertinemment qu'il risquait de pourrir, sa vie durant, dans une prison américaine. C'est donc menotté qu'il devait se rendre à sa nouvelle audience, mais, avant cela, on le conduisit à l'hôpital pour y être opéré d'un abcès à la mâchoire. Lorsqu'un garde le conduisit aux douches, l'homme se retrouva avec un revolver sous le nez. Vallée et son complice l'attachèrent et le bâillonnèrent, puis Vallée passa chez lui faire ses bagages et s'enfuit au Costa Rica grâce à un passeport établi au nom de Guy Turner.

Bien que les administrations municipales aient supplié les instances gouvernementales de passer des lois antigang plus strictes, rien n'avait été fait. Lorsque le gérant d'un cabaret de strip-teaseuses de Lac-Saint-Charles trouva une bombe à la porte de son établissement, le jour de l'An, on put affirmer sans discussion que la guerre s'était étendue à la région de la Vieille capitale. Lorsqu'il entendit dire qu'un agent immobilier avait fait visiter un manoir à des motards, Richard Blondin, maire de Saint-Nicolas, une banlieue où ceux-ci avaient déjà leur repaire, décida de passer à l'action. Il fut à l'origine d'un projet de règlement interdisant la fortification d'édifices. Même si cette mesure ne s'appliquait pas à ce qui existait déjà, il espérait que cela empêcherait les Hells Angels d'acquérir d'autres bâtiments pour leurs clubs-écoles ou de permettre à d'autres bandes de s'installer.

Deux semaines plus tard, le ministre de la Sécurité publique du Québec, Robert Perrault, qui remplaça Ménard à la suite de l'explosion où le jeune Desrochers avait perdu la vie, mit sur pied un détachement spécial composé de membres de la SQ et des corps policiers locaux pour tenter d'identifier les bars et autres établissements reliés aux Hells Angels ou aux Rock Machine.

Fin janvier, le Groupe régional d'intervention sur le crime organisé (GRICO) avait réussi à fermer deux bars de motards à Québec. Cependant, aucun lobbying de la part de Perrault ne parvenait à faire fléchir le gouvernement fédéral pour passer les lois antigang que les forces policières du Québec réclamaient à cor et à cri. Leur plan visait à rendre illégale toute association définie comme étant un gang, permettant à la police d'arrêter un membre d'une organisation telle que les Hells Angels et de s'inquiéter plus tard des accusations que l'on pouvait porter contre lui. Ces nouvelles dispositions devaient donc différer considérablement de la loi américaine dite RICO (*Racketeer-Influenced and Corrupt Organizations* — Loi contre les organisations corrompues ou se livrant à des extorsions), qui avait été mise en échec par deux fois lorsqu'on avait essayé de l'appliquer aux Hells Angels. Elles étaient également susceptibles de porter également atteinte à la Charte canadienne des droits et libertés. À la place, le gouvernement fédéral accoucha du projet de loi C-95, qui ordonnait l'application de sentences minimum pour des crimes commis « au profit ou sous la direction d'un gang, ou en association avec lui ». Quiconque sachant que « ses membres ou certains d'entre eux commettent ou ont commis, au cours des cinq dernières années, une série d'actes criminels passibles d'un emprisonnement maximal de cinq ans ou plus ; [...] est coupable d'un acte criminel et passible d'un emprisonnement maximal de quatorze ans[1]. »

1. Le projet de loi C-95, adopté en 1997 dans la foulée des événements violents liés à la guerre de territoire entre deux bandes de motards criminalisées au Québec, mettait en application un certain nombre de propositions prises lors du Forum sur le crime organisé de 1996, sans toutefois créer l'infraction d'« appartenance à un gang ». Le projet de loi C-95 a toutefois introduit les concepts de « gang », d'« acte de gangstérisme » et de « participation aux activités d'un gang », élargi les pouvoirs des policiers dans le cadre des enquêtes (p. ex. : en facilitant l'utilisation de l'écoute électronique par les policiers) et accru la protection du public en inversant la charge de la preuve pour une personne accusée d'un acte de gangstérisme qui demande d'être mise en liberté sous caution et prévoyant l'imposition d'un nouvel engagement de ne pas troubler l'ordre public contre toute personne pour laquelle il y a des motifs raisonnables de croire qu'elle commettra un acte de gangstérisme. Ces dispositions législatives font de la participation à une organisation criminelle un acte criminel, punissable d'une peine maximale consécutive de 14 ans. (Source : *ministère de la Justice du Canada*)

Pour simplifier, disons que si le gouvernement est en mesure de prouver qu'une personne fait partie d'un groupe sachant pertinemment que les membres de ce même groupe se sont rendus coupables de crimes au cours des cinq dernières années, cette personne est passible d'emprisonnement. Ce passage de la loi fit retentir une sonnerie d'alarme chez les Hells Angels. À la suite d'une suggestion qui, selon un policier, venait directement de Stadnick, huit membres qui n'avaient pas de condamnation à leur casier au cours des cinq dernières années se séparèrent pour former une nouvelle succursale de l'organisation dont le nom devait rappeler l'époque de Sorel contre Laval. On l'appela Les Hells Angels de Montréal Sud.

Mais alors que la police se munissait de nouvelles armes juridiques, elle perdait des effectifs. Pendant que Carol Daigle et Louis-Jacques Deschênes étaient arrêtés pour avoir conspiré pour liquider le Nomads Normand « Biff » Hamel, la police de Montréal se retirait de Carcajou. « Une fois les gros bonnets du Cercle noir disparus, cette force policière a dû croire que c'était la fin de l'Alliance, a expliqué un agent de la SQ, persuadé que le retrait de la police de Montréal sonnait le glas du détachement spécial. Cela revenait à dire que les Hells Angels avaient gagné et que nous n'avions plus qu'à aller nous rhabiller… »

Les bombes continuaient toutefois à exploser. Le 11 mars 1997, un homme lança une Jeep Cherokee contre le repaire des Hells Angels de Québec à Saint-Nicolas, sauta du véhicule en marche et déclencha la bombe à distance. L'explosion fut très forte. Elle fracassa la porte de l'édifice lourdement fortifié et brisa les vitres des maisons dans les quadrilatères avoisinants. Lorsqu'un journal montra la photo d'un bébé d'un mois dans un berceau plein d'éclats de verre, le public manifesta son indignation avec véhémence. Le 16 mai, un groupe de plus de 600 résidants de Saint-Nicolas organisa une manifestation devant le repaire des Hells Angels. Pendant que certains motards enregistraient de l'intérieur sur vidéo les organisateurs de l'événement, des citoyens en colère chantèrent des chansons et scandèrent des slogans où ils demandaient à leurs voisins motocyclistes d'aller se faire voir ailleurs. Lorsque Blondin, un vieil adversaire des motards, arriva pour prononcer son allocution, la foule devint silencieuse. Il jeta ses notes, regarda en direction du repaire et ordonna simplement à ses occupants de prendre le large. Cela fonctionna puisque, le 24 mars, le repaire fut mis en vente.

Les Hells Angels avaient décidé de déménager dans un coin plus tranquille.

Après l'explosion de quatre bombes en dix jours, à Montréal, il était évident que la guerre reprenait de plus belle. Incapables d'obtenir davantage d'aide d'Ottawa, les municipalités prirent des initiatives. La Ville de Montréal ferma les repaires des Rockers et des Rock Machine en recourant à des règlements municipaux rarement appliqués. Leurs gigantesques portes de métal et leurs vitres en verre pare-balles pourraient ralentir le travail des pompiers en cas d'incendie. Même si les clubs se plièrent au règlement en effectuant les transformations requises avant de récupérer leurs locaux, ces derniers étaient maintenant beaucoup moins sûrs. À Chicoutimi, une ville relativement peu touchée par la guerre des motards, la population réagit à la création d'un club-école local, les Satan's Guard, en promulguant un règlement permettant la saisie de motos bruyantes. Cette bande déménagea à Jonquière et prit l'habitude d'emprunter la route 170, aux limites de Chicoutimi, chaque fois qu'elle voulait aller faire du bruit inutilement.

* * *

Encore furieux du meurtre de Boyko, Stadnick se mit à l'œuvre. Même si Kane a bien raconté à la GRC que Carroll avait engagé Tousignant pour supprimer Magnussen, il est difficile de croire que Stadnick n'était pas derrière tout cela. Non seulement Magnussen avait-il compromis les années de travail que Stadnick avait investies à Winnipeg — et ce, au péril de sa vie —, mais l'encombrant gorille avait tourné le dos à ses vieux amis pour faire équipe avec le plus grand rival de son ancien chef, c'est-à-dire Steinert. La mort de Magnussen aurait l'effet bénéfique de faire baisser considérablement la tension dans l'Ouest et porterait vraiment ombrage au prestige de Steinert. Tousignant n'ayant rien fait pendant des mois, Stadnick, Stockford et Carroll rencontrèrent Kane et lui offrirent 10 000 $ pour le travail. Magnussen était très copain avec Kane et c'est sans doute pour cette raison qu'on l'avait choisi, mais Kane savait pertinemment que quelqu'un dans sa position pouvait difficilement dire non à un Nomads, et encore moins à trois d'entre eux. Il accepta donc le contrat.

Kane était certes un meurtrier, mais il n'aimait guère l'idée de supprimer son ami, peu importe combien cet acte pourrait faire avancer sa carrière. Il se demandait également quelle serait la réaction de Steinert s'il découvrait le pot-aux-roses. Voilà pourquoi il alla conter ses peines à la GRC en lui fournissant les détails du complot. La police envoya deux de ses hommes les plus convaincants chez Magnussen. Par deux fois, ils lui expliquèrent les dangers qu'il courait, sans mentionner, bien sûr, de noms, puis ils lui offrirent leur protection à condition qu'il devienne informateur.

Magnussen refusa. Plus tard, il raconta qu'il avait tourné les flics en dérision et qu'il les avait jetés hors de chez lui (une vantardise démentie par la police). Kane n'avait pas le choix. Il se préparait à régler le sort de Magnussen lorsque Boucher découvrit le complot et convoqua une réunion d'urgence des Nomads. Il fit remarquer aux trois conspirateurs que, selon les règles du club, il était impossible pour un prospect de tuer un membre *full patch* et que s'ils tenaient tant que cela à liquider Magnussen, l'un de ces membres pouvait s'en charger. Il suggéra que Stadnick mette la main à la pâte puisque c'était lui qui avait le plus à gagner en éliminant le colosse d'origine scandinave.

Avant que quelqu'un se décide à lui faire la peau, Magnussen s'enfonçait dans les emmerdes. Soûl comme un âne et stone par-dessus le marché, il eut une engueulade avec un jeune homme qui se moquait de lui dans un bar du centre-ville de Montréal. Peu porté sur les subtils débats contradictoires, le géant régla la question à coups de poings et à coups de bottes et laissa l'importun pratiquement mort. Ce fut une autre déplorable décision, car cette victime n'était nulle autre que Leonardo Rizzuto, le fils du parrain présumé de la mafia montréalaise, Vito Rizzuto. Le petit revendeur aux gros bras de Thunder Bay venait de se faire un autre ennemi de taille à Montréal.

Libéré de la corvée de liquider Magnussen, Kane accepta un autre contrat de Carroll. Paul Wilson, un ami de ce dernier qui demeurait à Halifax, l'avait appelé pour se plaindre d'un personnage qu'ils avaient déjà eu comme ami commun, un certain Robert MacFarlane, l'un des hommes les plus riches de Halifax. Il avait fondé l'une des premières sociétés de téléphonie cellulaire de la Côte est, mais certains disaient que ses affaires principales tournaient autour de la cocaïne. Propriétaire d'une villa pieds dans l'eau et d'un yacht, marié à une très jolie femme,

MacFarlane s'ennuyait, et ses blues du businessman le poussaient à un peu trop boire et à consommer des quantités faramineuses de drogue. Imposant, bien bâti, agressif de nature, l'homme traînait son spleen teigneux dans les bars de la ville, participant souvent à des bagarres et laissant des notes salées. Personne n'avait le courage de l'affronter. Il s'était mis en tête de terroriser le bar de Wilson, le *Reflection*, où il avait été arrêté après avoir menacé d'y mettre le feu et, plus tard, pour avoir agressé sexuellement une serveuse. Wilson tenait à ce que cela cesse et Carroll, qui projetait consolider l'emprise de son club à Halifax, le voulait entre quatre planches. Car MacFarlane n'était pas seulement un connard, c'était également un trafiquant de drogues suffisamment influent pour intimider les motards locaux et les mettre à sa merci.

Kane accepta le contrat pour 25 000 $ et emmena Simard avec lui. Celui-ci s'était réinstallé à Montréal où il était devenu son chauffeur et, secrètement, son amant. Avec leur air typique de passeurs de drogue, les deux hommes portant barbiche et veste de cuir roulaient à la vitesse réglementaire dans une voiture ordinaire immatriculée au Québec, lorsqu'ils furent arrêtés sur l'autoroute Transcanadienne à l'extérieur de Fredericton, au Nouveau-Brunswick, par des agents de la GRC. Lorsque Kane refusa qu'on les fouille, la police, n'ayant aucune bonne raison de le faire, les laissa partir. Kane a raconté plus tard en blaguant qu'il avait sauvé la vie des agents, car Simard, qui dissimulait un pistolet dans sa ceinture, avait toujours souhaité ardemment se payer un policier.

Kane et Simard filèrent MacFarlane pendant trois jours avant de le coincer seul. Lorsqu'ils virent sa jeep Grand Cherokee passer, ils la suivirent dans une Buick blanche de location. MacFarlane les entraîna hors de la ville jusqu'à la route de St. Margaret's Bay, dans le parc industriel Lakeside, sur la rive du lac Ragged. Kane et Simard le dépassèrent et virent une autre voiture approcher de celle de leur cible. Il s'agissait de Claude Blanchard, un vieil ami de la future victime. Il venait examiner une collection d'automobiles que MacFarlane gardait dans un entrepôt. Lorsque Blanchard et son chien Jazz sortirent de leur voiture, MacFarlane mentionna qu'il était filé par des flics emmerdeurs dans une voiture blanche. Comme sur un signal, Kane et Simard s'approchèrent. MacFarlane demanda à Blanchard d'attendre alors qu'il se débarrassait d'eux, mais son chien s'était précipité vers les arrivants et

Blanchard le suivit. MacFarlane demanda grossièrement aux deux motards ce qu'ils venaient foutre. Simard descendit la vitre du conducteur, pointa un revolver dans sa direction et pressa la détente. Clic ! Rien. Blanchard et Jazz se sauvèrent et MacFarlane essaya de remonter dans sa Jeep, qui se trouvait à une trentaine de mètres de là. Après trois coups pour rien, le percuteur parvint enfin à heurter une amorce et Simard atteint sa victime en pleine poitrine. MacFarlane se releva en titubant et Simard sortit de la voiture pour mieux viser. Contrarié par le mauvais fonctionnement de son .38, il prit un pistolet de 9 mm qu'il avait passé dans la ceinture du pantalon de pluie qu'il portait par-dessus ses jeans. En sortant, le pistolet brisa le bouton-pression qui retenait le pantalon qui lui tomba sur les chevilles alors qu'il faisait feu à nouveau sur MacFarlane. Celui-ci s'écroula une fois de plus. Après s'être péniblement débarrassé de son pantalon, Simard se rendit là où était tombé MacFarlane et lui logea deux balles supplémentaires dans le cou. Kane sortit de la voiture, s'approcha du corps de la victime et y tira, lui aussi, deux balles, mais ce dernier geste n'était que du cinéma, car, plus tard, l'équipe médico-légale trouvera les projectiles de Kane profondément enfoncés dans la boue, près de la tête du mort.

Les choses commençaient à s'améliorer pour les autres Hells Angels au Québec. Le 4 avril, alors qu'on les trimballait en fourgon cellulaire pour les faire comparaître, les Hells Angels Louis « Mèlou » Roy et Sylvain « Baptiste » Thiffault furent fort surpris de voir Robert Hardy, un associé des Rock Machine, se faire embarquer dans le même panier à salade qu'eux. Lorsque les portes du fourgon s'ouvrirent au palais de justice, on transporta Hardy sur une civière, luttant pour rester en vie. N'ayant comme seul témoin à charge que l'ineffable Quesnel, dont la crédibilité fut facilement mise en doute, les deux motards s'attendaient à être acquittés et ils le furent. En fait, on les libéra même sous caution. Peu après leur retour à Trois-Rivières, six membres de clubs-écoles locaux s'évanouirent dans l'atmosphère. Sans plus d'explications aux femmes et aux petites amies des disparus, d'autres motards visitèrent leurs logements et y ramassèrent tout objet pouvant démontrer leur appartenance à leur club.

Au printemps, la chance continua à sourire aux Hells Angels lorsque l'opération Carcajou, affaiblie mais non inactive, tomba à bras raccourcis sur l'Alliance. Le 20 mai, sous des accusations de trafic de stupéfiants, Giovanni Cazzetta (qui avait rejoint la bande à sa sortie de prison) et Richard Matticks, le deuxième chef en importance du Gang de l'Est, furent mis sous les verrous. Vers la fin de la journée, les policiers mirent la main au collet de Serge « Merlin » Cyr et l'accusèrent de tentative de meurtre. La victime qu'il visait n'était nulle autre que Boucher. Le jour suivant, 23 personnes furent arrêtées sous une variété d'accusations à la suite d'un raid couvrant 24 endroits où les Rock Machine faisaient affaires, Carcajou confisqua aussi 4 millions de dollars de biens, y compris 350 bâtons de dynamite qui avaient été volés sur un chantier de construction à Rimouski. Deux jours plus tard, deux associés des Rock Machine transportant des pistolets et de la cocaïne furent arrêtés non loin de l'autoroute 401, à Tilbury, Ontario, à moins de 50 km de la frontière américaine.

La bande prit un autre bloc de ciment en pleine face lorsque des agents de l'opération Carcajou découvrirent comment des membres des Rock Machine ainsi que leurs associés fournissaient leurs dealers à la prison de Donnacona. Un aumônier avait été surpris par un membre des Rock Machine en train d'avoir des rapports sexuels avec un prisonnier. Le motard le menaça de révéler son petit secret aux autorités à moins que le prêtre, qui n'était jamais soumis à la fouille, n'accepte de devenir « mulet », c'est-à-dire passeur de drogue. Lorsqu'ils furent finalement pris, le prêtre et son fournisseur, un ancien policier dont le beau-fils (un associé des Rock Machine) était le contact pour cette combine, furent incarcérés dans des prisons différentes.

En fait, les choses allaient si mal pour les Rock Machine que Fred Faucher, pressenti pour occuper la troisième place dans la chaîne de commandement à la suite des arrestations ou assassinats qui avaient éclairci les rangs de la haute hiérarchie du club, prit l'initiative d'écrire aux Bandidos de Suède. Les Bandidos étaient un gang dont le siège social se trouvait au Texas. Leur insigne représentait la caricature stéréotypée d'un Mexicain adipeux au sombrero démesuré, armé d'un pistolet et d'un sabre d'abordage. Le nombre de Bandidos grossissait à travers le monde et en Suède, ils se débrouillaient pour tenir les Hells Angels en respect. Même si en Scandinavie cette guerre était bien moins sanglante qu'au Québec, les deux parties en lice utilisaient fréquemment des armes automatiques, des grenades et des lance-fusées d'origine militaire. Recherchant des amis, des conseils et des armes,

Gaucher demanda aux Bandidos suédois s'ils étaient intéressés à fusionner.

* * *

Les affaires n'étaient pas plus faciles ailleurs. Après l'Opération « Dismantle », les Satan's Choice tentaient péniblement de se remettre en selle. La plupart des membres du gang avaient été libérés, mais le club éprouvait des difficultés financières après que les policiers aient saisi et mis aux enchères la plupart de leurs biens. Hamilton ne différait pas des autres. De retour comme président, Johnny K-9 comptait beaucoup sur ses membres pour faire plus d'argent. Non seulement il les poussait à vendre plus de marijuana, de cocaïne, de stéroïdes et de faux billets, mais il s'attendait à ce qu'ils s'impliquent davantage comme hommes de main ou comme percepteurs de mauvaises créances pour la mafia.

Lorsqu'il annonça que le club réclamait une partie plus importante du profit de ses membres, l'un d'entre eux, Jimmy Rich, rechigna. Le matin du 27 juillet 1997, Rich entendit frapper à sa porte et alla répondre. C'était K-9. Sans dire un mot, ce dernier lui infligea une remarquable raclée. Deux jours plus tard, K-9 alla rendre visite à Rich à l'hôpital général de Hamilton. Après avoir contemplé son travail de démolition humaine, K-9 exhiba l'enregistrement de la Harley de Rich qu'il avait découvert dans ses papiers avant l'arrivée de l'ambulance et demanda à sa victime de signer le transfert de la moto en sa faveur. Étant donné que K-9 l'avait pratiquement battu à mort devant sa maison en plein jour, Rich en déduisit que son irascible patron n'éprouverait aucun état d'âme à lui faire ravaler son extrait de naissance dans une chambre d'hôpital. Il signa donc le transfert et, lorsqu'il sortit, retourna travailler pour K-9 qui se promenait tous les jours sur la moto de son infortuné subordonné.

* * *

Lorsque Kane rencontra la GRC, les policiers lui demandèrent s'il connaissait Simard. Kane répondit par l'affirmative et le décrivit comme un individu « imprévisible » et violent. Il déclara qu'il pesait dans les 68 kg (car il avait subi une gastroplastie), mais, en réalité, il devait être deux fois plus lourd. Le reste de la description était cependant fidèle au personnage. Après la liquidation de MacFarlane, Simard se considérait comme un tueur particulièrement vicieux. D'ailleurs, quelques jours après son retour à Québec, il assassina un homme qui avait eu l'outrecuidance d'évoquer un vieux crime qu'il avait commis à Montréal.

Après avoir passé des vacances en Jamaïque avec Kane et ses deux fils, Simard revint à Montréal. Il commença à traîner avec certains amis de Kane qui s'appelaient les Commandos. Il s'agissait d'aspirants motards qui faisaient de sales boulots pour les Rockers. Lorsqu'il y eut un contrat à remplir, on fit savoir à Simard que c'était son tour. Par hasard, une équipe de petits dealers de rue travaillant pour les Rockers devait disputer une partie de hockey dans l'est de Montréal contre des homologues, associés des Rock Machine. Convaincu que les visiteurs avaient besoin de se faire rentrer dans la tête qu'ils se trouvaient sur le territoire des Rockers, le patron des Commandos, Pierre Provencher, demanda à Simard de s'occuper de Jean-Marc Caissy, le meilleur joueur de l'équipe et une étoile montante que de nombreux motards voyaient déjà membre en règle des Rock Machine.

Pour être sûr que Simard sache ce que parler voulait dire, Provencher lui demanda d'exécuter son travail de manière à ce que ce ne soit « pas beau à voir ». Simard s'exécuta. Il traîna autour du stationnement jusqu'à la fin de la partie et approcha un homme qui concordait avec la description qu'on lui avait faite de Caissy. Il lança un cordial « Hello Caissy ! » pour s'assurer de l'identité de sa victime, celle-ci se retourna et Simard lui balança cinq coups de feu en plein visage. Sa sinistre besogne accomplie, il se dirigea vers le Pro-Gym, un gymnase fréquenté par les Hells Angels et les Rockers, pour lever quelques poids et se vanter du meurtre qu'il venait de commettre. Il laissa négligemment traîner le .357 Magnum dans son casier. Enhardi par son succès, Simard accepta un autre contrat pour la nuit suivante. Un petit dealer, semblable à ceux qu'il défendait dans les amphithéâtres de hockey, avait oublié de rembourser une dette à un Rocker. Il avait été repéré dans une salle de jeux vidéo de l'est de la ville. Simard et sept durs affiliés aux Rockers attendirent que le jeune homme sorte. Simard le frappa derrière la tête avec une batte de baseball et continua à le frapper jusqu'à ce que sa victime s'effondre sur le trottoir.

Simard avait prouvé son efficacité comme exécuteur des basses œuvres, mais il tapait sur les nerfs de ses semblables en se vantant constamment de ses exploits, souvent dans des lieux publics. En pleine guerre, avec les limiers de Carcajou et des indicateurs dans tous les coins, ce genre d'attitude pouvait se révéler dangereux. Les autres Commandos commencèrent à prendre leurs distances. Kane, qui n'était plus intéressé à être son amant, décida qu'il était temps de le donner aux flics en racontant à la GRC comment il avait tué Caissy.

La version officielle de la Gendarmerie royale est qu'un concierge du Pro-Gym coupa le cadenas sur le casier de Simard après la fermeture de la salle, découvrit le pistolet et appela la police. Après avoir examiné les autres objets qui se trouvaient dans le casier et la bande vidéo de la caméra de sécurité à l'entrée du gymnase, la police fit le rapprochement entre Simard et l'arme. Bien des Hells Angels et des Rockers laissaient leurs affaires dans leurs casiers et il est douteux que le personnel d'entretien se soit hasardé à toucher à quoi que ce soit. Lorsque la police l'attrapa, il craqua sur-le-champ et se mit à table. En échange de sa confession relativement au meurtre de Caissy et de renseignements sur les Commandos et les Rockers, il devait être condamné à 20 ans de prison avec possibilité de remise en liberté provisoire après 12 ans, un traitement de liposuccion et de l'aide financière à sa sortie de prison. Il balança ses copains des Commandos, Provencher, Stephen Falls, Patrick Ménard-Pascone et Gregory « Picasso » Wooley. Histoire de fermer de vieux dossiers, l'entente prévoyait aussi qu'il devait confesser tous les crimes qu'il avait commis mais non encore résolus, et que ces aveux ne donneraient lieu à aucune poursuite. Simard accepta sans se faire prier et divulgua tous les noms des gens qu'il avait tués ou malmenés. Un nom surprit particulièrement la police : celui de MacFarlane.

Kane était fort occupé. Il venait tout juste d'acheter une maison près de l'imposante résidence de Steinert, et Gilles « Trooper » Matthieu le recommandait fortement pour qu'il devienne membre en règle des Nomads. Le 30 avril, lors de ce qu'il croyait être une réunion de routine avec ses agents traitants de la GRC de Montréal au Ramada Inn de Longueuil, Kane fut arrêté par la GRC de Halifax pour le meurtre de Robert MacFarlane. Après deux heures d'avion qui le menèrent aux quartiers généraux de la police montée néo-écossaise à Bible Hill, les enquêteurs se mirent à le cuisiner. À toutes les questions,

Kane se contentait de répondre qu'il ne savait « foutrement rien » de ces histoires. Cependant, les policiers abandonnaient moins facilement que Simard. À force de travailler avec Carroll, Stockford, Stadnick et Steinert, Kane avait amélioré son anglais au point qu'il comprenait chaque mot que les policiers lui disaient, mais dans un sain esprit de bilinguisme et de biculturalisme, les Fédéraux firent venir un interrogateur francophone qui obtint encore moins de résultats…

Lorsque les policiers firent remarquer à l'accusé qu'il était fait comme un rat et que la police avait suffisamment de preuve pour le mettre à l'ombre très, très longtemps, Kane les toisa et leur dit : « Fort bien. Traduisez-moi en justice… » La GRC de Halifax n'était toutefois pas à court d'arguments. Une fois les caméras vidéo fermées, deux détectives le regardèrent dans les yeux et lui dirent qu'ils savaient qu'il était un informateur de la GRC de Montréal et que, si ce renseignement filtrait, il serait un homme mort dès que les grilles de la prison se refermeraient derrière lui. Il les prit au mot et ne se laissa pas impressionner. Après les échecs répétés et spectaculaires d'informateurs tels que Serge Quesnel, Kane réalisait qu'il n'avait pas grand-chose à craindre de Simard, dont la crédibilité était encore plus facile à mettre en doute. Kane n'allait certainement pas conclure de marché avec la GRC de Halifax. Il n'accepterait même pas leur offre de détention préventive. Il allait risquer le tout pour le tout en prison. En somme, c'était la parole de Simard contre la sienne.

* * *

La récente vague d'arrestations avait affaibli l'Alliance et convaincu les Hells Angels que l'ennemi battait de l'aile. Avec la guerre qui faisait rage, les Hells Angels se concentraient sur leurs ennemis parmi les autorités et dans leur propre organisation. Un ordre émis par les Nomads demanda aux Hells Angels et à leurs associés de cesser de porter leurs couleurs en public et de réduire le nombre de leurs fêtes. Lorsque la police trouva une bombe dans une fourgonnette d'Hydro-Québec, le 23 août, Boucher fut persuadé qu'un mouchard se trouvait au sein des Hells Angels, car les flics savaient exactement où se trouvait la fourgonnette et ce qu'elle contenait, et il était impossible pour eux de savoir cela sans qu'on leur ait refilé un tuyau. Pire : un agent de la SQ laissa glisser qu'une taupe était infiltrée dans le cercle des intimes des Hells Angels. La police avait coutume d'intimider les suspects avec de telles prétentions, mais, cette fois-ci, Boucher pensa qu'il y avait de bonnes raisons de s'inquiéter, surtout que les supérieurs du policier bavard lui avaient passé un bon savon. Même s'il s'était montré loyal envers lui en prison, Stéphane « Godasse » Gagné devint le premier suspect de Boucher. Après tout, c'était sa bombe que la police avait trouvée mystérieusement, et Boucher se demanda si Gagné ne s'était pas dégonflé lors de son premier contrat, tout spécialement à cause de la mort du jeune Desrochers, encore dans tous les esprits.

Ses craintes ne semblaient pourtant pas fondées. Gagné avait montré ce qu'il valait chez les Rockers. Sous la surveillance de Tousignant, le bras droit de Boucher, et aussi de Paul « Fonfon » Fontaine, Gagné s'était illustré comme vendeur de drogue et faisait souvent des pieds et des mains pour prouver sa valeur d'autres façons au sein du club. Avant de le laisser intégrer « l'équipe de football » (c'est ainsi que les Hells Angels appelaient leur équipe de tueurs), ils lui dirent qu'il fallait qu'il attende, mais Gagné était bien trop ambitieux et impatient pour cela. Christian Bellemare, son vieil ami, vendait ses drogues depuis que Gagné avait joint les rangs des Hells Angels. Leur longue amitié avait permis à Bellemare de bénéficier d'une certaine marge de crédit en ce qui concernait ses dettes, mais il avait laissé une ardoise de 12 000 $ au moment précis où Gagné avait besoin de prouver des choses. Il allait avoir de gros ennuis.

Au printemps 1997, Gagné et l'aspirant Rocker Yves Boies avaient invité Bellemare à fêter dans les Laurentides. Après de copieuses libations au bar d'un chalet, Gagné suggéra d'aller dehors fumer un joint. Lorsqu'ils se furent suffisamment éloignés des fenêtres de l'établissement, Gagné tira un pistolet de sa poche. Voyant qu'on allait s'en prendre à lui, Bellemare se sauva et commença à escalader l'un des bancs de neige qui entouraient le stationnement. Juste comme il atteignait le sommet, Gagné tira et Bellemare tomba à la renverse sur le pavage. Surpris de le voir encore vivant, Gagné souleva sa victime à peine consciente par sa chemise, pointa son arme sur son front et tira. L'arme s'enraya. Exaspéré, il mit ses mains autour du cou de Bellemare et serra consciencieusement. Le considérant bien mort, il laissa le corps où il se trouvait. Gagné et Boies le recouvrirent de neige à coup de bottes afin qu'on ne le trouve pas avant d'être de retour à Montréal. Le plan aurait probablement bien fonctionné s'ils avaient tué leur victime, ce qui n'était pas le cas. Elle avait sombré dans l'inconscience à la suite de son étranglement, mais voilà qu'elle s'extirpait maintenant du tas de neige et se traînait jusqu'au bar où une serveuse appela le 911. Même si Gagné avait raté son coup, il n'en avait pas moins marqué des points et démontré qu'il était prêt à se montrer un tueur professionnel.

Boucher était obsédé par l'idée qu'une taupe se promenait chez les Hells Angels. Puisqu'il ne pouvait pas savoir qui mouchardait les Hells aux flics, il allait flanquer à ces mêmes flics la frousse de leur vie afin qu'ils en deviennent tétanisés par la peur. Au terme de son nouveau plan, les Hells Angels se proposaient d'assassiner des policiers, des procureurs de la Couronne, des juges et tous ces gens qui essayaient de mettre leurs membres à l'ombre. En terrorisant tout ce beau monde, ils s'assureraient que les autorités auraient suffisamment la trouille pour que même si un membre des Hells était arrêté, il ne serait jamais condamné. Ce plan avait également un petit côté personnel. Comme bien des leaders du crime organisé, Boucher ne portait pas dans son cœur les personnes symbolisant l'autorité et il ne lui aurait pas déplu de voir un certain nombre d'entre eux transformés en macchabées. Ainsi, pour démarrer la série noire, Boucher visa les gens qu'il haïssait le plus, ceux qu'il considérait comme de parfaits imbéciles, qui l'avaient le plus maltraité au fil des années et qu'il méprisait plus que tout : les gardiens de prison. Et même si Boucher ne le savait pas, avec Kane sous les verrous, il n'y aurait plus personne pour prévenir la GRC.

En conformité avec la philosophie des Nomads, Boucher délégua le boulot à ses subordonnés, Tousignant et Fontaine. Bien que les deux hommes aient eu le ferme désir de plaire à leur patron, aucun d'entre eux ne voulait se compromettre dans une aventure aussi risquée. Selon Vincent — l'individu qui affirmait être copain avec Boucher et Stadnick à cette époque —, l'opinion publique à Montréal était à l'effet que lorsqu'un motard en tuait un autre, la police et la poursuite considéraient que c'était là un risque de leur métier. Lorsque la victime était un citoyen, la chose était déplorable mais appartenait au domaine des faits divers, mais si un motard tuait un représentant de l'autorité, il se retrouvait dans un très grave pétrin. Seulement voilà, Boucher voulait la mort d'un gardien de prison, et c'est exactement ce qui devait arriver.

Ce genre de job aurait normalement échu à Kane, mais il était sous les verrous, en attente de comparution pour le meurtre de MacFarlane. Tousignant et Fontaine se rabattirent donc sur un petit truand prêt à faire ses preuves, Stéphane « Godasse » Gagné.

Ils n'auraient pas pu choisir meilleur candidat. Gagné était littéralement obsédé de devenir un Hells Angels et avait une rancune personnelle contre les gardiens de prison. Non seulement l'avaient-ils parachuté au cœur du territoire des Rock Machine à Bordeaux, mais sept gardes lui avaient infligé une raclée, à la prison de Sorel. Il sauta sur l'occasion de remettre les pendules à l'heure avec l'un de ces personnages tant haïs. Comme beaucoup de gens de l'est de Montréal, lorsque Gagné pensait prison, il pensait à Rivière-des-Prairies, un centre de transition à sécurité maximum pour les prisonniers en attente de comparution. Après avoir longuement observé la prison sous le couvert de l'obscurité, Gagné trouva une section de la clôture métallique sous laquelle il put se glisser. De là, il s'aménagea un poste d'observation dans un boisé duquel il pouvait surveiller le terrain de stationnement. Quelques soirs plus tard, il choisit sa cible.

Parmi tous les véhicules qui arrivaient et repartaient, la plupart de vieilles mini-fourgonnettes rouillées et de banales petites voitures, il y en avait un qui se distinguait particulièrement. Cinq soirs par semaine, un homme en complet veston qui partait le premier lors des changements de quart, grimpait dans une Buick Park Avenue impeccable, toujours stationnée dans l'espace le plus près de la sortie. Il s'agissait de toute évidence de quelqu'un d'important. Ne voulant pas prendre de risques, Gagné le suivit, un soir, à sa sortie du stationnement. Gagné savait qu'à moins d'attraper sa victime sur l'autoroute, il ne serait jamais capable de fuir la scène du crime. Il fut déçu en suivant l'homme à la grosse Buick blanche. Au lieu de tourner sur l'autoroute métropolitaine vers les banlieues, la Buick suivait le boulevard Henri-Bourassa vers la ville. Désappointé, Gagné ressassait mentalement sa liste de victimes potentielles lorsque son téléavertisseur l'enjoignit de se présenter d'urgence au bureau de « Mom » Boucher.

Lorsqu'il arriva rue Bennett, Tousignant attendait à l'extérieur, Il amena Gagné dans un bar. Il lui expliqua que Boucher était impatient d'avoir des résultats et qu'à partir de ce moment, ils allaient travailler ensemble. Le plan était simple. Gagné et Tousignant devaient suivre en moto un gardien de prison jusqu'à l'autoroute Métropolitaine, l'abattre avant qu'il ne traverse le pont de Laval, traverser, abandonner la moto dans le stationnement d'un centre commercial et prendre la fuite dans une voiture volée. Le 26 juin, lorsque l'heure fut venue de faire le travail, Tousignant choisit une moto rappelant le moins possible la Harley-Davidson, chère aux motards. Il s'agissait d'une aérodynamique machine de course, une Suzuki Katana. Les deux hommes se dirigèrent vers Rivière-des-Prairies et attendirent dans l'obscurité le changement de quart. Lorsque le premier gardien s'en alla dans une vieille Jeep Cherokee, ils le suivirent jusqu'à ce qu'il dépasse l'accès à l'autoroute. Tousignant stoppa la Suzuki, lui fit faire demi-tour et ils revinrent aux abords de la prison.

En arrivant, ils virent une personne assez corpulente, pas très grande, se diriger vers une Plymouth blanche Voyageur et sortir du stationnement. Tousignant prit la voiture en filature. Lorsque la mini-fourgonnette tourna sur l'autoroute, les motards surent qu'ils avaient leur proie dans la voie de droite. Il s'agissait de Diane Lavigne, la fille d'un ancien gardien de prison et l'une des premières femmes au Québec à servir dans un pénitencier de ce genre. Elle n'avait emprunté l'autoroute qu'environ un kilomètre et demi avant de prendre le Chemin des Quarante-Arpents qui devait la mener vers sa maison à Saint-Eustache. Tousignant approcha la moto de la mini-fourgonnette tandis que Gagné prenait son revolver et faisait feu à trois reprises vers la fenêtre. Il atteint sa cible par deux fois. Le deuxième coup de feu traversa le bras de la victime, son poumon gauche, puis s'arrêta contre sa colonne vertébrale. Elle était morte avant que la Voyageur ne s'arrête sur le bas-côté de la route. Tousignant fila ensuite à Laval où ils abandonnèrent la moto, brûlèrent leurs vêtements et disparurent dans une Plymouth volée. Danielle Leclaire, une autre gardienne à la prison de Rivière-des-Prairies, conduisait également sur l'autoroute Métropolitaine à environ 500 mètres derrière Mme Lavigne. Elle aperçut la Suzuki et dut même, à un certain moment, donner un coup de volant pour l'éviter. Elle entendit des claquements et vit la mini-fourgonnette qui ralentissait sur l'accotement. Elle pensa un instant s'arrêter, mais continua sa route.

Lorsque ce meurtre parvint aux médias le jour suivant, Gagné, Tousignant, Fontaine, Boucher et les autres célébraient leur victoire. Ils furent surpris d'apprendre que la victime était une femme et, après quelques taquineries, Boucher mit son bras autour des épaules de Gagné en lui disant de ne pas se sentir mal pour autant. Ce n'était d'ailleurs pas le cas. Après avoir reçu son titre de prospect des Rockers, Gagné interpréta la gratitude de ses patrons comme étant le chemin le plus sûr pour devenir membre en règle full patch, à condition toutefois de commettre encore un autre meurtre. Mais cette occasion devait attendre. Environ une semaine plus tard, un jeune dealer conduisait une voiture volée dans l'est de la ville lorsqu'il repéra Gagné en moto, arborant son insigne des Rockers (Fontaine et Tousignant avaient maintenant le titre de prospects des Nomads). Pressé de décrocher lui-même son insigne de prospect des Rock Machine, l'ambitieux petit revendeur percuta la Harley de Gagné et prit la fuite. Gagné subit dans cet accident des blessures suffisamment graves pour le mettre hors service jusqu'à la fin août. Lorsqu'il réapparut, il reprit ses activités de dealer et commença à se préparer pour son prochain contrat. Fontaine était contre l'idée de faire la peau à d'autres gardiens de prison. Sans information de la part de Kane, le meurtre de Mme Lavigne était traité comme un incident isolé. Même s'il avait été effectué de manière professionnelle, certains indices, comme la moto japonaise, envoyèrent la police sur de fausses pistes. Un autre meurtre du genre pourrait donner à la police une idée plus précise de la situation, mais les objections de Fontaine tombaient à plat. Le plan général de Boucher était de déstabiliser le gouvernement du Québec et de lui faire craindre les Hells Angels comme la peste. Suivant un modèle établi par les narcotrafiquants colombiens, Boucher voulait terroriser la police et l'appareil judiciaire afin de les mettre à sa botte. Pour réussir, il fallait faire un exemple spectaculaire. La prochaine victime allait donc bien être un autre gardien de prison.

Le 3 septembre, Gagné et Fontaine, cachés dans les arbres à Rivière-des-Prairies, trouvèrent une proie, Richard Auclair. Ils filèrent Auclair, et Gagné suggéra de l'abattre à un feu rouge avant de tourner sur l'autoroute. Fontaine qui, dès le début, semblait très nerveux aux yeux de son complice, le pria de n'en rien faire parce qu'il ne croyait pas que le chemin par lequel ils devaient fuir était très sûr. Gagné se déclara en désaccord, mais respecta sa décision. De retour chez eux, Fontaine lui révéla qu'il éprouvait certains malaises à abattre un gardien de prison. « Un Rock Machine, ça ne me fait rien, ce sont nos ennemis, expliqua-t-il en faisant remarquer qu'il ne tenait pas rigueur au personnel des pénitenciers. Après tout, ces gens ne sont rien pour moi… » Il tenait également à s'assurer que Gagné savait que s'ils étaient pris, ils étaient bons pour 25 ans de prison ferme. Ces arguments n'eurent pas d'effet sur « Godasse » Gagné, qui avait déjà trucidé une gardienne et qui aspirait à obtenir au plus vite son titre de membre en règle.

Le 8 septembre, ils étaient une fois de plus de retour dans leur boisé. Lorsque Boucher découvrit que Fontaine était hésitant, il voulut savoir pourquoi. Fontaine expliqua qu'il était risqué de prendre une moto. Boucher lui procura alors une petite Mazda 323 à hayon et une mini-fourgonnette Dodge Caravan. Fontaine était donc de retour au boulot et Boucher lui suggéra d'être le tireur, avec Gagné en réserve. Ce matin-là, 12 autobus quittaient Rivière-des-Prairies pour prendre des prisonniers. Lorsque l'un de ceux-ci tourna près de l'endroit où la Caravan devant servir à prendre la fuite était stationnée, les motards le suivirent dans la Mazda. Comme tous les véhicules gouvernementaux doivent le faire, l'autobus s'arrêta en arrivant à un passage à niveau. Robert Corriveau, l'aide-chauffeur, se trouvait à l'avant sur le siège du passager lorsqu'il vit un homme plutôt replet, vêtu de noir, apparemment armé d'un pistolet, bloquer l'autobus. Avant qu'il ait pu prononcer un mot, Fontaine s'était hissé sur le capot du véhicule et avait déchargé son Magnum .357 en direction de Pierre Rondeau, qui était au volant. Dans une volée de minuscules éclats de verre, trois balles pénétrèrent dans le corps du chauffeur. L'une d'elles tournoya au point de réduire pratiquement ses entrailles en bouillie. Abasourdi, Corriveau vit Fontaine se laisser glisser du capot et s'en aller, mais il ne vit pas Gagné avant d'entendre le déclic. Le 9 mm qu'il pointait sur sa cervelle s'était enrayé. L'aide-chauffeur se cacha donc sous le tableau de bord sauf que Gagné s'était laissé glisser à son tour du capot et se dirigeait calmement vers le côté droit de l'autobus. À travers la fenêtre, il pouvait voir Corriveau se pelotonner dans sa cachette et il déchargea sur lui tout ce qu'il lui restait de balles avant de s'en aller. Aucun de ces projectiles n'atteignit Corriveau, mais l'un d'entre eux frappa Rondeau, dont le cœur battait encore faiblement.

Pendant que Boucher s'en prenait aux gardiens de prison, la violence montait encore pendant l'été. Le même soir, deux bars associés aux Hells Angels reçurent des cocktails Molotov tandis que quelqu'un incendiait l'agence d'hôtesses et de strip-teaseuses « Sensations », propriété de Steinert. Même si l'on considérait que cet incendie faisait probablement partie de ce qui semblait être une guerre interminable, Steinert avait suffisamment d'ennemis dans son propre club et dans la mafia pour en déduire que le sinistre aurait pu être causé par pratiquement n'importe qui.

Un autre événement obscur survint le 23 août lorsque Louis « Mèlou » Roy fut abattu de quatre coups de feu tirés d'une voiture par un homme masqué alors qu'il descendait de sa Mercedes noire, dans le stationnement du motel de son père. La police assura sa surveillance à l'hôpital et lorsqu'il se réveilla on envoya une équipe d'investigateurs lui poser quelques questions. Il refusa de répondre à ceux qu'il qualifia de « cochons » et les mit éventuellement à la porte. La police lui retira sa protection et l'un des enquêteurs (qui tenait à conserver l'anonymat) fut cité dans un journal comme ayant spéculé que l'attentat avait été perpétré par les Hells Angels en représailles pour avoir amené l'encombrant Quesnel dans le décor.

* * *

Cet été de toutes les surprises fut également celui où l'on put constater la maîtrise avec laquelle Stadnick mena ses affaires dans l'Ouest. Dès le début, il avait laissé les mains libres à Boucher, au Québec, et n'était intervenu que lorsque ses intérêts personnels se retrouvaient en jeu. Le résultat fut une guerre brutale et sanglante au cours de laquelle les attentats à la bombe étaient monnaie courante ; les fusillades, des événements routiniers où les victimes innocentes faisaient les frais des affrontements et où le gouvernement du Québec était devenu la cible ultime des motards. Ce n'était pas ainsi que Stadnick fonctionnait. Il préférait grandement payer une bière à un rival plutôt que de lui défoncer le crâne. Il savait que pour réussir dans le crime organisé, il fallait séduire ses rivaux pour les amener à travailler avec vous et ne pas donner à la police de corde pour vous pendre. C'est ainsi qu'il avait pu amener la pègre albertaine dans son giron.

Comme en beaucoup d'endroits au Canada, aux États-Unis et en Europe occidentale au cours des années soixante et soixante-dix, l'Alberta avait subi une période où des jeunes gens mécontents sautaient sur leur moto, endossaient des blousons de cuir et s'en allaient pétarader dans la nature au nom de la liberté. Et, comme partout ailleurs, on put voir les clubs de motards les plus forts et les plus gros avaler ou se débarrasser des plus petits et des plus faibles. Dans les années soixante-dix, à un moment donné, la police dénombrait 35 clubs de motards hors-la-loi dans la province. Six ans plus tard, il n'y en avait plus que quatre. Le plus petit d'entre eux, les Ghost Riders de Lethbridge, ne survivait principalement que grâce aux relations très serrées qu'il entretenait avec son homologue de la Côte ouest. Toutefois, lorsque Yves « Le Boss » Buteau accorda le statut de prospects des Hells Angels aux Satan's Angels de la Colombie-Britannique, il ne le fit qu'à la condition qu'ils se débarrassent de tous leurs concurrents dans la région. En juillet 1978, le chapitre des Ghost Riders de la C.-B. et les Satan's Angels s'affrontèrent, et les Ghost Riders durent s'incliner. Privé de ses alliés de la côte du Pacifique, le chapitre de Leithbridge eut sur-le-champ le sentiment que ses jours étaient comptés. Lorsque des représentants armés des Grim Reapers, la bande la plus importante de l'Alberta, se présentèrent dans leurs locaux, les Ghost Riders ne livrèrent pas bataille. Ils remirent leurs insignes et partirent planter leurs choux.

Dans les années quatre-vingt, les Hells Angels mirent une fois de plus leur nez dans les guerres de gangs albertains lorsque les Satan's Angels formèrent une alliance avec les Rebels, le plus petit club tenant encore le coup, et placèrent les King's Crew de Calgary dans leur collimateur. Au cours du printemps et de l'été 1983, l'Alberta dut endurer une mini-guerre des motards. Elle démarra lorsque les Grim Reapers se présentèrent armés dans les locaux des King's Crew et demandèrent à tous de leur remettre leurs insignes. Pour ajouter à cette humiliation, ils brûlèrent les écussons et en envoyèrent des débris encore identifiables aux journaux. Les King's Crew jurèrent de se venger et posèrent une bombe chez un concessionnaire Harley-Davidson d'Edmonton, associés aux Grim Reapers, mais n'y causèrent que de légers dommages. Les Grim Reapers rétorquèrent par des poses de bombes, des fusillades et des enlèvements en série qui forcèrent les King's Crew à cesser les hostilités et à disparaître dans la clandestinité avant la fête du Travail.

Alors que des tensions se faisaient jour entre les Grim Reapers et les Rebels, les Hells Angels de Colombie-Britannique intervinrent. Ils suggérèrent que les Grim Reapers, dont le quartier général était à Edmonton, et que les Rebels, basés à Calgary, se divisent la province. Les Grim Reapers s'accapareraient le nord du territoire et les Rebels, le sud, et il était entendu que les Hells Angels fourniraient de la drogue aux deux factions. Lorsque quelques membres increvables des King's Crew se regroupèrent et que les Grim Reapers se préparaient à leur infliger une autre correction, les Hells Angels de Colombie-Britannique mirent le holà et garantirent la sécurité des survivants. Il ne fallut guère de temps pour que les trois bandes albertaines revendiquent le statut éventuel de Hells Angels. Malgré leur implication avec toutes les bandes de motards d'Alberta, les Hells de Colombie-Britannique refusèrent de leur accorder le statut de prospects. On raconte d'ailleurs que les ordres venaient de Stadnick en personne.

Lorsque Stadnick commença à voyager dans l'Ouest et à faire la fête avec les trois clubs de Winnipeg, il commença à évaluer les bandes albertaines pour leur force, les résultats qu'elles obtenaient dans leur marché respectif et la qualité de leur leadership. Au cours de l'été 1996, il décida que les Grim Reapers (qui avaient depuis lors ouvert un chapitre à Calgary en violation de l'entente qu'ils avaient prise avec les Rebels) étaient la bande la plus prometteuse de l'Alberta et il offrit à ses membres de devenir prospects. Il y avait toutefois une entourloupette. D'habitude, les prospects peuvent porter des demi-écussons, mais Stadnick parvint à convaincre les Grim Reapers de continuer à porter leurs anciennes couleurs malgré leur nouveau statut. Il ne créait pas vraiment de précédent, car, à New York, la bande The Aliens avait gardé sa cocarde alors que prospects des Hells, n'étant pas convaincus de vraiment vouloir devenir des Hells Angels et étant suffisamment puissants pour forcer les Hells à modifier les règlements internes pour les accommoder.

Les Grim Reapers n'étaient pas The Aliens, mais c'est dans cet esprit qu'il leur vendit l'idée de conserver leurs couleurs pendant leur stage de prospects, un peu comme s'ils faisaient un essai avant d'arborer celles des Hells Angels. Les Grim Reapers étaient censés agir en douceur, mais ratèrent leur coup. Non seulement les cartes de Noël qu'ils envoyèrent en 1996 mentionnaient-elles leur état de prospects des

Hells Angels, mais c'est ainsi qu'ils s'identifiaient sur le répondeur téléphonique de leur local. Malgré cela, ils réussirent à se faufiler sous les radars de la police et des médias. La présence fréquente de personnalités comme Stadnick et le chef de facto en Colombie-Britannique, Rick Ciarnello, souleva bien quelques questions, mais les mauvaises. Lorsqu'on réserva une centaine de chambres dans un hôtel de Red Deer au nom d'un club de courses motocyclistes bidon, les journalistes commencèrent frénétiquement à spéculer que les Hells Angels allaient déménager un chapitre en Alberta (comme les Demon Keepers) ou en établir un nouveau (comme les Redliners), mais ils furent dépassés par la suite des événements.

Les Albertains, dont beaucoup vivaient dans cette province pour échapper aux règlements et à la bureaucratie qui sévissaient dans le reste du Canada, accueillirent les Hells Angels à bras ouverts. Non seulement publia-t-on des sondages indiquant qu'une forte majorité de la population était d'avis que les Hells Angels avaient le droit d'exister, mais on venait nombreux pour les accueillir. La police était là aussi, bien sûr. Aux frontières provinciales, elle établissait des barrages où elle arrêtait tout quidam ayant l'air d'un motard faisant partie d'une bande et lui demandait son permis de conduire, ses papiers d'enregistrement et d'assurance. Habitués à ce genre de contrôles, les Hells Angels s'y soumettaient et on ne signala aucun incident majeur. Ils n'étaient cependant pas habitués à être accueillis par des ovations et des vivats.

Curieux de nature, les Albertains prirent des photos des Hells en compagnie de membres de leurs familles et de leurs enfants et leur demandèrent même des autographes. On n'avait jamais accueilli les motards avec autant d'enthousiasme depuis l'époque où les hippies californiens les décrivaient stupidement comme étant « la police du peuple ». Lorsque la fête prit fin le 23 juillet, les deux chapitres des Grim Reapers étaient devenus les Hells d'Edmonton et de Calgary, tandis qu'on accordait le statut de prospects aux Rebels de Red Deer et que les King's Crew pouvaient poursuivre leurs activités en qualité de club-école pour ces bandes.

La filière albertaine prouva son efficacité presque sur-le-champ. Une semaine après la fête, Terry Malec, un vétéran Grim Reaper devenu Hells Angels, demanda un permis d'achat d'arme à feu qui lui fut refusé. Il en fut d'autant plus surpris qu'il n'avait pas de casier judiciaire et qu'il détenait déjà depuis des années deux permis pour des armes de chasse. Lorsqu'il vit qu'on lui refusait un nouveau permis, il se fâcha. L'agent de la GRC, Joe Coulombe, justifiait ce refus sous prétexte que Malec était un Hells Angels. Les deux parties mobilisèrent leurs avocats et se retrouvèrent devant le tribunal où la GRC fit comparaître un expert criminologue de Montréal qui décrivit les horreurs que la guerre des motards avait occasionnées au Québec. L'argument tomba à plat, car la juge Jeanne Burch décida que Malec avait les mêmes droits de détenir une arme à feu que tout Canadien avec un casier vierge, peu importe le genre de blouson qu'il portait. Ce jugement fit beaucoup de bruit. Comme l'avaient toujours soutenu les motards, un tribunal avait enfin conclu que le fait d'être membre des Hells Angels ne faisait pas de vous un criminel.

Stadnick ne se reposa pas sur ses lauriers. Toujours habile dans l'art des relations publiques, il se débrouilla pour tirer le meilleur parti d'événements assez affreux qui s'étaient déroulés plus tôt à Winnipeg. En septembre, deux membres en règle des Spartans et deux de leurs copains furent arrêtés après qu'ils aient attiré une adolescente dans leur repaire et qu'ils l'aient sauvagement violée. Ce crime ressemblait à celui qui avait envoyé le chef des Spartans, Darwin Sylvester, et un ami en prison, en 1979, un forfait dont de nombreux Winnipeguois se souvenaient. Bien que Stadnick ait pris ses distances avec les Spartans et les Redliners, il s'arrangea pour que l'on sache que c'étaient les Los Brovos qui étaient les motards favoris des Hells Angels dans la région. Il savait que s'il pouvait influencer l'opinion publique en présentant les Los Brovos comme de sympathiques motards comparés aux Spartans, il marquerait des points.

Ses tractations portèrent fruit le 18 octobre, lorsque des centaines de Hells Angels et d'associés envahirent la ville pour célébrer apparemment le trentième anniversaire de Los Brovos. Même si elle n'était pas aussi aveuglément enthousiaste que celle qui s'était manifestée en Alberta quelques mois auparavant, une foule néanmoins imposante se présenta à l'occasion de cet événement. Lorsque les motards arrivèrent au local des Los Brovos, dans l'est de la ville, peu de personnes firent preuve de scepticisme. Elmwood est le quartier le plus pauvre de la ville. On y trouve des émigrants récemment arrivés et des familles de membres des Premières nations qui avaient peu à craindre des bandes de motocyclistes. Lorsque les Los Brovos organisèrent une fête populaire, le voisinage accourut en foule. Les journalistes et les photographes se pointèrent et un motard futé eut une idée géniale : il installa un des Jokers près du chariot d'un vendeur de hot-dogs et lui demanda d'en payer aux enfants du quartier. Il attira ensuite l'attention du photographe du *Winnipeg Free Press* pour immortaliser l'événement. C'était de la pure mise en scène, mais cela fonctionna. La photo parut le lendemain avec une légende où l'on parlait de la « gentillesse » démontrée par les motards.

Il ne s'agissait pas seulement de mondanités. Lorsque les visiteurs rentrèrent chez eux, Winnipeg comprenait un chapitre de prospects des Hells Angels. Plus tard, le président du chapitre, Ernie Dew, déclarait aux journalistes que, pour lui, le facteur décisif avait été le fait que Stadnick ait réussi à faire des Grim Reapers des membres en règle. C'étaient les mêmes motards qui, anciens alliés des Los Brovos, avaient permis de tenir les Hells Angels à distance des Prairies. Avant de s'en aller, Stadnick avait envoyé certains des plus coriaces motards québécois annoncer aux Redliners que leur bande était dissoute. Non seulement n'avaient-ils rien fait de valable pour devenir de vrais Hells Angels, mais ils n'étaient même pas assez bons pour faire partie d'un club-école. Maintenant que leur existence était fort discutable, il fallait qu'ils débarrassent le plancher, à l'exception d'un unique membre, Ernie Dubois, le seul qui avait prouvé sa rentabilité dans le club. On l'invitait à rallier le camp de ses anciens ennemis, les Los Brovos.

Stadnick gagna davantage de choses pour lui et pour son club que d'ajouter des chapitres. Tandis que les Hells Angels qu'il avait laissés au Québec avaient effectué un virage au cours de leur guerre contre les Rock Machine et l'Alliance pour s'occuper de choses plus importantes, ce conflit s'était avéré coûteux et désastreux. Les médias et le public tenaient Boucher responsable de toute cette violence et l'avaient complètement diabolisé. Lorsqu'il ne se terrait pas dans son bunker de la rue Bennett à écouter animateurs et auditeurs réclamer sa tête sur les confessionnaux des ondes, engoncé dans des vêtements pare-balles, entouré par une cohorte de gardes du corps, chacun de ses mouvements était surveillé tant par la police que par des tueurs à gages. D'un autre côté, Stadnick se déplaçait furtivement et en tout confort à travers le pays, tandis que les chapitres de Colombie-Britannique contrôlaient le trafic de stupéfiants et la prostitution en jouissant pratiquement d'une immunité diplomatique et que les motards des Prairies s'affichaient en pleine rue sous les vivats de foules enthousiastes. Une source d'information (un associé des Rockers de Montréal) laissa entendre qu'à la suite de pressions de Stadnick, même Carroll était sorti de son brouillard éthylique et avait réaffirmé ses droits dans son territoire de Halifax et de la Côte est. La stratégie de Stadnick avait fonctionné presque aussi efficacement que prévu. En déléguant les missions les plus sales à leurs subordonnés, les Nomads étaient devenus pratiquement intouchables par la justice. (Signalons toutefois une exception : celle de Vallée, qui fut arrêté pour des crimes commis avant qu'il ne fasse partie des Nomads.) Les Rock Machine étaient en débandade et les Hells Angels avaient étendu leur influence à travers le pays.

Il était cependant très clair que les objectifs de Stadnick étaient loin d'être tous atteints. L'Ontario était encore un fruit juteux hors de sa portée. Même après avoir infiltré certains de ses hommes chez les Para-Dice Riders, il devait admettre qu'ils ne formaient qu'une voix minoritaire (ni brillante, ni fiable) au sein du troisième club en importance de la province. Le boss des Hells était lui-même une cible dans sa propre ville et, bien qu'il ait réussi à écouler de petites quantités de drogue dans la région, c'étaient ses partenaires, les Satan's Choice, qui encaissaient de gras profits. Ce serait mal connaître l'homme que de penser qu'il allait abandonner. Il avait un véritable plan pour l'Ontario, tout comme il en avait eu un pour le reste du pays, mais restait d'abord à régler un problème ennuyeux : neutraliser Steinert et Magnussen.

Chapitre 10

Sa main tremblait en reposant le combiné. La femme de Scott Steinert n'avait jamais vu son mari dans un tel état d'épouvante et, pourtant, ils se connaissaient depuis un certain temps et s'étaient mariés un mois plus tôt. Il venait de raccrocher le téléphone après avoir parlé à son bras droit, Donald Magnussen. Elle savait qu'il était inutile de demander ce qui n'allait pas.

Malgré le fait qu'il ait eu une vie sexuelle épanouie, privée comme publique, et qu'il possédât cinq agences d'hôtesses, Steinert avait conservé la même petite amie, qui se nommait Louise, depuis le secondaire. Tout a changé en 1996 en rendant visite à un restaurateur avec lequel il faisait affaire. Après avoir vu la fille de cet homme, il a eu le coup de foudre. Peu de temps après, il a quitté Louise, demandé à Magnussen de sortir de son manoir où il vivait pour s'installer dans l'une des trois maisons qu'il avait construites sur sa propriété, puis a convolé en justes noces avec la jeune fille.

De nombreuses personnes qui connaissaient Steinert ont déclaré qu'il l'avait épousée pour essayer d'éviter la déportation, car les officiers d'immigration le talonnaient, ses pourvois en appel expirant les uns après les autres. Une fois ses recours légaux épuisés, Steinert a approché des contacts qu'il avait au sein de la communauté Mohawk dans la communauté de Kahnawake, non loin de Montréal. Il désirait qu'on lui délivre un certificat assurant qu'il était membre à part entière de cette nation autochtone. Le statut de membre d'une Première Nation lui permettrait de vivre au Canada ou aux États-Unis sans qu'aucun des deux gouvernements ne puisse intervenir. Ce plan a échoué le 23 septembre 1997 lorsque la GRC a effectué un raid à

Kahnawake. La première raison de cette descente était de réduire les entrées constantes d'armes à feu illégales en territoire amérindien. Ce raid a néanmoins totalement mis fin aux tentatives de Steinert en vue d'obtenir un certificat de citoyen des Premières Nations. D'autres sources prétendent que son mariage était une vraie histoire sentimentale et que Steinert était sincèrement amoureux de sa femme. « Il a même mis fin à son goût pour la porno », a fait remarquer un associé des Death Riders.

Pourtant, le 4 novembre 1997, sa femme a vu pleurer cet homme fort. La même chose se déroula dans la petite maison où Magnussen résidait lorsqu'il a raccroché le téléphone. Il a serré sa petite amie dans ses bras et a pleuré avant de lui dire au revoir. Un peu plus tôt, au courant de la journée, Steinert avait reçu un message important qui ordonnait que lui et Magnussen se rendent à une réunion urgente avec les Nomads, pendant la nuit. Lorsqu'il a téléphoné à Magnussen et qu'ils en ont discuté, ils sont tous les deux arrivés à la même conclusion : la réunion n'avait pas été organisée pour leur faire la « fête ».

Il existe un consensus chez les inspecteurs médico-légaux : plus les moyens utilisés pour commettre un crime sont horribles, plus ils représentent la haine que le meurtrier porte à sa victime. Si cette opinion est véridique, un individu détestait vraiment Steinert et Magnussen. Il n'a jamais été positivement déterminé qui les a tués, ni même s'ils se sont rendus à la convocation des Nomads, ou si la fameuse réunion a vraiment eu lieu. Ce qui est certain, c'est que le 4 novembre, Steinert et Magnussen ont été battus à mort et que l'arme du crime était un marteau. Leurs corps horriblement mutilés ont été mis dans des sacs de plastique, transportés à 250 kilomètres de là et jetés dans le Saint-Laurent à la hauteur de la ville historique de Beauport.

Deux mandats d'arrêt avaient été émis contre Steinert alors que lui et Magnussen se trouvaient déjà au fond du Saint-Laurent. La police avait découvert des preuves du trafic de drogues, et les officiers d'immigration voulaient le rencontrer du fait qu'il ne s'était pas présenté à une audience d'extradition. Comme il restait introuvable, le gouvernement a saisi et mis aux enchères le Château Lavigueur. Tous les environs du manoir furent mis sous surveillance de la police pendant le temps où s'accomplissaient les formalités afin de contrecarrer les velléités qu'auraient eues les Hells Angels de le faire brûler [1].

Marin Clavel, un membre un peu simplet des Rock Machine, fut arrêté par la Sûreté du Québec le 27 août 1997. Son arrestation n'avait de vraiment particulier que le fait qu'il possédait quelque chose que personne n'avait jamais vu au Canada jusque-là : un tee-shirt où étaient écrits les mots : « Soutenez les Bandidos de votre localité. » La presse s'était emparée de ce fait divers et relatait avec force détails le fait que les Bandidos étaient venus à la rescousse des Rock Machine. Au contraire des Hells Angels, qui interdisent à une personne non-membre de porter leurs insignes et leur logo, les Bandidos vendaient leurs tee-shirts et leurs insignes à n'importe qui. En gardant cela à l'esprit, certaines voix ont déclaré qu'il s'agissait d'un battage publicitaire. Mais une chose était certaine : les Rock Machine, qui étaient en train de perdre la guerre contre les Hells Angels, étaient à la recherche de nouveaux amis là où ils pouvaient en trouver.

La lettre que Fred Faucher avait envoyée aux Bandidos suédois avait porté fruit. Voici en partie la réponse qu'il a reçue : « Nous avons lu avec un intérêt soutenu les nouvelles concernant votre situation au Québec. Nous vivons à peu près les mêmes événements en Scandinavie. Nous aimerions avoir plus de détails. » Faucher et deux de ses amis des Rock Machine, Paul « Sasquatch » Porter et Johnny Plescio, furent invités au Bandidos Euro Run où ils rencontrèrent et eurent des entretiens avec le président international, venu du Texas, ainsi qu'avec les présidents des chapitres de Suède, de France et d'Australie. Moins d'un mois plus tard, les Bandidos et les Hells Angels avaient signé un traité de paix en direct sur une chaîne de télévision danoise.

De nombreux observateurs ont déclaré que ce pacte signifiait la fin des hostilités entre les Bandidos et les Hells Angels au plan mondial, mais c'était tout à fait le contraire. Ce pacte était une farce. Les représentants des gouvernements danois, suédois et norvégiens avaient rencontré les chefs des deux gangs et leur avaient ordonné de signer ce pacte, car, en cas de refus, leurs organisations seraient déclarées hors-la-loi. Les motards ont donc signé lorsqu'ils ont réalisé que les gouvernements de ces pays n'hésiteraient pas à utiliser leurs forces armées

1. Ce qui survint plus tard, dès que les autorités baissèrent leur garde.

respectives s'il le fallait. Ce pacte n'a pas fait d'eux des amis pour autant et cela n'a rien changé à la situation qui prévalait au Québec. Les Bandidos suédois — et, ce qui est plus important, ceux du Texas — montraient encore leur prédilection pour les Rock Machine et continuaient à être les ennemis jurés des Hells.

La possibilité d'une union entre les deux groupes a fait un pas en avant le 11 septembre 1997 lorsque les deux principaux personnages des Rock Machine, Claude « Ti-Loup » Vézina et Dany Légaré, ont été emprisonnés à la suite d'une accusation de possession et de trafic de drogues, conséquence d'un raid effectué par la police, au mois de mai. Avec ces deux personnages hors de combat, Faucher — le motard qui avait mis sur pied le rapprochement des Bandidos et des Rock Machine — est devenu le membre le plus haut placé du groupe dans la ville de Québec. Sa première décision en tant que chef a été de payer en retour ses hôtes européens à l'occasion d'une grande réception qui a eu lieu dans la Vieille capitale. Faucher a donné une fête imposante à l'hôtel Loews Le Concorde en l'honneur des Bandidos venus des quatre coins du globe. Un Bandido s'est fait remarquer par son absence. Il s'agissait d'un danois, Jan « Clark » Jensen, déporté du Canada deux semaines plus tôt en raison de son passé criminel. Un agent de police de la ville de Québec en uniforme a remarqué la présence de deux associés des Rock Machine sur le trottoir, en face du Loews, ainsi qu'une profusion de Harley-Davidson dans le stationnement de l'hôtel et a appelé pour avoir des renforts. Lorsque ceux-ci sont arrivés, les policiers ont arrêté six membres de Québec pour lesquels ils avaient des mandats et ont déporté aux États-Unis le vice-président international des Bandidos, George Wegers, la personnalité ayant le rang le plus élevé de la réception.

* * *

Les gardiens et les employés des prisons québécoises vivaient un climat de panique pendant l'automne 1997. Deux de leurs semblables avaient été assassinés par des tueurs professionnels, et la police ne possédait ni suspect ni indice certain. Les gardiens, cependant, se montraient prêts à faire leur propre enquête informelle. Travaillant nuit et jour avec des individus qui auraient préféré les voir morts que vivants, les gardiens avaient la possibilité de deviner quels étaient les bandits et les groupes capables d'élaborer de tels plans. Nombre d'entre eux se souvenaient d'une liste qui comportait leurs noms et adresses, retrouvée dans une des cellules de la prison Archambault, en 1992. La police ne réalisait peut-être pas ou ne voulait pas déclarer ouvertement les noms des responsables, mais les gardiens, eux, le savaient : il s'agissait des Hells Angels.

Au cours du même automne, des gardiens angoissés ont remarqué que des types louches prenaient des photos de leur maison et de leur auto. Quelques-uns d'entre eux ont même rapporté qu'ils avaient été suivis dans les trajets qu'ils empruntaient pour aller et revenir du travail, et également dans l'enceinte de la prison. Leur panique s'est transformée en terreur le 14 octobre lorsque la maison d'un des gardiens a été cambriolée. Les biens les plus faciles à revendre — récepteur de télé, vidéo et ordinateur — n'ont pas été touchés. Les cambrioleurs s'étaient emparés de quelque chose de bien plus effrayant : deux uniformes de gardien au grand complet, deux chemises supplémentaires et des menottes. Les gardiens, qui en avaient assez de l'inaction de la police ont décidé d'effectuer leur propre enquête. En regroupant leurs observations et après avoir interrogé, de façon parfois brutale, chaque individu qui arrivait à la prison de Bordeaux, ils en sont vite arrivés à la conclusion que Stéphane « Godasse » Gagné était pour quelque chose dans les meurtres. Leur raisonnement avait du sens. Gagné était un gangster corrompu prêt à établir sa réputation et qui avait vécu quelques moments difficiles en compagnie de gardiens. Parmi d'autres noms qui ont circulé, on a retrouvé ceux d'André « Toots » Tousignant et Paul « Fonfon » Fontaine, qui auraient également été impliqués dans les meurtres. Au fur et à mesure que des prisonniers étaient relâchés de la prison de Bordeaux et des autres institutions pénitentiaires, ils allaient directement raconter aux Hells Angels ce qu'ils avaient appris des gardiens au cours des interrogatoires peu subtils qu'ils avaient subis.

Serge « Pasha » Boutin était un dealer prospère qui travaillait pour les frères Pelletier et dirigeait leur trafic de drogues dans le Village gai de Montréal. Lorsque la guerre a éclaté, il a pris le parti des Hells Angels et a continué à jouer le même rôle en tant que membre des Rockers. Peu de temps avant la fête de l'Halloween, un de ses revendeurs de rue qui venait de sortir de la prison de Bordeaux lui a rapporté ce que les gardiens racontaient. Il a demandé à Gagné et à Fontaine de venir le retrouver dans son bureau lorsqu'il les a rencontrés peu après. Il leur a rapporté que les gardiens faisaient courir la rumeur qu'ils étaient les meurtriers. Ni l'un ni l'autre n'ont fait de commentaires et Boutin a attendu qu'ils partent pour appeler Boucher, à la suite de quoi, Boucher a téléphoné à Gagné pour lui donner rendez-vous à l'intersection très animée de la rue Ontario et de l'avenue de Lorimier. Il a dit à Gagné que les gardiens de prison savaient qu'il était le meurtrier, étant donné qu'il s'était vraiment comporté comme un salaud envers eux pendant son incarcération. Gagné a dû faire un gros effort pour garder son sang-froid. Il quitta le rendez-vous en se demandant s'il n'allait pas être éliminé à titre de menace à la sécurité des Hells Angels.

Quelques jours plus tard, « Mom » Boucher s'est arrangé pour rencontrer Gagné rue Bennett, sur le trottoir devant son quartier général. Lorsque Gagné est arrivé, il a pris les devants en parlant des mesures de sécurité qu'il avait prises et que la raison pour laquelle les gardiens le soupçonnaient était qu'il s'était battu avec eux à Sorel. Boucher l'a calmé et lui a dit qu'était venu le moment de frapper un autre *screw*[2]. Gagné n'a pas compris ; la police était partout et tout le monde savait que les Hells Angels étaient les personnages de l'ombre qui avaient fait assassiner les gardiens. Boucher a ri. « Ne t'en fais pas, on va se taper la police, on va se taper des juges et des procureurs, a-t-il déclaré. Cependant, cela ne sera pas un travail pour toi, mon Godasse, tu en as suffisamment fait… » Puis, il a donné à Gagné une tout autre mission. Il allait devoir faire la filature de membres de la mafia italienne de Montréal dans une Chrysler grise tout ce qu'il y a de plus anodine et les filmer en utilisant une caméra dissimulée dans une boîte de mouchoirs en papier. Sans que personne ne lui en ait parlé, Gagné était certain que Boucher planifiait une guerre contre la mafia italienne.

Le personnel pénitentiaire et la population en général étaient indignés par ce qu'ils percevaient comme étant un manque flagrant d'action pour découvrir les assassins des deux gardiens de prison, mais la police de Montréal n'en écornait pas moins, sans tambour ni trompette, l'infrastructure des motards. La police, sous le nom de code HARM (Hells Angels Rock Machine) achetait de la drogue dans des bars en y infiltrant des agents et, ensuite, arrêtait les vendeurs et fermait les

---

2. Gardien de prison.

établissements. Tout allait comme sur des roulettes jusqu'à la nuit du 4 décembre, lorsque quatre agents en civil furent envoyés à Rosemont, avec la mission de fermer une agence d'hôtesses, connue pour être liée aux motards. Lorsqu'ils lancèrent un appel désespéré pour avoir du renfort, le seul officier disponible était André Bouchard, le commandant de la force de police de Montréal. Arrivé sur les lieux, il a découvert les quatre policiers en question, pistolets au poing, cernés par quinze motards et leurs petites amies. Les flics criaient aux motards de se coucher par terre, mais ceux-ci ne montraient aucun signe de peur; l'un d'entre eux est même allé jusqu'à menacer les détectives en les bravant et en leur demandant s'ils se croyaient capables de pouvoir tous les descendre.

Bouchard, un vétéran de l'époque où les policiers tabassaient les motards à vue, a remis les points sur les *i*. Il est arrivé en grand uniforme, avec tous ses galons et ses insignes dorés. Il s'est approché du motard le plus imposant, sembla l'évaluer un instant, rengaina son pistolet et lui décocha un direct à la mâchoire. Le motard s'est écroulé et tous les autres se sont couchés par terre.

La police était tombée par hasard sur un vrai trésor. À l'arrière de l'agence d'hôtesses, ils ont découvert une carte de Montréal avec l'indication de tous les bars associés aux Hells Angels et les noms de tous les contacts ainsi que des personnes responsables des approvisionnements de drogues. Grâce à ces renseignements, Bouchard a envoyé sur le terrain tous les officiers de police disponibles au cours de cette même nuit. La police de Montréal a arrêté 28 associés des Hells Angels, confisqué la valeur de 2,5 millions de dollars en drogues, 18 automobiles et 67 armes illégales avant le lever du soleil. Toutefois, véritable diamant au milieu de poussière d'or, ils ont découvert Steve Boies. Au premier abord, rien ne le distinguait des autres motards. Il n'était qu'un petit dealer de rues. Cependant, lorsque la police a trouvé chez lui, à Berthierville, quatre kilos de cocaïne et un téléavertisseur qui le reliait à un attentat à la bombe raté contre un des clubs des Rock Machine, elle avait assez de preuves pour le mettre à l'abri pour un bon bout de temps, et il en était conscient. Boies a alors tiré de sa poche la carte qui lui permettait de recouvrer la liberté et il s'est mis à bavarder. Il avait des amis importants ayant commis des choses pas très catholiques.

Boucher, Gagné et Tousignant n'étaient pas au courant des arrestations. Ils se trouvaient à la ferme de Boucher sur la Rive-Sud, en train de finaliser les détails d'un projet ambitieux. Le vingtième anniversaire de la fondation des Hells Angels du Canada approchait et on avait prévu une grande célébration la nuit suivante. Boucher avait supposé que si jamais les Rock Machine possédaient encore assez de force pour se battre, ils le feraient au cours de cette célébration. Il avait donc loué deux hélicoptères qui allaient faire partie de l'organisation de la sécurité de l'événement et avait décidé de placer Gagné dans l'un d'entre eux et Tousignant dans l'autre. Les deux hélicoptères allaient devoir voler en cercle au-dessus du club et tirer sur toute personne qui essayerait de rentrer sans y être invitée. Une fois déroulée la majeure partie de la réunion, Gagné a reçu un appel téléphonique sur son téléphone cellulaire et a demandé à être excusé. Il a utilisé la voiture de Tousignant, s'est dirigé vers une cabine téléphonique située à Verchères en empruntant la Route 132 à toute vitesse (les Hells Angels ne tiennent jamais de discussions importantes sur un téléphone cellulaire). Il a rappelé Benoît Cliche, son avocat. Les nouvelles n'étaient pas bonnes. Boies avait été arrêté et était devenu informateur. Gagné est allé chez lui le plus vite possible, a attrapé sa femme, a mis quelques affaires dans des sacs et repris la route. Il n'avait pas roulé depuis très longtemps vers l'est lorsque sa femme l'a finalement convaincu de trouver un endroit où passer la nuit. Il s'est arrêté dans un motel qu'il a repéré à la sortie de Saint-Hyacinthe, vers onze heures du soir. Dès qu'il a ouvert la portière de la voiture, il a repéré les lumières et entendu les sirènes. La Sûreté du Québec les avait suivis dès leur départ de Montréal.

Une fois arrivé dans les bureaux de la Sûreté à Montréal, Gagné s'est retrouvé assis dans une salle d'interrogatoire en face d'une personne qui lui était vaguement familière. Son interrogateur n'était nul autre que le sergent Robert Pigeon, le même officier de police qui l'avait arrêté pour l'envoyer à la prison de Bordeaux, en 1994. Pigeon a déclaré à Gagné qu'il était au courant de la tentative d'assassinat contre Christian Bellemare. Gagné lui a répondu qu'il ne parlerait pas et il a demandé la permission d'appeler son avocat. Selon le témoignage que Gagné a fait plus tard, il aurait essayé au moins trois fois de joindre son procureur entre trois heures et trois heures trente du matin. Cliche n'a cependant jamais répondu. Gagné est retourné s'asseoir et a de nouveau déclaré qu'il n'avait rien à dire. Pigeon connaissait bien Gagné et était à peu près certain que ce dernier ne possédait ni l'intelligence ni l'ambition nécessaires pour planifier et réussir deux agressions complexes contre des gardiens de prison, considérant surtout le cafouillis de l'attentat qu'il avait perpétré contre Bellemare. Il postulait que si jamais le rôle de Gagné s'était limité à tirer sur la détente (comme Boies le pensait), il représentait la seule chance pour que la Sûreté du Québec découvre le vrai cerveau derrière ces assassinats. Et Pigeon se doutait, à juste titre, que cet homme était Boucher. Gagné rappela son avocat à six heures vingt-quatre ; il n'eut pas plus de réponses. Lorsqu'il est retourné à la salle d'interrogatoire, il a fixé son interrogateur et lui a posé la question suivante : « De combien d'années de prison vais-je écoper si je parle ? »

Que ce soit attribuable aux dons de persuasion de Pigeon ou à la faiblesse de caractère de Gagné, toujours est-il que ce dernier craqua. En vérité, ce que Boies avait raconté à la police n'avait pas grande valeur. La seule référence à Gagné qui n'était pas de la spéculation pure était sa demande à Boies de nettoyer son garage et de le débarrasser de quelques vêtements. Et cela, Gagné l'ignorait. Il décida de consulter sa femme et accepta de se mettre à table. Il existait un autre fait que le suspect ignorait jusqu'à ce Pigeon le lui dévoile : il était responsable du meurtre de Pierre Rondeau, le deuxième gardien de prison. Bien qu'il n'ait jamais eu l'intention de tirer sur Rondeau, une des balles qui étaient destinées à Robert Corriveau avait, en fait, atteint Rondeau. Les experts en balistique ont déterminé que la balle avait pénétré dans le corps du chauffeur de l'autobus avant qu'il ne décède, ce qui rendait Gagné au moins partiellement responsable de ce meurtre. Au Canada, le meurtre de deux agents de la paix garantit au meurtrier une peine obligatoire de vingt-cinq ans de prison sans possibilité de liberté conditionnelle. Si jamais l'accusation qui l'impliquait dans le meurtre de Rondeau était abandonnée, Gagné écoperait d'une peine de vingt-cinq ans de prison avec possibilité de mise en liberté provisoire au bout de quinze ans, pour le meurtre de Diane Lavigne. La police lui a également offert 400 $ par mois en argent comptant et a laissé tomber les accusations qui avaient été portées contre sa femme. Gagné s'est mis à table avant même de parler à son avocat.

Cette nuit du 4 décembre eut lieu la grande fête d'anniversaire des Hells Angels, mais elle ne s'est pas déroulée exactement comme ils l'avaient prévue. Du fait que Gagné ne s'est pas montré — et tout le monde savait qu'il allait recevoir ses insignes de membre à part entière cette nuit-là — et que la police les a laissés tranquilles, il était évident qu'il s'était produit quelque chose. Serge « Pasha » Boutin avait été arrêté le même jour et, dès qu'il avait été libéré sous caution, il avait communiqué à Boucher sa certitude que Boies s'était mis à table et que Gagné était sur le point de craquer. Boucher n'avait pas besoin qu'on lui en dise plus. Il a envoyé Tousignant aux renseignements. Sans pouvoir affirmer que Gagné s'était mis à table lui aussi, il a déclaré à son chef que Gagné avait cherché à joindre sans succès les avocats des Hells Angels et qu'aucun d'entre eux n'avait répondu. Boucher a demandé à Tousignant, l'une des deux personnes (l'autre étant Fontaine) susceptibles de le relier aux deux meurtres, de rester en ville.

Quelques heures plus tard, Tousignant a rappelé pour se plaindre qu'il n'avait pas plus de succès avec les avocats. Boucher lui a dit de ne pas s'inquiéter et de venir le rejoindre à la maison le plus vite possible. Immédiatement après avoir raccroché, Boucher a téléphoné à Sorel et a demandé qu'on lui envoie quelques durs. La police n'a jamais revu Tousignant en vie.

Lors des audiences préliminaires, le 8 décembre, Cliche a voulu entrer en contact avec son ancien client, mais le motard a refusé de lui adresser la parole. Au cours des débats, Cliche a demandé au juge s'il pouvait s'entretenir avec Gagné, et il a essuyé une nouvelle rebuffade. La police a finalement informé Cliche que Gagné ne désirait plus ses services. Boucher, qui s'attendait désormais au pire, mit la clé dans la porte du quartier général des Nomads, rue Bennett.

Le matin du 18 décembre, peu de temps après que Gagné ait signé sa déposition, un mandat d'arrêt a été émis contre Boucher. Ils savaient où le trouver. Il se faisait traiter pour une tumeur à la gorge, tous les jeudis, à l'hôpital Notre-Dame, et la police l'a arrêté une fois son traitement terminé, devant les portes de l'établissement. Il avait été prévu que la lecture des chefs d'accusation aurait lieu dans l'après-midi même, mais, à 9 heures, une Pontiac Trans-Am a défoncé les portes du garage du palais de justice. De nombreuses personnes ont pensé qu'il s'était agi d'une bombe ou d'une tentative pour libérer Boucher.

Ce n'était cependant qu'un acte perpétré par un concierge de l'édifice qui en voulait à ses employeurs.

* * *

Donny Peterson est un personnage vraiment original. Il avait été l'un des présidents des Para-Dice Riders et se faisait appeler « Sleaze ». Peterson est vraiment l'exemple parfait du motard qui a essayé de se refaire une image. Il possède une affaire qui marche bien, Heavy-Duty Cycles, à l'est de Toronto, il déclare qu'il ne fume ni ne boit, il n'a pas de casier judiciaire et dit même qu'il a travaillé comme intervenant social, bien qu'il se garde de mentionner pour quelle organisation il s'est dépensé et qu'aucune œuvre caritative n'ait mentionné sa présence parmi elles. Il a connu une certaine réputation en tant que chroniqueur alors qu'il rédigeait des articles portant sur la réparation des motos, et l'ambassade canadienne à Cuba l'a même fait venir à La Havane pour qu'il apporte son aide à un tout nouveau groupe de motocyclistes amateurs de Harley.

Lorsqu'ils évoquent Peterson, de nombreux policiers ont cependant de lui un tout autre genre de souvenirs. « Il a déjà été un des motards les plus pourris de l'Ontario, a déclaré un officier de la Police provinciale (ou OPP) qui n'a pas voulu être identifié. Il s'est refait une virginité et a offert une version corrigée de son histoire personnelle. » En peu de temps, cette version expurgée de la vie de Peterson a été accueillie par les cercles huppés de la ville de Toronto où il a rencontré notamment Gareth Seltzer, un investisseur et philanthrope important. Seltzer, comme bien des gens aisés, s'était payé une Harley-Davidson.

Seltzer aimait beaucoup sa moto, mais aimait moins le fait que les policiers l'arrêtent chaque fois qu'ils le croisaient. Ils lui demandaient toujours son permis de conduire, son immatriculation et ses papiers d'assurances avant de le laisser repartir. Peterson compatissait et les deux hommes étaient d'accord pour dire que les policiers traitaient les motards injustement. Seltzer n'était pas seulement un homme nanti, il était également le président du conseil d'administration de l'Empire Club of Canada. Lorsque Peterson a porté plainte contre l'OPP, Seltzer l'a invité à prononcer une allocution devant les membres de l'Empire Club, un club qui avait accueilli Ronald Reagan, le Dalai Lama et de nombreux premiers ministres du Canada. Il reçut un excellent accueil. Après un discours où il plaisanta à propos de l'étiquette de « mauvais garçon » qui lui avait été accolée, il termina en disant qu'il était assez étrange de voir comment les événements pouvaient changer le cours d'une vie. Peterson s'est entretenu avec des poids lourds comme Peter Hogg, un expert en droit constitutionnel, et a mis au point une stratégie. Il a fini par perdre son procès, mais en gagnant encore plus de respect dans des cercles de personnalités influentes, et a ensuite été nommé sur un comité du gouvernement provincial chargé d'aider le développement de critères pour la formation des mécaniciens.

Les choses allaient peut-être bien pour Peterson et les Para-Dice Riders, mais il n'en était pas de même pour leurs rivaux, les Satan's Choice. Grâce aux renseignements qu'elle avait glanés au cours de l'opération « Dismantle », la police avait effectué plusieurs descentes chez les clubs de motards, et Jimmy Rich était l'un des suspects qu'elle avait arrêtés au cours d'un de ces raids. L'homme n'était pas précisément sympathique. Il avait un lourd passé de condamnations pour possession et trafic de drogues, trafic de marchandises volées et même agression sexuelle. La police savait cependant qu'il n'était qu'un exécutant. Tout bien considéré, la police fut surprise de constater la vitesse avec laquelle il avait donné ses anciens frères. Grâce aux informations fournies par Rich, la police de Hamilton a arrêté Johnny K-9, son bras droit Gary Noble et quatre autres membres dont les activités pouvaient être reliées à une bombe ayant explosé devant le poste de police de Sudbury, le 15 décembre 1996. À l'époque, la police était restée totalement perplexe devant l'attaque et n'avait pu déterminer les raisons d'un tel incident. Rich a déclaré à la police que l'attaque avait fait partie d'une épreuve d'initiation du chapitre de Hamilton des Satan's Choice.

Selon la police, K-9 et Jure « Joey » Juretta s'étaient rendus dans le nord de la province sur ordre du chapitre de Toronto. L'objectif était d'offrir une sorte de « paquet-cadeau » contenant une bombe au chapitre de Sudbury. Michael Dubé, avait un compte à régler. En compagnie de Brian Davis, un autre membre de Sudbury, il recevait des prospects de Hamilton au Solid Gold, un club de strip-tease de Sudbury, lorsque le directeur de l'établissement leur a demandé d'enlever leurs insignes. Ayant refusé de le faire, ils avaient été flanqués à la porte à l'arrivée de la police. Dubé avait juré de se venger. Un peu plus d'une semaine plus tard, K-9 et Juretta sont arrivés avec la bombe. Davis l'a placée dans le coffre de sa voiture et s'apprêtait à se rendre au Solid Gold lorsque Dubé est sorti en courant du club. Il lui a annoncé que les plans devaient être modifiés. La petite amie d'un autre membre dansait au Solid Gold et ils ne pouvaient prendre le risque qu'elle soit blessée lorsque l'engin exploserait. Il lui a dit alors d'aller le déposer devant le poste de police. Davis s'est esclaffé. Il était vrai que, de toute façon, les policiers étaient les personnes qui créaient tous les problèmes. Il n'y a pas eu de blessés au cours de l'explosion qui, cependant, a fait un immense trou dans la façade du poste et qui a certainement dû faire comprendre aux policiers de Sudbury que certaines personnes leur en voulaient.

Dans le petit matin pluvieux et frais du 16 avril 1998, la police s'est présentée au club des Satan's Choice, sur la rue Lottridge, munie de mandats, d'une équipe d'ouvriers du bâtiment et d'une unité spécialisée dans les explosifs. Selon la Loi sur les biens acquis par des activités criminelles, le gouvernement était devenu propriétaire de l'immeuble et la police avait hâte de savoir ce qui s'y trouvait. La première chose qu'ils ont fait disparaître a été la figure grimaçante du logo des Satan's Choice qui se trouvait sur la porte d'entrée. La fouille en règle de la maison n'a pas dévoilé de bombes ni d'explosifs, à la grande déception d'au moins un officier de police. Ils se sont toutefois emparés de la table de billard, du téléviseur, de la chaîne stéréo, des équipements de surveillance et des meubles de bureau. « Nous avions dit que nous allions les tenir à l'œil et c'est ce que nous avons fait, a déclaré Bruce Elwood, le chef du service des enquêtes de la police de Hamilton-Wentworth. Nous aimerions vraiment les mettre hors circuit. »

Le jour suivant, K-9 s'est dirigé vers la centrale de police de Hamilton, situé rue King William, dans le centre-ville. Toujours aussi m'as-tu-vu, il a pris quelques instants pour plaisanter avec des flics qu'il connaissait et pour signer quelques autographes. Après une rencontre de trente minutes avec les policiers, entrevue au cours de laquelle il a appris que Rich avait changé de camp, son humeur a changé. Il est sorti en fureur du poste et a déclaré à un reporter : « Je n'ai rien à déclarer ! Pas de commentaires ! Allez vous faire foutre ! » Le reporter, surpris par ces paroles, a eu besoin de quelques instants pour reculer. Noble s'est intercalé entre les deux hommes et a dit au reporter « Dégage ! » Et, c'est ce qu'il a fait.

K-9 savait qu'il était dans de mauvais draps. En plus d'avoir épinglé les Satan's Choice pour avoir vendu de la marijuana, du haschisch, de la cocaïne et des stéroïdes anabolisants et avoir écoulé de faux billets, les policiers lui avaient également déclaré qu'ils étaient au courant qu'il rackettait et exigeait des pots-de-vin des établissements locaux de « divertissements pour adultes » en échange de protection. Les policiers n'ont pas seulement fait qu'arrêter les Satan's Choice, ils ont fait bien pire : ils ont privé le chapitre de son quartier général. Les archives montrent que les actes de propriété du club, situé au 269, rue Lottridge, avaient été transférés de Gary Adrian Noble à « Sa Majesté la Reine du Canada ».

La criminalité chez les motards faisait souvent les manchettes des journaux et les voisins du Québec échouaient à mettre Boucher sous les verrous. C'est pourquoi la GRC de la province d'Ontario, l'OPP ainsi que les polices municipales de Hamilton, de Toronto, d'Ottawa, de Durham, de York, de Peel, de Halton et de Thunder Bay formèrent la Provincial Special Squad, un détachement de policiers d'élite ayant pour but de mettre en commun ressources et renseignements pour venir à bout des gangs de motards. Une semaine plus tard, 17 autres Satan's Choice — originaires de Toronto, cette fois-ci — furent arrêtés sous diverses accusations.

Juretta et Davis furent accusés de conspiration, le 9 novembre 1999. K-9 a été reconnu coupable de trafic de marijuana et d'anabolisants. Dubé s'est pendu dans sa cellule alors qu'il était en attente de procès.

* * *

Denis Belleau, l'un des membres fondateurs des Rock Machine et un ancien ami de Boucher lorsqu'il faisait partie des SS, est mort après avoir reçu quatre balles dans la tête au moment où il sortait d'un restaurant de Québec, le 20 février 1998. Le fait d'avoir mis « Mom » Boucher derrière les barreaux n'avait pas suffi pour arrêter la guerre. Une semaine plus tard, les restes carbonisés d'un homme ont été trouvés cachés dans un champ près de Bromont, en Estrie. Le corps avait été tellement brûlé que c'est uniquement par sa taille que l'on a pu savoir qu'il s'agissait d'un individu de sexe masculin. Il fallut trois semaines pour arriver à l'identifier. Il s'agissait de Tousignant, mort d'une balle dans la nuque et d'une autre dans la poitrine avant qu'on le transforme en torche.

Capturer Boucher était une chose. Savoir quoi faire de lui en était une autre. Les autorités, qui ne désiraient pas le mêler avec n'importe quelle population pénitentiaire, l'ont logé dans la toute nouvelle aile à sécurité maximum de la Maison Tanguay, une prison pour femmes de Montréal. « Nous ne désirions vraiment pas que quelque deux cents types applaudissent son arrivée, tout comme s'il était une espèce de héros », a déclaré Réjean Leguard, le président du syndicat des gardiens de prison du Québec. Là où il était, il n'y avait pas un seul prisonnier — pas plus qu'il n'y avait de prisonnières. Boucher, seul dans l'aile de la prison, ne pouvait rencontrer aucun autre détenu. Il ne voyait qu'une dizaine d'agents correctionnels qui se consacraient uniquement à sa surveillance. Pour assurer sa sécurité, les gardiens devaient toujours être deux pour entrer dans sa cellule. Toutes ses interactions avec ses gardiens étaient enregistrées par une caméra vidéo.

Ces précautions avaient été prises, car les gardiens répugnaient, et on le comprendra, à entrer en contact avec l'homme dont le principal objectif était de les voir tous morts, ou du moins suffisamment terrorisés pour ne pas faire correctement leur travail. De plus, les gardiens mettaient peu de foi dans les possibilités que les tribunaux avaient de le trouver coupable et lui donner une peine de prison adéquate, le cas échéant. Depuis le début de sa carrière de motard, Boucher avait été reconnu coupable 43 fois, en général pour possession d'armes, et il n'avait passé que deux ans en prison, surtout à cause de l'accusation d'agression sexuelle qu'il avait commise avant de se joindre aux Hells Angels. René Domingue, un procureur qui avait été souvent contrecarré dans ses tentatives de mettre les motards sous les verrous, a résumé ses frustrations à l'égard du système judiciaire quand il a déclaré : « Lorsque l'on considère le taux de succès des poursuites entreprises contre les Hells Angels, je peux dire qu'ils assassinent en toute impunité. »

La rage des gardiens a empêché Boucher de se rendre à l'audience préliminaire qui devait avoir lieu le 19 mars. Il ne s'est pas trouvé un seul gardien qui consentait à l'y conduire. « C'est exactement comme si vous étiez le père d'une jeune fille violée et qu'on vous demande ensuite de véhiculer le violeur au tribunal », a déclaré Leguard. Il existe toujours un problème lorsque nous avons affaire à quelqu'un qui a participé au meurtre d'un gardien de la paix. Agissant comme s'il voulait mettre un peu plus de pression sur ses ennemis, Boucher a demandé à être transféré à la prison de Rivière-des-Prairies, celle où avaient travaillé les gardiens assassinés ! Il se plaignait du traitement inhumain auquel il était soumis en le gardant isolé à la Maison Tanguay, où il avait pourtant son propre équipement de gymnastique, la télévision, un lecteur de cassettes, une chaîne stéréo et des jeux vidéo. Sa demande a été rejetée.

La colère des gardiens allait empirer. Gagné, finalement, n'avait pas grand-chose à raconter sur Boucher malgré son désir et son enthousiasme à collaborer. Il avait reçu ses ordres de Tousignant et de Fontaine, et c'est en leur compagnie qu'il avait commis les meurtres. Il pouvait tout à fait les accuser, mais ils avaient pris la poudre d'escampette pendant que la police se dépêchait d'arrêter Boucher pour l'incriminer. Au moment où le procès de Boucher a commencé, Tousignant avait été tué et Fontaine, que de nombreuses personnes pensaient mort, se cachait dans le club de Trois-Rivières. Les discussions que Gagné avait pu avoir avec Boucher sur le sujet étaient en fait obtuses et les témoignages qu'il pouvait faire contre son patron étaient largement basés sur des suppositions. Le 27 novembre, la salle du tribunal était pleine de motards. Elle le fut tout au long du procès. Selon la GRC, les motards payaient des gens 200 $ pour obtenir une place au tribunal.

Ils ne portaient jamais leurs insignes ni leurs couleurs, au tribunal, mais leur identité était cependant évidente aux yeux des spectateurs — et du jury. La salle du tribunal était également pleine de policiers. En plus des détectives habituels, 15 agents additionnels avaient été disséminés dans la salle, non loin de Boucher, et le commandant Bouchard, de la police de Montréal, avait amené 20 de ses limiers personnels. Les jurés ont rendu un verdict de non-culpabilité après le réquisitoire du juge Jean-Guy Boilard qui, d'après le procureur de la Couronne, Jacques Dagenais, a complètement réfuté la crédibilité de Gagné[3]. Boucher a demandé s'il était libre. Il l'était. Dès que les chaînes ont été enlevées de ses chevilles, il a été transporté sur les épaules des motards en liesse et c'est ainsi qu'il est sorti du tribunal. Après avoir dit un laconique « Pas de commentaires » aux reporters, il est parti dans une camionnette qui l'attendait. Sous les yeux de centaines de policiers, le chauffeur de la camionnette a brûlé un feu rouge. Personne ne les a arrêtés. C'était totalement inutile. La philosophie de

Stadnick et des Nomads avait fonctionné à la perfection. Le Nomads Boucher ordonnait aux Hells Angels Tousignant et Fontaine de tuer des gardiens de prison. Ces derniers engageaient le Rocker Gagné. Et lorsque ce dernier s'est fait prendre et qu'il les a balancés, Boucher se trouvait protégé. Il semblait bien qu'il serait impossible d'arrêter les Nomads.

Moins d'un mois plus tard, le 18 décembre, le juge Félix Cacchione se trouvait dans un tribunal de Halifax pour réprimander deux agents de la GRC. Après leur avoir déclaré qu'il existait « une tentative délibérée de la part de certains officiers pour influencer la Cour » et que « les officiers faisaient preuve d'une certaine propension à modifier leurs preuves lorsque le besoin s'en faisait sentir », il a relâché Dany Kane. Le témoignage de Simard, bien qu'il ait dit tout ce qu'il savait sur toutes les personnes qu'il avait rencontrées, n'a pas mené à une seule condamnation à part la sienne. Lorsque Kane est rentré à Montréal, il a appris qu'il allait être un Rocker à part entière, une chose qu'il avait désirée depuis des années. Patricia, sa petite amie, qui l'avait quitté après l'incident Levasseur, était retournée auprès de lui et ils attendaient un enfant, son quatrième. Ils ont acheté une grande maison à Saint-Luc, en banlieue sud de la métropole. Comme ses dépenses augmentaient, il a recommencé à travailler, d'abord en percevant des dettes, puis il a vendu des anabolisants et des petites quantités de cocaïne. Ses besoins en argent augmentant toujours, il a recommencé à travailler comme informateur pour la police.

* * *

À l'époque où Boucher et Kane étaient encore en prison, la lutte contre les Rock Machine n'a pas seulement continué, mais elle a connu une escalade. Le 28 juillet, le chef des Rock Machine, Richard « Bam-Bam » Lagacé, a quitté le centre de culturisme Ben Weider, non loin de sa maison située à Saint-Lin-des-Laurentides, comme il l'avait fait presque tous les jours pendant sa vie d'adulte. Il a été atteint de cinq coups de feu que des hommes masqués ont tirés avant même qu'il n'atteigne le trottoir. Les assassins n'avaient toutefois aucun plan de fuite et ils ont dû se réfugier dans la maison d'une femme. Un des cagoulards l'a menacée en lui mettant le revolver contre la tempe jusqu'à ce qu'elle leur donne ses clés de voiture. Ils ont abandonné sa Nissan Sentra rouge et les armes dans un cimetière, une quinzaine de kilomètres plus loin, sur le boulevard Sainte-Sophie. Lagacé a été remplacé par Johnny Plescio, un des représentants que les Rock Machine avaient envoyé en Europe pour rencontrer les Bandidos. Son règne n'a guère duré. Le 8 septembre, Plescio est allé répondre à la porte de sa maison de Laval et il a été atteint de 11 coups de feu.

Un peu plus tard, au cours du même mois, les pelouses de Montréal étaient abondamment recouvertes de feuilles mortes, et de nombreux propriétaires des quartiers du West End, de Dorval et de Pointe-Claire téléphonèrent à Bo-Pelouse, une société spécialisée en aménagement paysager, nettoyage des feuilles et déneigement. Le matin suivant, chaque maison qui avait un panneau de Bo-Pelouse sur son terrain avait également reçu une lettre de menaces dans sa boîte à lettres. Cette lettre, écrite en *joual*, était truffée de jurons et menaçait les personnes qui utilisaient les services de la société Bo-Pelouse. Elle avait été signée par les Hells Angels de l'Ontario. Étant donné qu'il n'existait pas officiellement de Hells Angels en Ontario (Stadnick et Stockford étaient originaires de l'Ontario, vivaient dans cette province mais faisaient partie des Nomads qui, eux, appartenaient aux Hells Angels du Québec), la police a su immédiatement qu'il s'agissait d'une arnaque. Une société d'entretien de pelouses rivale essayait tout simplement de profiter du climat de violence.

* * *

Boucher, bien qu'il ait échappé à la condamnation pour les meurtres des deux gardiens de prison, a quand même passé dix mois à la Maison Tanguay et était considéré par la population comme étant l'ennemi public numéro un à Montréal. Stadnick, quant à lui, possédait un casier judiciaire pratiquement vierge. Il avait été appréhendé, en 1971, en possession d'une petite quantité de haschisch. Le 5 novembre 1987, il avait été condamné à payer 750 $ d'amende après avoir passé un alcootest positif. Sept ans plus tard, il avait été arrêté par la police de la route pour avoir conduit à 108 km à l'heure dans une zone de 100 km/h sur la route 401, à l'est de Napanee, et a écopé d'une amende de 47,50 $ qu'il avait payée rubis sur l'ongle.

Après avoir connu un appréciable succès en Alberta et à Winnipeg, les choses paraissaient se présenter sous de bons auspices pour Stadnick et les Hells Angels, en Ontario. Les Satan's Choice n'offraient que peu de menaces, étant donné que parmi leurs membres emprisonnés se trouvaient K-9 et Juretta. Grâce à ses liens avec les Loners, Stadnick avait fait de sérieuses percées auprès des Para-Dice Riders et festoyait souvent en leur compagnie. Selon la police, ils étaient d'excellents revendeurs pour la drogue qui leur parvenait de Montréal. Les Outlaws, qui avaient déjà fait de lui un homme traqué dans sa propre ville, ne lui faisaient plus peur maintenant.

Bien qu'ils aient déjà eu l'idée de fonder un club-école — les Black Pistons possédaient trois chapitres en Ontario et accomplissaient une partie du sale travail des Outlaws —, il était maintenant trop tard. Des informateurs, recrutés des années auparavant par le sergent John Harris, de la police de Hamilton, se montraient fort rentables pour la police, car les Outlaws se faisaient régulièrement arrêter. De plus, les tribunaux ontariens se montraient plus sévères que ceux du Québec. Les Outlaws qui ne recevaient pas de peine de prison étaient relâchés sous liberté surveillée avec des contraintes qui limitaient énormément leur capacité à commettre des crimes ou à rencontrer leurs complices. Richard Williams, le président du chapitre de Sault-Sainte-Marie, a été arrêté pour avoir supposément menacé quelqu'un de mort devant un policier. Un peu plus tard, au cours de la même année, Thomas Culliton, du chapitre de St. Catharines, a été emprisonné pour tentative de meurtre après avoir poignardé sa petite amie devant leur maison de Fonthill.

Mario « the Wop » Parente, le président national et président du chapitre de Hamilton, a lui aussi été incarcéré. Il avait été trouvé coupable d'avoir assassiné Jimmy Lewis, un dur à cuire de la localité, en lui déchargeant un fusil de chasse à double canon en plein ventre. Parente a été attaqué par un autre prisonnier au moyen d'un couteau alors qu'il était en attente de jugement à la prison de Hamilton. Bien que ce prisonnier ait réussi à le jeter par terre, les gardiens de prison interrompirent la bagarre avant que les combattants ne se soient infligé trop de blessures. « Son adversaire a essayé de lui arracher un œil. Cependant, Parente n'a souffert que de blessures légères », a déclaré Dave Brown, un inspecteur de police de Hamilton-Wentworth. Parente a refusé toute aide médicale et a également refusé de témoigner contre son agresseur.

Lors de son procès, l'avocat de Parente a signalé que le frère de Lewis se trouvait sur la scène du crime et qu'il était armé d'un pistolet. Il a déclaré que Parente n'avait eu l'intention que de se battre avec Lewis, mais, lorsqu'il avait aperçu l'autre homme et le pistolet, il avait su qu'il devait tirer pour sauver sa propre peau. Pas plus Parente que son avocat n'ont pu expliquer pourquoi Parente avait tiré sur Lewis plutôt que sur l'homme armé, mais cette curieuse explication a réussi néanmoins à ne le faire condamner qu'à une peine relativement légère de trois ans et demi d'emprisonnement. « Une fois Parente hors circuit, les Outlaws se retrouvaient pratiquement cuits à Hamilton, a déclaré Harris. Ils n'avaient plus de raison d'exister. »

En vérité, il n'existait plus vraiment de menaces provenant de motards à Hamilton. Malgré leur influence indubitable, de toute façon ils n'avaient jamais eu la ville de Hamilton sous leur coupe. Ils agissaient davantage en qualité de messagers, de trafiquants ou pour se livrer à des pratiques d'intimidation dans une agglomération que la GRC qualifiait de « ville canadienne la plus contrôlée par la mafia ». L'emprise de la mafia à Hamilton a diminué quelque peu, au mois de mai 1997, quand le parrain John « Johnny Pops » Papalia et son numéro deux, Carmen Barillaro, furent assassinés. « J'ai été un des premiers officiers de police à me rendre chez Papalia lorsqu'il a été tué, explique le sergent Steve Pacey. Tout ce qu'il possédait se résumait à une télévision avec écran géant, un appareil vidéo et une grande quantité de films de gangsters ; c'était vraiment triste à voir. C'était comme s'il n'avait jamais profité du fruit de son travail... » Une fois Papalia enterré, un jeune mafioso du nom de Pasquale « Pat » Musitano a pris le contrôle de la ville. Bien que tous l'aient considéré comme un mafioso des plus efficaces, Musitano ne possédait pas le professionnalisme ni l'humilité de Papalia, et l'orgueil du jeune « don » a provoqué sa perte. Ken Murdock, l'individu que Musitano avait payé pour liquider Papalia et Barillaro, a été arrêté à l'automne 1998 sous un chef d'accusation de vols. Lorsque la police lui a fait visionner une cassette vidéo appartenant à Musitano, où ce dernier et son frère se moquaient du tueur à gages et blaguaient en disant qu'ils allaient le faire assassiner, Murdock les a dénoncés. Lorsque les frères Musitano ont été arrêtés le 23 octobre, il s'agissait de la première fois que la ville n'avait pas de parrain important depuis 75 ans.

Stadnick a alors fondu sur la ville. La police et les journaux ont rapporté qu'il roulait en moto à travers Hamilton arborant ses couleurs, festoyant avec les Satan's Choice à Toronto et côtoyant les Para-Dice Riders à Niagara Falls. Étant donné sa proximité avec la frontière américaine, son immense casino et sa réputation d'être une ville à touristes, Niagara Falls est devenue un endroit très recherché par les motards qui n'avaient plus peur des coups fourrés de la mafia. Lorsque Stadnick s'est montré ouvertement à Niagara Falls le 13 avril 1999, de Fort Érié à Toronto les journaux étaient couverts de manchettes expliquant comment les Hells Angels exploraient les clubs dans le but de s'en emparer.

Pendant que certaines personnes ergotaient en faisant remarquer que la présence de Stadnick n'était pas quelque chose de nouveau dans le sud de l'Ontario (Niagara Falls et Toronto sont deux villes situées à moins d'une heure de voiture de Hamilton), elles ont cependant oublié de tenir compte du contexte. En effet, les gangs de motards qui se trouvaient sur place ne faisaient pas suffisamment le poids pour empêcher les Hells Angels d'envahir cette partie de la province. Elles oubliaient également un détail : Stadnick ne s'était jamais senti suffisamment confiant pour rouler en Ontario en arborant tous ses insignes, avant les événements de 1999. Stadnick se propulsait désormais dans la partie méridionale de l'Ontario afin d'explorer les possibilités d'implanter des locaux et de repérer quels étaient les motards susceptibles de se joindre aux Hells Angels. Rien ne pouvait l'arrêter et il n'existait personne de plus enthousiaste que les aspirants qui voulaient avoir une chance d'atteindre les sommets du monde des motards criminalisés. « Les Hells Angels provoquaient énormément d'émoi — les joueurs de deuxième division allaient avoir la possibilité de passer en première », a déclaré Cal Broeker, un clandestin de la GRC qui avait réussi à infiltrer les Para-Dice Riders, à l'époque. Il s'agissait pour ces motards d'une chance qui ne se représenterait probablement jamais.

Quant à Stadnick, il semblait bien qu'il s'agissait pour lui de la première chance d'atteindre enfin le but dont il avait rêvé toute sa vie. Lors d'un vol entre Montréal et Winnipeg, il a raconté à Stéphane Sirois, un vétéran des Rockers et un ami fidèle, quel était son objectif ultime : « Les Hells Angels, rien que les Hells Angels, à travers tout le Canada, sans aucun autre club de motards. » Il a ensuite tout fait pour que son rêve se réalise. Il désirait que les Hells Angels soient tellement puissants et tellement unis au Canada que les chapitres ne soient même plus nécessaires. Un Hells Angels serait un Hells Angels. Point final. Au lieu d'indiquer le nom du chapitre auquel il appartiendrait, la lisière incurvée au bas sur la veste de cuir des membres ne ferait qu'indiquer « Canada ».

Cependant, le vide qui existait au sein du milieu du crime organisé, en Ontario, n'est pas passé inaperçu aux yeux de tous. Avant que les Hells Angels aient réussi à s'installer, les Rock Machine ont annoncé une nouvelle pour le moins déstabilisante. Grâce à l'aide des Bandidos, passant outre aux quolibets des Hells qui leur reprochaient de ne pas être une bande de motards, ils en étaient finalement devenus une. Les Rock Machine ont annoncé la formation de chapitres à Toronto, Kingston et Sarnia, dans l'étranglement de la rivière St. Clair, en face de Port Huron au Michigan, en prenant d'abord neuf membres des Toronto Outlaws qui en avaient assez de voir leur propre groupe s'écraser devant la police.

Cette ironie du sort n'a pas échappé à Stadnick, mais ne lui a pas fait plaisir non plus. Les Rock Machine semblaient avoir été anéantis à la suite d'une guerre sanglante qui avait duré cinq ans au Québec, avait fait plus de 160 morts et transformé les Hells Angels en personnages profondément détestés. Et puis, comme par miracle, les Rock Machine avaient réussi ce que Stadnick et les Hells Angels avaient toujours voulu faire sans y parvenir en ouvrant des chapitres en Ontario et même à Toronto. En peu de temps, les autoroutes ontariennes très encombrées, comme la 401, la Queen Elizabeth Highway, sont devenues le terrain de jeu d'un nouveau groupe de motards. Comme pour tous les autres clubs, les membres portaient des vestes qui ressemblaient à celles portées par les Hells Angels. Cependant, les leurs portaient l'inscription « Rock Machine », en haut, et la tête de mort ailée était remplacée par une tête d'aigle. Et peu importe à quel chapitre ils appartenaient, la lisière du bas de ces vestes portait l'inscription « Canada ».

Ce surprenant virage du cours des événements n'a pas découragé Stadnick. Tout au contraire. Le succès soudain de ses anciens rivaux sur son propre territoire l'a remis au travail. Le désir de se mettre au même niveau, de faire tourner la chance de son côté l'a conduit à refaire ses devoirs, à régler ses comptes et à faire tourner le vent pour les clubs rivaux. Il en vint à élaborer un plan encore plus ambitieux que tous ceux qui avaient pu exister dans toute l'histoire des gangs de motards.

Il a failli ne pas pouvoir le réaliser. Stadnick était bien loin d'avoir la renommée que Boucher avait obtenue, cependant ce qu'il avait accompli a mené la police à croire qu'il détenait le vrai pouvoir et qu'il était le cerveau en arrière des Hells Angels au Canada. La déduction était intelligente. Boucher, malgré ses bravades et ses capacités de tacticien, n'était à peine plus qu'un soldat (haut en couleur, mais subordonné), dont les tâches avaient été d'assujettir le Québec pour qu'il devienne un territoire sécurisé pour les opérations des Nomads. Alors que « Mom » risquait sa vie et sa liberté sur la ligne de front à Montréal, Stadnick voyageait par avion en première classe à travers le Canada et dépensait des milliers de dollars en réceptions pour que le club puisse gagner des millions en revendant de la drogue. Après de multiples conversations, les policiers, partout au Canada, sont arrivés à une conclusion qui a fait l'unanimité : si l'on réussissait à épingler Stadnick, les Hells Angels se trouveraient paralysés et devraient peut-être même arrêter leurs activités.

L'opération n'en était qu'à ses balbutiements au moment où les Hells Angels célébraient leur vingt-deuxième anniversaire à Sherbrooke, le 4 décembre 1999. Bien que les représentants de la police aient reçu la stricte consigne de ne pas se loger au même hôtel que les motards, Guy Ouellette, l'expert des gangs de motards et le porte-parole de la Sûreté du Québec, et son bon ami Rick Perrault se sont installés à l'hôtel Delta, à la barbe de deux douzaines de motards. Ils avaient sans doute pensé afficher du cran, mais cela a totalement raté. Tous les malfrats de la province savaient qui était Ouellette. Son visage apparaissait dans tous les bulletins de nouvelles à la télévision lorsque les motards faisaient la une, et son nom se trouvait dans tous les journaux.

Lorsque lui et Perrault se sont présentés au restaurant pour prendre leur petit-déjeuner, deux membres du club-école local, les Scorpions, ont pénétré dans leur chambre et ont piqué un ordinateur portable. Ils ont pensé qu'il s'agissait de celui de Ouellette et se sont montrés très satisfaits. Cependant, lorsqu'ils ont identifié ce qu'ils avaient subtilisé, leur joie s'est transformée en délire. Perrault n'était pas seulement le policier de la Police provinciale de l'Ontario qui connaissait le mieux les motards, mais il servait également d'interprète et de lien entre les polices de l'Ontario et celles du Québec. « À peu près tout ce qu'ils nous disaient et que ce que nous leur disions passait par Perrault », a déclaré le sergent Pacey. Grâce aux renseignements que contenait l'ordinateur de Perrault, les Scorpions ont pu immédiatement avoir accès à ce que tous les policiers du Canada savaient sur tous les motards existants. Pendant des années, le contenu de l'ordinateur Dell de Perrault allait hanter les forces policières. Descentes après descentes, la police se mit à saisir des informations cruciales ayant trait aux membres et aux associés des Rock Machine, des Outlaws et des autres gangs rivaux, le tout, courtoisie de l'ordinateur de Perrault.

Le dossier le plus important de l'ordinateur de Perrault se nommait « Operation ». On y trouvait les plans détaillés d'une opération policière conjointe entre la GRC, l'OPP et la SQ pour faire tomber Stadnick. Les fichiers recelaient non seulement tout ce que la police savait au sujet de Stadnick grâce à des observations et à des informateurs, mais également les détails, les tactiques et les stratégies de la police. Toutes leurs cartes ayant été dévoilées, la police s'est retirée de la partie, du moins temporairement. L'opération qui visait à arrêter Stadnick a été annulée. « Nous n'avions pas vraiment le choix, a déclaré Pacey. Sur réception de la nouvelle du vol de l'ordinateur, Stadnick connut le lieu de tous les micros cachés, quels étaient les téléphones sous écoute et le nom de tous les mouchards. »

Il n'y avait pas un seul nom identifié comme tel dans les fichiers. Cependant, les Nomads ont travaillé durement et longuement pour arriver à les retrouver en reliant les lieux et les dates. Une réunion, en particulier, est revenue à la mémoire de Normand Robitaille. D'après les renseignements divulgués par une des taupes, il a pu faire la connexion entre les dates, le lieu et la discussion pour conclure à un nom : Claude De Serre. Ce petit dealer, compagnon de travail de Serge « Pasha » Boutin au sein du Village gai de Montréal, avait décidé de se réhabiliter et de servir d'informateur pour la Sûreté du Québec.

Le 21 février 2000, Robitaille a appelé Boutin, en vacances en République dominicaine, et lui a dit ce qu'il pensait. Boutin a compris. Il a immédiatement interrompu ses vacances et est retourné à Montréal, sous la neige à cette époque. Il a appelé De Serres. C'étaient de vieux amis, et De Serres était un excellent revendeur. C'est pourquoi il accepta immédiatement l'invitation de Boutin de passer la fin de semaine dans son chalet des Laurentides, où il allait pouvoir skier et festoyer. Les deux hommes possédaient des motifs cachés. Étant certain que Boutin allait dire quelque chose de compromettant, De Serres est arrivé au chalet avec une enregistreuse fixée au dos. La police l'avait suivi lors de son trajet dans les côtes, mais finit par le perdre dans la tempête. Lorsque finalement ils l'ont retrouvé, son corps gisait sur le bas-côté d'une route de gravier, partiellement caché par un banc de neige. L'appareil était encore sur son dos. Les policiers ont écouté ce qu'il y avait sur la bobine et ont entendu la voix d'un homme (pas celle de Boutin) demandant à De Serres : « Pourquoi travailles-tu pour la police ? » De Serres n'a même pas eu le temps de répondre. Les derniers sons que les policiers ont entendus sur l'enregistrement étaient le bruit des quatre coups de feu qui lui ont enlevé la vie.

Par suite du décès de De Serres, les agents de l'opération Carcajou ont rencontré Kane et lui ont suggéré fortement de quitter les Rockers ainsi que la ville. Les renseignements venant de l'ordinateur de Perrault pouvaient très facilement le vendre en tant qu'informateur, et la mort de De Serres illustrait exactement le sort que les Hells Angels réservaient aux donneurs. Kane se moqua du conseil. Non seulement continua-t-il à fréquenter ses amis motards, mais on raconte qu'en fait il plaisantait avec des Nomads en disant que De Serres était « un informateur qui se trouverait dans l'incapacité de venir témoigner ». Lorsqu'il s'est présenté, le 10 mars, quelques agents de police ont déclaré avoir cru Kane prêt à tout laisser tomber. Au contraire, il était là pour parler affaires. Kane avait été un informateur jusque-là. Il passait des renseignements que la police pouvait utiliser pour mettre à jour les activités des Hells Angels, mais qu'ils ne pouvaient toutefois pas utiliser au tribunal. Maintenant, il était prêt à franchir l'étape suivante. Il leur a offert de témoigner contre ses frères si les conditions qu'il demandait étaient acceptées.

Lorsque les négociations ont été terminées, Kane avait réussi à obtenir une entente vraiment lucrative. La police a offert d'assurer sa protection en utilisant un arrangement similaire au Witness Protection Program (Programme de protection des témoins) du FBI, de lui verser

1,75 million de dollars en trois versements. Il devait recevoir également 63 000 $ immédiatement comme bonus à la signature, 2 000 $ par semaine pour parer à ses dépenses, 3 000 $ pour ses honoraires d'avocat, 1 500 $ pour l'achat d'une arme de poing dont il disait avoir besoin pour se protéger, 1 500 $ pour payer l'amende qui lui avait coûté le retrait de son permis de conduire, 1 000 $ pour donner en cadeau de mariage à un Nomads et, finalement, 600 $ pour l'achat de deux complets-vestons. En échange, il a écrit une confession dans laquelle il a donné tous les détails sur les crimes qu'il avait commis et s'est engagé à témoigner. Kane a eu besoin de dix pages pour décrire tout ce qu'il avait fait et, lorsqu'il a fini d'écrire, il a demandé encore plus d'argent aux policiers.

Officiellement, il avait peut-être changé son fusil d'épaule, mais cela ne l'a pas empêché pour autant de travailler pour les Hells Angels. Trois semaines après avoir signé sa confession, Kane, qui essayait encore de prouver qu'il pouvait faire le factotum pour les Nomads, conduisait « Wolf » Carroll à un bureau d'enregistrement de la Ville de Montréal. Carroll, comme d'habitude, se plaignait de l'état des choses à Halifax. Il lui parla en particulier de Kirk Mersereau. Kirk était le frère de Randy Mersereau, un ancien Hells Angels qui avait quitté le club pour se mettre à son compte. Randy n'avait pas fait qu'affaiblir et insulter les Hells Angels en les quittant et en devenant un de leurs compétiteurs dans les rues de Halifax. En effet, la rumeur courait qu'il avait négocié avec les Bandidos pour y installer un chapitre local. Il était hors de question que les Hells Angels — et les Nomads en particulier — lui permettent de survivre s'ils tenaient à atteindre leurs objectifs au niveau national.

De plus, Carroll ajoutait qu'il subissait d'énormes pressions « de plus haut » pour consolider le standing des Hells Angels sur la Côte est. Lorsqu'ils ont appris que Randy essayait de trouver des personnes à qui il pourrait donner le contrat de supprimer Carroll, Boucher et Mike McCrea, le président du chapitre de Halifax pendant que Carroll était à Montréal, le rebelle est devenu leur priorité numéro un. Kane a rapporté à ses agents traitants de la GRC que Carroll l'avait appelé pour qu'il l'aide dans son plan qui était de les soumettre soit par le meurtre ou l'intimidation et ensuite d'envoyer les Jokers et les Scorpions à Halifax afin que ceux-ci récupèrent la ville au profit des Hells Angels.

Le jour suivant, le 23 septembre 1999, une bombe a éclaté dans une concession automobile, propriété de Mersereau à Truro, en Nouvelle-

Écosse. Les vitres ont volé en éclats et sept employés ont été blessés. Randy Mersereau est sorti, dans la rue, en titubant, le visage ensanglanté et les vêtements déchirés mais sans avoir reçu de blessures graves. Kane a raconté à la police que McCrae se trouvait derrière cet attentat, cependant il n'y a pas eu d'arrestations. Il leur a également raconté que Randy Mersereau n'en avait plus pour longtemps à vivre. Environ un mois plus tard, Carroll et Kane ont pris la voiture de ce dernier pour se rendre à Halifax. Au moment où Kane quittait la route 132 pour se diriger vers Rivière-du-Loup, il a repéré une voiture patrouille dans son rétroviseur. L'agent de la Sûreté du Québec l'a officiellement arrêté pour excès de vitesse. Il s'agissait cependant d'un membre de l'escouade Carcajou essayant d'empêcher un meurtre à Halifax. Carroll a été surpris lorsque Kane a laissé le policier fouiller la voiture. Il y a trouvé le .38 de Kane et le Mac-10 de Carroll. Ils ont été arrêtés, menottés et mis en prison jusqu'à ce que des membres du chapitre de Trois-Rivières viennent verser leur caution.

Ce contretemps n'avait aucune importance. Carroll, dès son arrivée à Montréal, s'est emparé du téléphone. Quelqu'un — peut-être Carroll ou quelqu'un qui travaillait pour lui — a mis sur pied une équipe à Halifax dans le but d'éliminer Randy Mersereau. Bien que son corps n'ait jamais été retrouvé, personne ne l'a revu après le 31 octobre 1999. Sa voiture a été retrouvée, les clés au contact, sur le bas-côté de l'autoroute 102, à la sortie de Truro. La police n'avait aucun indice et le crime n'a jamais été résolu, même si Kane a rapporté plus tard à la police que Randy Mersereau avait été tué par des associés des Hells Angels et qu'il avait été enterré dans la forêt près de l'autoroute. Kane n'a pas fourni beaucoup de détails. Il a cependant fait remarquer que bien d'autres personnes que Carroll avaient souhaité la mort de Mersereau.

Boucher se fichait royalement de Mersereau ou de l'état du club à l'extérieur de la communauté urbaine de Montréal. Les Rock Machine ayant été neutralisés et la police tout comme les tribunaux se montrant dans l'incapacité de faire quoi que ce soit contre lui, Boucher désirait profiter de ses avantages pour leur en faire baver. En avril 2000, Boucher et neuf de ses Hells Angels les plus impressionnants se sont dirigés vers Anjou, dans l'est de Montréal, pour y prendre un café. Ils se sont installés dans le restaurant Au Bon Pain, situé dans le centre commercial Place Versailles. Boucher et ses hommes, qui arboraient toutes leurs couleurs et leurs insignes, ont pris leur café et leurs viennoiseries assis sur des sièges normalement réservés aux membres des escouades antigang et de la criminelle de la police de Montréal dont les bureaux se trouvaient au quatrième étage d'un édifice du centre.

En tout premier lieu, les policiers ont pris cela à la rigolade en disant aux motards qu'ils leur facilitaient le travail en leur permettant de les surveiller de près. Cependant, lorsque Boucher et ses acolytes ont répété le même manège pendant une semaine, les policiers se sont aperçus clairement que Boucher étalait publiquement son pouvoir en donnant ce spectacle. Le commandant Bouchard, l'officier le plus gradé de ce bureau et l'un des policiers les plus coriaces de la Ville de Montréal, était à coup sûr la cible numéro un visée par l'affront psychologique que lui faisait Boucher. Bouchard a eu l'idée d'installer des micros pour enregistrer les conversations aux tables qu'occupaient généralement Boucher et ses acolytes au restaurant Au Bon Pain. Boucher, cependant, avait prévu le coup et amenait souvent son avocat avec lui. Étant donné qu'il est interdit par la loi canadienne d'enregistrer une conversation entre un client et son avocat, lorsque Bouchard a été informé de ce fait par ses conseillers juridiques, il a préféré envoyer 20 policiers pour surveiller les motards. L'idée sous-jacente était de les irriter suffisamment pour qu'ils commencent à menacer les policiers afin que ces derniers puissent ensuite les arrêter. Les chefs d'inculpation ne tiendraient pas le coup, mais une telle manœuvre risquait d'embêter à son tour le chef des Nomads et les autres. Rien de tout cela ne s'est produit. Le jour suivant, il envoya 30 policiers. Cela a suffi. Boucher et ses hommes sont partis. Il leur arrivait, cependant, de revenir de temps à autre.

Une semaine plus tard, le 17 avril, Normand « Biff » Hamel, un Nomads, conduisait sa femme et son fils chez le pédiatre à Montréal. Il avait déjà été le bras droit de Boucher et avait été envoyé à Laval pour agir en tant que parrain des Death Riders, un club-école, après que Steinert ait été exécuté. Il n'a pas eu plus de chances. À peine était-il sorti de sa Mercedes, dans le stationnement du pédiatre, que deux hommes masqués se sont approchés de lui. Il comprit le message et courut aussi vite qu'il put pendant que sa femme et son fils se réfugiaient dans la voiture. Il n'a pas réussi à sortir du stationnement et a été abattu de deux balles dans la tête. Il s'agissait du premier Nomads et du troisième Hells Angels parmi les plus hauts gradés à être exécuté au cours de la guerre des gangs. Hamel a fait les manchettes de tous les journaux de Montréal. De nombreux commentateurs en ont déduit que la guerre était repartie de plus belle. Cependant, s'ils avaient pris le temps de passer devant les clubs appartenant aux Hells Angels, ils auraient pu remarquer que pas un seul n'avait mis ses drapeaux en berne. Les Hells Angels ne portaient pas son deuil. Hamel disparu, les Death Riders ont été vite réorganisés et sont devenus le chapitre de Montréal-Nord des Hells Angels. Ils ont été mis sous la supervision de deux membres de Sorel, Stéphane « Fesses » Plouffe et Benoît Frenette.

Sur son calendrier, Boucher possédait d'autres tâches à accomplir à part celle de s'amuser à irriter les policiers et d'installer une nouvelle équipe à Laval. Un de ses amis avait accumulé des dettes avec le mauvais créancier. André « Dédé » Desjardins était un ancien chef syndical de la construction de l'époque du stade olympique, dont la réputation faisait de lui un homme prêt à tout pour arriver à ses fins. « C'était un dur. Cependant il ne faut pas oublier combien les relations du travail à l'époque de la construction du stade étaient également dures, explique Henri Massé, le président de la Fédération des travailleurs et travailleuses du Québec. Pendant les grèves, le patronat utilisait des fiers-à-bras, des chiens et bien d'autres moyens. »

Après avoir quitté la politique syndicale, la police avait constaté que Desjardins avait remporté de grands succès en tant qu'usurier. Après s'être rapidement constitué une fortune évaluée à plus de 25 millions de dollars, il avait déménagé en République dominicaine et s'y était tellement bien intégré que la police locale avait laissé entendre qu'il ne pouvait y avoir de construction dans le pays sans que Desjardins touche son pourcentage. Cela ne l'empêchait pas, par ailleurs, de continuer à faire des affaires à Montréal. C'est ainsi que lorsque Boucher lui a demandé une rencontre au cours d'un petit-déjeuner, ils se sont mis d'accord pour se voir au Shawn's, dans l'Est, le 25 avril. Boucher a demandé à Desjardins d'effacer les dettes que son ami lui devait et Desjardins a répondu catégoriquement qu'il n'en était pas question. L'ami de Boucher devait, avec les intérêts accumulés, la somme de 400 000 $ à Desjardins et c'était vraiment une somme un peu trop importante pour qu'il puisse s'en tirer aussi facilement. Boucher ne lui a pas offert d'argent, pas plus qu'il ne lui a offert de raisons pour revenir sur sa décision autre que celle que lui et ses hommes faisaient dorénavant la loi à Montréal.

Cela n'a pas impressionné Desjardins qui avait plus d'expérience que Boucher et possédait également quelques amis très influents. Devant l'impossibilité d'en arriver à une entente, Desjardins a demandé à Boucher s'ils ne pourraient pas continuer leur discussion un peu plus tard. Boucher a suggéré qu'ils se rencontrent le lendemain, au même endroit et à la même heure. Le matin du 26 avril, Desjardins et un ami à lui, un homme au gabarit impressionnant, étaient assis à la meilleure table du restaurant Shawn's. Des serveuses en bikini leur servaient le café. Un peu après neuf heures et quart, le téléphone cellulaire de Desjardins a sonné. Desjardins, qui préférait ne pas parler à l'intérieur du restaurant, est sorti dans le stationnement. Au moment où il a ouvert la porte de son SUV Cadillac, il a été atteint de onze balles par un individu masqué qui a abandonné le pistolet et son silencieux sur la scène du crime et a fui dans une automobile qui l'attendait. La police a consulté les enregistrements des caméras de surveillance de la circulation du quartier, mais n'a trouvé aucune piste.

Vingt minutes après le meurtre, la police a intercepté un appel téléphonique vers la République dominicaine. Les seuls mots qui ont été prononcés en français étaient : « OK, allez-y ! » À dix heures trente, un individu a pénétré dans le condo de Desjardins, à Puerto Plata, et a dérobé le contenu de son coffre-fort. Desjardins hors circuit, le journaliste Michel Auger, du *Journal de Montréal*, a écrit que maintenant les criminels devraient se tourner vers les Hells Angels pour leurs prêts usuraires et le blanchiment d'argent.

Le jour suivant, Boucher est allé prendre son café au restaurant Au Bon Pain. Il y a rencontré le commandant Bouchard qui lui a demandé ce qu'il savait au sujet du meurtre de Desjardins. Boucher lui a répondu de parler à son avocat. C'est ce qu'il a fait. L'après-midi de la même journée, la police de Montréal a eu un entretien bref et poli avec Boucher et son avocat, Gilbert Frigon. Boucher a déclaré qu'il avait rencontré Desjardins au Shawn's pour parler de la pluie et du beau temps en République dominicaine et qu'il ne savait rien au sujet du meurtre. « C'est vraiment triste », a-t-il dit. Il a également promis de les appeler « s'il entendait parler de quelque chose ».

Chapitre 11

Le meurtre de Dédé Desjardins n'avait pas pour raison une dette. L'ami en question n'était même pas un Hells Angels. C'était un associé de la famille Rizzuto de Montréal. Bien que Stéphane Gagné ait déclaré à la police que le but ultime de Boucher était de faire disparaître la mafia de Montréal, celui-ci savait très bien qu'il n'aurait pas été sage de commencer une autre guerre contre un ennemi plus important et bien retranché, et c'est ainsi qu'il a préféré travailler en collaboration avec ceux qui, selon la tradition, « vous font des offres que vous ne pouvez pas refuser ». Les deux avaient en effet un intérêt commun : la cocaïne.

Les Nomads avaient mis au point un plan d'affaires enviable. Cinq d'entre eux — Boucher, Robitaille, Denis Houle, André Chouinard et Michel Rose — administraient ce que le club nommait « La Table ». Ils importaient la cocaïne et la distribuaient à tous les chapitres des Hells Angels (sauf celui de Sherbrooke, qui avait conclu une entente différente bien auparavant), à tous les clubs-écoles et à tous les dealers associés de la province. Les membres de La Table recevaient 5 000 $ par semaine plus 10 pour cent des profits venant de la vente de leurs drogues. La cocaïne que recevait La Table provenait principalement du cartel colombien des jumeaux Mejia [1], même si des quantités moindres provenaient d'autres contacts en Bolivie, à Amsterdam et à New York. Le correspondant de La Table en Colombie était Guy Lepage.

Guy Lepage, un ancien policier de forte carrure, expulsé de la police de Montréal pour corruption, était arrivé au centre de distribution des

1. Miguel et Victor Mejia-Munera, surnommés « les Jumeaux » ou encore « Los Mellizos », travaillaient notamment avec le Cartel de Cali. (N.d.T.)

Mejia, à Barranquilla, pendant l'été 1997, pour être logé dans la demeure princière de José Miguel Carvajal, un des directeurs du cartel. Après de courtes négociations, Carvajal et Lepage ont mis au point un plan efficace et ingénieux. Les Colombiens feraient parvenir la cocaïne au chapitre des Hells Angels de Miami qui achemineraient celle-ci à Montréal par voie terrestre grâce à des « mulets ».

Le seul défaut de ce plan était qu'il ne pouvait acheminer de quantités importantes. Les envois de cocaïne par l'entremise de Lepage ne dépassaient pas les cinq cents kilos par mois, une quantité insuffisante pour que les Hells Angels puissent s'accaparer le marché montréalais, encore moins le marché canadien… Le problème des coûts n'entrant pas en ligne de compte, Lepage (sur les ordres de La Table) a convaincu les Colombiens de livrer directement 2 400 kg de drogue au Québec. En octobre 1998, profitant de l'obscurité, un hydravion de taille moyenne, enregistré à Miami, a amerri au large des côtes de Gaspé, au Québec. Sept SUV l'attendaient sur le rivage. Une fois chargées, les voitures sont parties à intervalles réguliers en direction de Montréal. Elles ont toutes emprunté des itinéraires assez différents pour embrouiller la police. Au moment où le dernier SUV traversait la péninsule gaspésienne, un agent de la Sûreté du Québec qui se trouvait dans le petit village de Sainte-Anne-des-Monts a trouvé qu'il y avait anguille sous roche lorsqu'il a repéré un jeune à l'allure débraillée, d'environ 20 ans, au volant d'une Chevrolet Trailblazer flambant neuve qui roulait exactement à la vitesse autorisée, juste avant le lever du soleil. Il lui a demandé de s'arrêter. Une fouille rapide a mis en évidence 480 kg de cocaïne et un téléavertisseur ayant dans son répertoire les numéros de téléphone de Lepage et de Raymond et Sandra Craig, qui étaient soupçonnés d'importer de la cocaïne. Le reste de la cargaison s'est toutefois bien rendu à Montréal. Le site d'amerrissage de Gaspé est devenu la source principale d'approvisionnements en cocaïne des Hells Angels après que quelques modifications aient été effectuées aux méthodes de livraison.

Peu importe l'efficacité des méthodes de La Table pour acheminer la drogue au Québec, il était impossible qu'ils arrivent à en faire entrer suffisamment pour évincer la mafia de ce marché. Cette dernière, avec des années d'expérience et des milliers de contacts ou d'associés dans toutes les grandes villes entre Barranquilla et Montréal, pouvait importer la drogue littéralement à volonté. Les Nomads désiraient une alliance avec elle plutôt que de déclarer la guerre à la Cosa Nostra.

Le 21 juin 2000, Robitaille, Chouinard et Rose se sont rendus à un chic restaurant italien de Laval pour y rencontrer Vito Rizzuto, son bras droit, Tony Mucci, ainsi que deux autres Italiens à la mine patibulaire. « Mom » Boucher avait promis qu'il assisterait à la rencontre mais ne s'est pas présenté. Cela faisait l'affaire de Rizzuto, qui évitait rigoureusement de rencontrer des personnes connues du milieu, à plus forte raison Boucher, qui défrayait les manchettes. Après avoir conclu une entente par laquelle les Italiens et les motards décidaient de travailler ensemble, de se partager le riche marché de Montréal et de le défendre de toute intrusion, ils ont traité de problèmes mineurs. En premier, ils ont fixé le prix minimum du kilo de cocaïne sur les rues du Québec à 50 000 $. Quiconque vendrait de la cocaïne à un prix moindre serait passible de mort. Ensuite, ils ont décidé de partager également entre les motards, la mafia et les escrocs responsables de l'opération, les recettes d'une arnaque en télémarketing visant les États-Unis. L'entente avait pour but de compliquer la tâche des autorités américaines en matière de détection et d'accusations. Bien que le profit de cette arnaque s'élevait à un million de dollars par semaine, il s'agissait, et de loin, du sujet le moins important à leur ordre du jour.

Le partenariat dépendait d'un accord stipulant que les Hells Angels devaient éliminer tous les concurrents, même si ces derniers se trouvaient dans leurs propres rangs. Comme il ne s'était aucunement gêné de se débarrasser de ses anciens amis SS au sein des Rock Machine, Boucher ne se fit pas prier pour trucider ses associés les plus proches si cela signifiait une amélioration des résultats financiers.

C'est alors que Louis « Mèlou » Roy, le président des Hells Angels de Trois-Rivières, est arrivé à Montréal, le 21 juin, avec de mauvaises nouvelles pour Boucher. La police avait fait un raid chez les Blatnois, un club-école établi près de Grand-Mère. Ce raid avait été désastreux. Tous les membres importants et quelques associés très proches se retrouvaient en prison. Robitaille a dit à Roy de ne pas s'inquiéter, que ce genre de choses arrivait de temps à autre et que s'il avait pris ses précautions, il n'avait rien à craindre de la police.

Roy avait toutefois un problème avec les Nomads. Il avait été un des personnages les plus importants de la pègre de Trois-Rivières pendant tellement de temps qu'il s'était construit un fief très enviable. Il achetait sa cocaïne de fournisseurs à lui et fixait le prix selon l'offre et la demande. Ce prix était pratiquement presque toujours plus bas, et même souvent beaucoup plus bas que les 50 000 $ le kilo. Robitaille l'avait averti qu'il devrait se fournir en cocaïne auprès de La Table. Roy a refusé. Robitaille lui a alors dit que même s'il ne faisait pas affaire avec La Table, son amitié avec Bouchard et les autres Nomads pourrait lui sauver la vie à condition d'ajuster son prix de détail sur le leur. Roy a refusé une fois de plus. Il a participé à la réception donnée en l'honneur du cinquième anniversaire des Nomads, le soir suivant. Personne ne l'a jamais revu vivant.

Raymond et Sandra Craig étaient les prochains sur la liste des Nomads. Ils étaient les dealers de drogues « indépendants » les plus importants à Montréal. Les Craig pouvaient travailler sans être dérangés par la mafia, les Hells Angels et même le cartel colombien parce que Sandra était la fille d'un narcotrafiquant bolivien très puissant. Avant la paix entre les Nomads et les Italiens, les Craig avaient été des fournisseurs de cocaïne très fiables et réguliers des motards. Ils étaient maintenant devenus concurrents. Le 29 août, le couple rentrait chez lui après avoir passé une soirée tranquille dans un établissement de Sainte-Adèle, où ils avaient pris un excellent dîner bien arrosé. Ils s'arrêtèrent à un feu rouge quand Sandra a entendu un choc. Quatre balles ont fracassé la vitre arrière, dont trois se sont logées dans la tête de Raymond Craig, le tuant sur le coup. Les assassins, qui roulaient dans une Suzuki Sidekick, ont dû penser que les deux passagers de la voiture étaient morts et ont fui. Il s'agissait de la deuxième tentative de meurtre perpétrée contre Sandra au cours des deux derniers mois et elle a eu peur. Elle rentra chez elle et laissa tomber son trafic.

* * *

Kirk Mersereau n'avait pas agi prudemment depuis la mort de son frère. Il avait juré de nombreuses fois, à Halifax, qu'il se vengerait. Cela a fini par revenir aux oreilles de Paul Wilson et ensuite à celles de Carroll. Ce dernier a pris un vol pour la Nouvelle-Écosse et a rencontré Mersereau. Au tout début, il a essayé de lui faire changer sa façon de voir les choses en lui montrant à quel point il pourrait s'enrichir s'il devenait un Hells Angels. Mersereau n'a pas changé d'avis. Il était hors de question qu'il fasse affaire avec les gens qui avaient assassiné son frère. Étant donné qu'il avait fait de cette histoire une chose aussi personnelle, Carroll a terminé la rencontre en demandant à Mersereau si ce dernier avait mis sa tête à prix. Mersereau ne nia pas l'avoir fait, pas plus qu'il laissa entendre qu'il en avait l'intention. La conversation étant terminée, Carroll est parti. Trois jours plus tard, le 10 septembre, une voisine de Mersereau a décidé d'aller voir ce qui se passait chez lui, car il habitait dans une ferme isolée et elle ne l'avait pas vu depuis quelque temps. Elle était sur le point de frapper à la porte quand elle s'est aperçue qu'elle était ouverte. Elle a entendu à l'intérieur de la maison ce qui semblait être les pleurs d'un bébé épuisé. Lorsqu'elle est entrée, elle a vu la petite fille de dix-huit mois de Merserau littéralement au bout de ses larmes. Elle l'a prise dans ses bras et l'a transportée jusque dans la chambre à coucher où elle a découvert les corps ensanglantés de Mersereau et de sa femme.

* * *

Ses ennemis ayant été supprimés ou devenus des amis, Boucher n'était pas seulement un gangster — il était une célébrité. Lorsque René « Balloune » Bouchard, un prospect Nomads, s'est marié, le 5 août, Boucher a organisé la réception de mariage à sa ferme de Contrecœur et a engagé la chanteuse québécoise Ginette Reno pour qu'elle donne un spectacle. Les photos de Ginette Reno et de Boucher en train de se bécoter, parues dans le *Allô Police*, ont suscité de vives critiques de la presse traditionnelle. Sa réponse, aussi bizarre que pontifiante, a pris la forme d'une semi-excuse où elle se comparait au Christ. « Jésus se tenait également en compagnie de personnes peu recommandables », a-t-elle déclaré au *Journal de Montréal*, insinuant par là qu'elle était tout à fait consciente que les Hells Angels n'étaient pas des enfants de chœur. « Sont-ils des meurtriers et des criminels vingt-quatre heures sur vingt-quatre[2] ? » a-t-elle demandé. Elle ne pouvait absolument pas utiliser comme excuse le fait qu'elle ne savait pas qui ils étaient. Elle avait

2. Elle a également ajouté une phrase célèbre : « Tout le monde ne peut pas être écœurant tout le temps. »

également chanté au mariage de Paul « Fonfon » Fontaine, l'été précédent.

Elle n'était pas la seule personnalité connue dont le nom avait été lié à Boucher et aux Hells Angels. José Théodore, alors gardien de but et star de l'équipe de hockey des Canadiens de Montréal, a été vu sur des photos de la police en train de trinquer à la bière avec des motards au club de Sorel. Lorsque la SQ est allée montrer ces photos au quartier général de la LNH à New York, la division de la sécurité de la Ligue a demandé à Théodore d'éviter les motards, ou tout du moins d'être vu en public en leur compagnie. Il n'a pas suivi leurs recommandations. Lorsqu'il fut aperçu en compagnie de son père Ted sur un terrain de golf où il faisait un dix-huit trous en compagnie de quelques Hells Angels, il a utilisé la même défense que Ginette Reno : « Il est possible qu'ils soient de mauvais garçons. Cependant, le fait de faire un dix-huit trous en leur compagnie ne fait pas de moi un malfaiteur. Mon père m'a enseigné les bonnes manières et le respect, et m'a souvent répété que l'honnêteté envers soi-même était toujours récompensée, a déclaré Théodore. Si vous êtes honnête dans votre travail, vous n'aurez pas peur de vous regarder dans la glace. » Le père de Théodore et son demi-frère ont été arrêtés un peu plus tard, au cours de la même année, sous l'accusation de *loan sharking*, c'est-à-dire de consentir des prêts à des taux usuraires aux abords du Casino de Montréal.

L'étoile de Boucher était montante et celle de Kane déclinait. Il doutait de lui-même, avait perdu son ambition, connaissait le ressentiment et le désespoir. Il avait permis à la police d'installer des caméras vidéo, des dispositifs qui enregistraient et qui transmettaient ses conversations dans sa voiture, dans sa maison et sur sa propre personne. La police avait compris qu'il se sentait vulnérable et exposé. Sa carrière de motard le déprimait aussi. Il avait passé dix ans de sa vie à tuer pour les Hells Angels, à fonder des clubs en leur nom, à faire de la prison pour eux et il n'était toujours que leur valet. Alors qu'il était encore le chauffeur de Robitaille et devait attendre patiemment pendant que le Nomads traitait ses « affaires », il constatait que des membres plus récents étaient parvenus plus haut que lui dans la hiérarchie. Michael Rose n'était pas seulement devenu un membre des Nomads, il circulait dans l'une de ses nombreuses voitures de luxe ou sur une de ses Harley fabriquées sur commande, ou pilotait un de ses trois « bateauxcigarettes ». Jusqu'à Gregory « Picasso » Wooley, qui avait certainement moins travaillé que Kane, mais qui était tout de même devenu le président des Rockers. De plus, c'était un Noir, ce qui normalement est un handicap pour progresser dans la hiérarchie des gangs de motards.

Entre-temps, Kane éprouvait de graves problèmes financiers. Stupidement, il s'était porté garant d'un emprunt que Denis Houle, un des plus riches Nomads et un membre de La Table, avait contracté du chapitre de Sherbrooke. Lorsque Houle n'a pas payé son emprunt, Robitaille a exigé que Kane lui remette les 80 000 $. Cela était d'autant plus irritant du fait que La Table venait de pardonner un emprunt de 400 000 $ que Carroll, toujours aussi peu fiable, avait oublié de rembourser.

Au mois d'août, les proches de Kane ont commencé à s'apercevoir qu'il était dans un piètre état émotionnel et déprimé, même d'après ses propres critères. Le matin du 7 août, sa conjointe Patricia était morte d'inquiétude. La police également. Benoît Roberge, un agent de la police de Montréal rattaché à l'escouade Carcajou et qui était devenu le contact de Kane après sa brouille avec la GRC, devait le rencontrer ce jour-là à sept heures du matin. Quinze minutes plus tard, Kane n'était toujours pas arrivé et Roberge l'a appelé. Il était toutefois trop tard. À huit heures trente, un chauffeur, envoyé par les Rockers, est allé chercher Patricia et son fils Steve pour les reconduire chez Kane. Elle avait passé la nuit précédente chez sa mère et avait demandé à Kane de ne pas fermer à clé la porte d'entrée. Il avait la mauvaise habitude de dormir tard et très profondément, le matin, lorsqu'il sortait avec ses amis et, considérant l'humeur dans laquelle il était la veille, elle était certaine qu'il était en train de ronfler à l'intérieur.

C'est ainsi qu'elle a essayé d'ouvrir la porte d'entrée principale. Elle était bloquée. Ennuyée, elle essaya la télécommande de la porte du garage. La lourde porte en métal bougeait mais ne s'ouvrait pas. Elle essaya une seconde fois sans plus de succès. Avec l'aide du chauffeur, elle tenta d'entrouvrir suffisamment la porte pour que Steve puisse entrer à quatre pattes. Au moment où ils forçaient pour l'entrebâiller, Patricia a senti des odeurs de gaz d'échappement et a sursauté lorsque leur chat, visiblement effrayé, est sorti en courant par la brèche. Quand finalement ils réussirent à pratiquer un espace suffisamment grand pour que Steve puisse entrer, il s'y est faufilé. Ils l'ont entendu hurler

« Dany ! » dès qu'il s'est relevé. Ils ont continué à tirer désespérément, l'ouverture s'est agrandie et Patricia a réussi à passer. Elle s'est précipitée vers l'auto. Kane était à l'intérieur. Il était assis sur le siège avant de leur Mercedes. Les fenêtres étaient ouvertes et le moteur tournait. Il ne semblait pas respirer et elle n'a pas perçu de pouls. Cependant, elle était sûre qu'il était encore en vie parce que son visage était coloré et sa peau encore chaude. Elle s'est précipitée à l'intérieur de la maison et a signalé le 911. Il était 9 h 22. Elle a demandé au chauffeur de conduire Steve chez sa mère. La police est arrivée cinq minutes plus tard et une ambulance la suivait. Comme Patricia l'a observé avec horreur, ils n'ont fait aucun effort pour réanimer Kane et l'ont déclaré mort. Dès que les policiers ont tapé son nom dans leur ordinateur, qu'ils ont vu son casier et découvert qui étaient ses amis, ils ont mis la maison sous scellés et emmené Patricia pour l'interroger. Lorsque Roberge a fini par apprendre la nouvelle, il s'est montré stupéfait. « Cela a été un grand choc, un immense choc, a-t-il déclaré. Ce type était un peu comme un associé. »

* * *

La vie continuait chez les Hells Angels. Michel Auger, le reporter du *Journal de Montréal* qui suivait de très près les activités des motards et avait souvent une longueur d'avance sur la police dans ses enquêtes, a commencé à les irriter un peu trop à leur goût. Auger quitta une réunion avec l'escouade antigang, à une heure avancée de la soirée, à Place Versailles, et conduisit sa Subaru vers le stationnement de son journal, dans l'est de Montréal. Au moment où il a ouvert le coffre de sa voiture pour prendre son ordinateur portable, il a ressenti une vive douleur à l'épaule. Puis il a entendu des coups de feu. Lorsqu'il s'est retourné, il a vu un homme masqué portant un parapluie qui lui tirait dessus. Auger est tombé et l'agresseur, le laissant pour mort, a pris la fuite. Le journaliste a réussi à composer lui-même le 911 avec ce qu'il croyait être ses dernières forces. Bien qu'il ait totalement récupéré et qu'il continue à écrire des articles où il dénonce les agissements de la pègre, il était persuadé qu'il allait mourir à ce moment-là. Les journaux ont raconté qu'il avait été atteint par six balles. La population de Montréal a été soulevée d'indignation, une colère justifiée dont elle n'avait pas fait preuve depuis que la bombe des Hells Angels avait tué le jeune Daniel Desrochers, en 1995. Boucher ne s'est pas laissé impressionner. Il avait déjà connu ce genre de problèmes et il savait que la crise passerait. Ses nouveaux partenaires n'ont pas fait preuve du même stoïcisme. Rizzuto lui a passé le message de faire rapidement quelque chose pour calmer la situation. Selon la police, Rizzuto a eu peur que la réprobation publique pousse la police fédérale à faire voter une loi contre le crime organisé, semblable à la Racketeer-Influenced and Corrupt Organizations Law (RICO) aux États-Unis, évoquée précédemment. Par deux fois, la RICO s'était relevée inopérante contre les Hells Angels, mais, à plusieurs reprises, elle avait réussi à affaiblir la mafia.

Boucher est revenu sur sa décision de ne rien faire. Il a envoyé des émissaires rencontrer Fred Faucher à Québec. Faucher était alors le membre ayant le rang le plus élevé des Rock Machine à avoir survécu. Il a été très surpris de recevoir une invitation de Boucher pour le rencontrer à Montréal afin de discuter d'une possible trêve et peut-être même d'une possibilité de regroupement sur une grande échelle. Faucher a appelé Salvatore Cazzetta, qui se trouvait dans une cellule de prison aux États-Unis pour lui rapporter la nouvelle. Cazzetta s'est montré horrifié. Il a dit à Faucher qu'il ne devait pas faire confiance à son ancien partenaire SS, qu'il s'agissait d'un piège qui allait à coup sûr mener à l'extermination finale des Rock Machine. Faucher ne l'a pas écouté. Le 27 septembre, les motards ont tenu un sommet dans un hôtel du centre-ville de Montréal. Lorsqu'ils en sont sortis une heure plus tard, Boucher et Faucher ont annoncé qu'ils avaient conclu une trêve. Selon Patrick Héniault, un membre des Palmers (un gang-école des Rock Machine similaire aux Rockers), les membres des deux bandes ont dîné ensemble dans un restaurant élégant de la rue Crescent et certains d'entre eux ont même décidé d'aller boire quelques verres, après le dîner, dans des *night-clubs*. « C'est le début d'un temps nouveau, a-t-il dit. Tout le monde était heureux de savoir que nous allions arrêter de nous tirer mutuellement dessus. » La guerre était terminée.

* * *

Peu importe le nombre de fois où il était dans les parages, la police ontarienne n'arrivait pas à s'habituer à Walter Stadnick. Elle suivait tous ses mouvements, prenait des centaines de photos et de films avec une caméra vidéo. Chaque fois qu'il arrivait — en général en compagnie de neuf ou même davantage de membres du chapitre de Sherbrooke, où il était vénéré — la police émettait un communiqué qu'elle envoyait aux médias les plus importants pour annoncer une guerre des gangs. Stockford, plus difficile à repérer, car il avait une allure ordinaire et n'arborait ses insignes qu'à contrecœur, préférait passer sans tambour ni trompette. Cependant, il était surveillé avec la même attention. Comme d'habitude, on sollicita Guy Ouellette, le spécialiste des bandes de motards, et ses semblables de donner leur opinion, souvent contradictoire. Leur thème était toujours le même : lorsque les Hells Angels se montraient, ils apportaient avec eux la violence.

On l'avait vu auparavant et non seulement au Québec. Lorsque les membres des Los Brovos ont gagné leur statut de membres prospects des Hells Angels, en octobre 1997, ils ont modifié l'atmosphère de la ville de Winnipeg. Le chapitre prospect de Winnipeg a appris que la stratégie des Hells Angels ne laissait aucune place à la concurrence. Les Redliners éliminés, le chapitre de Winnipeg a mis ses anciens rivaux, les Spartans, dans son collimateur. Le 29 mai 1998, par une chaude nuit et un beau clair de lune, Darwin Sylvester venait de sortir du club des Spartans, sur l'avenue Chalmers. Il avait bu quelques verres, sans être ivre pour autant. De toute façon, cela n'avait aucune importance, car il n'est jamais arrivé chez lui. Son corps n'a jamais été retrouvé.

Privés de la direction charismatique de Sylvester, les Spartans n'avaient aucune chance de s'en sortir. Pour faire bon poids, bonne mesure, un excellent ami de Sylvester nommé Bob Rosmus a été tué d'une balle dans la tête, comme de nombreuses victimes des Hells Angels. Sans véritables concurrents, Los Brovos ont prospéré et la promotion qui ferait d'eux des Hells Angels à part entière paraissait imminente.

Un agent de police de la ville de Winnipeg qui ne désire pas être identifié fut tiré de son profond sommeil, le matin du 21 juin 2000. Les Hells Angels arrivaient et il devait se rendre au travail. Il avait à peine eu le temps de s'habiller et d'arriver à son bureau qu'on lui apprenait que la procession des motards venait juste de passer au nord de Kenora, en Ontario, à environ 150 kilomètres de Winnipeg. La police était prête lorsque le convoi a traversé la frontière entre l'Ontario et le Manitoba.

Les policiers ont bloqué la route, vérifié les permis, les enregistrements et les assurances des motards. Ils ont vérifié tous les noms sur leurs ordinateurs dans l'espoir de trouver des amendes non payées ou des mandats d'arrêt. Cette fois-ci, on ne trouvait pas de foule joyeuse sur les bas-côtés de la route pour quémander des autographes. La population de Winnipeg, consciente de l'augmentation de la violence et des ventes de drogues dans sa ville depuis que les Hells Angels y étaient installés, n'était plus prête à les accueillir à bras ouverts. Elle ne pouvait pourtant pas les empêcher de passer. Bien qu'il n'ait pas été le président national et même un président de chapitre depuis longtemps, pas un seul motard n'osait rouler devant Stadnick. Il s'agissait de son projet, de sa journée et, d'après ce qu'ont déclaré des personnes bien informées, de son gang...

La chevauchée fantastique s'est terminée devant un club qui venait d'être fortifié. Il s'agissait d'une ancienne église évangélique d'origine philippine, à Elmwood. Des légions de policiers, de reporters et de spectateurs qui avaient entouré l'ancien édifice du culte, n'avaient aucune idée de ce qui s'y passait jusqu'à ce qu'ils entendent des grands cris de joie. Il a suffi de quelques minutes pour que 12 anciens Los Brovos sortent du club, se mettent en file et tournent le dos aux spectateurs. Ils venaient de recevoir leurs nouvelles lisières incurvées au bas de leurs blousons : un nouveau chapitre des Hells Angels était né. La lisière ne portait pas le mot Winnipeg, mais « Manitoba ». L'atmosphère de kermesse a gagné les spectateurs, y compris la police. Quelques policiers ont même applaudi, et certains d'entre eux ne l'ont pas fait de manière sarcastique.

Stadnick a travaillé à une vitesse incroyable dans les Prairies. Coincés des deux côtés par les Hells Angels, les principaux gangs de motards de la Saskatchewan, les Rebels (qui n'avaient aucun lien avec les bandes du même nom à Calgary et à Toronto) et les Apollos de Regina ont demandé à devenir membres des Hells. Après avoir évalué les hommes et leurs opérations, on accorda le statut de prospects aux Rebels, le 18 septembre 1998. Les Apollos, pour leur part, ont été transformés en club-école sous l'autorité de leurs anciens rivaux qui se trouvaient à 200 kilomètres plus au nord. Un an plus tard, une grande réunion a eu lieu à Saskatoon. Les Hells Angels et les prospects de Colombie-Britannique, d'Alberta, du Manitoba et du Québec y ont participé. Selon un renseignement, Stadnick est arrivé sur une Harley empruntée. À la fin de cette grande réunion, le lendemain matin, Saskatoon était devenu un chapitre à part entière des Hells Angels. Selon un rapport de la GRC publié six mois plus tard, « la principale source de revenus des Hells Angels de Saskatoon est la vente de drogues interdites, en particulier la marijuana et la cocaïne ».

Les Spartans plus ou moins neutralisés, les anciens Los Brovos reçurent le titre de Hells Angels du Manitoba, le 22 décembre 2000, à peine cinq mois après avoir été nommés prospects. Un officier de la GRC a fait remarquer que la dénomination « Manitoba » leur avait été donnée dans le but d'intimider les quelques Spartans qui opéraient encore près de Brandon et dans quelques communautés rurales. Dès qu'ils sont devenus des membres à part entière, les Hells Angels du Manitoba ont commencé à étendre leur marché en persuadant les dealers indépendants de ne faire affaire qu'avec eux. Lorsque certains d'entre eux semblaient se rebiffer, il suffisait d'envoyer un message. Bradley Russell Anderson était un des premiers Redliners que Stadnick avait lui-même choisi. Lorsque son patron a mis la clef sous la porte du club, Anderson a recommencé à vendre de la drogue dans la rue. Bien qu'il achetait sa drogue des Hells Angels, souvent il pouvait en trouver à des prix inférieurs provenant d'autres sources. Selon des renseignements d'origine policière, les Hells Angels lui ont demandé de stopper et il a promis qu'il le ferait. Mais il n'a pas tenu sa promesse. Les Hells Angels, eux, ont respecté la leur. Le corps d'Anderson, criblé de balles, a été retrouvé dans le nord de la ville, deux semaines après qu'il ait reçu l'ultimatum.

À peu près à la même époque, les Rock Machine recrutaient des Outlaws mécontents et montaient leur affaire en Ontario. Cal Broeker, une taupe de la GRC, accompagnait les Para-Dice Riders. Il n'était ni policier ni informateur. Broeker avait été un homme d'affaires prospère du nord de l'État de New York lorsqu'une enquête policière établit à tort des liens entre lui et des groupes du crime organisé de Montréal, y compris des motards. Broeker, qui n'avait jamais rien fait de mal et avait été acquitté, a été alors fasciné par les hommes qui souillaient son nom et a décidé de faire tout ce qui était en son pouvoir pour dévoiler leurs crimes. Il s'est porté volontaire auprès de la GRC et cette dernière a accepté avec joie. En 1999, jouant les comptables véreux, il infiltra les

Para-Dice Riders. Ni membre ni prospect, il était cependant suffisamment près des centres de décision pour avoir une idée de ce qui se passait. La présence de Stadnick se faisant de plus en plus sentir, cela l'a amené à penser, lui comme de nombreux membres des Para-Dice Riders, qu'ils allaient devenir un club-école des Hells Angels. L'excitation était chez eux à son comble. « Ils étaient exactement comme des joueurs d'équipes paroissiales qui entrevoient la possibilité d'entrer dans les ligues majeures, a déclaré Broeker. À leurs yeux, il s'agissait de la chance de leur vie. »

La police avait la même opinion. « Lorsque je discute avec des policiers de cette province, en dehors du crime organisé ce sont les motards qui leur causent le plus d'inquiétude, a déclaré, le 28 décembre 1999, le solliciteur général de l'Ontario, David Tsubouchi. Il est tout à fait évident que le problème des motards est prioritaire à nos yeux. » Lorsqu'il a réalisé que les motards arrivaient, Tsubouchi a demandé des fonds supplémentaires ainsi que des hommes pour renforcer l'Escouade provinciale spéciale afin qu'elle compte 44 hommes et l'a réorganisée sous l'appellation de Biker Enforcement Unit (BEU), qu'on pourrait traduire par « Unité coercitive anti-motards ». « Ils n'auront pas la partie facile ! » a-t-il déclaré aux journaux.

Les policiers, quant à eux, ne semblaient pas certains de réussir. « Je ne pense pas que nous puissions arrêter le phénomène, a déclaré George Rooke, le coordinateur des opérations de la BEU. Nous sommes bien préparés, cependant. » Advenant le cas où il y aurait encore, en Ontario, des personnes sous l'emprise de l'ancienne image romantique des Hells Angels, il a déclaré au Toronto Star : « Il ne s'agit pas d'un groupe de garçons amateurs de motos, mais d'affaires qui rapportent beaucoup d'argent. Nous parlons ici du crime organisé, et lorsque vous vous occupez du crime organisé, vous êtes en relation avec des individus qui ont des entrées dans le monde des activités illégales en Ontario, c'est-à-dire le blanchissement d'argent, le trafic de drogues, la prostitution, le vol de propriétés et de voitures, l'extorsion. » Les Hells Angels arrivaient et tous ceux qui les surveillaient étaient certains qu'ils allaient débuter tranquillement en s'associant avec quelques anciens motards, comme ils l'avaient fait en Alberta et au Manitoba.

Tous avaient tort. La journée qui a suivi la parution dans les journaux des commentaires intimidants de Tsubouchi et de Rooke, une procession de motards est arrivée au club de Sorel. Dès que les premiers membres ont commencé à entrer dans le club, une horde de policiers du Québec et de l'Ontario s'est rassemblée à l'extérieur. Ce qu'ils ont vu faisait peur. En plus des habituels insignes des Hells Angels du Québec et des clubs-écoles, il y avait des lisières annonçant des Hells Angels de la Colombie-Britannique, de l'Alberta, du Manitoba et de la Nouvelle-Écosse. « La seule chose qui manquait était l'Ontario », a déclaré en plaisantant un officier de l'OPP. Cependant, il n'a pas ricané très longtemps. Lorsque tous les invités qui étaient attendus sont arrivés, ont garé leurs motos et sont entrés dans le club, le grondement de nouvelles Harley-Davidson, à échappements personnalisés et à moteurs en V bicylindres, s'est fait entendre. L'Ontario était au coin de la rue. Plus de 125 motards arborant les logos des Para-Dice Riders, des Satan's Choice, des Last Chance et des Lobos sont arrivés en groupes serrés.

Certains des motards ont fait un signe de reconnaissance aux policiers de leurs villes respectives, d'autres ont fait des grimaces aux caméras de surveillance de la police et à celles des journalistes. Le choc de leur arrivée en grand nombre a laissé la police et les gens des médias bouche bée. Le calme fut de nouveau de courte durée. Il y a eu un troisième bourdonnement, bien moins fort que les autres. Le troisième et le plus petit groupe de motards était constitué d'invités inattendus. Même les policiers les plus cyniques se sont montrés étonnés de voir ces insignes — environ une douzaine de motards, quelques-uns arborant « Charlie », la tête de mort qui ornait le logo des Outlaws, et d'autres arborant la tête d'aigle hurlante des Rock Machine. Le troisième groupe de motards a défilé devant la foule en montrant peu de signes d'émotion face aux policiers et aux reporters interloqués. L'arrivée d'une fourgonnette Chevrolet en mauvais état a permis aux spectateurs d'éclaircir le mystère. Deux grands *hangarounds* ont sorti du véhicule utilitaire une grosse caisse sur laquelle était clairement indiqué qu'elle contenait une machine à coudre industrielle.

Lorsque les motards ont commencé à sortir du club avec leur tête de mort ailée fraîchement cousue, la portée des ententes qui venait de se conclure est devenue évidente. Plus de 150 motards de l'Ontario venaient d'être admis comme Hells Angels, ce jour-là, sans avoir dû passer par le stade de prospect ou avoir à faire leurs classes dans un gang-école, en premier. « Quand Walter se tenait en leur compagnie, il était évident qu'il désirait les enrôler, et Guindon ayant pris sa retraite, il tombait sous le sens qu'il désirait également enrôler les Satan's Choice, a déclaré John Harris. Mais certains de ces autres types étaient des minables, des laissés pour compte de la drogue qui ne savaient plus ce qu'ils étaient ni ce qu'ils faisaient. Cela montrait bien que Stadnick était prêt à tout pour appliquer son plan, quitte à faire un Hells Angels de tout ce qui pouvait se retrouver perché sur une Harley. »

Les policiers ont fait de leur mieux pour regagner un semblant de contenance. Quelques-uns d'entre eux ont commencé à chanter « C'est en Para-Dice Rider que je vivrai et que je mourrai », le slogan du club. Rien n'a pu atténuer l'enthousiasme des motards. Les Hells Angels fraîchement baptisés ont commencé à sortir du quartier général de Sorel. Certains vétérans ont couru vers les policiers et les reporters qu'ils connaissaient pour leur exhiber leurs écussons, tout comme des lauréats montrant leur diplôme à leur famille, un jour de collation des grades.

Personne n'était plus heureux que Walter Stadnick. Bien que cela ait pris des années et qu'il existât encore quelques cellules isolées, Stadnick avait réussi à élargir l'empire des Hells Angels dans tout le Canada, à partir de sa base de Québec. Et en Colombie-Britannique ? Les Hells Angels dominaient. Et sur la Côte est ? Grâce au déploiement rapide de club-écoles à partir du Québec et de quelques assassinats bien ciblés, les Hells Angels écrasaient encore les autres clubs. Et dans les Prairies ? On assistait une fois de plus à la domination des Hells Angels grâce aux chapitres de prospects et aux clubs-écoles en Alberta, en Saskatchewan et au Manitoba. Et que dire de l'Ontario ? Malgré quelques poches de résistance — dont les quatre petits chapitres de Rock Machine et la douzaine de Para-Dice Riders qui avaient refusé de s'associer — même la province la plus riche du Canada était maintenant territoire des Hells Angels.

Grâce à la guerre incessante et réussie qu'il avait entreprise contre les Rock Machine et à la trouille indiscutable qu'il avait réussi à inspirer au gouvernement et à la population du Québec, Maurice « Mom » Boucher faisait régulièrement les manchettes et était devenu un personnage populaire. Cela faisait également de lui une cible. Il était entré et sorti de prison si fréquemment qu'il avait maintenant une aile à sécurité maximum réservée pour lui seul. La police et les procureurs de la Couronne travaillaient 24 heures sur 24, sept jours par semaine pour lui faire réintégrer ces charmants locaux. La seule chose qui lui permettait de rester libre était une adhérence stricte aux règles d'isolement qu'il avait apprises de Stadnick lorsqu'il avait mis les Nomads sur pied.

Grâce à ses manières furtives, à son intelligence, à son charme et à beaucoup de chance, Stadnick s'était arrangé pour se construire l'empire de ses rêves. D'un océan à l'autre, il contrôlait une légion de motards portant ses couleurs, fourguant ses drogues et lui rapportant des millions. Il avait des centaines d'hommes à sa disposition, des hommes prêts à travailler, à aller en prison et même à tuer pour lui. Et tout ce que la police pouvait faire était de le filer et de lui coller de futiles contraventions pour infraction au code de la route.

Le p'tit gars de Hamilton qui ne parlait pas un mot de français n'avait pas seulement fait main basse sur les Hells Angels, mais, du point de vue du monde interlope, il contrôlait les activités illicites du pays. Le rusé petit Wild One avait réussi à survivre aux Outlaws, aux Rock Machine et à ses vieux patrons de la mafia. Il avait convaincu les Grim Reapers, les Rebels, les King's Crew, les Los Brovos, les Spartans, les Satan's Choice, les Para-Dice Riders, les Apollos, les Loners et des douzaines d'autres de travailler pour lui. Il avait réussi à déjouer la police de façon si astucieuse que celle-ci était devenue le problème de quelqu'un d'autre. Walter Stadnick, le petit motard affreusement défiguré, qui préférait les complets Armani aux vêtements de cuir, avait gagné.

Chapitre 12

Les autres serveuses pensaient qu'Hélène Brunet était cinglée. Elle haïssait les motards et refusait de les servir chaque fois qu'il s'en présentait chez *Eggstra*, le café d'un petit centre commercial de Montréal-Nord où elle travaillait. Le reste du personnel se réjouissait pourtant de leur arrivée. Non seulement donnaient-ils des pourboires plus généreux que les quelques pièces de monnaie que laissait habituellement derrière elle la clientèle appauvrie du quartier, à telle enseigne qu'on commença à parler d'eux en code, « les cinq piastres », mais, plus encore, ils étaient grisants. Il ne s'agissait pas seulement de Rockers ou de Death Riders de Laval, de l'autre côté de la rivière, mais de vrais Hells Angels. Même Maurice « Mom » Boucher, le plus méchant et le plus fameux de tous, avait l'habitude de passer chaque semaine pour s'envoyer une assiette d'œufs et de saucisses. Les autres serveuses se disputaient le privilège de servir les motards, tout particulièrement ceux qu'elles pouvaient reconnaître par leur présence dans les journaux.

Mais Hélène Brunet demeurait intraitable. Elle ne voulait rien avoir à faire avec les Hells. Pas qu'elle les craignait, elle était tout simplement dégoûtée par leur attitude. Mais le 7 juillet 2000, elle n'eut pas le choix. Deux types qu'elle crut être des motards s'assirent dans la section fumeurs, et elle était la seule serveuse, ce matin-là, assignée à ce secteur. Qu'importe, il y avait déjà un type moustachu aux cheveux longs, installé dans la section non-fumeurs. S'il n'était pas un motard, il était un *wannabe*, un imitateur des motards, et ceux-là pouvaient s'avérer les pires. Comme elle s'approchait de la table des rogues, elle entendit une commotion et se retourna. Ce qu'elle vit n'était pas clair du tout. Un homme masqué était entré dans le restaurant et s'était joint au type aux cheveux longs. Tous les deux tenaient une arme de poing. « Je pensais qu'il s'agissait d'un gag, dira la femme, comme on en voit à la télé. Je ne croyais même pas qu'il s'agissait de vrais pistolets. »

Sans que personne n'ait pu réagir, l'homme masqué avait fait feu sur Bob Savard à trois reprises dans la tête, et son visage reposait dans son assiette avant même que la serveuse n'ait compris ce qui se passait. L'autre motard qui l'accompagnait bondit pour attraper la jeune femme par le collet et la ceinture. Il la serra contre lui en guise de bouclier. Le type aux cheveux longs vida son chargeur, atteignant la serveuse à trois reprises à la jambe droite et une fois, au bras droit. Le motard qui s'était caché derrière elle, Normand Descôteaux, réussit à s'enfuir indemne.

Savard et Descôteaux n'étaient pas des motards, mais les tueurs, eux, l'étaient. L'attentat qui impliqua la malchanceuse Hélène Brunet était un des éléments d'une stratégie des Hells. Les deux cibles étaient des prêteurs usuraires qui s'apprêtaient à ramasser les affaires d'André « Dédé » Desjardins, après son assassinat. Un simple nettoyage pour les Hells : il n'y avait pas de place pour quiconque refusait de s'entendre avec les nouveaux seigneurs du crime.

Sortie de l'hôpital, la victime devint un adversaire déterminé des motards, allant même jusqu'à intenter des poursuites contre Descôteaux et Boucher pour le carnage. On la vit par la suite à plusieurs reprises en compagnie de Josée-Anne Desrochers, la mère du petit Daniel, à toutes sortes de rassemblements, manifestations et événements médiatiques. Les tabloïds montréalais les ont depuis nommées les « Elles Angels ».

Traditionnellement, les femmes n'ont guère d'importance pour les Hells Angels. Selon les premiers règlements du club, une femme se situe en ordre d'importance bien plus bas que la Harley d'un membre, quelques échelons plus bas que son chien. C'est pourquoi il est si ironique — d'autres diront, si juste — que tant de Hells aient été descendus par deux femmes en colère.

France Charbonneau, une substitut du procureur général du bureau de Montréal, avait passé bien des nuits blanches à potasser l'acquittement de Boucher des accusations de meurtres des gardiens de prison. Elle passa au peigne fin les transcriptions, consultant la jurisprudence. Comme plusieurs juristes, elle avait été abasourdie par la charge du juge Boilard, avisant le jury que le témoignage du témoin clé, Stéphane Gagné, n'avait aucune crédibilité, soulignant que son témoignage lui sauverait probablement la vie. Le 10 octobre 2000, la détermination de l'avocate obtint sa récompense. Trois juges de la Cour d'appel du Québec arrivaient à la conclusion unanime qu'il fallait un nouveau procès dans le dossier de Boucher et du meurtre des gardiens de prison.

Comme la police l'avait gardé sous surveillance étroite, elle n'eut guère de problème à le trouver. La question était plutôt de savoir qui de la Sûreté ou de la police de Montréal irait l'arrêter et allait le détenir. Chacune des deux voulait être reconnue pour avoir mis le grappin sur l'abominable méchant et aucune n'était prête à céder. Il y eut donc un compromis : deux représentants de la police de Montréal et deux de la Sûreté procéderaient à son arrestation. Les flics de Montréal le fouilleraient, mais il serait détenu au quartier général de la SQ, à Parthenais.

Le lendemain matin, Boucher reçut un appel de son avocat, Benoît Cliche. L'ayant informé de la décision du tribunal, il lui fixa rendez-vous dans un restaurant de la rive sud de Montréal. Boucher fut stupéfait ; il ne s'attendait pas à perdre en appel, et maintenant il s'en irait en prison.

Il avait tout juste formulé, au cours du lunch en compagnie de Cliche et de Gilbert Frigon, le plan de se rendre discrètement à la police à une station du West Island, qu'on remarqua l'arrivée des flics à l'extérieur du restaurant. À 13 heures pile, Boucher quitta le restaurant, fut arrêté, fouillé et menotté avant d'être placé dans un véhicule de la SQ et conduit à Parthenais. Selon les officiers de police présents, il était tellement frustré de son arrestation qu'il n'eut de cesse de sacrer jusqu'à son arrivée à sa cellule.

La deuxième femme ne devait arriver que plus tard. Avant de mourir, Kane s'arrangea pour remettre à la SQ un cadeau d'une valeur inestimable. Normand Robitaille, un Nomads dont il était à toutes fins utiles le valet, devant se rendre à Québec, il remit alors son porte-documents à Kane, avec mission de le protéger. « Il est essentiel que tu ne le quittes pas des yeux, lui ordonna-t-il. Son contenu est très important. » Aussitôt que l'auto de Robitaille eut tourné le coin, Kane arrangea par téléphone une réunion avec la SQ. Il leur remit le porte-documents, la police en photocopia chacun des documents qu'elle y trouva, remit le tout soigneusement en place avant de le rendre à Kane.

Si Robitaille ne se doutait de rien, la police découvrit plus de secrets intimes des Nomads qu'elle n'aurait plus l'imaginer. Le contenu de la mallette consistait surtout en documents comptables de La Table. Même si ces informations n'étaient pas incriminantes en soi, elles démontraient toutefois l'ampleur tant des stupéfiants que de l'argent qui leur passaient entre les mains. Ces documents contenaient aussi le nom de Jean-Richard « Race » Larivière, un individu que Kane avait mentionné comme un des principaux distributeurs de La Table.

Carcajou entreprit immédiatement de le suivre. Lorsque Larivière s'arrêta au 7415 de la rue Beaubien, les flics étaient convaincus qu'il s'agissait d'une visite purement sociale, vu que Larivière était domicilié à Ville d'Anjou. Mais les policiers remarquèrent rapidement que la porte d'entrée de l'édifice ne cessait de tourner pour admettre des visiteurs. En y regardant de plus près, ils se rendirent compte que ces visiteurs étaient pour la plupart jeunes et que presque tous transportaient un sac qu'ils serraient contre eux. Quand le premier groupe de policiers fut remplacé par d'autres plus expérimentés, ils firent rapport de la présence nourrie de dealers bien connus ainsi que d'associés des Hells Angels de Laval, de Québec, de Trois-Rivières, des Cantons de l'Est et d'autres régions du Québec.

Trouver dans l'édifice de 75 appartements lequel était le bon fut chose facile. Un officier de police entré dans le hall de l'édifice se rendit compte que presque tous les visiteurs et tous ceux qui étaient reconnus comme *dealers* se rendaient au cinquième étage. Muni de cette information, il fut facile d'obtenir des renseignements sur l'utilisation des services publics sur cet étage. Dans le cas du 504, elle était presque nulle ; de toute évidence, personne n'y vivait en permanence. Une surveillance accrue montra en outre que les Hells n'avaient installé aucun système de sécurité ou de surveillance à cet appartement, qu'on qualifiera par la suite de Banque nationale des Nomads. Ayant obtenu les autorisations légales requises, ils copièrent la clé maîtresse du concierge et se rendirent sur les lieux. À l'intérieur, ils trouvèrent un aménagement qui tenait plus du bureau que du logis. Le plus rapidement possible, ils installèrent leur panoplie d'appareils de surveillance et d'écoute.

Le lendemain leur fournit le détail du système bancaire et de distribution de narcotiques des Nomads. L'un après l'autre, sur bandes vidéo noir et blanc, on voyait des dealers ou leurs messagers se présenter avec un sac d'argent et recevoir en retour des sacs de drogues. Une fois le client parti, un associé des Nomads, Robert Gauthier, apportait l'argent à un autre appartement du même édifice, pour le garder de façon plus sécuritaire. La même vérification d'utilisation d'électricité indiqua qu'il s'agissait de l'unité 403. Le soir même, la police y entrait pour découvrir encore une fois un aménagement de bureau et un large coffre-fort. On installa rapidement l'équipement de surveillance requis.

Quelques jours plus tard, le sergent Pierre Boucher de la SQ, le commandant de ce qu'il était désormais convenu de désigner comme le projet Océan, eut une idée. Après la fermeture de la Banque, il fit secrètement entrer un agent de la GRC dans le local, dans le but de copier le contenu des disques rigides des deux PC qui s'y trouvaient. Le résultat de l'opération fut fort décevant. Même si les deux ordinateurs possédaient des logiciels comptables identiques, ils ne contenaient aucune donnée. Mais en regardant de plus près les bandes vidéo, on se rendit compte que, chaque matin, Stéphane Gagnon, un associé des Nomads, insérait méthodiquement un disque ou un CD dans le PC pour l'éjecter le soir et le cacher ensuite. Boucher se rendit à l'appartement le soir même et trouva, sous une carpette, un disque d'une capacité de 100 Mo. Il le fit copier et le remit là où il l'avait trouvé. C'était le gros lot! Le disque contenait des chiffriers révélant l'immensité du commerce qu'on faisait, à ce que les policiers pouvaient conclure, de haschisch et de cocaïne. Même si chaque transaction était codée, ce qui se passait était clair. Fouillant dans leurs propres dossiers, les policiers établirent rapidement que Gauthier et Chagnon étaient apparentés au Nomads Michel Rose par leurs conjointes. L'équipe du projet Océan se rendit par la suite quotidiennement à l'appartement 403 pour mettre son information à jour et photographier le contenu du coffre-fort.

Malgré que les éléments de preuve s'accumulaient, les policiers ne pouvaient pas agir à moins de pouvoir relier l'argent aux drogues et percer l'identité des noms de codes. Ils obtinrent les deux quand la deuxième femme en colère se présenta au quartier général de la GRC, le 24 janvier 2001. Sandra Craig avait survécu à deux attentats lorsque les Hells avaient décidé de se débarrasser de leur concurrence de manière forte. Elle avait perdu son conjoint et son gagne-pain de revendeuse de drogues à cause de l'embargo imposé par les Nomads sur tout approvisionnement autre que le leur. C'était maintenant son tour de leur rendre la monnaie de leur pièce. Après avoir demandé et s'être fait confirmer par le sergent Tom O'Neill que rien de ce qu'elle dévoilerait ne serait retenu contre elle, elle lui présenta des chiffriers semblables à ceux de l'appartement 403. Il lui demanda de décoder le tout. Elle lui confirma qu'il s'agissait d'entrées de transactions de cocaïne et de haschisch entre les Craig et les motards. Il lui demanda qui étaient les acheteurs. « André Chouinard et Michel Rose », lui répondit-elle. O'Neill lui demanda de répéter ce qu'elle venait de dire. Elle le fit posément. La police savait qu'ils faisaient partie de La Table.

Moins d'une semaine plus tard, la police frappa. De nuit, les policiers perquisitionnèrent dans l'appartement de la rue Beaubien ainsi que dans deux autres qui ne servaient qu'au comptage et à l'entreposage des billets de banque. Ils confisquèrent alors plus de 5,6 millions d'argent des Nomads. Le lendemain matin, lorsqu'ils arrêtèrent Chagnon, alors qu'il arrivait au travail, ils saisirent ses deux téléphones cellulaires, trois *pagettes* et son petit carnet noir de numéros de téléphone. Ils y trouvèrent exactement ce qu'ils cherchaient : un répertoire complet de qui possédait quel compte. Un de ces codes, celui de Gertrude, désignait Walter Stadnick et Donald Stockford.

* * *

Jean-Guy Bourgoin et Stéphane Sirois étaient de vieux copains, dont la vie avait pris des directions différentes. Tous les deux avaient été membres fondateurs des Rockers, mais Sirois avait quitté le club en 1997. La police avait su, par des informateurs, que son départ était dû à sa femme qui craignait qu'il ne lui arrive malheur. Les Rockers n'en prirent pas ombrage. Philosophe, un des membres lui dira même : « Ça arrive tout le temps. » Bourgoin, pour sa part, resta au sein du club, s'endurcit et prit du galon. Selon la police, c'était lui qui contrôlait toute la distribution de drogues sur le Plateau-Mont-Royal. En février 1995, Normand Robitaille et lui furent arrêtés pour extorsion. Ils avaient exigé d'un homme d'affaires local, porté lourdement sur la cocaïne, la somme de 450 000 $ et l'avaient accompagné à la banque pour qu'il y vide son compte. Alors qu'ils attendaient dans l'auto, la victime présumée informa le directeur de cette succursale de ce qui se passait. La police coffra les deux larrons et les accusa de séquestration, possession d'une arme et dissimulation de preuves. Ils récoltèrent chacun 26 mois de prison. En septembre 1998, Bourgoin se retrouva à nouveau aux prises avec la justice. On l'accusa de voies de fait graves après qu'il se fut attaqué un footballeur des Alouettes, Stephen Reid, avec un tuyau de fer, au cours d'une mêlée dans un bar. Il fut condamné à 20 jours de prison.

Alors qu'il sortait de prison, Sirois revint aux Rockers. Son stage d'une couple d'années en dehors du club avait été modérément réussi, mais la rumeur de larges sommes offertes aux délateurs pendant la guerre des motards lui fit repenser à son avenir. À l'incitation, diront certains, de sa femme, Sirois communiqua avec la GRC qui sauta sur l'occasion d'obtenir une taupe. Il s'exprimait aisément, était courageux et respecté des autres motards. Non seulement la police croyait-elle qu'il pourrait s'infiltrer aux plus hauts niveaux de l'organisation, mais aussi qu'il serait un témoin d'allure sympathique lors d'éventuels procès.

Les Rockers l'accueillirent à bras ouverts et, en un rien de temps, il avait retrouvé l'estime et la confiance de poids lourds comme Bourgoin et Sirois. La GRC dissimula un dispositif d'enregistrement sur sa poitrine avec instructions de discuter avec Bourgoin de trois choses précises : le blanchiment d'argent, la vente de drogues et le meurtre. Il devait réussir son triple mandat.

Après quelques bières dans une boîte de strip-tease de l'Est, Sirois raconta à Bourgoin qu'il avait un petit problème. En revenant aux « affaires », il avait fait beaucoup d'argent, très rapidement, mais tout en liquide, et il cherchait une façon que cela n'attire pas trop l'attention. Bourgoin se mit à rire et décocha un coup amical sur le bras de son ami. Il lui arrangerait un rendez-vous avec un comptable. « Un maudit bon gars. Il a travaillé pour le gouvernement pendant 25 ans et il est le comptable de Rizzuto. Il a toujours travaillé pour les Italiens, lui dit-il. Tu lui donnes du *cash* et tu lui dis "Blanchis-moi ça" et il se met au travail. » En prononçant ces mots, le motard fit le geste de laver quelque chose de ses mains.

Quelques semaines plus tard, Sirois rencontra à nouveau Bourgoin, cette fois-ci au repaire du club. Sirois n'eut rien à lui demander. Spontanément, comme faveur à un vieil ami, le motard proposa de le faire participer à un nouveau racket, la distribution d'un produit de contrefaçon, le populaire Viagra. « Je l'ai en quantité industrielle », expliqua-t-il. Histoire de montrer du scepticisme, Sirois lui demanda si le produit était vraiment efficace. « Tu vas être comme un cheval », lui rétorqua le motard. Se servant de l'argent de la GRC, Sirois en acheta. Il ne révéla jamais s'il l'avait essayé ou pas.

La GRC devait apprendre beaucoup sur le mode de fonctionnement des Rockers à partir des enregistrements et des rapports fournis par Sirois. Il leur raconta comment deux associés s'étaient vantés, pour impressionner des filles, d'être membres en règle des Rockers. Aussitôt que cela se fut rendu aux oreilles de Bourgoin, il les traîna au repaire et leur infligea une telle raclée qu'ils « restèrent sur le plancher, pris de convulsions ». Sirois n'avait pu s'empêcher de laisser filtrer son étonnement et son dégoût.

Bourgoin avait alors tenté de l'apaiser en lui expliquant que certains Rockers étaient prêts à tout pour monter en grade et qu'ils savaient que le chemin le plus direct vers un poste élevé parmi l'escouade de choc des Hells était de montrer de quelle cruauté et sauvagerie on était capable. « Tout ce monde veut monter » expliqua-t-il à son vieil ami. Ces gars-là sont des dérangés mentalement, des psychopathes. » Encore plus révélatrice fut cette conversation que Sirois eut avec le Rocker Sébastien Beauchamp, alors que ce dernier expliquait ce que les motards pensaient du monde ordinaire. « Je regarde le monde qui se lève à sept heures, se coince dans le trafic pour se rendre à un travail à dix dollars l'heure, pour revenir ensuite à la maison, et je me dis que ce sont eux les idiots et nous, les intelligents. »

Croyant toujours qu'il était un ami loyal, Bourgoin invita Sirois à une dégustation de sushis dans un luxueux restaurant du West Island. Dans les faits, il se proposait de recommander son invité pour une promotion au sein du club. Plutôt que d'être invité à se joindre au club de baseball (l'escouade des Rockers responsable de la perception des mauvaises créances et de la mise au pas des ennemis à coups de bâton de baseball ou de poing), il deviendrait membre du club de football (les motards qui éliminaient les ennemis à la bombe ou à l'arme à feu). Le travail était physiquement moins éreintant, la paie beaucoup plus élevée et les chances de promotion encore plus grandes. Sirois se déclara intéressé, mais demanda des détails supplémentaires, tout particulièrement les détails monétaires. Bourgoin se mit à rire et, comme tout bon employeur potentiel, énuméra les mesures salariales. Les Hells Angels paieraient 100 000 $ pour chaque cadavre de membre en règle des Rock Machine, 50 000 $ pour un prospect et 25 000 $ pour les *hangarounds* ou simples associés.

* * *

Ginette Martineau et Raymond Turgeon représentaient exactement le genre d'individus dont Beauchamp s'était moqué lors de sa conversation avec Sirois. Elle était âgée de 49 ans et lui, de 52. Ils vivaient dans un appartement banal en banlieue. Ils travaillaient tous les deux pour Accès-Sport, un bureau privé d'enregistrement de véhicules pour le compte de la SAAQ, situé rue Ontario. L'argent était toujours rare et les fins de mois, serrées. Alors, lorsqu'un beau jeune homme s'est présenté, offrant de l'argent à la dame en retour de renseignements sur certaines plaques minéralogiques, elle s'empressa de collaborer.

Le 17 janvier 2000, elle remit à son nouvel ami une photocopie de l'enregistrement et de la documentation pertinente sur le véhicule d'un dénommé Marius Poulin, incluant son adresse et son numéro de téléphone. Elle reçut 200 $ pour ces renseignements. Dix jours plus tard, on retrouvait Poulin mort dans les escaliers de l'édifice où il vivait.

Avant de se faire attraper, Martineau fournit à son copain un autre dossier, toujours contre la même somme, cette fois-ci concernant le journaliste Michel Auger, même si ce dernier n'avait jamais mis les pieds dans l'établissement de la rue Ontario. « Pour une raison quelconque, il avait indiqué le siège social de son journal comme l'adresse de son domicile [1] », dira Randall Richmond, le substitut du procureur de la couronne qui sera responsable de sa poursuite. « et c'est là qu'ils l'ont eu ! » De toute évidence, Martineau refilait des renseignements névralgiques aux exécuteurs des Hells. « La vie d'un homme contre 200 $, voilà ce qu'il en fut ! » s'exclama Richmond faisant référence au meurtre de Poulin. « C'est tout simplement horrible. » Même s'il ne put faire condamner Martineau et Turgeon de complot pour meurtre, les deux furent tout de même condamnés sur 25 chefs d'accusation d'abus de

1. Michel Auger avait donné cette adresse justement pour des raisons de sécurité personnelle. (N.d.T)

confiance et 25 autres d'utilisation proscrite de dossiers confidentiels. On ne trouva jamais qui avait tiré la gâchette lors de l'attentat contre Auger. En revanche, on réussit à faire condamner l'armurier qui avait fabriqué l'arme, un associé des Hells du nom de Michel Vézina. Pour avoir trafiqué le Ruger de calibre .22 utilisé contre Auger et, beaucoup plus dangereuse, une mitraillette Luigi Franchi, il reçut une sentence de 59 mois de prison. C'était sa deuxième condamnation pour commerce d'armes prohibées en trois ans.

Chose fort surprenante, un tiers non identifié réclama un interdit de publication lors du procès de Martineau et de Turgeon, qui fut accordée par le juge Maurice Galarneau. En conséquence, les médias ne purent révéler le sort des autres qui avaient fait l'objet de coulage de semblables renseignements, ni les hypothèses concernant ceux que le coulage aurait pu avantager, ni l'identité de celui qui avait réclamé l'interdit, ni même parler de ce que couvrait Auger habituellement.

Un de ceux sur qui Auger écrivait fréquemment était Peter « Buddy » Paradis, un des poids lourds des Rock Machine. Il avait pourtant débuté modestement. En 1981, à l'âge plus ou moins légal de 16 ans, il commença une carrière de *stripper* dans les bars gais de Montréal. Après deux années sur les planches, il découvrit un commerce beaucoup plus lucratif : le trafic de drogues, surtout de la cocaïne. Il se tirait fort bien d'affaire comme vendeur indépendant jusqu'à ce que la guerre des motards n'éclate. Il fut alors forcé de prendre parti. En juin de 1994, il fut un des nombreux petits *dealers* approché par un membre fondateur des Rock Machine, Renaud Jomphe, pour se joindre à eux. L'offre était difficile à refuser.

Jomphe, parfois surnommé le « Roi de Verdun » était un *dealer* notoire bien avant que les Rock Machine ne soient créés. Paradis accepta sa proposition, et son sort s'améliora rapidement. Il semblerait que Jomphe aimait bien Paradis, lui enseigna les trucs du métier et lui fournit des contacts qui le renforceraient. Au point culminant de la guerre, le 18 octobre 1996, Jomphe se rendit dîner en compagnie de deux de ses disciples, Christian Deschênes et Raymond Laureau, au restaurant *Kim Hoa*, à Verdun. Le trio était déjà saoul lorsqu'un homme masqué s'approcha de leur table et l'arrosa de balles avec une mitraillette. Jomphe et Deschênes furent tués sur le coup et Laureau fut blessé si grièvement qu'il dut mettre fin à sa carrière de gangster.

À ce moment-là, Paradis avait déjà démontré qu'il était courageux, intelligent et prêt pour les ligues majeures. On lui confia donc le territoire de Jomphe. Non seulement cela fit-il quadrupler ses revenus, mais il devint aussi prospect des Rock Machine. Mais avec les récompenses viennent les responsabilités. Le 11 avril 1997, Paradis passait dans l'Est en compagnie de ses *dealers* Mario « Marteau » Filion et Simon « Chiki » Lambert, quand Lambert aperçut un ennemi, un associé des Hells, Raymond Vincent, sur un coin de rue. Filion, qui conduisait, tourna pour revenir sur sa route. Lambert se mit un masque de ski, ramassa un pistolet et baissa sa vitre. Lorsque l'auto croisa Vincent, il l'abattit de trois balles. La victime devait mourir peu de temps après à l'hôpital.

La vie d'un patron n'est pas toujours facile. Lorsqu'un des *dealers* de Paradis, Yan Bastieri, alla se plaindre qu'un associé des Hells, Éric Perfechino, envahissait son marché, en guise de réponse Paradis lui remit un pistolet lui disant : « Fais ce que tu as à faire ! » Le Hells fut assassiné une semaine plus tard.

La guerre faisait rage et Paradis ne se déplaçait jamais sans la présence de son garde du corps, Daniel « Poutine » Leclerc. Le 10 août, par une soirée particulièrement fraîche, Leclerc reconduisit Paradis chez lui, à Lachine. Aucun des passagers ne remarqua une Ford Taurus noire stationnée devant la maison. Alors que Leclerc démarrait, deux hommes masqués sortirent de la voiture et tirèrent à quatre reprises sur Paradis avant de décamper. Après un séjour de huit jours à l'hôpital et encore très faible, Paradis revint à la maison.

À peine rétabli, Paradis se remit au travail. Ses supérieurs étaient satisfaits de ses efforts, mais ne se gêneraient pas pour confier son poste à quelqu'un de plus courageux s'il tardait trop à se remettre au travail. Les choses tournaient mal pour les Rock Machine et ils avaient besoin d'argent rapidement. Les Hells Angels étaient en train de gagner la guerre et de plus en plus de dealers faisaient défection de l'Alliance, jugée défaillante. Mais les Hells n'étaient pas les seuls ennemis.

Le 9 mars 1999, Paradis et huit de ses *dealers* furent arrêtés par Carcajou. Il fournit un cautionnement mais, en manque grave de liquidités, il se mit furieusement à encaisser ses dettes. En janvier 2000, il envoya son jeune frère Robert (qui avait été l'objet d'un attentat et d'une arrestation l'année précédente) et le costaud Jimmy Larivée s'occuper d'un très mauvais payeur. Ce dernier, Gilles Nolet, finançait une lourde consommation de cocaïne en volant de la bijouterie et en traînant autour de Paradis dans l'espoir de faire la fête à la poudre blanche. La veille de l'attentat contre Paradis, Nolet lui raconta qu'un Colombien lui avait vendu un kilo de coke et qu'il pourrait l'acheter pour 15 000 $. La transaction se fit, et Nolet disparut dans la nature. Mais la poudre s'avéra de si piètre qualité qu'elle était invendable. Paradis lui fit savoir qu'il venait collecter. Son geste fut retardé par l'attentat et la convalescence, mais, aussitôt remis, il se lança à la poursuite de son débiteur. Avant que son frère et Larivée aient pu atteindre Nolet, il fut assassiné dans un bar de la Côte-Saint-Paul.

Plus rien n'allait pour Paradis, à Montréal. Il manquait d'argent, ses sources de revenus diminuaient, les Hells Angels occupaient son territoire et recrutaient ses *dealers*, et la police avait monté un dangereux dossier contre lui. Il était un des premiers à être accusé en vertu de la loi C-95, la nouvelle loi canadienne antigangstérisme. Face à un avenir douteux en liberté et songeant au sort de sa femme et de son fils, il donna à son avocat mandat de négocier une entente avec la Couronne. Contre une sentence moins lourde — 12 ans avec possibilité de libération conditionnelle —, Paradis s'engagea à raconter tout ce qu'il savait sur les Rock Machine, les Hells Angels et le monde du crime à Montréal.

* * *

Paradis était loin d'être le seul membre des Rock Machine à croire que leur organisation n'était plus de calibre face aux Hells Angels, surtout à Montréal. Au moment où Paradis et ses hommes se faisaient arrêter, un membre fondateur des Rock Machine et ancien SS, Paul « Sasquatch » Porter, décida de ramasser ses affaires et, avec des *dealers* de confiance, de déménager à Ottawa. Pendant que les Hells Angels faisaient virer capot à un nombre croissant de ses *dealers*, le géant (1,98 m et 198 kg) avait de plus en plus de problèmes à garder son fief dans la partie sud du boulevard Saint-Laurent. Garder son personnel n'était pas le seul problème de Porter : il était lui-même devenu une cible, très visible ! Alors qu'il conduisait son pick-up Chevrolet sur la route 341 près de la ville de l'Épiphanie, Porter fut dépassé par une Mustang. Lorsque l'auto arriva à la hauteur de sa portière, il eut le réflexe de se tourner la tête. Il vit un jeune homme baisser sa vitre, sortir un pistolet et le vider dans sa direction. Comme Porter reprenait ses esprits sur l'accotement de la route, il fut stupéfait de se rendre compte qu'il n'avait qu'une seule égratignure sur le bras. La portière de la camionnette était criblée de balles et sa veste pare-balles était prête pour la poubelle. Moins d'une année plus tard, il y eut répétition. Il conduisait son véhicule dans l'est de la ville lorsque sept hommes ouvrirent le feu sur lui. Il réussit à éviter du guet-apens et s'en tira indemne.

Il décida donc de déménager en Ontario. En compagnie de son vieux copain André « Curly » Sauvageau (lui aussi un ancien SS), Porter commençait tout juste à s'attaquer au modeste marché d'Ottawa et à jouer le parrain auprès du chétif chapitre des Rock Machine de Kingston lorsque leur collègue Rock Machine, Joe Halak, les invita à son spectacle de moto Canadian Thunder à Georgetown, une petite ville à l'ouest de Toronto. Ce matin-là, le 21 juillet 2000, le quotidien *Toronto Sun* dépêcha un technicien au 341 de la rue Guelph pour réparer une distributrice de quotidiens, en panne depuis plusieurs semaines : elle distribuait les journaux… gratuitement. Ce que le réparateur y trouva fut surprenant : une boîte contenant 4 000 clous entourés de 2,2 kg de plastic C4. Quoique la police ait présumé que Porter était la cible de cette bombe, il n'y a aucun doute que des douzaines d'amateurs de motocyclettes auraient été tués ou grièvement blessés si la bombe avait explosé au cours de l'exposition.

Extérieurement, Porter ne semblait pas être affecté par ces tentatives de meurtre. Lorsque Boucher et Fred Faucher ont conclu la paix qui mettait fin à la guerre entre les deux gangs, Porter était au premier rang avec son blouson de cuir *extra large* décoré de son imposant emblème des Rock Machine. Deux mois plus tard, il changeait de camp. Le 27 décembre 2000, tout juste deux jours avant que Stadnick n'intronise 150 nouveaux motards ontariens dans les rangs des Hells Angels, Porter se joignait à ses anciens ennemis, amenant avec lui Sauvageau et son réseau de *dealers*. Ce fut une lourde perte pour les Rock Machine et une superbe victoire pour les Hells. Comme le dira un policier : « Ce n'était pas un conservateur qui passe aux libéraux, c'était plutôt comme si Jacques Parizeau s'était joint au parti libéral ! Nulle part ailleurs aux États-Unis ou en Europe aurait-il pu poser un tel geste et s'en tirer, mais, au Canada, eh bien, c'est différent. »

Plusieurs journalistes ont supposé que la défection de Porter était le fait de son amitié passée envers Boucher du temps qu'ils étaient tous les deux SS, mais c'est probablement le contraire qui est vrai. Porter a porté le flambeau des Rock Machine durant le conflit, s'affichant comme un des plus dévoués, sinon le plus agressif, de leurs combattants. Ce n'est qu'après l'emprisonnement de Boucher à Tanguay pour le meurtre des gardiens de prison que Porter accepta de négocier avec les Hells Angels. « Je crois plutôt qu'il blâmait Boucher pour le conflit », dira un *dealer* de Gatineau qui aurait bien connu et Porter et Sauvageau, « mais avec Wally, tout allait bien. » Aussi, il a dû devenir évident au transfuge qu'étant donné l'expansion rapide des Hells Angels dans tout le pays, ses chances de survie en qualité de membre éminent s'amenuisaient mortellement.

Victorieux, Stadnick se montra magnanime. Non seulement Porter fut-il accepté en qualité de membre, mais encore on lui envoya des Hells Angels en renfort de Québec, en plus de l'introniser Nomads d'Ottawa. Ce geste constituait une preuve claire de l'importance de Porter pour les Hells Angels en plus de montrer le sérieux des plans de Stadnick pour l'Ontario. Il s'agissait du troisième chapitre de Nomads, au Canada, après qu'un deuxième eut été créé en septembre 1998 en banlieue de Vancouver, à Burnaby, histoire de contrôler les nombreux chapitres de Hells Angels dont le nombre augmentait rapidement sur la Côte ouest. Tout comme le concept, le nom et les couleurs des Hells Angels avaient démontré leur valeur en termes de franchises, une génération précédente, le concept de Stadnick de créer les Nomads s'était montré assez rentable et, surtout, susceptible d'imperméabiliser la haute direction, pour qu'on l'implante aux autres endroits où il se trouvait assez de volume d'affaires pour faire vivre une équipe d'élite au sein des motards.

Si les Hells Angels semblaient invincibles dans leur univers, la police se préparait à leur livrer bataille. Les GRC, SQ, OPP et les forces policières de Montréal, Québec, Vancouver et Toronto se sont unies en un projet d'une portée aussi vaste et sans précédent que ne l'avait été l'intronisation massive à laquelle Stadnick venait de se livrer. Munie de 264 000 transcriptions d'écoute électronique, de kilomètres de bandes vidéo, des centaines de photos et de documents, sans compter les témoignages des Gagné, Sirois, Paradis, Sandra Craig et autres, la coalition policière lança l'Opération Printemps.

Aussitôt que la preuve documentaire eut été numérisée et copiée sur CD par la GRC, un réseau d'escouades régionales mixtes (ERM) formé de 23 forces différentes de police s'est établi dans les régions où les Hells Angels et leurs club-école étaient particulièrement actifs, soit dans les villes de Montréal, Québec, Trois-Rivières, Sherbrooke, Gatineau et Saguenay. « C'était la première fois au Québec qu'une opération policière conjointe à long terme a été mise sur pied », devait déclarer le sergent Tom O'Neill de la GRC. Nous avions eu bien sûr des opérations conjointes sur un dossier précis, ou impliquant un seul groupe ou un seul événement. Si nous avions besoin de ressources et qu'un corps policier ne les avait pas, nous allions tout simplement vers un autre. »

L'après-midi du 26 mars 2001, deux jours avant la gigantesque opération policière, le sergent O'Neill tint une réunion avec des centaines de policiers de ces divers corps. L'auditorium bondé demeura bouche bée de stupeur devant le long exposé PowerPoint que le sergent fit sur la preuve, les suspects et la stratégie. Même si la plupart des flics avaient compris qu'on les avait rassemblés pour arrêter des Hells Angels, la presque totalité fut stupéfaite de la magnitude de l'opération. « On a été estomaqués, dira un officier de la SQ. C'était comme si on devait abattre le gang au complet. » Les flics rassemblés furent tellement impressionnés du contenu de leur mission qu'on n'entendit presque rien jusqu'à la période de questions. Même là, il y eut un moment de flottement, comme si les policiers reprenaient leur souffle. L'échelle de l'opération était gigantesque. Des mandats avaient été émis pour l'arrestation de 142 motards (même si 4 étaient présumés être décédés), incluant la totalité des Nomads, des Rockers et des Evil Ones. Les chefs d'accusation incluaient le complot, le trafic de drogues, le blanchiment d'argent, le gangstérisme, sans oublier le meurtre. À la fin de sa présentation, le sergent O'Neill reçut une ovation debout. Il blaguera plus tard en disant qu'il aurait dû facturer des frais d'admission et vendre du pop-corn.

Si la réunion avait été un franc succès, O'Neill et les autres dirigeants de l'Opération Printemps ne pouvaient s'empêcher d'être inquiets. Avec une opération de cette envergure, il était crucial que le secret soit gardé. Ce n'était pas tant la crainte qu'un des 2 000 policiers s'ouvre la trappe sur ce qui se passait avec une épouse ou une copine que celle des déclarations de Gagné rapportant les vantardises de Boucher, Steinert et d'autres, voulant qu'ils aient placé une taupe au sein de la police. Si un seul motard était mis au courant de l'opération et qu'il en informe les autres, il en serait fait de l'opération. Des années de travail et des millions de dollars des contribuables s'envoleraient en fumée et la vie de centaines de policiers serait gravement en danger.

L'opération commença à 4 h 30. Paul, le gérant d'un magasin d'articles de sport, promenait son chien avant de se rendre ouvrir son magasin au centre-ville lorsqu'il vit un convoi de véhicules de police sortir à haute vitesse du centre sportif Claude Robillard. « J'ai cessé de compter à partir de 30, raconta-t-il. Ils semblaient extrêmement pressés et ils semblaient armés jusqu'aux dents. » À minuit, la police avait, au Québec, mené des raids dans plus de 200 endroits, dans 77 différentes municipalités, et 118 motards et associés étaient derrière les barreaux. Les policiers avaient aussi saisi de grandes quantités d'argent et de biens des motards (incluant les trois maisons de Boucher sur la rive sud) en vertu des lois sur les biens acquis de façon criminelle. En collaboration, les forces policières de l'Ontario, du Manitoba et de la Colombie-Britannique ont arrêté dix autres motards, incluant Stockford. « Il s'agit ici de la plus importante opération policière jamais effectuée », affirma le commandant André Durocher de la police de Montréal.

C'était tout simplement sans précédent. La plupart des gros canons des Hells Angels, Normand Robitaille, Michel Rose, et même le fils de Mom Boucher, Francis, paradèrent devant les caméras de télévision en direction de la prison. L'une d'elles montra un vieux comptable de 77 ans, considéré comme responsable de blanchiment d'argent par l'Opération Océan, demandant pathétiquement à la police de ne pas le conduire à Bordeaux, car il venait tout juste de subir une opération à la prostate. Un seul Nomads échappa à l'arrestation : David « Wolf » Carroll, identifié dans plusieurs rapports de Kane. Quand on se rendit compte qu'il brillait par son absence sur la liste des arrestations, quelques journalistes de la presse écrite se demandèrent si tel n'était pas le cas parce qu'il aurait été un informateur de la GRC.

L'Opération Printemps fut un vif succès, mais elle échoua sur un aspect précis : le seul Nomads que la police ne put mettre derrière les barreaux, ce jour-là, fut Stadnick. Certains affirmèrent qu'il avait été prévenu et serait en cavale alors que d'autres rétorquaient que le grand remue-ménage avait tout simplement coïncidé avec l'anniversaire de Stadnick et de sa conjointe Kathy Anderson. Quoi qu'il en fut, Stadnick se trouvait bel et bien en Jamaïque au moment où les arrestations eurent lieu au Canada. Interrogée à ce sujet, la police de Hamilton affirma avoir été au courant qu'il était absent ce jour-là, mais avoir fait une descente à sa résidence pour bonne mesure. « Nous savions où il était, dit le chef de police de Hamilton-Wentworth, Ken Robertson, le lendemain du raid. Et nous savons où il se trouve. Et ce n'est qu'une question de temps avant qu'il ne doive faire face à la musique tout comme les autres. »

Mais il était hors de question de courir un risque. Les chances étant maigres que Stadnick revienne de son plein gré pour affronter la justice, Steve Pacey, le spécialiste des motards de Hamilton, appela le sergent O'Neill pour lui indiquer où il se trouvait. Alors que la GRC et le SWAT de la police jamaïcaine arrêtaient Stadnick en Jamaïque, il incomba à Stacey d'effectuer une perquisition au domicile du leader des Hells. Il trouva à peu près tout ce qu'il s'attendait d'y trouver : « Des rangées de complets Armani et, dans le cas de Kathi, des tonnes de chaussures coûteuses. Et aussi de l'équipement de bureau. » Il fut surpris de la propreté de la maison et de la sobriété du décor, par rapport à l'éclat du personnage. Il fut cependant ébahi par le nombre de photos qui se trouvaient dans la maison. « Les murs en étaient couverts et, partout, on trouvait des piles d'albums photos. »

Il ne s'agissait pas de souvenirs de vacances. Plutôt d'une chronique visuelle du parcours professionnel de Stadnick. « Certains albums étaient consacrés à son rétablissement des suites de son accident. On pouvait constater le progrès de la guérison. Il aurait pu les colliger pour effectuer une réclamation. Et puis il y avait toutes sortes de photos avec d'autres motards, certains même avec des vedettes », dira Stacey. Le policier mit ensuite les photos de Stacey accompagné de motards en ordre chronologique ; on pouvait déceler nettement sa progression vers la première rangée et le centre, un endroit généralement réservé au président.

Dans son bureau, il trouva une série de photos dont Stadnick devait être très fier. On le voyait, en posture amicale, en compagnie de vedettes, notamment de joueurs de la LNH, le coach Pat Burns (lui-même ancien policier) ainsi que d'une grande vedette afro-américaine. Il ne put s'empêcher d'être un peu impressionné. Mais ce qu'il découvrit par la suite dans un tiroir lui donna froid dans le dos : des photos de membres de bandes rivales, Rock Machine et autres. La photo d'Un homme jouant au softball sur laquelle était écrit : « Tommy — informateur de la GRC ». Et puis, une photo de Stacey lui-même ! « Vous aimez croire que vous êtes brillant et vous savez qu'ils vous suivent. Mais je n'ai pas la moindre idée de l'endroit ni par qui cette photo fut prise, dit-il. Je racontais aux gens que je l'avais trouvée du côté du lit de Kathi Anderson ; je parie que Stadnick a vraiment apprécié ce commentaire. »

Chapitre 13

On avait sous-estimé France Charbonneau et on avait eu tort. L'avocate qui rouvrit le dossier du meurtre du gardien de prison pour diriger la poursuite intentée contre Maurice « Mom » Boucher était intelligente, ingénieuse et courageuse. Elle arrivait au tribunal avec une impressionnante fiche de 79-1 condamnations en matière de procès pour meurtre et elle était déterminée à ne pas laisser Boucher filer de nouveau. Elle avait passé de longues soirées et d'interminables week-ends penchée sur le déroulement du procès précédent pour découvrir ce qui avait mal tourné. Elle attribua finalement cet échec à trois causes. D'abord, par leur présence dans l'enceinte du tribunal, les motards semblaient avoir intimidé le jury. De plus, l'avocat de Boucher avait utilisé tout son charme et son professionnalisme pour séduire ce jury et, finalement, le juge avait tout fait pour jeter le discrédit sur le témoignage du délateur Stéphane Gagné.

Lors du second procès, tout devint fort différent. On avait d'abord désigné un nouveau juge. Puis, sur ordre précis de l'avocate, aucun spectateur ne devait être admis s'il affichait quelque emblème que ce soit : couleurs, boucles de ceinture, marques de commerce, rien du tout, même pas l'emblème du fameux joueur de polo sur une chemise. La représentante du ministère public exigea même que Boucher et le jury fussent exclus du champ de vision des spectateurs, à la seule exception des représentants des médias. Cette fois-ci, il n'y aurait aucun contact visuel entre « Mom » et sa bande, ni d'intimidation du jury.

Mais il y avait pas grand-chose qu'elle pouvait faire concernant le coûteux avocat de Boucher, Jacques Larochelle, un homme au bagout onctueux, du moins jusqu'à ce qu'il commette, de l'avis de

Charbonneau, un sérieux faux pas. Ayant détecté une différence entre la déposition de Gagné lors de son interrogatoire dans les locaux de la police et le témoignage qu'il venait de faire au tribunal, l'avocat s'acharna sur le témoin. Larochelle accusa Gagné de mentir et lui demanda d'expliquer sa déclaration « Je n'avais pas fermé l'œil depuis 25 heures quand j'ai fait cette déclaration ». Par cette phrase, le témoin voulait expliquer au sergent Robert Pigeon, dans quelles circonstances il avait signé ses aveux plusieurs années auparavant, justifiant qu'il « ne savait pas ce qu'il disait ». C'est alors que Larochelle lui lança sur un ton sarcastique : « Vous ne me sembliez pas avoir l'air fatigué ! » Sautant sur l'occasion, l'avocate de la Couronne lui coupa la parole et lança : « Regardons les bandes vidéo de l'interrogatoire ! »

La bande fut déroulée dans toute sa splendeur antique en noir et blanc pour le bénéfice du tribunal. Gagné bafouillait. La tête lui vacillait et il se la tenait des deux mains. Malgré la piètre qualité technique du support, il était évident que le regard du prévenu était vague et son visage, cireux. Gagné paraissait épuisé, à la limite de l'effondrement. C'en était fait de la crédibilité de Me Larochelle.

Lorsque le jury revint de ses délibérations, son président déclara que tous les jurés s'étaient formé une opinion, sauf un qui n'était pas certain d'avoir compris la signification du terme « doute raisonnable ». Une fois dûment renseigné par le juge Pierre Béliveau sur ces subtilités juridiques, le jury revint avec une décision unanime. Le 5 mai 2002, Maurice « Mom » Boucher fut trouvé coupable des meurtres de Diane Lavigne, de Pierre Rondeau et de tentative de meurtre sur Robert Corriveau. Le condamné ne montra aucun signe d'émotion lorsqu'il reprit le chemin des cellules.

Pour un dossier de réglé, il en restait 128 autres. En fait, les intimés étaient rassemblés en groupes, selon leur degré d'implication. Les 98 premiers, pour la plupart des Hells, ou membres de club-écoles ou bien simples associés, devaient subir individuellement leur procès, sur la base d'accusations relatives à des crimes spécifiques ou à des éléments de preuve obtenus lors de leur arrestation. Les membres du groupe suivant, 17 en tout, devaient subir leur procès globalement pour gangstérisme, trafic de stupéfiants et complots pour meurtre. Les 13 derniers, tous membres des Nomads et quelques grands noms des Rockers, seraient accusés de gangstérisme, de trafic de stupéfiants et de complots pour meurtre. De plus, la Couronne avait déposé contre eux treize accusations de meurtre au premier degré. À partir du témoignage du Rocker Stéphane Gagné et de l'ex-Rocker, devenu informateur de la GRC, Stéphane Sirois, la poursuite avait réussi à relier quelques-uns des 160 meurtres commis lors de la guerre des motards entre les Nomads et les Rockers.

Le premier de ce que les médias devaient qualifier de mégaprocès s'avéra un désastre de premier ordre. Pour une raison quelconque, Jean-Guy Boilard, le magistrat dont l'attitude sur le banc avait, entre autres, causé un second procès, fut choisi pour présider l'affaire. Dès le début des procédures, la Couronne déposa pas moins de 177 disques compacts de preuves. La défense s'objecta immédiatement. Même si la preuve sur disquettes contenait 693 000 pages de documents, accompagnées de 274 000 conversations sous écoute, 256 000 informations consignées par la police et 211 bandes vidéo, la défense exigea que tout ce contenu électronique lui soit fourni sur papier, alléguant que les documents électroniques peuvent être contrefaits beaucoup plus facilement que ceux sur support papier. Afin de démontrer la véracité de son assertion, la défense fit appel à un témoin expert de Vancouver. Coup de chance, un des membres de l'équipe de la Couronne le reconnut par suite d'une comparution à un procès précédent. De fait, cet « expert » était propriétaire d'une entreprise de pavage de la Côte ouest, venu témoigner près d'une année auparavant comme spécialiste en… asphaltage. Le juge Boilard refusa la requête d'impression.

Le jour suivant, tous les sept membres de l'équipe de la défense se retirèrent de l'enceinte du tribunal, affirmant ne pas y retourner tant que des honoraires quotidiens de 500 $ ne leur seraient pas versés par l'aide juridique. Avant même qu'une journée du temps du tribunal ne se soit écoulée, le juge Boilard avait fixé leurs émoluments au tarif sans précédent de 1 500 $ par jour, à condition toutefois qu'ils travaillent exclusivement à cette cause. Hors de ses gonds, le procureur général du Québec, Paul Bégin, protesta vigoureusement, soulignant qu'en seuls honoraires de la défense le procès coûterait au bas mot 2,5 millions de dollars aux contribuables. Le juge Boilard convoqua alors un point de presse où il menaça de mettre fin au procès si le ministre mettait de nouveau en doute une de ses décisions. Bégin céda. Les avocats de la défense, alléchés par les plus importants honoraires de leur carrière, se mirent à se traîner les pieds dans leurs présentations, et ce qui promettait être un long procès devint tout simplement interminable.

La décision du magistrat devait aussi influencer le cours d'un autre mégaprocès, alors que l'équipe de la défense voyait ses honoraires passer de 500 $ à 1 000 $ par jour, toujours pour du travail accompli à bas régime. Avec sept semaines de vacances payées à tout ce monde, le procès tournait au ralenti. Le juge Réjean Paul, pourtant renommé pour son attitude rigoureuse sur le banc, en eut ras-le-bol. Les avocats choisis par les accusés se montraient grossiers et indisciplinés, faisant tout en leur possible pour retarder les procédures. Le pire était Réal Charbonneau, l'avocat qui représentait un obscur Rocker dénommé Paul « Smurf » Brisebois. Alors que Brisebois faisait des clins d'œil à sa blonde, qui se trouvait dans le public, Charbonneau présenta un spectacle d'une rare insolence. Il refusa à plusieurs reprises de se plier aux directives du juge Réjean Paul et lui répondit avec impertinence dans un joual souvent caricatural.

Un témoin racontera même l'avoir vu esquisser un geste obscène en direction du magistrat alors que ce dernier l'avait quitté des yeux. Cinq mois après le début du procès, on avait à peine réussi à entendre dix pour cent des témoins. Le juge Paul en eut assez. Il cita Charbonneau pour outrage à magistrat et le démit du dossier. Comme il se devait, le juge offrit au prévenu le choix de se trouver un nouvel avocat, d'assumer sa propre défense ou de se retirer du mégaprocès et de faire bande à part. Brisebois n'était point stupide : il choisit la troisième option et le procès devint un peu moins « méga ».

Le juge Boilard, pour sa part, se plongea dans la controverse presque dès son retour sur le banc. Gilles Doré, un avocat qu'il avait publiquement réprimandé lors d'un autre procès, lui écrivit pour se plaindre de ce geste, qu'il qualifia d'« abusif ». Malheureusement, le juge décida de lui répondre lui-même par écrit et en termes mordants. Mal lui en prit, car Doré décida de couler la lettre aux médias qui en firent leurs choux gras. Une semaine après avoir écrit la lettre en question, le 22 juillet 2002, le juge se leva et annonça à l'auditoire qu'étant donné qu'il avait reçu une « réprimande », il croyait ne plus avoir « l'autorité morale ou même la capacité nécessaire » pour présider au procès des motards. Malgré l'assignation de 123 témoins à la barre, le dépôt de 1 114 pièces à conviction et des millions de dollars des contribuables dépensés, Boilard retira sa toge, marmonna quelque chose qui ressemblait au mot « retraite » et rentra chez lui. Pierre Béliveau, celui qui avait présidé le procès de Boucher, fut nommé à sa place. Il n'eut malheureusement pas le choix, suite à ce gâchis, que de conclure à l'avortement des procédures, mettant ainsi fin au procès.

Il fallut sept mois au système judiciaire pour réparer ce fiasco. Au cours de cette période, sept motards avaient décidé de plaider coupables à des accusations réduites, certains écopant de sentences inférieures à trois ans de prison. Un autre, Normand « Pluche » Bélanger (le délateur Sirois maintiendra que Bélanger était responsable du trafic de l'*ecstasy*, surtout dans les écoles secondaires), invoqua le besoin d'un congé de maladie. Son médecin témoigna en affirmant que son patient souffrait d'un véritable chapelet de maladies, notamment le diabète, l'hypertension, la cirrhose et d'une autre affection dont le juge interdit de révéler la nature. Interrogé sur les chances de survie de son patient, le bon docteur répondit : « Moins de dix mois. » Le juge Béliveau accorda alors, le 10 septembre, une libération sous conditions au prévenu, de façon à ce qu'il puisse passer ses derniers jours en compagnie de sa fille de huit ans. Quatorze mois plus tard, *The Montreal Mirror* rapportait que Bélanger avait été vu en train de louer des films et accompagnant des amis à un « restaurant italien » du centre-ville. Apparemment, l'ex-prévenu était en grande forme. Deux semaines après sa libération, un de ses coaccusés, René « Balloune » Charlebois a demandé sa libération, alléguant une rage de dents. Il ne fut excusé que pour une journée.

* * *

Mais, bien sûr, pour Walter Stadnick et Donald Stockford, le scénario devait être différent. Ni les clients ni leurs coûteux procureurs ne parlaient français. Alan B. Gold, ancien président de l'Association canadienne des avocats criminalistes et Edward Greenspan, l'avocat de célébrités tels l'ancien premier ministre de la Nouvelle-Écosse, Gerald Regan, le magnat du théâtre Garth Drabinsky et le millionnaire Helmuth Buxbaum, assassin de son épouse, formaient définitivement l'équipe de défense de rêve. Leurs services étaient cependant loin d'être gratuits. Ils demandèrent d'abord au juge Jerry Zigman un procès en langue anglaise (la Couronne, pour sa part, demandait un procès bilingue pour eux ainsi que pour les prévenus Boucher, André Chouinard et Brisebois) et, le 18 septembre 2003, le juge acquiesçait à leur demande. Dès le départ, la défense affichait sa vigueur.

Mais il n'y avait rien là pour effrayer Randall Richmond, le procureur adjoint au crime organisé, quoiqu'il admettra par la suite que Greenspan l'avait impressionné alors qu'il lui enseignait le droit. Non seulement Richmond était-il parfaitement bilingue, mais, de plus, comme les intimés, il était originaire de Hamilton et était le mieux informé et le plus efficace procureur à représenter la Couronne. La réputation de la défense était cependant telle que Michel Rose, un francophone, demanda à subir son procès en anglais. Je l'ai contre-interrogé en anglais et il a passé le test! dira Richmond. « De toute façon, la loi prévoit le droit à un procès dans une des deux langues officielles et non pas en votre langue maternelle ou même celle que vous maîtrisez le mieux. Il vous suffit de la comprendre raisonnablement », a-t-il précisé à l'accusé C'était le cas pour Rose dont la maîtrise de l'anglais était « acceptable ». C'était par contre évident qu'il avait choisi un procès en anglais pour que Greenspan soit celui qui le représente.

Même s'ils avaient passé presque deux décennies au Québec, ni Stadnick ni Stockford ne semblaient avoir appris les rudiments de la langue française. « Les seules occasions que j'ai eues d'entendre leurs voix, raconta Richmond, c'était à partir de conversations sur tables d'écoute, et seul l'anglais était utilisé. De fait, lorsque des francophones s'adressaient à eux, c'était toujours en anglais. »

Comme lors de l'autre procès, la défense prétexta son ignorance des façons d'utiliser la preuve présentée sur disquette et exigea que le tout soit traduit et imprimé aux frais du gouvernement. La Couronne n'accepta cette exigence que pour la preuve qu'elle entendait déposer lors du procès. Comme aucune entente n'était possible entre les parties, Gold et Greenspan décidèrent d'en appeler à la Cour suprême du Canada, qui décida que la Couronne ne devait traduire et imprimer que ce qu'elle amenait en preuve. Même s'il n'y eut ni gagnant ni perdant dans cette affaire, elle retarda le procès pendant plusieurs semaines. « Nous avons consenti à traduire des milliers de pages de preuve et avons considéré cela comme normal dans les circonstances. De fait, nous avons traduit beaucoup, beaucoup plus que ce que nous avions l'intention d'utiliser », a fait remarquer Richmond.

Une fois ces préliminaires éliminés, le procès put enfin commencer le 1er mars 2004. Dès la première journée, Greenspan surprit tout le monde en déposant un plaidoyer de culpabilité pour le compte de Rose. Huit autres motards de langue française devaient faire de même ce jour-là, incluant Normand Chouinard. Même s'ils évitaient ainsi des accusations de meurtre au premier degré (ce qui comporte une sentence obligatoire de 25 ans de prison sans possibilité de libération conditionnelle), Rose et Chouinard reconnurent avoir commis une tentative de meurtre sur Sandra Craig et avoir importé plus de quatre tonnes de cocaïne colombienne au Québec.

Rose parti, Stadnick et Stockford furent amenés, dans le cliquetis des chaînes qui les entravaient, vers la cage de plexiglas à l'épreuve des balles qui servait de box aux accusés. Les gardiens qui les accompagnaient un peu plus tôt racontèrent que Stadnick avait blagué avec eux, se vantant qu'il serait bientôt libéré. Une fois face au tribunal, les deux accusés adoptèrent une attitude à la fois réservée et impassible. Aucun des deux ne broncha ou n'afficha de réaction émotive alors que Richmond énumérait les 23 chefs d'accusation, notamment les 13 accusations de meurtre au premier degré. Une fois entendue la longue liste des crimes qu'on lui imputait, Stadnick se pencha vers son microphone et d'une voix basse, calme et assurée prononça les mots : « Non coupable. »

Gold et son équipe de défense amenèrent plusieurs témoins et éléments de preuve selon lesquels les deux intimés étaient des citoyens estimés et dévoués envers leur famille. Il souligna que Stockford n'avait point de dossier criminel et que celui de Stadnick ne comportait que des vétilles, surtout lorsque comparé aux autres motards qui subissaient leurs procès. La cour fut mise au courant de la carrière légitime de cascadeur de Stockford au cinéma, et même d'un rôle secondaire obtenu dans la coûteuse production du film de Jennifer Lopez, *Angel Eyes*. Il ne fut point fait mention de West End Talent, l'agence de strip-teaseuses que Stockford et sa femme dirigeaient à Hamilton et non plus du fait qu'il n'avait jamais occupé un seul emploi légitime.

Le gangstérisme et le trafic de stupéfiants imputés aux motards furent démontrés de façon factuelle. Les procès précédents avaient établi que les Nomads rencontraient clairement les critères établis par la loi C-95 pour définir une organisation criminelle. Des douzaines de photos et autres documents furent présentés en cour, prouvant clairement que Stadnick et Stockfort étaient membres des Hells et, plus tard, des Nomads. Bien qu'il put démontrer que Stadnick était un personnage particulièrement influent au sein de ces deux groupes, Richmond ne put jamais prouver qu'il en était le président, même si la preuve abondait en ce sens. Dans les photos prises après la date présumée de son élection comme telle, on le retrouve toujours au centre de la première rangée. De plus, à partir du même moment, selon les témoignages des policiers, Stadnick s'était toujours retrouvé en tête et à la gauche de chaque procession de motards qu'ils avaient pu observer. Richmond convoqua à la barre Guy Ouellette, l'expert de choix de la SQ en la matière, qui témoigna qu'à son avis, ces marques de respect de la part des autres motards indiquaient clairement que Stadnick en était bel et bien leur président.

Dans le même ordre d'idées, la preuve et les témoignages recueillis lors des autres mégaprocès ajoutèrent de la crédibilité à la preuve qu'on présentait contre les deux prévenus. Les documents déposés par Sandra Craig correspondaient parfaitement avec ceux qu'on avait saisis à la « Banque Nationale des Nomads » et lors d'autres arrestations. Par exemple, des dossiers comptables démontraient que, du 30 mars 1999 au 15 décembre 2000, 111 503 361 $ avaient été acheminés aux Nomads, dont la somme de 10 158 110 $ en provenance du compte « Gertrude » avait servi à acheter 267 kg de cocaïne et 173 kg de haschisch. D'autres documents ont aussi révélé que les données de référence pour ces comptes indiquaient des numéros de téléphone et de téléavertisseur fréquemment et exclusivement utilisés par Stadnick et Stockford.

Démontrer au-delà de tout doute raisonnable qu'il s'agissait de meurtriers serait une autre affaire. Aucune preuve directe admissible n'établissait que Stadnick ou son comparse n'ait assassiné qui que ce soit. Mais Richmond avait démontré qu'ils étaient tous les deux très influents et que d'autres motards, tout particulièrement les Rockers, étaient sous l'obligation d'obéir à leurs ordres. « Dans les dossiers où nous possédions une preuve de meurtre, que ce soit à partir d'ADN ou d'empreintes digitales, les meurtriers avaient déjà plaidé coupables. Mais tout comme un général est responsable des crimes commis par les hommes qu'il dirige, nous étions convaincus que Stadnick était bien au courant de ces meurtres et n'avait rien fait pour les empêcher. » En conséquence, les intimés étaient accusés de responsabilité dans les meurtres de Pierre Beauchamps, Marc Belhumeur, Yvon Roy, Johnny Plescio, Jean Rosa, Pierre Bastien, Stéphane Morgan, Daniel Boulet, Richard Parent, Serge Hervieux, Tony Plescio, Patrick Turcotte, François Gagnon et Alain Brunette ainsi que de trois tentatives de meurtres relativement à des attentats à la bombe ratés. « Nous n'avions pas d'éléments-surprises à faire éclater contre eux, dira Richmond, c'était risqué, un vrai tir à longue portée. J'aurais pu laisser tomber les accusations de meurtres, mais je croyais qu'il fallait faire tester notre théorie par les tribunaux. »

Comme les prévenus avaient opté pour un procès devant juge seul, il revenait au juge Zigman de décider si l'État considérait Stadnick et Stockford comme des gangsters, des trafiquants de drogues et des meurtriers ou bien l'ensemble de tous ces chefs d'accusation. Il ne lui fallut pas beaucoup de temps. Le 13 septembre 2004, le juge Zigman trouva les deux accusés coupables de gangstérisme, de trafic de drogues et de complot visant à commettre un meurtre. Il n'y avait pas, déclara-t-il, de preuve suffisante pour qu'il les trouve coupables de meurtre. Ni Stadnick ni Stockford ne bronchèrent lorsque le juge prononça son verdict ou les décrivit comme des « criminels endurcis, démontrant peu ou pas de possibilités pour modifier leur façon de vivre et abandonner la criminalité. Ces gens sont des dangers pour la société. Ils n'ont exprimé aucun remords pour leurs crimes. »

Les deux hommes furent condamnés à 20 ans de détention, moins le temps déjà passé en prison.

Chapitre 14

« C'était tellement cool que j'ai peine à le décrire », raconta Manny, un jeune de 18 ans qui attendait l'autobus pour se rendre à son travail au centre d'achat Mountain Plaza. « Tous ces policiers, équipés de boucliers, de vestes pare-balles et d'armes de poing ordonnaient aux passants de quitter le coin. » Manny obtempéra, mais, comme plusieurs curieux, attendit au coin de la rue pour découvrir ce qui énervait tant les policiers. Vendre des casquettes derrière un comptoir, au salaire minimum, pouvait bien attendre. Ce qui risquait de se passer ne pouvait qu'être important.

On n'était que le 8 juin et il faisait déjà chaud. Hamilton, et même le secteur de la « Montagne », est bien connu dans la région pour sa chaleur et son humidité accablantes ; l'été commençait mal. Manny pouvait se rendre compte que les policiers étaient déjà écrasés par la chaleur sous leur attirail blindé. « Il y a des tireurs d'élite sur le toit de la salle de bingo, dit à Manny une jeune fille de son âge. Ils y sont montés avec de vrais gros fusils — j'ai même pensé qu'il s'agissait de soldats —, c'était *cool.* » Effectivement, en regardant attentivement, Manny put apercevoir les canons des fusils qui dépassaient du toit de la salle de bingo. La jeune fille lui montra par la suite d'autres tireurs embusqués sur le toit d'un édifice de plusieurs étages, de l'autre côté de la rue. Ceci piqua vraiment la curiosité de Manny. Il avait d'abord cru qu'il s'agissait d'un vol de banque, mais les banques étaient plutôt regroupées sur Upper Wellington. Et, comme il pouvait le constater, les armes étaient pointées en direction contraire, vers la 14e rue Est. Et dans ce coin, il n'y avait pas grand-chose à voler.

Sans qu'on le lui ait demandé, un homme d'âge mûr, chauve, informa tout le monde de ses conclusions : « Il s'agit de Chrétien, dit-il, il est en ville pour la remise des diplômes à McMaster. » Effectivement, l'ancien premier ministre se trouvait à Hamilton, ce jour-là, pour la cérémonie en question, mais le hic était que l'université était située plus loin et plus bas de l'endroit où se trouvait Manny. Aucun tireur d'élite n'était visible sur le toit de ses bâtiments, simplement le détachement de sécurité habituel avec *walkie-talkie* et armes de poing. Et Jean Chrétien n'était pas attendu à la salle de bingo ni dans aucun des édifices qui l'entouraient.

Alors que les badauds discutaient de la présence de cette force armée, le barrage policier s'ouvrit et une flottille de voitures, précédée d'un véhicule officiel de la police de Hamilton tous gyrophares ouverts, s'engouffrèrent dans la rue déserte. La troisième de ces voitures était un énorme Suburban de Chevrolet, de couleur noire, aux vitres teintées avec l'inscription « Canada » sur la portière du chauffeur. Elle se stationna sur la 14e rue Est, tout juste à l'extérieur du stationnement du salon funéraire Crestmount. Quand les portes de la Suburban s'ouvrirent finalement, Manny vit deux hommes en complet foncé en descendre. Aussitôt qu'ils se furent redressés, ils ouvrirent un parapluie. Ensuite, un troisième homme, plus petit, en descendit pour s'abriter sous le parapluie. Il fut suivi d'un autre homme en complet. Les quatre hommes se dirigèrent vers le salon funéraire, au-delà d'une rangée de policiers en tenue d'émeute. Dans l'entrée, une affiche indiquait un service pour « Andrew Stadnick ».

Le vieux père de 92 ans de Walter Stadnik était décédé à son domicile, à quelque quatre rues au nord du salon funéraire, trois jours plus tôt. Une annonce modeste avait été placée dans le journal, précisant que la cérémonie se tiendrait dans la plus stricte intimité. Une douzaine de policiers de la ville de Hamilton, tous lourdement armés, se présentèrent aussi au salon. Le fils aîné de Andrew, Eric, était décédé quelques années plus tôt d'une crise cardiaque et Gordon, toujours empêtré dans des problèmes de drogues et de tous genres, venait juste d'être libéré de prison à la suite d'une autre bagarre. Le plus jeune des fils, et certains diront son favori, s'était rendu au service funèbre même s'il vivait très loin et dans des conditions fort spéciales. Transporté sous forte escorte du pénitencier à sécurité maximum de Sainte-Anne-des-Plaines, distant de près de 700 km, celui que Andrew avait nommé Wolodumyr Stadnik eut la permission de se recueillir en privé pendant une demi-heure près de la dépouille de son père. Selon un observateur sur place qui l'aurait surveillé, l'ex-roi des motards garda le silence avant de quitter les lieux sans incident. Il était arrivé tout juste après midi et, dès 13 heures, avait repris la route vers la prison.

Ce serait probablement sa dernière sortie pour un bon bout de temps. Même si son avocat, Alan B. Gold, se prépare à un appel depuis longtemps attendu, peu d'observateurs croient que cette ultime démarche ait des possibilités de succès. Randall Richmond, le procureur natif de Hamilton qui l'a fait enfermer, n'y croit pas beaucoup. « Ouais, ouais, l'appel… dit-il. J'attends toujours que la défense le dépose et j'attends depuis longtemps. Walter Stadnick et Donald Stockford sont en prison et j'ai bien d'autres choses à faire… »

Kathi Anderson, pendant de nombreuses années la conjointe de Walter Stadnick, soutient toujours qu'il n'est rien d'autre qu'un membre d'un club d'adeptes de la moto, et qu'il n'a été condamné que sur des éléments conjoncturels et une preuve circonstancielle. Si ce dont on l'accusait était vrai, souligne-t-elle, où seraient les millions qui sont censés lui être passés dans les mains ? Sa remarque est fondée. Même si Stadnick et Anderson vivaient bien, dans une belle maison, avec des Harley, des voitures de luxe et des garde-robes impressionnantes, leur niveau de vie n'était guère différent de celui d'un agent immobilier prospère ou d'un banquier qui aurait réussi. Loin de ce à quoi on s'attendrait de la part d'un caïd du crime. D'autres rétorqueront que l'argent n'était pas ce qui comptait le plus pour Stadnick. Certes, il aimait se procurer pour Kathi et lui-même des choses agréables, mais son objectif principal était d'être celui qui dirige. L'argent n'était qu'un boni.

Dix jours après le verdict, le juge Jerry Zigman devait décider de ce qui serait considéré comme produit de la criminalité et confisqué comme tel. Prenant note que le duo avait généré un profit de l'ordre de deux millions en vendant de la drogue au cours de la période comprise entre mars 1999 et janvier 2000, il les condamna chacun à une amende de 100 000 $, à la perte de leur maison respective (à tout le moins la portion qui en avait été payée) et de tous leurs véhicules. Stockford perdait aussi la somme de 34 000 $ qu'on avait trouvée en espèces chez lui. La substitut du procureur général, Brigitte Bishop, cria victoire, même si elle avait demandé pour chacun une amende de dix millions. Stadnick céda trois véhicules, incluant sa Harley. Kathi et l'épouse de

Stockford, Christine, purent garder leurs maisons en versant à la Couronne la valeur nette de celles-ci, soit 90 000 $ pour Kathi et 50 000 $ pour Christine, et en demandant à ce qu'on leur accorde une deuxième hypothèque.

L'idée même que Stadnick soit tenté de diminuer sa peine de prison en devenant délateur est complètement ridicule. C'est lui qui a fait des Hells son propre empire et il ne poserait jamais de geste susceptible de lui nuire pour gagner quelques maigres années de liberté. Que feraient-ils, finalement, de ces années ? Obtenir la protection de la police et se trouver un emploi comme Monsieur Tout-le-monde ? Même s'il a dirigé avec astuce et talent ce qui représentait une des plus profitables et puissantes organisations au pays, il n'aurait rien d'autre à mettre sur son curriculum qu'un diplôme collégial (de mécanique automobile) et une longue sentence de prison. Non, il est beaucoup plus logique pour lui de poursuivre son incarcération en se conduisant de façon exemplaire dans l'espoir de se faire remettre en liberté surveillée. Selon les pratiques des libérations conditionnelles, Stadnick devrait sortir de prison entre les âges de 61 et 64 ans. Ses amis l'aideront certainement à jouir d'une retraite agréable où il pourrait même rejoindre le monde des motards, en se conduisant avec encore plus de prudence.

De toute façon, rien ne semble avoir bien fonctionné pour les délateurs. Dany Kane est mort, probablement de sa propre main. Aimé Simard a été poignardé à plus de 100 reprises dans sa cellule de la prison de Prince Albert, en Saskatchewan, à peu près une semaine après avoir demandé son transfert, affirmant craindre pour sa vie. Stéphane Gagné et Serge Quesnel sont toujours en prison. Yves « Apache » Trudeau a passé plusieurs années en détention préventive et fut finalement libéré sous un programme de protection des témoins. Après avoir perdu trois emplois fournis par le gouvernement, le tueur se plaça sur l'aide sociale. Le tout sembla fonctionner jusqu'à ce qu'il se fasse capturer par la police alors qu'il sodomisait un mineur. Devant le tribunal, Trudeau insista sur le fait que la prison pouvait être un endroit fort dangereux pour les délateurs et les pédophiles (sans mentionner les tueurs en série). Sa remarque fut sans conséquence : le juge le condamna à quatre ans de détention et fit sauter sa protection policière.

La plupart des motards ayant joué un rôle de premier plan au cours de la guerre des Hells contre les Rock Machine sont maintenant décédés ou emprisonnés. Un recensement des prisons du Québec se révélerait un remarquable *Who's Who* des Nomads, des Hells Angels, des Rockers et autres motards. La plupart, à l'instar de Stadnick et Boucher, y sont pour un temps appréciable. Tout comme Stadnick, la majorité d'entre eux sont incarcérés à l'unité spéciale de détention (USD) de Sainte-Anne-des-Plaines, la seule super prison à sécurité maximum au Canada et la seule où les geôliers patrouillent équipés d'armes chargées à bloc. Un des détenus, récemment libéré de l'unité, m'a raconté que les motards les plus notoires, incluant Boucher, vont bien et qu'ils ont hâte à leur libération. Il ne croyait pas que Boucher ou ses principaux comparses aient une influence significative hors des murs de la prison. À son avis, à leur libération, ils seront accueillis à bras ouverts par leurs anciens clubs et nommés à des niveaux de prestige.

Stadnick, selon cet ancien prisonnier, se fait discret et limite ses fréquentations à quelques proches amis en prison. Entre les murs, la vie n'est pas toujours rose pour les anciens motards. Boucher, par exemple, a survécu à au moins un attentat à sa vie. Le 15 août 2002, un détenu de 36 ans, originaire de la Saskatchewan, fit en sorte de s'approcher assez près de « Mom » Boucher dans la cantine pour lui asséner un coup de couteau de fortune sous le bras. Avant qu'il n'ait pu répéter son geste, un groupe de détenus qui accompagnaient Boucher réussit à lui enlever son poignard et à l'attaquer avant l'intervention des gardiens. « Les quatre gars qui accompagnaient Mom attrapèrent l'autochtone, l'amenèrent dans une cabine de douche et le poignardèrent à 21 reprises », racontera un témoin de l'incident.

Même si Boucher s'en est tiré pratiquement indemne (il n'eut besoin d'aucuns soins médicaux), alors que son assaillant devait décéder des suites de ses blessures, il s'agissait d'un rappel brutal que les Hells Angels ne sont pas la seule ni la plus puissante bande en prison. Celui qui avait voulu assassiner le motard était membre du Indian Posse, une bande constituée d'autochtones. La plupart des prisonniers soutiennent que ces derniers ont plus de représentants et de puissance que les motards dans les prisons canadiennes.

Avec un tel nombre de Hells derrière les barreaux, surtout parmi les plus importants, il serait tentant de croire que leur empire se désintègre. Selon les corps policiers de tout le pays, le contraire est vrai. Alors qu'ils sont le deuxième gang en importance en prison, ils sont les premiers dans les rues des grandes agglomérations et villes canadiennes. Comptant sur pas moins de 34 chapitres au Canada, les Hells Angels sont toujours au faîte de la pyramide du crime organisé. Même si les services de renseignements policiers indiquent que leur activité est réduite aux provinces atlantiques et au Québec, ce qui ne serait guère surprenant, considérant les arrestations massives qui s'y sont déroulées, les mêmes sources admettent que les affaires des Hells sont florissantes en Ontario et dans l'Ouest. Selon la Gendarmerie royale et la Police provinciale de l'Ontario (OPP), le grand Toronto contiendrait la plus grande concentration de Hells… au monde ! Les choses iraient encore mieux pour les Hells dans l'Ouest, où la consommation de métamphétamine ou « cristal » atteint des proportions endémiques. Selon un policier qui a fait des motards sa spécialité : « On y trouve littéralement des tonnes de cristal, toutes sous le contrôle des Hells. »

Un dealer de la rue, récemment émigré de Toronto vers Edmonton, m'a dit : « Maintenant, on peut vendre du cristal partout où il y a des Blancs… et, bien sûr, je m'approvisionne auprès des Hells, c'est leur spécialité… »

Peut-être plus important encore est l'héritage laissé par Stadnick. Selon le siège social des Hells, il y aurait présentement 22 chapitres de Nomads au monde, dans des lieux aussi disparates que le Brésil, la Finlande et le Nevada. Si l'homme se trouve derrière les barreaux, il est certainement réconforté du fait que sa contribution organisationnelle a infiniment profité à son club.

Et, de la même façon dont les Hells s'étaient tournés vers la distribution illégale de narcotiques au milieu des années soixante, ils exploitent même, désormais, des voies nouvelles et légales pour générer des revenus. Malgré que les Hells Angels ne permettront jamais à un non-initié de porter leur logo à tête de mort ailée ou leur nom, le club a ouvert des boutiques de détail offrant ce que les membres appellent des articles de « promotion amicale », des produits dérivés affichant des dessins et des logos favorables aux motards. Ainsi, avec des slogans tels « Appuyez le 81 », ces chiffres faisant référence aux lettres H et A de l'alphabet, « ACAB », un acronyme pour *All cops are bastards* (« Tous les policiers sont des salauds »), les articles offerts se vendent comme des petits pains chauds. J'ai moi-même visité une de ces boutiques et ai dû me retenir pour ne pas me procurer un tee-shirt. Sur fond noir y apparaissait un homme musclé, tatoué à souhait, grimpé sur une Harley tenant tendrement en équilibre une moto plus petite, sur laquelle était monté un chérubin. On y lisait : « Grosse machine rouge/Première leçon ». On retrouve maintenant de ces magasins dans des endroits comme Thunder Bay en Ontario, Moncton au Nouveau-Brunswick et Charlottetown dans l'Île-du-Prince-Édouard. « Évidemment que nous voulons faire de l'argent avec ces boutiques, admet Donny Peterson, l'ancien Para-Dice Rider devenu porte-parole des Hells. Et, chose certaine, nous en faisons. » L'ouverture d'un de ces magasins est prévue à Halifax.

Les autorités policières ne sont pas restées assises sur leurs lauriers. Des opérations policières comme le Projet Dante, alors que la GRC et la SQ arrêtaient 16 Hells Angels de la région de Kingston et d'Ottawa, se poursuivent et les arrestations se multiplient. Les Bandidos furent particulièrement éprouvés. Après avoir avalé ce qui restait des Rock Machine, la dernière bande majeure de motards au Canada est carrément devenue la filiale d'un super groupe américain.

Les partisans de rigoureuses mesures antigang eurent matière à applaudir lorsque le 30 juin 2005 une magistrate de Barrie, en Ontario, déclarait les Hells Angels « organisation criminelle ». À l'issue de leurs procès pour extorsion, à Woodbridge, les Hells Steven « Tiger » Lindsay et Ray Bonner furent non seulement jugés coupables d'avoir extorqué 75 000 $ à un homme d'affaires de Barrie mais aussi « de s'être présentés non pas en qualité d'individus mais plutôt de membres d'une organisation dont la réputation de violence et de tactiques d'intimidation n'était plus à faire. » Puisque les deux larrons n'avaient utilisé rien d'autre pour le forcer à payer que la crainte que la victime entretenait envers les Hells, il était évident pour la juge Michele Fuerst que le club lui-même était une arme de choix. Comme devait me le déclarer un motard de la région de Toronto : « Formidable. Maintenant si je me fais ramasser lors d'une bagarre, je risque 14 ans additionnels à cause de gestes posés par quelques gars du Québec, dix ans plus tôt… »

Malgré toutes ces arrestations et menaces de châtiments, les motards, surtout les Hells Angels, survivent et parviennent même à grandir. « Avec l'opération Printemps, dira un officier de l'OPP, nous avons anéanti le cerveau de l'organisation. Mais rien n'a changé. Leur système est tellement bien structuré qu'en faisant sauter leurs dirigeants, on ne leur nuit pas pour la peine. » Ils peuvent se montrer reconnaissants envers Walter Stadnick…

Comme ce fut le cas depuis un demi-siècle, il y a des légions de jeunes gens qui vont trimer dur, subir toutes sortes d'humiliations pour avoir, un jour, la chance de porter la fameuse tête de mort ailée. J'ai parlé à un ami de longue date qui s'occupe des jeunes à problèmes dans une banlieue de Montréal. Les jeunes qu'ils rencontrent sont exactement de la même strate de population où les motards ont toujours recruté. Si certains d'entre eux sont intelligents, ils ont tous de piètres résultats à l'école et déjà des ennuis avec la loi. « S'ils ont une chose en commun, c'est leur aliénation, disait ce professionnel. Ça et l'habillement de type cuir et jeans. » Ils ont à peu près tous l'âge qu'aurait aujourd'hui Daniel Desrochers, s'il vivait encore. Et même si jamais aucun d'entre eux n'admettait vouloir se joindre à une bande de motards, tous imitent le *look* motard. Ils savent tous qui est « Mom » Boucher et le club-école local.

Je leur ai parlé de culture populaire. Moins de la moitié d'entre eux savait qui était Jay-Z et l'un d'eux me déclara : « Ici, personne n'écoute de *rap*. » Bien au contraire, ils affirmèrent se complaire dans Metallica, Slayer, Pantera et même Led Zeppelin, un groupe disparu une bonne dizaine d'années avant la naissance de plusieurs d'entre eux. Leur culture est totalement différente de celle que diffuse la télé. Elle se rapproche de celle qui inspira Boucher, Stadnick et les autres gros canons des motards.

* * *

À trois km du centre-ville de Hamilton, au 269 de la rue Lottridge, direction nord-est, se trouve un étroit édifice de trois étages, avec une lourde porte d'acier. La police l'avait confisqué en 1998 lors de la condamnation de Johnny K-9 et du chapitre local des Satan's Choice en qualité de biens acquis par la criminalité. Depuis ce temps, tous les efforts faits pour revendre l'ancien magasin à rayons entouré d'usine n'avaient pas permis de trouver d'acheteur. En mars 2002, un client se présenta. Un homme identifié comme John Q. Public s'en porta acquéreur pour la somme de 40 000 $. Sur-le-champ, il loua l'édifice à un organisme appelé The Foundation. Moins d'une année après l'opération Printemps, qui avait envoyé Stadnick et Boucher à l'ombre, les Hells Angels revenaient à Hamilton. The Foundation était, en effet, un des six clubs-écoles à s'établir dans le sud de l'Ontario, cette année. « Walter n'avait jamais voulu que les Hells soient présents dans sa ville. Il aimait l'idée de vivre à l'écart de ses affaires, dit le sergent John Harris, un policier qui a suivi la carrière de Stadnick au sein des motards. Mais lui parti, il n'y avait guère de sens à ce qu'il n'y ait pas de club ici. De toute façon, un tas de membres de Toronto et de Kitchener vivaient à Hamilton ou aux alentours. »

En un rien de temps, les motards avaient renforcé l'édifice, l'entourant d'une haute clôture hérissée de barbelés, y installant des systèmes complexes de surveillance et protégeant le mur face à la rue par des blocs de béton. Même si le club comptait quelques durs à cuire, ils n'impressionnèrent pas beaucoup une ville qui avait connu les Red Devils, les Cossacks, les Wild Ones, les Outlaws et autres Satan's Choice, sans compter ce qui fut probablement la plus importante concentration mafieuse au Canada, la bande Barton-Sherman, sans oublier les skinheads, les bandes asiatiques et jamaïcaines. « Il n'y avait rien là, affirma le sergent Steve Pacey, un autre policier assigné à la surveillance des motards, et ça n'avait rien à voir avec les Hells Angels. Lorsque Stadnick entrait dans un bar affichant ses couleurs, même petit comme il l'était, il inspirait beaucoup de respect. Les gens de The Foundation n'inspiraient rien de tel… Une véritable blague. »

Ils eurent tout de même leur heure de gloire. Lorsque la super star du *heavy metal*, Ozzy Osbourne, présenta son spectacle au Colisée Copps de Hamilton, en 2002, les membres de ce club furent invités par ce groupe musical et, apprenant que plusieurs Outlaws y seraient, ils se présentèrent en affichant leurs couleurs. Il n'en résulta pas d'incidents, mais la visibilité de ce genre de présence amena les autorités civiques à songer à interdire de telles manifestations. « Ouais, mais qui osera demander à un motard de laisser son blouson à la porte ? » se demanda un préposé à la billetterie du Colisée. Selon la police, quelques membres de l'entourage de Ozzy se seraient rendus après le concert célébrer au repaire de la rue Lottridge. Le légendaire personnage aurait, pour sa part, refusé l'invitation.

Le 9 mars 2005, moins de six mois après que Stadnick et Stockford eurent été condamnés, les Hells Angels débarquèrent à Hamilton. À l'occasion d'un impressionnant *party* qui rassembla des douzaines de motards au local de The Foundation, ce groupe reçut finalement ce qui devait hausser sa stature dans les rues de Hamilton, les couleurs des Hells Angels. Ceci causa une véritable panique. Le chef de police Brian Mullan se déclara « extrêmement préoccupé » et annonça : « Nous ferons tout en notre pouvoir pour garantir à nos concitoyens qu'il n'y aura pas d'augmentation de crime ni de violence dans notre ville. » Le nouveau maire de Hamilton, Larry Di Ianni, parut dépassé par les événements. « Ce n'est pas le genre de club que nous voulons dans notre ville, a-t-il déclaré. J'ai été pris par surprise. Il y a bien des activités de groupes de motards autour d'ici, à tout le moins à ce que me rapportait la police. Mais de voir un club de motards établir son repaire en plein centre-ville n'est pas bon signe. » L'expert en matière de motards de la SQ, Guy Ouellette, laissa entendre que Stadnick en serait réjoui ; j'en doute personnellement.

* * *

Je suis assis sur la banquette avant du gigantesque Suburban de Harris, entouré d'ordinateurs, de voyants lumineux et de fusils de chasse. Il fait très chaud et les vitres sont baissées. Chaque fois qu'on s'arrête, les gens s'adressent à nous. Harris les fait tous rire. Il me raconte des anecdotes à propos de Stadnick, Stockford, Alvin Patterson, Mario Patente et une bonne centaine d'autres motards. Il fait faire demi-tour au lourd véhicule pour se rendre chez un dépanneur victime d'un vol. Comme j'ai grandi à Hamilton, nous passons devant l'hôpital où je suis né, là où j'ai fait mes études collégiales, les maisons d'une douzaine de copains de l'époque. Nous parlons de crime, de motards, de mafia, de flics, de politiciens, de football. Je lui mentionne en passant qu'au collégial j'ai joué au football. « Je sais », me dit-il. Ceci me surprend et me dérange un peu. Il me raconte l'anecdote d'un collègue policier qu'il avait persuadé de déménager de Toronto à Hamilton. Lorsqu'il l'avait revu, il lui avait demandé comment allaient les choses. « Eh bien, a répondu le flic, j'ai dû dégainer mon arme à plus de reprises en six mois à Hamilton qu'en dix ans à Toronto. » Nous nous rendons au repaire de la rue Lottridge pour que j'y prenne des photos. Harris sort de son camion en rigolant.

« Qui sont les gars qui sont là ? » lui demandai-je. « Est-ce qu'ils te reconnaîtraient ? »

« Ouais, certains des plus anciens. Ils sont pour la plupart du chapitre de Toronto-Ouest, des résidents de Hamilton qui n'avaient pas leur propre chapitre jusqu'à maintenant. Juste des bras. Tu n'y trouveras pas de nos jours un Walter Stadnick. » Mais ils n'ont plus besoin d'un Walter Stadnick. Son travail est complété.

J'ai eu l'occasion de parler à beaucoup de motards au Québec, dans l'Ouest et aux États-Unis. Mais, en Ontario, la plupart ont refusé. J'ai donc requis les services d'un vieux copain de l'époque du collège, Brian, puisqu'il avait vendu des stupéfiants et affirmait connaître quelques motards. Notre réunion eut lieu dans un bar louche de Hamilton. Ils étaient quatre. Cheveux longs, jeans, blouson de cuir. Pas de couleurs. Rien qui les relie aux Hells, prospects ou *hangarounds*. Je paie la bière.

Nous causons. Comme d'habitude, ils commencent inévitablement par cette foutaise voulant que les membres des gangs — ils préfèrent parler de « clubs » — font beaucoup de bien dans leur milieu en s'occupant d'œuvres caritatives, ce que les médias de masse se garderaient bien de couvrir. De fait, les médias s'en occupent ou plutôt, s'en occupaient. Les motards font du bénévolat à plusieurs occasions, surtout durant la période des Fêtes, et je n'ai aucun doute que bien des gens dans le besoin bénéficient de leur générosité. Mais les rédacteurs à qui j'en parle sont très réticents à publier ce genre d'événements, de crainte que ce soit interprété comme une manifestation de naïveté journalistique envers une tactique, assez grossière d'ailleurs, manifestement destinée à blanchir l'image d'individus crapoteux.

Et puis, comme je l'ai maintes fois entendu, les motards vous énumèrent la liste des flics accusés ou condamnés à la suite de toutes sortes de crimes, comme si apprendre qu'une demi-douzaine de flics pourris devrait me convaincre de retenir les services des Hells pour me protéger de l'OPP. On aborde ensuite, infailliblement, les fameuses lois antigang, ce qu'ils appellent la culpabilité par association. Ils ont peut-être, dois-je admettre, raison sur ce point. C'est alors que je soulève le paradoxe des Hells Angels. Il n'y a rien de plus précieux, de plus important pour les Hells Angels que leur réputation de hors-la-loi. Par contre, ils protestent vigoureusement lorsque quelqu'un les accuse d'enfreindre les lois. Je ne pourrais le prouver en cour, mais ma table est bien d'accord que le fondement de leur culture n'est pas tellement le dédain des lois, que le désir de les enfreindre. Pour eux, il est injuste d'apposer l'étiquette d'organisation criminelle aux Hells Angels. Par contre, ils admettent qu'elle en est une. Mes invités continuent de boire la bière que je leur offre, mais ne m'apprennent guère plus que ce que j'ai dû entendre un million de fois de la police et des dealers de rue.

Quand j'ai demandé à Harris et à Pacey de m'indiquer un endroit où je pourrais rencontrer de vrais Hells Angels, ils m'ont fourni principalement les mêmes adresses. Comme un de ces établissements plaisait à Brian, nous nous y sommes rendus, quatre coins de rue plus loin. Il est difficile de ne pas reconnaître le voisinage : on voit l'hôpital au loin, la prison en face et le repaire des Hells à quelques coins de rue plus à l'est. Lorsque j'ouvre la porte peinte en rouge criard du tripot, Brian blague : « Dans les villes qui ont de la classe, on appelle ce genre d'établissement un "club pour gentlemen" ou de "loisirs pour adultes" ; mais ici, à Hamilton, on l'appelle simplement "Le Strip"… »

La première chose que je vois, c'est une affiche rouge et blanche, interdisant le port de couleurs. Tout juste à côté, une annonce, elle aussi rouge et blanche [1], de la brasserie Molson proclame les mérites de sa bière Canadian. Une fois passée la porte suivante, on entre dans un autre monde. Malgré que la journée soit claire et ensoleillée, ici c'est le noir absolu. Pourtant, des centaines de petites ampoules de couleur sont allumées, sans vraiment rien éclairer. Mes yeux tentent sans succès de s'habituer. Brian, excité, nous choisit une table près de la scène. La première chose que je décèle est un bar en forme de L ; le reste de la pièce est invisible de la scène. On doit faire plus que se déshabiller dans cet établissement.

Sur les planches, où l'on voit encore le nom « Hanrahan's » que portait le bar bien des années auparavant, une danseuse noire, à mi-chemin entre la rondeur et la volupté, s'agite. Elle veut à la fois retenir et éloigner un client, noir lui aussi, qui est très ivre et très déterminé à faire connaissance de manière plus intime. Derrière elle, on voit une minimoto imitant les couleurs de Harley-Davidson, colorée en rouge et blanc. Trois rigolos qui semblent débarquer directement d'un terrain de golf s'assoient devant nous et nous bloquent la vue.

1. Rappelons que le rouge et le blanc sont les couleurs des Hells Angels.

Les autres clients, surtout les gros bras qui jouent au pool, et le personnel nous fixent du regard. Je suis le seul à ne pas boire de la bière (j'ai commandé un soda) et je ne regarde pas la danseuse. Je suis habitué à cette réaction. Je suis un grand gaillard à la peau blanche, les cheveux tondus, sans tatouage ni *piercing*. Chaque fois que je mets les pieds dans un bar, on me prend pour un policier déguisé. Brian cale sa bière et se dirige vers les toilettes. Pour s'y rendre, il doit passer sous deux récepteurs télé où tournent de vieux films pornos.

Lorsqu'il revient, c'est presque à la course. Pourtant, il mesure 1 m 90 et pèse plus de 100 kg. Il a le physique d'un haltérophile et est aussi dur que les plus durs. Je l'ai vu se battre, je l'ai vu vendre des stupéfiants, je l'ai vu fuir les policiers, mais je ne l'ai jamais vu avoir peur. Rendu près de moi, il est resté debout. Il a posé les mains sur la table et m'a regardé dans les yeux. Son visage était livide. « Ils savent qui tu es, me dit-il, et ils veulent qu'on s'en aille. » Pour la première fois depuis que je le connaissais, sa voix tremblait. « Je crois qu'on devrait les écouter. » Sans même s'assurer que je le suivais, il tourna les talons. Il ne m'a jamais dit qui « ils » étaient, ce qu'ils lui avaient dit ou ce qui l'avait terrifié, se contentant de me dire de ne plus compter sur lui.

Index des noms propres